Hotel Management

호텔산업 현장 실무 및 경영의 올바른 이해

호텔경영론

김영찬 · 신형섭 · 서광열 · 조봉기 공저

(주)백산출판사

머리말

호텔의 본질은 첫째, 영리를 목적으로 하며 둘째, 숙식을 제공할 수 있는 능력을 갖추고 종사원의 서비스를 상품으로 판매하는 사회의 공공사업체적인 기업이라 할 수 있다.

우리나라의 경우, 아직까지도 노무비를 줄이는 데 급급하여 과거 법률적으로 명시되어 있던 종사원 자격증 소지자 의무고용제도를 폐지하였고 친인척에 의한 가사적 성격의 경영을 벗어나지 못해 경영의 효율화를 꾀하지 못한 상황에 처해 있다. 이제는 과거처럼 관광호텔 종사원 자격증(호텔서비스사, 조리사 자격, 호텔관리사, 호텔경영사)을 취득한 자만이 관광숙박업 중 호텔업의 5성급 · 4성급 · 3성급 · 2성급 및 1성급 관광호텔에 취업할 수 있게 하고 우리나라도 관광선진국처럼 전문경영인 체제를 도입하여 가사적 경영에서 벗어나 전문경영인(총지배인)의 경영능력과 자본, 시설을 바탕으로 객실, 식음료, 서비스를 상품으로 하여 각광받는 공공사업체적 기업으로 성장시켜야 할 것이다. 따라서 과학적이고 체계적인 경영관리기법을 다각적으로 연구 개발해 나가는 것이 우리의 몫이라 할 수 있다.

본서는 호텔산업 현장에서 실무적으로 필요한 부분뿐만 아니라 호텔의 역사 부분도 자세히 다루었다. 또한 호텔 실무경험을 바탕으로 호텔의 개요, 호텔경영의 이해, 객실관리, 하우스키핑, 식음료부, 연회부, 음료과, 조리부, 구매부, 원가관리과, 인사부, 판촉부 등 호텔 제반 부분에 필요한 내용을 최대한 많이 다루려고 노력하였다.

본서는 예비 호텔리어와 현재 일선에서 종사하는 호텔리어, 그리고 호텔업에 관심을 가진 일반인도 호텔경영에 대해 더욱 자세하고 쉽게 이해할 수 있도록 주안점을 두어 기술하였다. 아무쪼록 본서를 통해 많은 인재들이 호텔업에 대해 올바르게 이해하고 나아가서 호텔경영을 주도해 나가는 훌륭한 경영자가 될 수 있길 진심으로 기원한다.

본서의 편집에 수고해 주신 김호철 부장님과 성인숙 과장님 그리고 편집부 제위의 노고에 감사하는 마음 가득하다.

끝으로 21세기 한국관광의 무궁한 발전을 위해 노력하시며 본서의 출간을 흔쾌히 승낙하신 백산출판사의 진욱상 사장님과 진성원 상무님께 감사드린다.

2019년

공저자 씀

차례

제1장

호텔의 이해

제1장

호텔의 이해

제1절 호텔의 개념(概念)

1. 호텔의 어원(語源)

호텔이라는 용어의 기원은 고대까지 거슬러 올라가나 영어에서 사용된 것은 비교적 최근의 일로, 호텔은 18세기 이후 영국의 산업혁명에 의하여 인구의 도시화 집중과 대량이동에 따라 인(Inn)의 형태에서 발전된 숙박시설이다. 이후 19세기 들어 와서 비로소 영국과 미국에서 널리 사용되기 시작하였다. 고대 로마에서는 대로를 따라 순례 여행자, 상인, 정부관리, 기타 여행자들을 대상으로 여관이 번창했다. 인도 · 중국 · 중동 등에도 여관이 널리 존재했다. 중세시대에는 종종 수도원들이 여관의 기능을 대신해 여행자들에게 숙식을 제공하기도 했다.

대표적인 예로 알프스 남쪽에 위치한 이탈리아 토리노의 북서쪽 80㎞ 지점에 있는 프랑스와 스위스의 상인들이 지나는 중심지로서 한때 큰 번영을 누려 중세 때 아주 화려한 도시였던 아오스타의 그란산베르나르도 고개 정상에 있었던 '산베르나르도 수도원'을 들 수 있다. 호텔은 17C 영국의 페더즈 호텔(Faethers Hotel)에서 시작되었다. 18세기에 역마차 여행이 급속히 확산되면서 여관이 발달하기 시작했고 그 후 철도시대가 도래하여 근대적인 호텔이 나타나게 되었다. 당시의 호텔들은 대부분 철도역 부근에 세워졌으나, 제2차 세계대전 이후에는 많은 호텔들이 주요 공항과 그 부근에 세워졌다. 또한 호텔 체인의 운영이 현대적 호텔경영의 특징이 되었다.

호텔의 어원을 살펴보면 Hospitale(호스피탈레 : 순례 또는 참배자, 나그네를 위한 숙소) → Hospital(호스피탈) → Hostel(호스텔) → Inn(인) → Hotel(호텔) 순으로 발전된 것으로 보인다.

호텔(Hotel)이란 용어는 호스피스(Hospice)에서 유래되었다.

호스피스의 본래 의미는 순례 여행자나 여행자가 휴식할 수 있는 집이었다. 호스피스는 환대라는 뜻의 호스피탈리티(Hospitality)를 파생시켰고 호스피스는 순례 여행자 또는 참배자, 나그네를 위한 숙소의 의미에서 극진히 환대한다는 의미로 발전하였다. 오늘날 호텔산업을 환대산업이라고 하는 이유도 여기에 있다.

'병원(Hospital)'의 어원도 그 맥을 같이하는데 호텔과도 유사한 기능을 가지고 있다.

호텔의 가장 원시적인 형태로 추정되는 Hospital은 현대어에서 병원으로 사용되고 있으나 옛날에는 여행하는 사람의 무역(貿易), 숙박(宿泊)의 장소였던 것이다. 그 기원은 '미국의 대표적 영어사전'인 「Webster Dictionary」에서 찾아볼 수 있는데 여행객(旅行客)의 숙소와 휴식장소(A Place of Shelter and Rest of Travelers)로 설명하고 있으며 역사상 숙박시설로는 가장 오래된 것으로 사료된다. 그러한 시설의 목적은 여행객의 천연적, 인위적(人爲的)인 위험으로부터 몸을 보호하고 또한 여행객의 피로를 풀어주고 쉬게 하는 일이었다.

환자, 노인, 고아 등을 수용하는 자선시설로서의 의미가 Hospital, 병원으로 발전된 것으로 사료된다.

그리고 중세 프랑스에서는 병원에 해당되는 말로 'Hotel Dieu(오텔 디외)'라는 말이 있었는데 이 Hotel Dieu가 오늘날의 도립 혹은 시립병원의 역할을 한 것으로 사료된다. 이 Hotel Dieu라는 어구에 Hotel이라는 단어가 포함한다. 종합병원의 구조를 보면 호텔의 로비와 병원의 현관(玄關), 호텔의 프런트 데스크와 병원의 접수창구(接受窓口), 호텔의 객실(客室)과 병원의 병실(病室) 등 유사한 건물구조와 시스템이 많다.

Webmaster's Dictionary에 의하면 호텔은 '여행자의 숙박과 식사를 갖추고 대중에게 봉사하는 건물 또는 공공 시설물'이라 정의하고 있다. 이 의미의 정확한 이해를 돕기 위하여 원문(原文)을 인용(引用)하면 다음과 같다.

"A Building or Institution Providing, Meals and Service or Public."(영리적인 목적으로 일반 대중에게 숙식을 제공하는 건물)

현대에 있어 호텔의 정의(定義)는 이러한 사전적 의미보다 훨씬 광범위하고 복잡하다.

그러나 오늘날에는 단순하고 영세한 사기업이 아닌 영리목적의 추구와 사회 공공의 성격을 갖춘 복합사업체로서 변해 가고 있다.

사회 공공의 성격을 강조하여 호텔이란 "일정한 지불능력이 있는 사람에게 숙소와 식음료 등 종합적인 서비스를 제공할 수 있는 시설과 잘 훈련된 종사원을 갖추고, 사회의 공공사업체로서의 사명을 다하는 서비스 업체"라고 정의할 수 있다.

'Hostel(호스텔)'은 오늘날 학생들의 기숙사, 청소년 호텔(Youth Hostel)로서의 의미로 사용되고 있으나 어원에서 본 바와 같이 Hospital에서 Hostel, Inn, Hotel로 발전하는 하나의 중요한 형태였다고 할 수 있다.

이를 정리하면 '호텔의 기원'은 라틴어의 호스피탈레(Hospitale)로, '순례 또는 참배자를 위한 숙소'를 뜻한다. 이후 '여행지의 숙소 또는 휴식 장소, 병자를 치료하고 고아나 노인들을 쉬게 하는 병원'이라는 뜻의 호스피탈(Hospital)과 호스텔(Hostel)을 거쳐 18세기 중엽 이후에 지금의 호텔(Hotel)로 바뀌었다.

유럽에서는 산업혁명을 계기로 교통수단이 발달하고 여행자의 수가 증가하면서 현대식 기업형태의 호텔이 등장하였는데, 1850년에 세워진 프랑스의 그랜드 호텔이 유럽 호화호텔의 효시로 꼽힌다. 이후 유럽의 호화롭고 사치스러운 경향의 호텔이 대중성을 잃고, 미국을 중심으로 편리함과 쾌적함 그리고 대중화를 추구하는 '스타틀러 호텔' 같은 새로운 개념의 호텔이 등장해 이것이 오늘날까지 호텔의 대중(대량생산 · 대량 소비를 특징으로 하는 현대사회를 구성하는 대다수 사람의 개념)을 이루고 있다.

환대(歡待 : Hospitality)의 어원(語源)도 라틴어의 Hospitalis에서 유래되었다. 이 Hospitalis에는 ① 손님과 주인의 사이에 관계가 있다. ② 객실(Guest Chamber)은 물론 고객의 생명보호물(Protecter of Guest)과 함께 친절함(Friendly), 따듯하게 대함(Hospitable) 등의 의미가 포함(包含)되어 있다.

2. 호텔의 정의(定義)

호텔사업은 다른 사업과는 달리 친절하고 예의바른 종사원이 고객을 접대하고 물적 상품과 인적 서비스 상품을 동시에 제공하며 유일한 회계제도와 각종의 정보 및 편의를 제고해야 하는 등 특수한 성격을 가진 사업이다.

오늘날 일반적으로 호텔이라고 하면 훌륭한 하나의 복합기업이므로 단순하게 숙박과 음식만을 제공하는 시설로 정의하면 안 된다. 기업으로서의 호텔은 이익을 목적으로 객실과 음식물을 생산하여 판매하는 사적 시설만이 아니고 사회공공에 기여하는 사회적 시설인 동시에 과거처럼 귀족이나 부유층 특정인들만을 고객으로 하는 것이 아닌 불특정 다수의 일반대중을 대상으로 하는 사업체인 것이다.

각 나라에서는 대부분 일정한 시설과 인적서비스 제공 등의 기본적인 기능을 강조하고 있는데 현대의 호텔은 '집을 떠난 또 하나의 집(Home Away From Home)'이라 하여 집과 같이 아늑한 곳임을 강조한다.

이러한 호텔을 '일반적인 의미'로 정의하면 "일정한 지불능력이 있는 사람에게 객실과 식사를 제공할 수 있는 시설을 갖추고 잘 훈련되고 예절바른 종사원이 조직적으로 봉사하여 그 대가를 받는 기업"이라고 말할 수 있다.

그러나 호텔을 '현대적인 의미'에서 정의하자면 "호텔이란 영리적인 목적으로 자기 집을 떠나 이용하는 고객에게 객실과 식사와 음료, 잘 훈련되고 예절바른 종사원들에 의한 친절한 서비스 환대 그리고 연회장 부대시설 등을 제공하는 사회의 공공사업체적인 기업"이라 할 수 있다.

따라서 호텔의 본질은 첫째, 영리를 목적으로 하며 둘째, 숙식을 제공할 수 있는 능력을 갖추고 종사원의 서비스를 상품으로 판매하는 사회의 공공사업체적인 기업이라 할 수 있다.

우리나라의 경우, 아직까지도 노무비를 줄이는 데 급급하여 가사적 성격의 경영을 벗어나지 못하고 있어 경영의 효율화를 꾀하지 못하는 호텔도 많으나, 이제는 우리나라도 관광선진국처럼 전문경영인 체제를 도입하여 가사적 경영을 벗어나서 전문경영인(총지배인)의 경영능력과 자본, 시설을 바탕으로 객실, 식음료, 서비스를 상품으로 하여 각광받는 공공사업체적 기업으로 성장시켜야 할 것이다.

제2절 호텔의 기능

1) 근대(近代, Modernity)적 개념의 기능

서양은 르네상스와 종교개혁 이후부터 근대사회가 시작되었다고 할 수 있다. 근대적 개념의 호텔은 집을 떠나 대로를 따라 이동하는 상인, 정부 관리, 여타 여행자들에게 단지 숙박, 음식, 목욕, 위험으로부터의 안전을 충족시켜 주는 단순 공간이었다.

2) 현대적 개념의 기능

현대(現代)는 근대 이후의 시대이다. 서양의 경우 제1차 세계대전 이후를 말한다. 동아시아에서는 1911년 청나라를 무너뜨리고 중화민국을 세운 '신해혁명' 이후를 말하고, 한국은 1945년 해방 이후를 말한다.

현대적 개념의 호텔은 이용객의 국제화, 대중화, 다양화에 따라 기존의 숙식이나 안전의 기능 외에 국제회의, 비즈니스, 여가, 오락, 휴식, 문화, 건강, 사교공간, 지역사회와의 공공성 등 복합적인 기능을 갖춘 멀티(Multi) 공간이다.

제3절 호텔의 종류(種類)

호텔의 등급표시 형식과 등급결정은 각 나라마다 차이가 있다. 예를 들어 유럽에서는 '별'로 등급을 표시하며 별 다섯 개는 특급으로 가장 높은 등급이다. 미국의 경우에는 별 또는 다이아몬드로 등급을 표시하며, 대만은 매화, 중국은 별, 영국은 왕관 수 등으로 표기를 한다.

1. 호텔업의 종류

호텔업의 종류는 다음과 같다.

1) 관광호텔업

관광객의 숙박에 적합한 시설을 갖추어 관광객에게 이용하게 하고 숙박에 딸린 음식 · 운동 · 오락 · 휴양 · 공연 또는 연수에 적합한 시설 등(이하 "부대시설"이라 한다)을 함께 갖추어 관광객에게 이용하게 하는 업(業)

2) 수상관광호텔업

수상에 구조물 또는 선박을 고정하거나 매어 놓고 관광객의 숙박에 적합한 시설을 갖추거나 부대시설을 함께 갖추어 관광객에게 이용하게 하는 업

3) 한국전통호텔업

한국전통의 건축물에 관광객의 숙박에 적합한 시설을 갖추거나 부대시설을 함께 갖추어 관광객에게 이용하게 하는 업

4) 가족호텔업

가족단위 관광객의 숙박에 적합한 시설 및 취사도구를 갖추어 관광객에게 이용하게 하거나 숙박에 딸린 음식 · 운동 · 휴양 또는 연수에 적합한 시설을 함께 갖추어 관광객에게 이용하게 하는 업

5) 호스텔업

배낭여행객 등 개별 관광객의 숙박에 적합한 시설로서 샤워장, 취사장 등의 편의시설과 외국인 및 내국인 관광객을 위한 문화 · 정보 교류시설 등을 함께 갖추어 이용하게 하는 업

6) 소형호텔업

관광객의 숙박에 적합한 시설을 소규모로 갖추고 숙박에 딸린 음식 · 운동 · 휴양 또는 연수에 적합한 시설을 함께 갖추어 관광객에게 이용하게 하는 업

7) 의료관광호텔업

의료관광객의 숙박에 적합한 시설 및 취사도구를 갖추거나 숙박에 딸린 음식 · 운동 또는 휴양에 적합한 시설을 함께 갖추어 주로 외국인 관광객에게 이용하게 하는 업

8) 호텔업의 등급결정

제25조(호텔업의 등급결정) ① 법 제19조제1항 및 영 제22조제1항에 따라 관광호텔업, 수상관광호텔업, 한국전통호텔업, 소형호텔업 또는 의료관광호텔업의 등록을 한 자는 다음 각 호의 구분에 따른 기간 이내에 영 제66조제1항에 따라 문화체육관광부장관으로부터 등급결정권을 위탁받은 법인(이하 "등급결정 수탁기관"이라 한다)에 영 제22조제2항에 따른 호텔업의 등급 중 희망하는 등급을 정하여 등급결정을 신청하여야 한다. 〈개정 2017. 6. 7.〉

- 호텔을 신규 등록한 경우: 호텔업 등록을 한 날부터 60일
- 제25조의3에 따른 호텔업 등급결정의 유효기간이 만료되는 경우 : 유효기간 만료 전 150일부터 90일까지
- 시설의 증 · 개축 또는 서비스 및 운영실태 등의 변경에 따른 등급 조정사유가 발생한 경우 : 등급 조정사유가 발생한 날부터 60일
- 등급결정 수탁기관은 제1항에 따른 등급결정 신청을 받은 경우에는 문화체육관광부장관이 정하여 고시하는 호텔업 등급결정의 기준에 따라 신청일부터 90일 이내에 해당 호텔의 등급을 결정하여 신청인에게 통지하여야 한다. 다만, 부득이한 사유가 있는 경우에는 60일의 범위에서 그 기간을 연장할 수 있다.(「관광진흥법 시행규칙」)

9) 호텔경영사 응시자격

제48조(응시자격) 관광종사원 중 호텔경영사 또는 호텔관리사 시험에 응시할 수 있는 자격은 다음과 같이 구분한다. 〈개정 2014. 12. 31.〉

(1) 호텔경영사 시험

① 호텔관리사 자격을 취득한 후 관광호텔에서 3년 이상 종사한 경력이 있는 자

② 4성급 이상 호텔의 임원으로 3년 이상 종사한 경력이 있는 자

(2) 호텔관리사 시험

① 호텔서비스사 또는 조리사 자격을 취득한 후 관광숙박업소에서 3년 이상 종사한 경력이 있는 자

② 「고등교육법」에 따른 전문대학의 관광분야 학과를 졸업한 자(졸업예정자를 포함한다) 또는 관광분야의 과목을 이수하여 다른 법령에서 이와 동등한 학력이 있다고 인정되는 자

③ 「고등교육법」에 따른 대학을 졸업한 자(졸업예정자를 포함한다) 또는 다른 법령에서 이와 동등 이상의 학력이 있다고 인정되는 자

④ 「초 · 중등교육법」에 따른 고등기술학교의 관광분야를 전공하는 과의 2년과정 이상을 이수하고 졸업한 자(졸업예정자를 포함한다)

10) 제22조(호텔업의 등급결정)

① 법 제19조 제1항 단서에서 "대통령령으로 정하는 자"란 관광호텔업, 수상관광호텔업, 한국전통호텔업, 소형호텔업 또는 의료관광호텔업의 등록을 한 자를 말한다. 〈개정 2014. 9. 11.〉

② 법 제19조 제5항에 따라 관광숙박업 중 호텔업의 등급은 5성급 · 4성급 · 3성급 · 2성급 및 1성급으로 구분한다. 〈개정 2014. 9. 11., 2014. 11. 28.〉

③ 삭제 〈2014. 9. 11.〉

[제목개정 2014. 9. 11]

현재 공식적인 호텔분류 등급에는 별 5개 등급까지만 있으나 호텔업계 내부에서는 포시즌과 파크 하얏트, W 호텔 등 3개 브랜드를 최고급 호텔로 별 6개 등급으로 분류하고 있다.

11) 국내 관광호텔 등급평가 분야

① 서비스 상태, ② 건축, 설비, 주차시설 ③ 전기, 통신시설 ④ 소방 · 안전상태 ⑤ 소비자 만족도 등으로 구성되며, 각 분야의 전문가로 평가단을 구성하여 현지조사를 통해 신청호텔의 각 평가항목에 대한 평가를 하게 된다.

2. 호텔의 종류

호텔의 종류는 호텔의 입지조건, 영업종목, 시설규모 및 호텔구조에 따라 다양하게 분류된다. 호텔사업의 다양성과 복합성 때문에 학자들마다 그 분류방법에 있어서도 서로 다른 양상을 보인다.

1) 호텔 장소(입지)에 따른 분류

① 메트로폴리탄 호텔(Metropolitan Hotel)

② 시티 호텔(City Hotel)

③ 다운타운 호텔(Downtown Hotel)

④ 서버반 호텔(Suburban Hotel)

⑤ 컨트리 호텔(Country Hotel)

⑥ 에어포트 호텔(Airport Hotel)

⑦ 스테이션 호텔(Station Hotel)

⑧ 씨포트 호텔(Seaport Hotel)

⑨ 터미널 호텔(Terminal Hotel)

⑩ 하이웨이 호텔(Highway Hotel)

2) 숙박기간에 따른 분류

① 트랜션트 호텔(Transient Hotel)

② 레지덴셜 호텔(Residential Hotel)

③ 퍼머넌트 호텔(Permanant Hotel)

3) 숙박목적에 따른 분류

① 컨벤셔날 호텔(Conventional Hotel)

② 커머셜 호텔(Commercial Hotel)

③ 리조트 호텔(Resort Hotel)

④ 아파트먼트 호텔(Apartment Hotel)

4) 경영형태에 따른 분류

① 체인경영 호텔(Chain Hotel)

② 단독경영 호텔(Independent Hotel)

5) 기타 숙박시설

① 모텔(Morel)과 모터 호텔(Motor Hotel)

② 보텔(Botel)

③ 요텔(Yachtel)

④ 빵숑(Pension)

⑤ 콘도미니엄(Condominium)

⑥ 유스호스텔(Youth Hostel)

⑦ 카지노 호텔(Casino Hotel)

⑧ 베드 앤 브렉퍼스트 호텔(Bed & Breakfast Hotel)

3. 호텔의 장소(場所) 또는 입지(立地)에 따른 분류(分類)

1) 메트로폴리탄 호텔(Metropoltan Hotel)

대도시에 위치하면서 수천 개의 객실을 보유한 맘모스호텔의 무리를 말한다. 이 호텔은 동시에 많은 숙박객을 수용할 수 있고 대연회장과 전시장, 그리고 주차장 등을 모두 갖춘 컨벤셔날 호텔(Conventional Hotel)이라고 칭할 수 있다. 그러므로 이 호텔은 회의와 비즈니스상에 필요한 시설 및 서비스가 철저히 구비되어 있어야 한다.

미국의 뉴욕에 위치한 객실 2,000개를 보유한 아메리카나 호텔과 2,150실에 5,000명을 수용할 수 있는 회의실을 갖춘 뉴욕의 힐튼호텔, 그리고 시카고의 콘래드 힐튼 같은 호텔은 무려 3,300실을 자랑하는 전형적인 메트로폴리탄 호텔의 예로 지칭될 수 있을 것이다.

2) 시티 호텔(City Hotel)

휴양지 호텔(Resort Hotel)과 대조적으로 불리는 호텔로서 도시 중심지의 호텔들을 총칭한다. 역시 대도시의 맘모스 호텔 등과 같은 부류에 속하면서 비슷한 경영방식으로 운영되는 호텔이다.

3) 다운타운 호텔(Downtown Hotel)

도시의 비즈니스 센터와 쇼핑센터 등의 중심가에 존재하는 호텔로 최근 도시중심 교통의 불편과 공해, 지가의 앙등과 주차장의 문제 등으로 이런 호텔들의 발전에 많은 장애요소가 되고 있다. 그러나 지하철이용 등 접근의 편리성으로 도시의 사교 중심지로서 각종의 연회, 집회, 회의, 결혼식, 전시, 발표회 및 쇼핑 등의 이용으로 많은 사랑을 받고 있다.

4) 서버반 호텔(Surburban Hotel)

도시를 벗어나 한산한 교외에 건립된 호텔이다. 시티 호텔과 다운타운 호텔은 자동차의 공해와 주차장의 문제 등으로 많은 어려움이 존재하지만 자동차 여행자들이 급격히 증가하는 요즈음은 공기 좋고 주차가 편리한 교외 호텔의 이용도가 가족단위로 많아지고 있다. 이 호텔은 도심지보다 지가가 저렴해서 건축비가 적게 들고 전원의 분위기를 만끽할 수 있어서 호평을 받고 있다.

5) 컨트리 호텔(Contry Hotel)

교외라기보다 산간에 세워지는 호텔로 마운틴 호텔(Mountain Hotel)이라고 부를 수 있는 시티호텔과 반대되는 개념의 호텔이다. 특히 골프, 스키, 등산 등의 레크레이션 기능을 다할 수 있는 호텔을 말할 수 있으나 해안에 있는 호텔은 이에 속하지 않는다.

6) 에어포트 호텔(Airport Hotel)

공항 근처 또는 공항 안에 위치하여 '두 나라 여행 목적지 사이에서 잠시 경유차 머무는 레이오버(Lay Over) 고객'이나 '익일 비행기를 탑승하려는 고객' 그리고 '항공사의 승무원' 등이 주로 이용한다. 비행기 사정으로 출발 및 도착이 지연되어 탑승을 기다리는 손님과 승무원들이 이용하기에 편리한 호텔을 말한다. 최근에는 이를 에어텔(Airtel)이라는 약칭으로 부르기도 한다.

미국 뉴욕의 아일드 위트 공항 부근에 있는 힐튼 에어포트 인(Hilton Airport Inn)

등이 그 전형적인 호텔로 등장하여 요즈음에는 세계적인 공항 호텔로 발전하고 있다. 이 공항 호텔의 발전요소는 무엇보다도 여객기의 증대에 따른 승객과 승무원의 증가에서 오는 결과일 것이다. 다운타운 호텔에 투숙 시 교통의 불편과 왕복의 시간, 소비 등의 이유와 비행기 사고로 인한 숙박의 연장, 출발의 지연, 한밤중의 도착, 환송객의 숙박 등의 이유로 에어포트 호텔의 이용도가 확대되고 있다.

TIP

LOPK(Layover Package)서비스란?

연결편을 이용하여 여행하는 승객 중 당일 항공편 접속이 불가능한 경우, 경유지에서 숙박(지정 호텔)을 무료로 제공하는 항공사의 서비스이다.

즉, 연결편 항공권을 구입할 때, 비행 여정 일정표에 공항 도착 날짜 다음 날에 출발하는 경우가 있는데 이런 경우에 제공하는 서비스이다.

서비스 내용

- 1박 1조식을 제공하며, 그 외의 서비스는 승객 본인 부담이다.
- 숙소 1박과 아침밥 제공, 그날 낮에 체크아웃해야 한다.

LOPK 적용대상

- 이코노미 클래스(GV 포함) 항공권 소지자로서 그 국가 공항을 경유하며 유럽, 미주, 오세아니아, 동남아시아로 여행하는 승객에게 제공한다.(단, FFP/ID/AD/RG/GE/IG/KK 등의 무상승객은 제외)
- 일본의 경우, 추가로, stop over(체류연장) 신청 시 LOPK서비스를 받을 수 없다.

7) 스테이션 호텔(Station Hotel)

철도역 부근에 위치하여 철도 이용고객들이 주로 이용한다. 항공기가 대중화되기 전에는 유럽이나 미국에서 성행하였다.

8) 시포트 호텔(Seaport Hotel)

항만 부두 근처에 위치하여 선원이나 크루즈 등의 선박을 이용하는 여행객들이 주로 이용하는 호텔이다.

공항 호텔과는 달리 그리 성행하지 않지만 항구 부근에 위치하고 있어 여객선의 출입으로 인한 승객과 선원들이 이용하기에 편리한 호텔이다. 지금은 교통이 편리하여 항구에 하선하는 사람은 곧 여행 목적지로 급행하게 되지만 배로 여행하는 1등 선객은 오히려 비행기의 일반객보다 더 부유하여 항구마다 시포트 호텔을 찾는 사람의 수요가 많아지고 있다.

9) 터미널 호텔(Terminal Hotel)

철도역이나 공항 터미널 또는 버스 터미널 근처에 위치하는 호텔을 말한다. 유럽에서는 국제철도(Eurail Pass)가 운용되고 있어 각국의 주요 도시 역마다 이 호텔들이 애용되고 있음을 볼 수 있다. 미국에서도 뉴욕의 펜실베이니아 스테이션과 지하도로 연결되는 곳에 뉴욕 힐튼 호텔이라는 웅장한 터미널 호텔을 볼 수 있다.

10) 하이웨이 호텔(Highway Hotel)

고속도로변에 세워진 호텔을 말한다. 자동차로 여행하는 사람을 위한 시설로 모텔과 유사한 호텔이라고 말할 수 있다.

4. 숙박기간(宿泊期間)에 따른 분류(分類)

1) 트랜션트 호텔(Transient Hotel)

교통이 편리한 장소에 위치하고 보통 1~2일간의 단기 숙박객이 많이 이용한다. 그리고 교통이 매우 편리한 곳에 위치해야 하며 음식가격도 비교적 싸고 숙박객 이외의 외래객을 위한 커피숍이나 카페테리아 같은 부대시설도 갖추고 있다.

2) 레지덴셜 호텔(Residential Hotel)

스위트 호텔(Suite Hotel)이라 칭하기도 한다.

주거용 형식의 호텔로서 적어도 1주일 이상의 체재객을 대상으로 한다. 아파트와 다른 점은 호텔식의 메이드 서비스(Maid Service)가 있고, 또한 최소한의 식사와 음료 서비스가 제공되는 식당과 주장(酒場)의 시설도 갖춘 것이다. 객실료(客室料)도 보통 1개월 단위로 지불되는 것이 일반적이고 식당업은 다른 회사에 위탁하는 경우도 있다. 이 호텔의 이용객은 주로 신흥 산업도시에 파견되는 기술자 가족 등이 일시 주택으로 사용할 목적으로 또는 신임 외교관 등이 관사가 마련될 때까지 사용되는 것이 보통이다. 서울 홍은동에 위치한 그랜드 스위트는 국내 최초로 세워진 고품격 주거용 호텔로서 시청에서 15분 거리에 위치한 특1급 그랜드힐튼서울호텔 내에 위치하고 있다.

TIP

레지던셜 호텔(Residential Hotel)/스위트 호텔(Suite Hotel) 사례

그랜드힐튼서울호텔(Grand Hilton Seoul Hotel)

서울특별시 서대문구 홍은동에 있는 특1급 관광호텔이다. 1988년 5월 스위스그랜드호텔로 개관하였으나 2002년 4월 1일 현재의 이름으로 재탄생하였다.

그랜드스위트(Grand Suite)

그랜드스위트는 1988년 국내 최초로 세워진 고품격 주거용 호텔로써 시청에서 15분 거리에 위치한 특1급 그랜드힐튼서울호텔 내에 위치하고 있다.

독립된 생활공간과 호텔의 수준 높은 서비스를 동시에 원하는 중장기체류 고객을 위해 디자인된 것으로 고객에게 안락하고 편안한 또 하나의 홈을 제공하고 있다.

침실 2개에서 5개까지 평형이 다양하며, 단층과 복층 형태, 그리고 내부면적과 구조에 따라 총 22가지로 분류되는 105개의 스위트가 있다.

호텔에서 누릴 수 있는 모든 시설과 생활에 필요한 모든 가구와 안전을 위한 보안을 책임지며 완벽한 주차시설, 비상시 비상전지 충전시설을 갖추고 전문 방재팀이 상주하여 24시간 대기하고 있다.

그랜드스위트는 도심에 위치하면서도 백련산을 끼고 있어 산책로, 등산로 증 자연을 접할 수 있는 쾌적한 환경을 갖추고 있으며 외국인 학교와 영국 학교도 근처에 있어 서울에 거주하는 주한 외국인들에게 매우 인기 높은 고품격 주거용 호텔이다.

- 대표자 : 버나드 브렌더
- 개관일 : 1988년 5월 16일
- 소재지 : 서울 서대문구 홍은동 201-1
- 객실수 : 그랜드힐튼호텔 객실 – 396실, 그랜드스위트호텔 객실 – 105실
- 등급 : 특1급

1988년 5월 16일 스위스그랜드호텔로 개관한 특1급 호텔이다. 체인호텔 계약을 맺은 스위소텔(Swissotel)의 모회사인 스위스 에어(Swiss Air)사의 파산으로 인하여 힐튼코퍼레이션과 계약을 맺고 2002년 4월 1일 그랜드힐튼 호텔로 새로 태어났다. 총지배인은 버나드 브렌더이다. 총대지 39,101m^2, 건축면적 14,035.91m^2, 건물면적 78,193m^{2}에 지하 3층, 지상 13층의 본관을 비롯하여 장기투숙객들을 위한 아파트식 건물인 4동의 객실 105실을 보유한 스위트 호텔(The Suite Hotel)로 이루어져 있다. 396개의 객실과 1,200명을 수용할 수 있는 대연회장, 5개의 레스토랑과 비즈니스 센터, 피트니스 센터 등을 갖추고 있다(두산백과사전, EnCyber & EnCyber.com).

3) 퍼머넌트 호텔(Permanent Hotel)

레지덴셜 호텔과 같은 부류에 속하지만 이것은 아파트식의 장기 체재객을 전문으로 하는 호텔이다. 그러나 최소한의 식음료 서브시설이 있는 것이 보통이다. 이 호텔이 일반 아파트와 다른 것은 룸메이드(Room Maid) 서비스가 제공되는 것이다.

5. 숙박목적(宿泊目的)에 따른 분류(分類)

1) 컨벤셔날 호텔(Conventional Hotel)

회의를 유치하기 위한 맘모스 호텔로서 객실의 대형화는 물론 대회의장 및 주차장의 설비가 완비되어야 하고 연회실과 전시장 등이 대규모로 확보되어야 한다. 다른 고객들보다도 회의 참석자들은 객실 이용, 식음료 판매, 임대회의실 및 기타 쇼핑으로 인한 수입이 추가되므로 매출이 훨씬 높은 이점을 지니고 있다. 우리나라의 특급 호텔들은 3개국 이상의 동시통역 시설을 갖춘 대연회장을 대부분 완비하고 있다.

2) 커머셜 호텔(Commercial Hotel)

전형적인 상용(常用)호텔을 일컫는다. 일명 비즈니스 호텔이라 하여 도시 중심의 호텔 대부분이 이 부류에 속할 것이다. 비즈니스 고객들이 주로 이용하는 도심에 위치한 호텔이다. 특별히 객실영업의 특징은 주중보다 주말의 객실점유율이 낮은 것이다. 비즈니스 목적의 고객들이 주로 이용하므로 비즈니스 호텔(Business Hotel)이라고도 한다.

이 호텔은 세일즈맨, 엔지니어, 회사의 지점 근무자, 연락사무원 및 일반 투숙객들이 흔히 이용하는 관계로 각종 부대시설이 다양하게 운영되어야 한다. 특히 객실에는 냉난방장치는 물론 텔레비전과 전화, 그리고 침대도 다목적용, 즉 소파베드(Sofa Bed)나 스튜디오 베드(Studio Bed)가 들어선 2인용 객실(Twin Bed)에 응접실을 겸할 수 있는 컨넥팅 룸(Connecting Room) 등이 많이 설비되어야 하고, 또한 비즈니스맨을 위한 텔렉스, 팩시밀리, 복사기, 타이프라이터 등을 갖춘 비즈니스 센터(Business Center)가 운영되어야 한다.

커머셜 호텔 중에서도 장기 체재(滯在) 고객을 위한 호텔을 레지덴셜 호텔(Residential Hotel)이라 하고 장기체재(滯在) 목적의 레지덴셜 호텔은 통상 15일 이상 숙박하는 고객을 대상으로 영업을 하는데 룸메이드 서비스(Room Maid Service)와 식사와 더불어 음료서비스가 제공되는 룸서비스와 식당을 갖추고 있고 회의실 등 비즈니스 공간이 있다는 점에서 아파트먼트와는 차이가 있다. 이에 반하여 통상적인 호텔 이용객의 대부분을 차지하는 단기체재 고객을 위한 호텔을 트랜션트 호텔(Transient Hotel)이라 한다. 이 중에서 대형 국제회의를 주로 유치하여 운영하는 호텔을 컨벤션 호텔(Convention Hotel)이라고 하는데 객실규모가 2,000실이 넘는 경우도 있으며 대형 컨벤션 홀을 갖추고 있어야 한다.

TIP

룸 메이드 서비스(Room Maid Service)

객실 및 욕실을 청소하고, 침구와 타월 및 욕실비품을 갈아주는 서비스

3) 리조트 호텔(Resort Hotel)

해안, 호수, 온천, 산악 등의 휴양목적지에 위치하여 휴양을 목적으로 하는 고객들이 주로 이용한다. 성수기와 비수기, 주말과 주중의 객실점유율 차이가 뚜렷하여 성수기의 인력수급에 어려운 점이 있다. 휴양과 레크리에이션 목적의 호텔이다. 겨울의 스키와 스케이팅, 또는 설경의 즐거움을 찾는 고객을 대상으로 피한을 목적에 둔 윈터 리조트(Winter Resort)와 피서객들과 해수욕객을 수용하는 서머 리조트(Summer Resort)로 대별된다. 우리나라에서 설악산, 제주도 등의 호텔이 이에 해당된다.

Resort Hotel

4) 아파트먼트 호텔(Apartment Hotel)

장기체재객용(長期滯在客用)의 호텔로 레지덴셜 호텔의 부류에 속한다. 이 호텔은 대개의 경우 퇴직노인(退職老人)들이 사회복지제도의 일환으로 사용하는 곳이다. 이는 다른 호텔과는 달리 각 객실마다 자취설비를 갖추어 아파트식의 인상을 강하게 주고 있다. 또는 아파트식과는 달리 가구, 식기 등을 설비하지 않고 그대로 객실을 대여하는 경우도 있다.

미국 등지에서 이러한 호텔을 리타이어먼트 호텔(Retirement Hotel)이라 하여 글자 그대로 정년퇴직한 노인을 전문으로 수용하는 사회복지제도로 널리 애용되고 있다.

TIP

아파트먼트 호텔(Apartment Hotel)의 사례/오크우드 프리미어 코엑스 센터

오크우드 프리미어 코엑스 센터의 가장 기본 타입인 스튜디오 수페리어는 침실과 거실이 통합되어 있는 스튜디오형으로 설계되어 있어 쾌적하고 안락하다. 주방은 컴팩트하게 빌트인으로 구성돼 넉넉한 생활공간을 제공하며 더블과 트윈 침대로 동시 구현이 가능한 할리우드 베드(Hollywood Bed)는 비즈니스맨과 여행객 모두의 니즈를 충족시켜 준다.

객실 내 시설

- 개별 컨트롤이 가능한 중앙집중식 냉/난방 시스템
- 최고급 가구와 집기를 갖춘 레지던스
- 주방시설 및 요리기구, 식기류
- 안전을 고려한 할로겐 인덕션 레인지와 팬후드 시스템
- 토스터, 전기밥솥, 커피메이커, 전기주전자
- 세탁기와 건조기, 다리미, 다리미판
- 대형 LCD TV와 DVD 홈시어터 시스템
- 다양한 채널의 위성방송과 케이블 TV
- 국제 직통전화와 음성사서함
- 개인 금고 및 헤어 드라이어

투숙객 제공 서비스

- 24시간 컨시어지, 보안 및 관리
- 룸 서비스 및 객실 정비 서비스
- 세탁 및 드라이 클리닝 서비스
- 최첨단 CCTV 및 DVR 보안 시스템

• 거주자를 위한 특별활동 프로그램
• 택배, 육아보호, 렌터카, 모닝콜 서비스
• 공항 리무진 셔틀버스 정거장
• 초고속 유, 무선 인터넷 서비스 무료 제공

편의시설

• 오크 레스토랑 앤 바
• 미팅과 파티가 가능한 연회장
• 비서 업무 서비스가 가능한 비즈니스 센터
• 피트니스 센터, 수영장, 실내골프연습장, 사우나
• 어린이 놀이방
• 주차공간

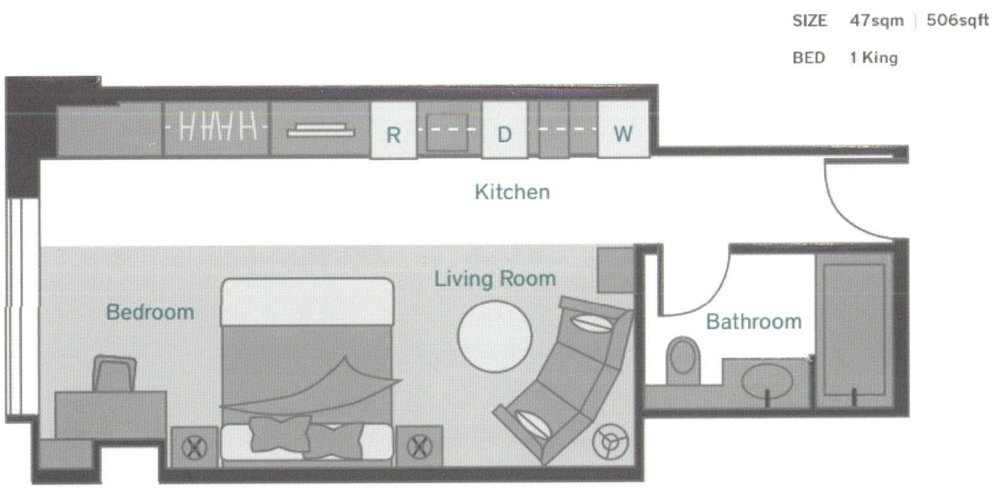

스튜디오 수페리어

Penthouse 거실

Penthouse 침실

객실 타입

- 스튜디오 수페리어
- 스튜디오 프리미어
- 1 베드룸 아파트먼트
- 2 베드룸 아파트먼트

• 3 베드룸 아파트먼트
• 4 베드룸 아파트먼트
• 펜트하우스

6. 경영형태(經營形態)에 따른 분류(分流)

1) 체인경영 호텔(Chain Hotel)

호텔의 체인화 경향은 세계적인 추세로 발전되고 있다. 그 원인은 경영상의 장점이 많고 고객의 고급화요구에 의한 현상이다. 현대의 호텔 고객들이 원하는 것은 컨벤션 호텔이나 호화스런 연회를 유치할 수 있는 맘모스 호텔, 또는 레저로서 값싼 모텔식의 간이숙박시설로 양극화되어 있기 때문에 중간형의 호텔들은 소외당하는 실정이다. 이러한 추세에 따라 보다 호화롭고 보다 대형화된 호텔이 발전할 수밖에 없는 것이다.

이러한 호텔의 건설은 대자본이 필요하기 때문에 이 대자본의 조달방식에 있어서 연쇄적인 경영을 합리화하지 않으면 안 된다. 대량생산(Mass Production), 대량판매(Mass Sales), 대량 봉사(Mass Service) 등과 같은 대량수법의 전략으로 고객으로부터 얻어지는 신뢰감과 안전감으로 통일화시켜 충족할 수 있는 경영의 효과가 요구되고 있는 것이다. 체인경영 호텔의 장점을 다음의 5가지로 말할 수 있겠다.

① 대량구입으로 인한 원가절감(Cost Down)(규모의 경제 효과)

② 전문가(Specialist)의 충분한 활용

③ 광범위한 공동선전의 전개

④ 예약망(豫約網)의 효과적인 활용

⑤ 계수관리(係數管理)의 적정화

2) 단독경영 호텔(Independent Hotel)

20세기 초의 스타틀러 호텔 탄생까지는 적어도 모든 호텔들이 한 개인의 소유로 운영되는 개별 경영형태의 호텔이었다. 현대의 기업경영은 주식회사 조직으로 경영과 자본이 분리돼야 하는데 아직도 우리나라는 동족경영(Partnership) 내지 개인소유(Individual Proprietors) 경영의 형태를 벗어나지 못하는 실정이다. 우리나라의 호텔도 선진호텔의 세계적 추세를 따라야 하며 하루속히 전문경영체제로 운영되지 않으면 안 된다. 그리하여 경영의 과학화와 전문화로 유도하기 위해서는 호텔도 경영과 자본의 분리 경영이 하루속히 이루어져야 하겠다. 지금의 호텔은 체인화 조직으로 부상하고 있기 때문에 단독경영형식의 호텔경영은 이제 많이 위축되지 않을 수 없을 것이다.

호텔의 특성과 대자본의 필요, 공동선전과 상호송객(相互送客) 등에 대한 문제의 제기로 개별경영 호텔은 체인경영 호텔에 전적으로 도전을 받고 있는 실정이다. 우리나라만 해도 대규모 호텔은 모두 체인화의 방향으로 발전되고 있음을 알 수 있다.

7. 기타 숙박시설(宿泊施設)의 종류

1) 모텔(Motel)과 모터 호텔(Motor Hotel)

미국에서 1952년에 세워진 윌슨의 홀리데이 인(Holiday Inn)이 모텔의 심벌로서 발전하고 있다.

모텔(Motel)은 'Motor'와 'Hotel'의 합성어로서 자동차 여행객을 위하여 고속도로나 국도 주변에 위치한 호텔이다. 통상 객실 수가 50실 미만이며, 객실 이외에는 특별한 서비스가 제공되지 않으므로 가격이 저렴하다.

모터 호텔(Motor Hotel)은 모텔이 발전된 것으로 객실 수가 50~70실 정도의 규모이며, 모텔보다 시설이 고급이고 커피숍, 칵테일 바 등의 편의시설을 갖추고 있다. 모텔(Motel)과 모터 호텔(Motor Hotel)은 자동차 호텔이라는 의미에서 같은 용어이며 1920년대 미국 캘리포니아를 중심으로 모텔(Motel)이라는 용어가 처음 사용되었으며 2차 세계대전 후 자동차산업의 발전과 모텔 내에 편의시설들이 설비되면서 미국 전역에 걸쳐 모터 호텔(Motor Hotel)이라는 용어가 사용되게 되었다.

모텔이나 모터 호텔도 호텔과 마찬가지로 상용이나 휴양 목적으로 여행하는 고객을 대상으로 한다. 이들이 제공하는 상품과 서비스는 일반 호텔이 제공하는 것과 거의 비슷하다.

여행의 다양화에서 오는 도로의 발달과 자동차 여행의 급격한 증가로 자동차와 함께 쉬고 숙박할 수 있는 모텔이 미국을 비롯하여 전 세계적으로 호텔 못지않게 등장하고 있다. 모텔(Motel)이란 글자 그대로 자동차 여행자를 위한 모터 호텔(Motor

Hotel)인 것이다. 그러나 요즘에는 모텔과 모터 호텔의 개념을 달리하고 있다. 일반적으로 모텔, 모터 호텔이라고 칭하지만 그 범주가 정확하지는 않다. 모텔과 모터 호텔의 특수성을 살펴보면 다음과 같다.

① 건전한 호텔의 인상
② 저렴한 숙박요금
③ 편리한 주차시설
④ 팁의 불필요(No Tips)
⑤ 객실 계약의 불필요
⑥ 이용과 행동의 자유

2) 보텔(Botel)

보트(Boat)를 이용해서 여행하는 사람들이 이용하는 호텔로서 마이애미나 하와이 해변에 이러한 호텔이 많다. 모터보트(Motor Boat)를 조종하면서 해상을 즐기며 즐거움을 찾는 고객들이 이용한다. 자동차 여행자들이 이용하는 모텔의 수와는 비교되지 않지만 미국에서는 레저 붐을 타고 발전하고 있다.

3) 요텔(Yachtel)

호반이나 해변, 강변에 위치하면서 요트를 즐기는 여행자를 위해 만들어진 호텔이다.

4) 빵숑(Pension: 펜션)

유럽에서 볼 수 있는 여인숙 같은 숙박시설로 대개 부대시설이 매우 단조롭고 숙박요금이 호텔에 비하여 저렴한 것이 특징이다. 장기체재객에게는 할인요금으로 봉사하며 객실요금제도에도 1박3식 제도(Pension Plan)나 1박2식 제도(Semi Pension ; Demi Pension ; Half Pension)가 있다. 유럽에서 발생된 전형적인 하숙식 여인숙으로 장기체재형의 저렴한 숙박시설이다.

본래의 빵숑은 규모가 적고 쾌적하지 못한 듯하나 가족적인 분위기로서의 사명을 다하면서 저렴한 가격으로 고객을 유치하므로 요즈음에는 빵숑의 명칭으로 호텔과 다름없는 시설로 이용되는 곳도 있다.

5) 콘도미니엄(Condominium)

콘도미니엄의 개념은 남부 유럽과 미국, 푸에르토리코에서 시작되었다고 할 수 있으며, 1958년에 푸에르토리코의 정부는 콘도미니엄 소유권을 인정했다.

미국에서의 콘도미니엄은 플로리다 · 하와이 · 캘리포니아 · 콜로라도 등에서 처음으로 전개되었으며, 1973년에 미국은 500개 이상의 콘도미니엄이 완성되었고, 지금은 미국의 여러 주와 카브리해 지역으로 확산되었다.

콘도미니엄의 문자상의 의미는 종합 소유권(Joint Dominion)을 뜻한다. 이것은 공동주택이나 개인주택으로 개인에 의해 소유되고 있으나 경영관리와 서비스의 단위는 공동으로 제공된다.

미국인은 자동차 여행을 많이 하고 있으며 트레일러(Trailer) 등을 자동차 뒤에 끌고 해변, 캠핑장(Kamp-Ground), 관광지를 찾는다. 이러한 미국인들의 여행형태와 추세에 따라 미국의 관광사업은 콘도미니엄 리조트(Condominium Resort)를 개발하였다. 콘도미니엄 리조트는 호텔 이외에 온천장과 레크리에이션 센터를 공동 소유관리하고 있으며 트레일러 파크(Trailer Park)를 포함하고 있다. 또한 트레일러 여행자들이면 누구나 좋아하는 오버 나이트 플랜(Over Night Plan)의 드라이브 캠프를 운영하고 있다.

미국의 석유회사인 걸프 오일(Gulf Oil Company)은 미국 내에서 7개의 콘도미니엄 리조트 센터를 경영함으로써 관광사업에도 투자한 사례이다.

6) 유스호스텔(Youth Hostel)

유스호스텔 운동이 최초로 시작된 것은 1909년 독일의 알테나(Altena)읍의 한 초등학교 교사인 '리하르트 쉬르만(Richard Schirrmann)'이 도시의 학생들에게 소음과 매연의 도시환경에서 벗어나 대자연 속으로 들어가 깨끗한 공기를 호흡하고 휴식과 건강을 위하여 방학 중인 학교를 숙사로 빌려서 이용한 것이 이 운동의 시초이다. 그리하여 '리하르트 쉬르만'이 '유겐트헤르베르게(Jugendherberge : 도보여행, 청년에게 싼 값으로 잠자리를 제공하는 숙박소)'의 건설운동을 시작, 이를 전 세계로 전파(傳播)하였다. 1932년에 국제 유스호스텔 연맹이 창시되어 가입회원에게 배부되는 회원증 제도가 생겼으며, 이 회원증은 국제적으로 통일되어 있으므로 어느 나라의 유스호스텔이든지 이용할 수 있고, 저렴한 요금으로 여행을 할 수 있다.

1900년대 초 독일의 'W. 마이넨'이, 청소년들의 여행활동의 하나로 대자연 속에서 자주적으로 생활하는 이상주의를 주창(主唱)하면서 함께 여행한 것에서 비롯된 '반더포겔(Wandervogel)' 운동과 연합하였다. 유스호스텔 운동은 청소년들의 여행 Needs(니즈 ; 필요, 必要)를 충족시키고, 심신을 단련할 뿐만 아니라, 여행을 통하여 국내 및 해외의 문화, 산업, 역사, 지리 등의 지식을 넓히게 하며, 단체활동의 좋은 습관을 체득케 하고 봉사협동정신을 길러 청소년들로 하여금 건전한 신체와 정신을 고양시키려는 데 그 목적이 있다.

유스호스텔 운동인 호스텔링이란 호스피탤러티(hospitality : 환대)와 친절함을 기조로 한 봉사와 우애 정신으로 협동생활을 통해 질서와 규율을 지키며, 글로벌 활동을 해나가는 것이 목적이다. 여행 호스텔과 휴가 호스텔이 있으며, 휴가 호스텔은 해수욕 · 하이킹 등을 위한 하계 호스텔과 스케이트 등의 윈터 스포츠를 위한 동계 호스텔, 개인 · 학생 등이 교실로 이용하는 주말 호스텔 및 도시 호스텔의 4종류가 있다. 호스텔 안에서의 활동은 모두 셀프서비스이며, 같은 날 같은 호스텔에 투숙하게 된 자(者)는 페어런츠(Parents)로 불리는 관리자를 중심으로 미팅이나 레크리에이션 등을 통해 우의를 다지게 된다. 그래서 유스호스텔은 단순한 숙박장소가 아니라 야외활동의 근거지이다.

유스호스텔의 특성은 다음과 같다.

① 공공시설(식당, 회의실, 컴퓨터룸, 도서실, 운동장 등)을 갖추고 있어 남녀가 공동으로 이용할 수 있으나 객실은 층별로 엄격히 구별되어 있다.

② 식당에서는 셀프 서비스가 원칙, 원하는 사람은 스스로 요리할 수 있는 공간도 구비되어 있다.

③ 등산 및 운동기구가 준비되어 있다.

④ 유스호스텔은 간소, 저렴, 쾌적한 것이 특징이며, 오늘날 세계 각국에서 고조되어 가는 소셜 투어리즘(Social Tourism)의 영향을 받아 보급이 늘고 있다.

⑤ 유스호스텔은 숙박 시에 지켜야 할 규칙이 있으며 투숙객은 이 규칙을 준수해야 한다. 예를 들면 밤 10시에 전등을 끄고 취침하여 아침 일찍 기상해야 하고, 침구 정리와 청소는 스스로 해야 하며, 전체 건물 안에서 금연 및 금주이다.

⑥ 각 유스호스텔마다 제2의 부모 역할을 하는 페어런츠(Parents)가 있어 투숙하는 청소년 여행자를 위해 건전한 교육 프로그램을 제공 및 지도한다.

⑦ 유스호스텔 운동은 대부분이 정부나 공공단체가 그 주체가 되며, 민간인이 운영할 경우에도 유스호스텔 운동의 목적에 부합하는 공익적 사명을 지켜야 한다.

7) 카지노 호텔(Casino Hotel)

현대 카지노 호텔들은 과거 도박(賭博 ; 갬블링 Gambling), 위주의 전통적인 카지노 형태에서 벗어나 다양한 고객층을 유치하기 위한 각종 연예 쇼(Entertainment ; 오락, 여흥, 접대), 주제공원 등을 제공하고 있어 단순한 게임장소가 아니라 호텔, 콘도, 골프장, 스키장, 수영장 등의 시설과 다양한 식음료 시설, 볼거리와 및 휴식공간, 놀이기구, 오락 등을 제공하는 종합리조트 호텔을 지향하고 있다.

해외 휴양지에서 즐기던 럭셔리 풀빌라, 국내외 최고 수준의 유명 쉐프들이 지휘하는 최고급 레스토랑과 다양한 테마의 라운지를 보유하고 최고급 리조트형 호텔 객실을 제공한다. 컨템포러리 디자인으로 구성된 디럭스 룸부터 럭셔리 풀빌라까지 다양한 고객의 니즈(Needs : 욕구)에 맞춘 객실을 제공하고 있다.

하이원리조트 강원랜드카지노

이탈리안, 중식, 일식 등 파인 다이닝 레스토랑, Contemporary Bar(컨템퍼러리 바 : 현대 바), 수영장 내 스낵바까지 다양하고 트렌디한 레스토랑을 보유하고 있으며, Entertainment Hall에서는 라이브 뮤직 공연과 F&B가 결합된 공간에서 특별한 즐거움을 선사한다.

테마별 라운지, 4계절 운영하는 실내/외 수영장, 고급 에스테틱 스파 및 사우나, 스포츠클럽 등의 다채로운 부대시설을 제공한다.

외국인 전용의 카지노로는 Seven Luck Casino(밀레니엄 힐튼 서울 호텔, 오크우드 호텔), 파라다이스 카지노(그랜드 워커힐 서울호텔, 파라다이스호텔 부산, 제주그랜드호텔, 인천 파라다이스 호텔 & 리조트) 등이 있고, 내외국인이 모두 이용 가능한 하이원리조트(강원랜드카지노)가 있다. 하이원리조트는 내외국인 이용 카지노, 하이원그랜드호텔(메인), 하이원그랜드호텔(컨벤션), 하이원 팰리스호텔 마운틴콘도, 밸리콘도, 힐콘도, 스키장(스키&보드), 골프장, 공연장 등을 갖추고 있다.

8) 샤토(Chateau)

샤토는 일명 맨션이라고도 불리는데 영주나 지주의 대저택 또는 호화저택을 지칭했으나, 오늘날에는 관광지의 아담한 소규모 숙박시설을 뜻한다.

9) 샬레(Chalet)

샬레는 본래 스위스식의 농가집을 의미하는 열대지방의 숙박시설형태로서 그 규모는 방갈로보다 작고 건물 높이도 낮은 것이 특징이다.

샬레(Chalet)

10) 로지(Lodge)

로지는 펜션과 별로 차이가 없으나, 독특하고 아름다운 이미지를 가진 프랑스의 시골 숙박시설이다.

로지(Lodge)

11) 민박

민박(Bed and Breakfast : 줄여서 B&B)은 영국 전역에서 이용 가능하며, 우리나라에서는 민박에 해당된다.

12) 포사다(Posada)

포르투갈어로 포사다(Posada) 또는 스페인어로 파라도(Parado)는 정부에 의해 호텔로 개조된 성이나 역사적 건축물이다.

포사다(Posada)

13) 국민숙사

일본에서 흔히 볼 수 있는 숙소로서 휴가촌 숙사라고 하며, 가족단위의 휴가 등을 즐길 수 있는 저렴한 공공숙박시설이다.

14) 인(Inn)

인(Inn)은 우리말로 여관에 해당되지만, 근대적 호텔시설이 갖추어지기 이전의 숙박시설형태를 말한다.

이 밖에도 커티지(Cottage), 방갈로(Bungalow), 산장(山莊 ; Mountain Cabin) 등이 있다.

커티지(Cottage)

방갈로(Bungalow)

8. 객실 수에 의한 분류

일반적으로 관광호텔의 객실 수에 의한 호텔 규모의 분류기준은 다음과 같다. 150실 이하를 소규모 호텔, 객실 150~299실까지를 중규모 호텔, 객실 300~600실까지를 대규모 호텔, 그리고 600실 이상을 특대규모호텔로 구분하고 있다.

제2장

호텔의 개요

제2장

호텔의 개요

제1절 호텔의 역사

1. 고대 숙박시설의 기원

고대 그리스의 문명에서 로마시대를 거쳐, 중세에서 근세로 유럽의 역사가 이어졌다. 호텔의 역사는 인간의 사회활동과 이동을 통해 발전하였으며, 서양에서 숙박업소의 역사는 고대 이집트 · 바빌로니아 시대부터 시작되었다. 당시에는 교역의 범위가 넓어 바그다드와 바빌론을 잇는 대상로(隊商路)에 일찍이 숙박업소가 생겨났다.

고대 그리스시대에는 신전참배의 종교 목적 순례여행자(巡禮旅行者)와 올림피아에서 개최된 고대 올림픽에 참가하는 여행자가 많았으나 영리적 목적의 숙박시설이 없어 주로 민박이나 신전을 이용하였다. 그 후 고대 이집트나 그리스시대에는 대상(隊商, Caravan)이 있었는데 통상(通商)이나 성지순례(聖地巡禮) 등의 목적으로 여행하는 상인 무리를 대상이라 했다. 또한 포장마차 형식의 이동식 숙박시설을 캐러밴(Caravan)이라 했다. 대상은 지방에 따라 조금씩 달랐는데, 대체로 낙타 · 말 · 노새 · 개 · 순록 등을 짐 운반이나 여행자 탑승수단으로 이용하였으며, 몽골에서는 소달구지도 사용했다. 대상로(隊商路)의 주요 지점에는 여행자를 위한 숙박시설이 있었는데 이를 캐러밴서리(Caravanserai)라고 했다. 주위에 방벽을 둘러싼 2~3층 건물 안에 작은 방들이 마련되어 있었으며, 안마당에는 우물을 설비하였다.

캐러밴서리(Caravanserai)

대상은 캐러밴에서 피로를 풀며 정보도 교환하고 상품도 거래하였기 때문에 동서문화 교류에 큰 역할을 했다. 대상에 종사하던 유수 민족은 아라비아인 · 그리스인 · 시리아인 · 페르시아인 · 소그드인(호인(胡人) : 만주인의 중국호칭) · 투르크족 · 몽골족 · 한족(漢族) · 유대인 등이었다. 대상로 중에서 가장 유명한 것이 지중해로부터 중앙아시아를 지나 동아시아에 이르는 실크로드이다. 고대 동양의 실크로드에는 대상(隊商)의 숙소형태인 '중앙에 광장이 있는 캐러밴서리(Caravanserai)'가 있었다. '환대산업의 시초'는 BC 3000년경 수메르인(Sumer : 고대 메소포타미아 남부에 살던 민족 또는 그 지역. 세계 최고의 문명이 발생한 지역으로 오늘날의 이라크 지방)들이 그들의 곡식을 필요로 하는 지역에 무역을 하기 위한 여행에서 비롯되었다.

최초의 숙박시설을 중동지역의 무역로를 따라 약 4000년 전에 건립했었다. 이 시설을 캐러밴서리(Caravanserai)라고 하였는데 약 8마일의 간격을 두고 있었으며 현재 중앙아시아 지역의 칸(Khan : 중앙아시아와 인도, 파키스탄, 남아시아에서 유래된 말로 여행자들이 쉴 수 있도록 길가에 만든 주막. 여관인 캐러밴서리를 뜻함)과 유사한 시설이다.

고대 로마시대에는 로마제국의 사자(使者)가 숙박하기 위한 Hospitum(호스피툼 : 여관)이 도로변에 있었다. 로마시대의 귀족들은 귀빈들을 위한 객실과 식당, 욕실, 화장실 등을 설비하였다.

Hospitum(여관)

장거리 여행자를 위하여 그 당시 '포스트 하우스(Post House)'로 불렸던 숙박시설이 있었고 '맨션(Mansion)'이라는 숙박시설은 상류층과 공무로 출장하는 관리 등이 이용하였다. 수도원 같은 숙박시설도 12세기경부터는 종교세력의 쇠퇴로 그 수가 감소되면서, 1096년부터 1270년까지의 십자군 원정, 대량의 행상대(行商隊)의 이동, 성지순례, 식민지의 개척을 위한 해상이동 등으로 인해 비영리적인 수도원은 영리적 목적의 숙박시설로 발전하게 되었다.

고대 그리스시대에는 '레스케(Lesche)'라는 공공시설에서 숙박을 하거나 토론을 위한 회합(會合)을 하였으며, '판도케이온(Pandokeion : 전통적인 의미의 여관. 창고와 마구간을 갖춤. 이슬람어로 '푼둑(Fundug)'으로 변화. 서부 아랍에서는 현대식 호텔을 일컬음))'에서는 타지인을 위한 숙박시설을 제공하였다. 로마시대의 아우구스투스 황제는 넓은 영토를 통제하기 위하여 도로망을 건설하고 역참에서 공문을 주고받는 역체(驛遞)시스템에 따라 도로변에 숙박할 수 있는 역을 건설하였다. 여기에서 군인과 관리들이 숙박하거나 물자를 옮기면서 중간에서 쉬어갔다.

일반 여행자가 많아지면서 민간경영 숙박업소도 점차 출현했다. 실내 목욕탕을 갖춘 '데웨르소리움', 마구간이 딸린 '스타블룸', 하층계급용 '카우포나', 음식점과 주점을 겸한 ‘타베르나’, 고급요리를 겸한 ‘포피너’ 등의 ‘여관’이 출현했다.

BC 1500년경 이집트시대에 가장 오래된 ‘호스텔(Hostel)’이 지금의 그리스 ‘크레타(Crete)섬’에 보존되어 있다. 또한 그리스에서는 지중해 무역을 하는 사람들을 위한 여관들이 성업했다. 고대 그리스 도시국가(폴리스 : 원시사회에 이어서 고대 제국이 출현하기 전에 널리 있었던 국가형태)가 발달되면서 특히 위락관광으로서 쇼와 도박이 성행하였고, 또한 시민들의 해외관광과 관용업무 여행에 도움을 주는 ‘프록스모스(Proxemos)제도’ 즉, ‘여행안내원(Tour Guide)’ 직업이 생겼다.

BC 500년경에는 그리스에서 미네랄과 온천이 있는 곳에 리조트가 최초로 생겼다.

로마시대 환대산업의 서비스 질이 높았던 이유는 여행할 수 있는 귀족이나 부유층들이 많았고 도로시설이 잘 정비되어 있었기 때문이다. 로마인들은 온천리조트(Sparesorts)를 영국, 스위스, 중동 지역까지 전파하였다. 또한 로마제국에서는 30마일(Mile)지점마다 공영숙박시설이 설치되었고 식당, 세면장, 자물쇠가 있는 침실이 있었으며 시설에는 정원과 가축을 위한 마구간, 여행 중에 상품을 보관할 창고로 쓸 수 있는 공간 같은 시설이 있었다.

2. 중세 숙박업

중세시대에는 순례자들이 종교여행을 하였는데 교회나 수도원을 숙박목적으로 무료로 이용하였다. 십자군 원정이 이루어지면서 대량의 물자와 병사가 오가게 되었기에 여관이 영리를 목적으로 발달하게 되었다. 로마제국 멸망 후 약 1000년간은 ‘암흑의 시대’라고 불리는데 세속적인 향락을 엄금함에 따라 숙박시설은 황폐화되기에 이르렀다.

이에 따라 4세기부터 11세기까지의 기간 동안 환대산업은 교회나 성당에 의해 가까스로 보존되었다. 유럽에서는 여행자가 늘어났고 교회나 성당 안의 숙박시설은 상용여행자를 위해 그대로 유지되었다. 18세기 이후 ‘영국의 산업혁명’을 계기로 공업도시로 인구가 집중하고, 국내외의 시장유통과 원료공급으로 인한 식민지의 활용, 그리고 ‘철도와 여객선’ 등의 ‘교통수단이 발달’하여 여행이 쉬워지자 여행자 수가 급증하였기 때문에 오늘날의 기업형태 호텔로 발전하는 계기가 되었다.

3. 근대 호텔의 발전사

1) 인(Inns)의 시대

인(Inns : 여관)은 여행자가 숙박을 하고 일반적으로 음식과 음료를 구할 수 있는 시설이나 건물이다. 이것은 일반적으로 시골(전원) 또는 고속도로에 위치하고 있다. 동력 운송의 출현 전에 그들은 말을 위한 거처도 제공하였다. 르네상스시대부터 '인(Inns)'은 대단한 번성기를 맞아들였다. 이 시기에 주점을 겸한 숙박업소가 생기면서 오늘날 호텔의 원형이 되었다. 17세기 중엽에 '역마차'가 등장하면서 여행자가 늘었고, 19세기 중반에는 '산업혁명'으로 인해 발전한 '철도교통'을 이용하여 쉽게 여행할 수 있게 되었다. 이에 따라 근대적 시설을 갖춘 호텔이 많이 나타나서 대규모 호텔의 기원이 되었다.

유럽에 있는 '인(Inns)'은 2천 년 전에 로마인들이 로마의 도로 시스템을 만들었을 때 처음으로 설립되었을 것이다. 유럽의 많은 여관은 수세기 전에 지어졌다. 여행자들의 필요(Needs)를 충족시키는 것 외에도, 인(Inns)은 전통적으로 공동체 모임장소의 역할을 하였다.

유럽에서는, 숙박시설의 제공에 있어 지금은 'Taverns(터번 : Bar, Pub)', 'Alehouses and Pubs(에일하우스 앤 펍스 : 선술집, 맥주집)' 등과 차별화되었다. 그 당시에는 숙박과 알코올만을 공급하는 경향이 있었다. '인(Inns)'은 업소규모가 클수록 수명이 긴 경향이 있다. 영국 런던의 유명 인(Inns)으로는 '조지(The George)', '토바드(The Tabard)' 등이 있다. 많은 '선술집(Public House)', '역마차 여관' 등은 '인(Inns)'이라는 명칭을 사용할 수 있다. 그러나 인(Inn)과 다른 종류의 시설 사이에는 더 이상 공식적인 구별이 없다.

'선술집(Public Houses)'은 주로 주류를 서비스하는 시설이고 'Restaurants and Taverns'는 '식음료'를 제공한다. 많은 '선술집(Public Houses : 펍, Pubs라고도 칭함)'들은 오랜 전통을 자랑하고 이전에는 인(Inns)을 가리키거나 특정한 종류의 이미지를 떠올리게 하기 위해 '인(Inns)'이라는 이름을 사용했다.

인(Inns)은 'Bed and Breakfasts(B&B : 여행자를 위한 숙박시설의 유형)'와 같았고, 마을 모임을 위해 사용하거나 결혼식 파티를 위해 임대해 주는 '커뮤니티식당(Community Dining Room)'도 있었다. '인(Inns)'은 19세기에 영국의 교통제계가 발선하는 데 중요한 역할을 했다.

14~16세기의 '르네상스(Renaissance : 프로방스 문예부흥)'와 '신대륙의 발견'은 유럽 중심의 지중해 중심무역을 신대륙까지 확대, '상용여행'이 발전되었다. 또한 16세기 초에 시작된 'The Grand Tour(그랜드 투어)'는 17~18세기에 들어와 귀족들의 유럽 장기여행 붐(Boom)을 일으켰다. 이를 '여행의 황금시대(The Golden Age Travel)'라고 칭한다. 이 시기에 숙박시설은 '인(Inns : 여인숙 또는 여관)' 또는 '터번(Tavern : 선술집에 숙박시설을 갖춘 경우)'이었는데 생명보호, 수면, 음식, 소지품 보관 등의 최저 필요조건만 갖추어 놓은 형태의 숙박시설이다.

2) 근대호텔의 출현

'기업형태의 호텔'은 18세기 이후 영국의 산업혁명을 계기로 공업도시로의 인구 집중, 국내외의 시장유통과 원료공급으로 인한 식민지 활용, 철도와 여객선 등의 교통수단이 발달하여 여행 용이 등에 힘입어 여행자 수가 급증하였기 때문에 발전하였다.

1841년에 영국인 토머스 쿡(Thomas Cook)이 런던에 세계 최초의 여행사인 '토머스 쿡(Thomas Cook : 여행사 브랜드. 토머스 쿡 그룹(Thomas Cook Group plc)이 소유)'을 개업하였다. 토머스 쿡은 '금주동맹'의 대회에 참가하는 신도들을 모객, 레스터(Leicester)에서 러프버러(Loughborough)까지 왕복 기차여행을 제공하는 단체 대절 열차의 운행에 성공했다. '대량여행'은 근대 '호텔의 대량화'를 이루는 데 기여하였다.

세계 최초의 호텔은 1794년에 건립된 미국의 시티호텔(City Hotel)이며, 오늘날 개념의 호텔 시초는 19세기 초 독일의 바덴바덴에 건립된 바디셰호프(Badische Hof) 호텔이다.

1829년에는 170개의 객실을 갖춘 트레몬트 하우스(Tremont House)가 미국의 보스턴에서 Open했는데 호텔건축과 호텔경영의 모델이다. 당시 트레몬트 하우스가 최초로 실시한 호텔경영기법은 다음과 같다.

- 개인전용 객실 키
- 객실에 개인욕조 설치
- 객실용 전화기 설치
- 객실 내 물주전자 제공
- 벨보이제도 도입
- 싱글베드와 더블베드 사용
- 호텔간부 채용 및 직원교육

3) 호화 호텔(Grand Hotel)의 시대

19세기 유럽에서는 왕정이 공화정으로 바뀌고 귀족세력이 붕괴되어 궁전에서 할 수 없게 된 사교모임이 새롭게 사교장으로 등장한 호텔로 옮겨지게 되었다. 그리하여 당시의 호텔들은 이러한 감각을 맞추기 위하여 호화로움을 강조하였다. 건물의 '아웃테리어'나 '인테리어' 설계, '레스토랑', '각종 기물 및 집기류', '직원의 유니폼', '서비스 절차, 등이 궁전의 형태를 모방하였으므로 그야말로 호화로움의 극치를 이루게 되었다.

파리 리츠호텔(Paris Ritz hotel)

호화 호텔 시대의 대표적인 호텔은 1850년 파리에 건립된 '그랜드 호텔(Grand Hotel)'이다. 호화 호텔의 시대를 영어로 'Grand Hotel'이라고 명명하는 이유는 바로 이 그랜드 호텔이 호화성을 잘 반영해 주었기 때문이다. 이 시대의 대표적인 호텔 경영자는 '세자르 리츠(Cesar Ritz : 1850~1918)'이다.

1850년 스위스의 니더발트(Niederwald)에서 출생한 '세자르 리츠(Cesar Ritz)'는 1878년 루체른에 있는 그랜드 호텔의 매니저가 되었고, 1888년에 총주방장 '오귀스트 에스코피에(Auguste Escoffier)'와 함께 '바덴바덴'에 레스토랑을 Open했다. 15세부터 호텔업계에 투신한 리츠가 호텔경영에 성공을 거두게 된 계기는 당대 최고의 총주방장

(Executive Chef : 이그제큐티브(임원급) 셰프)인 '에스코피에'를 만났기 때문이다. 이들은 '사보이 호텔'에서 함께 일하면서 전성기를 맞이하였고, 1889년부터 1897년까지는 영국 런던 사보이 호텔의 총지배인으로 일하였다.

그는 1896년에 프랑스 파리의 방돔광장(Place Vendome) 15번지에 있던 18세기에 지어진 맨션을 인수하여 1898년 6월 1일 초호화 호텔 '호텔 리츠(Hotel Ritz)'를 개관했다. 호텔 역사상 최초로 전기조명과 전화기를 설치했으며, 전등갓 커버, 욕실 커튼, 욕실용품 등을 사람이 아름다워 보이는 복숭아 색깔로 연출했다. 1899년에는 영국에 '칼튼 호텔(Carlton Hotel)'을 건립하였다. 이후 1902년에는 'Ritz Development Company'를 설립하여 파리, 런던, 마드리드, 리스본 등의 도시에 '리츠호텔 경영체인화'를 추구하였는데 부족한 형태였으나 최초의 호텔경영체인을 선보였다. 1910년에 호텔을 캉봉(Rue Cambon)거리 38번지와 방돔광장 17번지까지 확장, '세자르 리츠'는 은퇴할 때까지 일했으며 1918년에 병환으로 사망했다. 제1차 세계대전 중에는 호텔의 일부가 부상병들을 위한 병원으로 사용되었고, 제2차 세계대전 중인 1940년부터 1944년까지는 독일군 고위장교들에 의해 점거되었다.

1979년 이집트 출신의 사업가 '모하메드 알 파예드(Mohamed Al Fayed)'와 그 일가가 '리츠 파리'를 인수했다. 알 파예드는 약 3억만 달러를 투입, 1988년까지 9년에 걸쳐 대대적인 리노베이션(Renovation : 개조(보수))을 했으며, 이때 만든 수영장은 현재 프랑스에서 가장 큰 실내 수영장이다. 다이애나 왕세자비, 에드워드 7세, 윈저공과 심프슨 부인, 찰리 채플린, 헤밍웨이, 소설가 마르셀 프루스트 등이 리츠 파리의 단골고객이었으며, 저명한 디자이너 코코 샤넬은 1937년부터 37년간 장기 투숙했다.

세자르 리츠는 1902년 영국 런던에 '칼튼 호텔(Carlton Hotel)'을 Open했다. 1906년에는 런던의 피카딜리(Piccadilly) 150번지에 '리츠 호텔 런던(Ritz Hotel London)'을 개관했다. 건축은 '파리 리츠 호텔'을 디자인한 프랑스 건축가 '샤를 뮤즈(Charles Mewes)'와 런던 태생의 '아서 데이비스(Arthur Davis)', 스웨덴의 엔지니어 '스펜 빌란더(Sven Bylander)'가 공동으로 하였다. '세자르 리츠'는 '에드워드 7세'로부터 "호텔리어의 왕, 왕들의 호텔리어"란 칭호를 부여받았다. 한때 브레이스웰-스미스(Bracewell-Smith) 일가가 '런던 리츠 호텔'을 소유했으나 1970년대 초에 '트라팔가 하우스(Trafalgar House)'가 호텔을 인수했으며, 1995년 10월 엘러만 투자회사(Ellerman Investments)의 '데이비드'와 '프레데릭 바클레이'가 호텔을 인수했다. 그 이후 '런던 리츠 호텔'은 8년간의 리노베이션(개조(보수))을 통해 원래의 웅장한 모습으로 복원되었다. 1910년에는 스페인의 마드리드에 '호텔 리츠 마드리드(Hotel Ritz Madrid)'를 Open 했으며 2003년에 '오리엔트 익스프레스 호텔스(Orient Express Hotels)'가 호텔 리츠 마드리드를 매입(買入)했다.

미국인 '앨버트 켈러'가 '리츠(RITZ)' 이름 사용권을 매입하여 1927년 보스턴에 '리츠칼튼(Ritz Carlton)'을 세웠으며 1983년에 '윌리엄 존슨'이, 1998년에 '메리어트(Marriott)'가 '보스턴 리츠칼튼'을 매입했다. 현재 파리, 런던, 마드리드에 있는 호텔만 '리츠(Ritz)'란 이름을 사용할 수 있으며 그 외의 지역에서는 '리츠칼튼'을 사용하고 있다.

'리츠)'의 호텔경영 방식과 '성공요인)'은 다음과 같다.

- "고객은 항상 옳다(Guest is Always Right)"라는 경영이념으로 모든 초점을 고객에 맞추었다.
- 당시 법률로 금지되었던 일요일의 영업을 가능하게 하였고 부부동반으로 외식하는 유행을 일으키게 했다.
- 요리의 황제인 '에스코피에' 총주방장과의 만남으로 인하여 호텔요리를 고급화했다.
- 최고급호텔을 지향하고 유명인사를 초청 이들을 대접하여 단골고객화함으로써 경영효율을 기했다.
- 호텔경영 시 소유와 경영의 분리를 통하여 전문성을 강조하고 체인화를 도모했다.

반면에 그의 호텔경영상 '한계점'은 다음과 같다.

- 호텔의 소유와 경영은 분리되었으나 소유자의 자본투자에 대하여 전문경영인의 책임을 다하지 못했다. 그 시대 호텔의 소유는 귀족의 전유물이었고 소유 그 자체가 부의 상징이었지만 전문경영인은 이익창출을 위한 노력을 기울였어야 했다는 것이다.
- 종사원에게 적절한 대우를 해주지 못했다. 호화 호텔에 호화 고객을 응대하기 위한 종사원만이 존재했었다.
- 시장이 왕후와 귀족에 한정되어 서민 중산계급(중산층) 이하 계층은 이용이 불가능했다.

4) 상용 호텔(Commercial Hotel)의 시대

19세기(1830~1950) 산업혁명이 지속되던 때에 미국은 대자본가들에 의해서 유럽의 호텔에 못지않은 초호화 호텔을 Open했는데, 뉴욕에 건설된 '월도프 아스토리아 호텔(Waldorf Astoria Hotel)'이 대표적이다.

이것은 백만장자 '윌리엄 월도프 아스토'가 1893년에 세운 13층 규모의 월도프 호텔과 1897년에 세운 아스토리아 호텔을 한곳으로 모아 Open한 호텔이다. 1931년에 문을 연 이 호텔은 '뉴욕 파크애비뉴'와 '렉싱턴애비뉴' 사이의 한 블록 전체를 차지하고 47층으로 최고급 시설을 자랑하며 객실은 1,413개이다. 1949년 콘래드 힐튼 창업주가 이 호텔을 인수했고, 시청은 1993년 이 호텔을 공식 랜드마크로 지정했다.

18세기 중엽 영국에서 시작된 기술혁신과 '공업화'로 인해 일어난 '산업혁명'은 미국 · 러시아 등으로 확대되었으며, 산업혁명이 끝나고 미국의 국가 경쟁력이 성장되어 비즈니스 여행객들이 날로 증가하게 되었고 교통 발달로 여행이 편리해짐과 동시에 관광객들이 증가, 저렴한 비용으로 여행이 가능해졌다. 20세기에 들어서 늘어나는 상용여행객들의 수요에 맞추어 미국 호텔산업은 커다란 잠재시장을 찾으면서 변화를 갖게 되었는데, 그 이전 미국의 호텔산업은 초호화 고급호텔과 저렴한 숙박시설의 양극화 현상이 심화, 실제 중산층이 이용할 수 있는 호텔이 없었다. 이 변화는 여행객 수요가 가장 많은 비즈니스 여행자들이 원하는 숙박시설이다. 따라서 상용여행자와 중산층이 지불 가능한 요금과 함께 호텔 서비스를 제공받을 수 있는 호텔의 등장이 바로 상용호텔이었으며 이로 인해 상용여행객들과 중산층에 맞는 숙박시설의 형태, 대중적인 요금의 책정, 새로운 서비스 개발 등의 혁신적인 호텔 경영전략을 속속 개발하여 선보였다. 미국에서는 호텔을 지불능력만 있으면 누구든지 쉽게 이용할 수 있는 대중적인 것으로 인식하였다. 경영에 있어서도 유럽은 격식을 중요시한 반면에 미국은 실용성, 합리성, 쾌적성 등을 갖추었고 혁신적인 면에서 뛰어나고 요금 역시 유럽에 비해 훨씬 대중적이어서 별 부담없이 여행을 자주 할 수 있었다.

미국에서 상용호텔이 번성할 수 있었던 것은 숙박고객의 목적이 상용 여행자였기 때문이다.

이러한 상용 호텔의 시대를 열게 한 영웅은 '호텔의 황제 또는 왕'이라고 불리는 '스타틀러(Ellsworth Milton Statler : 1863~1928)'이다. 스타틀러는 1863년 독일계 이민의 아들로 태어났다. 그의 아버지는 성냥 행상인이면서 기독교 신자였다. 스타틀러는

13세에 호텔의 벨보이(Bell boy)로 취업하여, 최선을 다해 일한 끝에, 32세에 '버팔로'에 진출하여 '레스토랑'을 개업할 기회를 잡고 큰 성공을 거두었다. 이후, 그는 1908년 미국의 버펄로에 진출하여 '300개의 객실과 욕실'을 가진 당시 거대한 '스타틀러 호텔'을 탄생시켜 미국 호텔산업의 새로운 역사를 쓴다. 이어서 "클리브랜드, 디트로이트, 세인트루이스 등의 도시에서 1,000실 이상의 대규모 호텔을 개관"하여 대성공을 거두었다.

"1928년 그가 65세로 타계할 때까지 7개 호텔에 9,050객실을 소유하는 대규모 호텔기업으로 성장"시켰다. 1929년 미국의 대공황 상태에서 전 미국의 85%의 호텔이 도산상태에 빠졌지만 스타틀러 호텔체인은 번창했다.

그러나 1954년 스타틀러 호텔체인 전체를 힐튼 호텔의 창시자 '콘라드 힐튼(Conrad N. Hilton)'이 인수함으로써 스타틀러 호텔시대는 막을 내렸다.

스타틀러의 호텔 경영기법들은 오늘날에도 호텔경영의 많은 부문에서 적용되고 있다. 주방과 홀의 동선을 고려하는 문제, 홀에 서비스 스테이션 설치, 객실마다 전화기 설치와 독립조명 설치, 욕실 거울 앞에 타월걸이 설치, 객실에 신문 비치 등이 그의 대표적인 업적이다.

스타틀러의 호텔경영 방식과 성공요인은 다음과 같다.

- 리츠와는 달리 적정한 요금으로 호텔이용의 대중화를 유도하였다.
- 저가격을 실현하기 위하여 비용절감을 위한 노력을 하였다. 즉 박리다매와 체인의 장점인 '규모의 경제'를 잘 살렸다.
- 양질의 서비스를 저렴한 가격으로 보다 많은 사람에게 제공하고자 하였다.
- 테일러의 과학적 관리기법을 도입하여 업무의 표준화, 능률화, 합리화를 추구하였고, 경영이념을 편리성, 쾌적성, 가격의 타당성에 두었다.
- 호텔 건설에 대한 투자 시 계획단계에서부터 수익성을 고려하였다.

그의 업적을 요약하면 다음과 같다.

- 1.5$로 욕실이 딸린 객실을 "A room and a bath for a dollar and a half!"
- 방화문(Fire Door) 설치
- 어두운 곳에서 쉽게 찾을 수 있는 객실열쇠
- 개인 욕실

- 어두운 곳에서 쉽게 켤 수 있는 전등 스위치
- "Do not disturb"의 표식 사용
- 전신 크기의 거울 비치
- 객실에 얼음물 제공
- 객실 내 조간신문 무료제공
- 스타틀러는 근대호텔의 혁명왕으로 과학적이고 합리적인 경영방식을 고안하고 이를 채택 적용하여 중산층을 대량 흡수-호텔업계의 제1인자로 부상하였다.

TIP

미국 호텔의 아버지, E.M. 스타틀러(Ellsworth Milton Statler : 1863~1928)

Statler는 많은 사람들이 역사상 최고의 호텔맨으로 칭송하는 사람이다. 그는 중산계층 여행자들에게, 적절한 가격으로 최고급 호텔 그리고 이전보다 편안하고 쾌적한 고급호텔을 이용 가능하게 만든 사람이다. 그는 역경과 고난을 극복하는 모범적인 삶을 살아왔다. 그는 웨스트 버지니아에서 가난한 광산 수련공으로 지내다가 13세 때 벨보이(Bell Boy)로 호텔과 인연을 맺게 되었다.

휠링, 웨스트버지니아의 선두호텔에서 2년간의 벨보이 경력으로 그는 Head Bellman이 되었다. 호텔 당구영업장과 철도권 판매영업에서 적자가 계속되자 호텔소유주를 설득하여 영업권을 임대받았으며, 이후 특별 당구시범대회를 유치하여 고객증대에 성공하였다. 그리고 당시 최고의 볼링장과 파이 레스토랑을 오픈했다.

E.M. Statler(October 26, 1863~April 16, 1928)

개업 당시 치킨샌드위치는 은쟁반에 최고급으로 제공되었다. 1894년까지 31세의 약관임에도 불구하고 그는 연소득 1만 불의 소득을 올렸다. 버펄로는 그의 새로운 사업의 시작점이다. 친구와 시설 공급자의 보증으로 그는 파이 가게를 단장하고 엘리컷 스퀘어 빌딩 지하에 레스토랑을 오픈했다.

새 빌딩의 규모는 대단히 컸지만 고객이 별로 없었다. 그는 그 뒤에 버팔로는 외식보다는 집에서 주로 식사하는 도시라는 것을 깨달았다. 브라스밴드의 효율적 경영에도 불구하고 그는 채권자들로부터 시달리기도 했다. 그의 굽히지 않는 의지와 좋은 평판 그리고 추진력으로 버펄로의 중심가 비즈니스맨들의 식습관을 바꿔나갔다. 그는 "모든 사람이 단 25센트로 식사를 할 수 있다"라고 광고했다.

6가지 메뉴를 그 가격에 제공하였고, 행운권 소유자에게는 경품이 수여되기도 했다. 그는 경영정책을 강화하고 매일매일 신선한 재료를 구입하는 것을 기본방침으로 하고, 가장 고임금인 주방장을 해고했다. 그리고 콩이 완두콩보다 싼 날에는 콩을 메뉴로 내놓았다. 이와 같이 그는 효율적인 경영방법으로, 종업원이 책임의식을 갖고 고객중심의 서비스를 제공하는 레스토랑으로 발전시켰다.

최초로 테이블에 냉수그릇(Ice Water Pot)을 비치하고, 더 많은 사람이 테이블에 착석할 수 있는 8각형의 테이블을 고안하기도 했다.

그는 짧은 3년 동안 고객들의 식습관을 바꾸었다. 스타틀러의 사업은 나날이 번창하였고 보다 원대한 것을 위한 준비가 되어 있었다. 그는 2,100개의 객실을 갖춘 '아웃사이더 인'을 개관하고 1901년 버펄로에서 개최된 Pan America 박람회 방문객들을 위해 임시 가건물 형태의 숙박시설을 건축했다. 박람회는 실패하였으나 스타틀러는 운 좋게도 자신의 레스토랑 사업에서 배운 교훈으로 빚더미에 앉는 것은 모면할 수 있었다. 난관과 시련을 극복하고 3년 후 그는 다시 재기하기 시작했는데, 당시 세인트루이스의 2,257객실을 갖춘 '인사이드 인'은 세계 최대의 World Fair로 알려져 있었다. 시즌 끝 즈음에 스타틀러는 30만 불의 이익과 큰 호텔을 원하는 자신을 발견할 수 있었다.

1908년, 그는 뉴욕 버펄로에 첫 번째로 300개의 객실과 욕실을 갖춘 Statler 호텔을 세웠다.(그 호텔은 모든 객실에 먹는 물을 제공하고, 샤워 가능한 개인 욕실을 갖춘 최초의 주요 호텔이다.)

스타틀러는 여러 방면에 있어 천재인 것처럼 보였고, 또한 수많은 방면에 있어 천재성을 발휘했다. 그는 모든 객실에 냉수 공급장치를 갖추게 했다.(벨보이 콜의 약 90% 이상이 냉수 요구이고 객실에 냉수가 완비되어 있다면 호텔은 종업원 수를 줄일 수 있으며, 또한 투숙객들은 벨보이에 의한 방해를 싫어한다고 스타틀러는 주장했다.)

모든 객실에 전화를 설치한 것은 혁신적이었으며 또 모든 객실에는 조명시설을 갖춘 full size 크기의 벽장이 설치되었다. 각 욕실 거울 옆에 있는 타월 걸이는, 고객이 타월을 객실에 던져놓는 것보다 편리했다. 이것은 시트보와 세탁비를 줄여주는 효과가 있었다.

첫해에 30만 불의 이익이 발생한 뒤로 스타틀러의 인생은 성공의 연속이었다. 그는 1907년에 food-cost 시스템을 확립했고 1915년에는 Stoner Carnegie 기술학교의 교수이던 Stoner를 표준화와 관리통계 시스템을 위해 영입했다. 스토너는 통일된 회계처리 시스템의 미비점을 발견하고 이를 개선하였으며, 이 회계처리 방법이 호텔산업의 표준이 되었다.

컨벤션 사업의 확대가 예상되자, 스타틀러는 'Cleveland Statler Hotel'을 1912년에 개관하였다. 클리블랜드 스타틀러의 서비스 정책 중에 "매일 아침 무료 신문제공" 서비스가 있었는데 이는 객실문의 아래를 1인치 가량 깎아냄으로써 신문을 문 밑으로 고객에게 제공하는 것이다.

클리블랜드 스타틀러의 주방은 고객들에게 편리하도록 설계되었다. 식당은 낮은 층에 위치하는 대신 객실 주위에 설비했고 한 주방에서 식당, 커피숍, 그리고 바(Bar) 등에 직접 음식을 공급하게 했다. 객실은 다양하게 디자인하되 비슷한 색으로 꾸미게 하여서 커튼, 침대커버 그리고 카펫 등이 Room과 Room에서 전체 호텔을 통해 서로 교환 가능하게 했다.

'디트로이트 스타틀러'가 1915년에 이어서 '세인트루이스'가 1918년 그리고 1922년에는 '펜실베이니아 스타들러'가 개장했다.

그가 도입한 객실문의 볼록한 판에는 투숙객이 세탁이나 다림질이 필요한 옷을 걸어놓을 수 있었다. 벨맨은 팁 없이 옷들을 수거하고 돌려놓을 수 있게 되었다. '펜실베이니아 스타틀러'는 최초로 의료서비스를 제공하는 호텔이 되었다. 그리고 객실 가격의 표시, 무료 라디오의 설치, 타월의 충분한 제공, 모든 객실 안에 비품목록들을 작성해 둔 것 등이 스타틀러의 혁신이었다.

당대 최고의 호텔맨이며 그의 표준화와 관리통제에 대한 연구심은 그가 미 호텔협회의 경영자위원회 의장이 될 수 있는 계기가 되었다. 이 위원회는 이후 1926년에 "Uniform System of Accounts for Hotel"의 첫 번째 판을 발행하게 된다.

E.M. Statler(October 26, 1863~April 16, 1928)

스타틀러는 종사원 관계와 이익에 있어서 일인자로 인정되었다. 그는 단계 보험을 제안하여 벨맨과 같은 종사원들이 안정적으로 퇴임할 수 있게 했다.

스타틀러 재단은 오늘날 수백만 달러를 자산으로 보유하고 있다. 코넬대학의 호텔경영학교는 교육 시설, 장학금, 연구비 등으로 수백만 달러를 지급받아왔다. 미국 호텔산업에 대한 기여는 계속되고 있으며, 스타틀러 서비스는 세계에서 가장 유명하다. 스타틀러는 지속적으로 대중에게 서비스의 주제를 알리고 있었다. "스타틀러 서비스 코드"는 보통 회사의 정책이었다. 각 종사원이 이를 암기하고 있으며, 일하는 동안 이를 고객에게 실천하도록 했다.

샌프란시스코대학은 스타틀러대학을 소유하고 있기도 하다. 스타틀러 재단기금은 호텔과 외식사업 교육시설에 의해 모금되었고, 기금은 수백만 달러에 이른다.

"Life is service. The one who progresses is the one who gives his fellow human beings a little more, a little better service." ("인생은 서비스와 같다. 앞서가는 사람은 보다 많은 보다 좋은 서비스를 제공하기 위해 인생을 바치는 사람이다." 이는 특히 호텔사업자들과 스타틀러와 같은 사람들에게 가장 어울리는 철학이었다.)

1951년 3월 20일 Dupont이 후원한 Cavalcade of America 라디오쇼는 엘스워스 스타틀러(Ellsworth Statler)의 인생 이야기를 30분짜리 드라마로 선보였다.

4. 세계 호텔의 역사 요약

1) 호텔의 어원과 개념

(1) Hotel의 어원

호텔을 歷史的으로 살펴보면 Hospitale에서 그 어원을 찾아 - Hospitale(호스피탈레 : 순례 또는 참배자, 나그네를 위한 숙소) → Hospital(호스피탈) → Hostel(호스텔) → Inn(인) → Hotel(호텔) 순으로 발전되어 옴

(2) 호텔의 정의

일정한 지불능력이 있는 사람에게 숙소와 식음료를 제공할 수 있는 시설을 갖추고, 사회의 공공사업체로서의 사명을 다하는 서비스 업체

환대산업(Hospitality Industry) - 숙박시설, 레스토랑, 사교클럽 등의 3가지 산업으로 구성된 것

2) 호텔 설립의 역사와 배경

(1) 숙박시설의 시작

교역의 규모가 커지고 여행량이 많아지면서 시작됨

(2) 인(Inns)시대

① 맨션(Mansions) : 고대 로마시대, 공용으로 출장 가는 관리 또는 여행자가 관청에서 발행하는 증명서를 제시하고 숙박함

맨션(Mansions)

② 캐러밴서리(Caravansary) : 고대 동양의 실크로드에 있는 대상들의 숙소로서 광장을 중심으로 많은 숙소가 모여든 형식. 큰 여관(Inns)을 말한다.

③ 인(Inns) : 1096년부터 시작된 십자군 원정을 계기로 성지순례 여행이 성행하였는데 각지의 교회와 사원들이 숙박시설로서의 기능을 맡았고 이들 숙소가 독립

하여 인(Inns)으로 불림

④ 이 시대 숙소의 특징 : 수면, 음식, 생명, 재산보호, 지역 간 교류, 성지순례가 주목적

3) 근대 주요 국가의 호텔 설립의 역사와 배경

(1) 영국

- 호텔의 등장 : 17C, 영국, 페더즈 호텔(Faethers Hotel)에서 유래

세계 최초의 호텔인 페더즈 호텔(Faethers Hotel)의 특징은 다음과 같다.

- 숙소기능 + 상류계층 사교모임장소
- 등장배경 : 도로건설, 역마차, 우편마차 등장
- 고급숙박시설, 숙박시설 건축양식 표준화
- 지방관청의 허가로 영업
- 영국 상류층 자제의 대륙 수학여행, 사상가, 문호들의 대륙여행에 이용됨

표 2-1 근대 영국 호텔의 연대기

연도	호텔명	특징	비고
16세기 초		숙박시설 등장	스카버러우, 브라이튼 지역
1760년			호텔이란 단어 최초 사용
1770년		현대호텔의 초기형태	First Family Hotel 등장
1838년		1840년 이후 철도여행자를 위한 철도호텔 등장	First Railway Terminal Hotel 등장
19세기		시민 사교장 역할	오늘날의 커피숍과 같은 터번(Tavern)이 숙박과 식음료를 제공
1889년	사보이 호텔(The Savoy Hotel)	고급호텔의 창시자 리츠와 당시 위대한 총주방장(Executive Chef)인 에스코피에와 공동 경영	법률로 금지된 일요일에도 디너(Dinner) 서비스, 레스토랑에서는 정장을 의무화, 여성을 동반하지 않은 고객은 거절
1899년	칼튼호텔(The Carlton)	세계 최초 체인 경영시스템	영국에서는 처음으로 전 객실에 욕실 구비, 부유층을 위한 고급 호텔서비스 제공
	근대 영국의 호텔은 세자르 리츠(Cesar Ritz)에 의해 발전 계기		

(2) 독일

19세기 중엽 호텔이라는 명칭 출현, 베르사유 궁전의 상류계급의 세련된 생활양식을 바탕으로 호화로운 시설과 고급서비스 등장

표 2-2 근대 독일호텔의 연대기

연도	호텔명	특징	비고
1807	바디셰호프 (Der Badische Hof)	오늘날 개념의 호텔 시초	바덴바덴의 온천 호텔, 인(Inn)을 벗어나 호화롭고 호텔 규모가 커지는 가교역할
1874	카이저 호프 (Caiser Hof)		베를린
1876	프랑크푸르트 호프 (Frankfurt Hof)		라인강변
1914	유스호스텔		독일 전국에 83개 건립
	Hof : 건물 등에 둘러싸인 장소 또는 거대한 저택(Inn에서 Hotel로 변천하는 과정에서 과도기적인 명칭으로 쓰였던 호텔)		

(3) 프랑스

호텔이라는 단어는 병원과 같은 어원에서 나온 프랑스 호텔에서 파생되었다. 현대 프랑스어 사용법에서, '오텔-디외(Hôtel-Dieu)'는 영어 용어와 동일한 의미를 가지며, 'Hôtel particulier(오텔 파르티퀼리에)'는 Hôtel-Dieu(파리에 있음)와 같은 일부 장소이름에서 'Hôtel'뿐만 아니라 이전 의미로 사용된다. 곡절 악센트가 있는 프랑스어 철자는 영어로도 사용되었지만 지금은 거의 사용하지 않는다. 곡절은 이전의 호스텔 철자에 있는 's'를 대체한다. 오텔-디외(Hôtel-Dieu)는 가톨릭계 교단의 구료(치료를 청함) 시설에 신의 숙소로 일컬어진다. 542년 프랑스의 힐데리히 1세가 리옹에 세운 것, 641년에 파리에 성랑드리가 세운 것이 있는데, 보통은 파리의 것을 가리키는 경우가 많다. 파리의 것은 처음에 호스비츠(숙박소)를 겸하고 12세기 이후 순전한 병원이 되었는데 설비는 역시 불완전했다. 환자는 질병의 상태에 따라 나누어져 수용되고, 간호사가 돌보았다.

호텔은 19세기 서유럽과 북미 전역에 확산되었고, 영국의 사보이 호텔(Savoy Hotel)과 런던과 파리의 리츠 체인 호텔, 트레몬트 하우스(Tremont House)와 미국의 애스터

세자르 리츠(Cesar Ritz)

하우스(Astor House) 등으로 고급호텔이 시작되었다. 부유한 고객에게 음식을 제공하는 풍습은 세기의 후기 중반 생겨났다.

리츠가 호텔경영에 성공을 거두게 된 계기는 당대 최고의 Executive Chef인 에스코피에(Escoffier)를 만남이었다('(3) 호화 호텔(Grand Hotel)의 시대' 참조).

오귀스트 에스코피에(Georges Auguste Escoffier : 1846~1935)는 현대적 전통요리의 거장으로 숭배받는 유명한 프랑스 주방장이다. 에스코피에는 12세에 요리하는 일을 시작하여 74세에 칼튼 호텔에서 은퇴할 때까지 62년 동안 요리를 했다.

그의 이름이 세계적으로 유명해진 것은 1890년에 문을 연 사보이 호텔의 요리장으로 발탁되면서부터이며, 에스코피에는 1893년 사보이 호텔에 묵었던 유명한 여가수 넬리 멜버를 기념하기 위해 '페슈 멜바(피치 멜바)'라는 요리를 만들었다. 1899년에는 칼튼 호텔로 옮겼으며, 고급요리를 계속 만들어 엄청난 명성을 얻게 되었다. 빌헬름 2세는 "나는 독일의 제왕이지만, 당신은 요리의 제왕이다"라고 칭송했다. 그는 프랑스 요리가 해외에서 명성을 얻게 한 공로를 인정받아 1920년 '레지옹 도뇌르 훈장(Legion d' Honneur)'을 받았다.

표 2-3 근대 프랑스 호텔의 연대기

연도	호텔명	특징	비고
1850	르 그랑호텔 (Le Grand Hotel)	회사조직에 의한 최초의 근대 호텔	이 호텔의 명칭은 오늘날에도 세계 각지에서 고급호텔의 대명사로 사용되고 있다.
1855	루브르 호텔 (Hotel du Louvre)	나폴레옹 3세의 창안	
1870	그랑 나시오날 호텔 (Hotel Grand National)		

1898	리츠 호텔 (Ritz Hotel)	호텔 역사상 최초로 전기 조명과 전화기를 설치했으며, 전등갓 커버, 욕실 커튼, 욕실용품 등을 사람이 아름다워 보이는 복숭아 색깔로 통일	세자르 리츠(Cesar Ritz)는 1896년 프랑스 파리의 방돔광장(Place Vendome) 15번지에 있던 18세기에 지어진 맨션을 인수하여 1898년 6월 1일 초호화 호텔 '호텔 리츠(Hotel Ritz)'를 개관
	1898년 이후 세자르 리츠(Cesar Ritz)는 호텔 서비스와 발전에 많은 영향을 줌		

(4) 미국

초기의 숙박시설은 신대륙을 찾아 미국으로 이주한 이민자들의 모임장소로 터번(Tavern : (선)술집), 인(Inns : 객점(客店), Lodging Place, 여행자들의 간이 숙소, 여인숙)이 생겨났고, 1634년 여관형태의 콜스 오디네리(Coles Ordinary)를 시초로 대중적 숙박시설이 등장한다.

미국 호텔업의 성장요인은 다음의 3가지 이유 때문이다.

① 가격이 저렴하여 대중성, 지불능력이 있는 고객은 누구나 사용

② 미국인은 여행을 좋아함

③ 교통과 자동차 산업의 발달

(가) 제1차 황금기(1794~1829)

1794년, City Hotel → 미국 최초의 호텔

(나) 근대 호텔 출현기(1829~1900)

1829년, 트레몬트 하우스(Tremont house) → 근대 호텔 산업의 원조

① 총지배인 제도 채용

② lobby 구비

③ 프랑스 요리제공

④ 최초의 벨맨제도

⑤ 최초의 객실 내 물 사용 가능

⑥ 객실 내에서 호출 가능

⑦ 최초로 각 객실별 열쇠 사용 및 열쇠를 부착

(다) 제2차 황금기(1900~1930)

1908년, 스타틀러 호텔(Statler Hotel) → 상용호텔의 시초

① 1.5$로 욕실이 딸린 객실을

② 방화문(Fire Door) 설치

③ 어두운 곳에서 쉽게 찾을 수 있는 객실열쇠

④ 개인 욕실

⑤ 어두운 곳에서 쉽게 켤 수 있는 전등 스위치

⑥ "Do not Disturb(입실 사절, 깨우지 마시오!)"의 표식 사용

⑦ 전신 크기의 거울 비치

⑧ 객실에 얼음물 제공

⑨ 객실 내 조간신문 무료제공

⑩ 스타틀러는 근대호텔의 혁명왕으로 과학적이고 합리적인 경영방식을 고안하고 이를 채택 적용하여 중산층을 대량 흡수, 호텔업계의 제1인자로 부상하였다.

- 1927년 시카고에 객실 3,000실을 보유한 초대형 호텔 스티븐슨 호텔(Stevenson Hotel)이 출현했다. 이 호텔은 추후 Conrad Hilton and Tower로 개명되었다.

(라) 공황기(1930)

대공황으로 전체 호텔의 85% 이상이 도산. Chain Hotel(체인호텔) 등장

(마) 회복기(1940~1950)

제2차 세계대전으로 인한 군인들의 이동으로 여행빈도가 높아졌고 다시 호텔 수요가 급증하게 된다. 객실 점유율이 90%에 달했으나 서비스인력과 호텔용품 부족, 서비스 부재. 1945년 종전으로 미국 경제가 급성장하고, 일반 대중 여행자를 위한 경영합리화를 모색하기 위한 체인호텔이 등장하였음

(바) 근대기(1950~)

- 1950년대 마이카의 보급으로 가족 중심의 자동차 여행객이 급증-휴양지나 도로변에 홀리데이인, 라마다 인(Ramada Inn) 등의 체인호텔 형태의 리조트호텔(휴양지 호텔)이 생겨났고, 자동차 여행자를 위한 Motel(모텔)이 등장
- Hotel Chain System이 도입됨에 따라-쉐라톤(Sheraton), 힐튼(Hilton) 체인이 업계를 주도하게 됨. 그 후 항공회사가 호텔업에 대거 진출함

- 항공회사의 호텔경영 진출 : 대한항공-KAL Hotel, Pan America-Intercontinental Hotel, TWA-Hilton International, American항공-Americana Hotels
- 하워드 존슨의 Lodge 경영 : 고속도로 레스토랑에 병설
- 메리어트의 다각경영 : 외식산업 겸 자동차식당
- 리조트 호텔 경영 등 다양화 : 휴양지 호텔-여름, 해변/ 겨울, 산장호텔
- 세계적인 리조트 브랜드 출현 : 1950년 '제라드 블리츠(프랑스)'가 동업자 '길버트 트리가노'와 함께 스페인의 마르조카(Majorca)섬 알쿠디아(Alcudia) 해변에 최초의 '클럽메드 빌리지'를 open함. '클럽메드'는 1970년대와 1980년대 들어 5개 대륙 120여 곳에서 리조트를 운영하며 황금기를 맞음

표 2-4 근대 미국 호텔의 연대기

연도	호텔명	특징	비고
1794	뉴욕 시티 호텔 (City Hotel)	최초의 호텔	뉴욕
1807	익스체인지 커피하우스 (Exchange Coffee House)		필라델피아
1807	볼티모어 시티 호텔 (City Hotel)	공공적 회합의 장소 역할	보스턴
1824	유나이티드 스테이츠 호텔(United States Hotel)	당시 최대 규모의 현대적 호텔	
1829	트레몬트 하우스 (Tremont House)	170개의 객실보유한 최초의 현대적인 호텔	호텔 건축과 호텔 경영의 모델 제시
1897	월도프 아스토리아 호텔 (Waldorf–Astoria Hotel)		당시 1,000실(욕실이 딸린 룸은 765실)로 세계 제일의 규모와 호화로움을 자랑하였으나 이후 힐튼 체인에 매각 되었음(현재는 50층 규모에 1,900실)
1908	버펄로 스타틀러 호텔 (Buffalo Statler Hotel)	상용호텔의 효시(미국 호텔산업의 새로운 시대를 염)	미국 최초로 전 객실 300실에 욕실 완비, 당시 1.5달러로 욕실 딸린 방이라는 파격적인 가격 제시로 대성공을 거둠
1927	스티븐슨호텔 (Stevenson Hotel)	시카고에 객실 3,000실을 보유한 초대형 호텔	이 호텔은 추후 Conrad Hilton and Tower로 개명됨

TIP

메리어트인터내셔널(Marriott International Inc.)

세계적으로 고급호텔과 숙박시설 및 프랜차이즈체인을 운영하는 업체이다. 1927년 5월 J. 윌라드 메리어트(J. Willard Marriott) 부부가 워싱턴에서 연 음식점이 모체가 되었다. 1992년 메리어트인터내셔널이 창립하면서 호스트메리어트사(Host Marriott Corporation)과 양사 체제가 되었고, 1998년 호텔 체인업체인 리츠칼튼호텔사(Ritz-Carlton Hotel Company)를 인수하였다. 2002년 대대적인 조직개편을 통해 호텔 소유권과 경영에 초점을 맞추었다.

전 세계 127개국에 6,500개가 넘는 호텔과 리조트를 운영한다. 미국 텍사스주(州) 알링턴에 있는 키브리지메리어트(Key Bridge Marriott)는 가장 오래 운영된 호텔로 1959년에 세워졌다.

브랜드 및 자회사로는 메리어트호텔&리조트, JW메리어트호텔&리조트, 르네상스메리어트호텔&리조트, 메리어트콘퍼런스센터, 리츠칼튼, 불가리호텔&리조트, 코트야드바이메리어트(Courtyard by Marriott), 페어필드인바이메리어트(Fairfield Inn by Marriott), 스프링힐슈츠바이메리어트(SpringHill Suites by Marriott), 레지던스인바이메리어트(Residence Inn by Marriott) 등이 있다.

본사는 메릴랜드주 몽고메리 카운티 베데스다(Bethesda) 지역에 있고, 한국에는 JW 메리어트 호텔 서울, JW 메리어트 동대문 스퀘어 서울, 코트야드 바이 메리어트 서울 판교, 코트야드 바이 메리어트 서울 타임스퀘어, 메리어트 이그제큐티브 아파트먼트 서울, 리츠칼튼 서울, 르네상스 서울 호텔 등이 있다.

5. 한국의 호텔 발전사

1) 해방 전의 호텔사

우리나라의 숙박시설은 유숙으로부터 민박, 역관, 객사, 원, 영빈관, 객주, 여객 및 주막 등의 이름에서 여관, 여인숙, 호텔, 관광호텔로 발전하였다.

우리나라에서 호텔이란 용어는 숙박하는 객실의 형태가 양식인 시설이 등장하면서 사용되기 시작했다. 외국인에 의해 세워진 서구식 숙박시설인 호텔의 등장은 우리나라의 숙박산업에 커다란 전환점을 가져다주었다. 이때까지의 숙박시설 개념은 온돌과 침구를 구비한 한식 여관과 다다미가 설치된 일식 여관이 전부였으나, 여기에 침대와 가구가 설치된 호텔의 개념이 부가된 것이다.

한국의 전통적인 숙박시설의 특징은 국가에서 하는 공설기관이 사설기관보다 월등히 많아 공설기관을 중심으로 숙박시설이 발달하였다는 것이다. 전통사회에서는 개인적인 여행이 많지 않았으므로 개인여행자를 대상으로 한 사설 숙박시설이 적을 수밖에 없었기 때문이다.

487년(신라 소지왕 9)에 등장한 역(驛)이 공설 숙박시설의 효시라고 할 수 있다. 역에서는 주기능이 아닌 부기능의 일부로 숙박업무를 담당하였는데, 그 기능은 조선시대까지 계속되었다. 역 이외의 공용여행자를 위한 공설 숙박시설은 빈객을 접대하는 각 주현(州縣)의 관(館), 즉 객사(客舍)와 교통상 중요한 곳에 설치한 원(院)이 있었다.

17세기 후반 상공업이 발달하면서 보부상(褓負商 : 고대사회 이래 상품집산지에서 구입한 일용잡화물을 지방의 시장을 돌아다니면서 소비자에게 판 행상인(行商人))을 비롯한 상인들의 활동이 활발해지면서 사설 숙박업소가 생기게 되었다. 사설 숙박업소의 효시는 객주(客主)와 여각(旅閣)이며, 이때부터 주막도 등장하였다.

개항이 이루어지자 수많은 열강이 한국에 진출하여 외국인들이 찾아오게 되었다. 방문객과 거류자 수가 많아지면서 새로운 업종들이 들어왔는데, 1883년(고종 20)에서 90년 사이에 여관업이 국내에 소개되었다. 이로써 1880년대가 근대적 숙박업소인 여관이 시작된 때라고 할 수 있다.

우리나라 최초의 호텔은 1888년 인천에 세워진 대불호텔(대불호텔은 숙박 이외의 기능은 없었으므로 우리나라 최초의 호텔이라고 하기에는 한계성을 가지고 있다)이다.

이 호텔은 3층 벽돌로 지어졌으며, 객실은 11실이었으나 숙박 이외의 기능은 없었다. 당시 인천항을 이용하여 교역하는 사람과 서울로 가기 위한 외국인에게 인기가 있어 연일 만원을 이루었다.

1902년에는 최초의 서양식 호텔인 손탁호텔이 서울에 건립되었다. 이 호텔은 러시아풍의 2층 건물로 객실은 약 30개 정도였으며 커피숍 등이 갖추어져 있어 외교 및 사교의 장소로서 인기가 높았다. 1910년 이후 근대식 여관은 일제의 식민지정책으로 발달한 도시와 함께 번성하였다. 도시 인구의 증가, 상공업과 교통의 발달은 숙박시설의 발달을 함께 가져왔다. 처음 등장한 근대식 여관은 주로 일본식이었으나, 점차 서양식의 여관도 생기고 또한 일본에서 전해진 근대식 여관에 자극을 받아 온돌방으로 된 한국식 여관도 생겨났다.

이후 우리나라의 호텔은 철도의 발달과 더불어 발전하였다. 즉 일제시대 일본이 만주 및 중국대륙의 침략을 위해 한반도를 교두보로 이용할 목적으로 철도역 주변에 철도호텔을 짓게 되었는데 이 당시 건립된 호텔이 1912년 부산 철도호텔과 역사를 겸한 서구식 철도호텔인 신의주 호텔이다.

1914년에는 서울에 조선호텔(당시 69실)이 건립되어 재건축 등을 통하여 오늘날까지 명맥을 유지하고 있다.

철도호텔 위주로 건립되던 호텔들이 1915년 이후에는 금강산에 금강산 호텔을 시작으로 지방 도시와 유명 휴양지에 호텔이 건립되는데 목포의 목포호텔, 부산의 동래호텔 등이 대표적인 호텔이라고 할 수 있다.

우리나라 호텔사에 전환기를 가져오게 한 호텔은 1936년 서구식 숙박시설의 반도호텔이다. 이 호텔은 당시 최대규모(111실)였으며 대중적인 상용호텔(Commercial Hotel)의 역할을 내세웠다.

2) 해방 후의 호텔사

1945년부터 1960년까지는 어수선한 정국으로 인하여 호텔발전의 진전이 거의 없었는데 주한 외국인의 단체관광이 처음으로 발생하여 전국 명승지에 호텔들이 건립되었다. 이 시기에 건립된 호텔은 온양호텔, 불국사호텔, 서귀포호텔, 설악산호텔, 해운대호텔 등이다.

60년 이후 공업화 · 도시화가 본격적으로 이루어지면서 인구 이동이 활발해짐에 따라 여관의 수도 급격히 늘어났다. 수적인 팽창뿐 아니라 질적으로도 발달이 거듭되었고, 2000년부터 여관이나 여인숙 등 모든 숙박업소가 '호텔'이라는 명칭을 쓸 수 있게 되었다.

1960년대부터는 정부의 관광사업 정책 및 지원에 따라 수준급의 호텔이 등장하였고 1963년도에는 당시 최대 규모(254실)의 워커힐호텔이 개관되었는데 1965년에 국제적 관광기구인 제14차 PATA(태평양아시아관광협회 : Pacific Asia Travel Association) 총회를 개최하여 우리나라 호텔산업에 현대적 의미를 가져다준 계기가 되었다. 이후 이 호텔은 1977년 쉐라톤(Sheraton)과 체인 계약을 맺고 증축을 통하여 오늘날까지 대형 호텔로서 명맥을 유지하고 있다.

1965년 한일 국교 정상화는 일본 관광객에게 문호를 개방함으로써 우리나라 호텔산업의 도약을 가져오게 하였다.

1970년대는 경제성장과 함께 호텔산업도 제도적 보완은 물론 체계적으로 발전하게 되었고, 외화획득 수단으로 호텔을 비롯한 관광산업의 중요성이 강조되기 시작하였다.

1970년에는 전국적으로 관광호텔의 등급화가 실시되어 심사를 하게 되었고, 관광호텔 총지배인 자격시험제도를 실시하여 호텔 전문경영자의 확보와 질적 향상을 기하고,

호텔서비스를 국제화하는 데 기여하였다.

1970년대 중후반에는 정부의 관광진흥정책에 따라 경주보문단지(1974~79년)와 제주 중문단지(1978~86년) 등의 관광단지가 개발되어 호텔산업에도 영향을 주었다.

1980년대는 국민관광과 국제관광의 조화발전, 서비스수준의 향상, 국제회의의 국내 유치촉진, 86아시안게임, 88서울올림픽 등을 통하여 우리나라 관광산업이 일대 도약을 하게 되는데 관광산업의 중추적인 역할을 하는 호텔산업도 이에 부응하게 되었다. 특히 이 시기에 국제적인 체인호텔이 우리나라에 대거 들어와 호텔경영과 문화를 한 단계 끌어올렸다.

외국계 체인호텔이 국내 호텔경영에 미친 영향은 다음과 같다.

- 서비스의 국제화
- 호텔 이용의 대중화
- 호텔경영 노하우 및 능력의 습득
- 호텔관리 능력의 향상
- 호텔 종업원의 임금 및 복지 향상
- 부패 · 부조리의 척결

1990년대는 국내외적으로 관광이 활성화되었지만 1997년 IMF의 찬바람은 호텔업계에도 시련을 안겨주었다.

3) 우리나라 호텔의 역사

한국 호텔의 역사를 정리하면 다음과 같다.

(1) 삼국 초기~고려시대

- 삼국사기 : 숙박시설에 관한 최초의 기록
  - 신라, 소지왕 9년 '역관' : 관리들이 지방 순찰 시 숙소로 이용
- 통일신라, 장보고 '신라방' : 당나라를 찾는 신라인의 숙소
- 고려시대 '역참제' : 역마를 두고 공무로 왕래하는 관리에게 교통 및 숙박의 편의 제공

(2) 조선시대

- 고려시대의 역참제 지속 : 전국에 537개의 역
- 새로운 숙박시설인 '관' : 공무여행자, 관리를 위해 지방관 위에 설치
- 하급숙박시설 '원' : 점차 제한되어 점(주막)이 발달

(3) 개항~1950년대

- 19C 말, 서구문물 유입, 외국인 방문 → 전통적 숙박시설의 변화
- 1888년 인천, '대불호텔' : 우리나라 최초의 호텔
- 1902년 서울 정동, '손탁호텔' : 최초의 근대적 호텔, 처음으로 프랑스 요리제공

(4) 호텔의 역사

① 호텔

- 1888년 인천, '대불호텔' : 우리나라 최초의 호텔. 일본인 상인 '호리 히사타로'와 그의 아들 '호리 리키타로'가 경영. 3층 벽돌제 건물. 1919년 '중화루' 중국인 경영 중식당. 1978년 철거. 2013년 인천시 건물 재현사업 추진. 2018년 '대불호텔 재현관' 완공
- 1902년 서울 정동, '손탁호텔' : 최초의 근대적 호텔, 처음으로 프랑스 요리 제공. 25개의 객실을 갖춘 2층 건물. 러시아공사 '베베르'의 처형 '앙투아네트 손탁'(독일여성)이 독립운동 공로로 고종이 하사한 한옥 한 채(현 이화여대) 자리에 개업

② 철도호텔 등장

- 1912년 '부산철도호텔' : 최초의 철도 호텔
- 1912년, 신의주 철도호텔
- 1914년 '조선호텔' : 호텔이 처음으로 회의장소로 이용됨. 당시 69실, 1970년 '한일합병'으로 일본에 국권이 피탈된 후 일제강점 조선철도국에 의해 설립. 1979년 미국 Westin(웨스틴)
- 1929년에 일본 항공노선 개설

③ 상용호텔 등장

- 1936년 '반도호텔' : 최초의 상용호텔 (이 시기는 우리 국민의 여행이 제한되어 일본인, 외국인을 위한 시설). 일본 신흥재벌 '노구치 준'이 개업. 1973년 (주)호

텔롯데가 인수하여 호텔롯데(지상 38층, 1,000실, 18개의 레스토랑)로 개업

철도의 개통과 더불어 1929년에 일본항공의 항공노선이 개설되어 교통이 더욱 편리해지자 1936년에 일본인 노구치에 의해 국내 최초의 본격적 상용호텔(Commercial Hotel)인 반도호텔이 개관. 미국 스타틀러호텔의 경영방식을 도입하였고, 일반대중을 상대로 영업을 한 당시 한국 최대의 시설 및 규모를 갖춘 호텔로 111개의 객실을 보유하였다. 일본인과 외국인을 위한 시설이 되었고 호텔사업도 일본인들에 의해 독점되고 있었다. 1973년 (주)호텔롯데가 인수하여, 1979년 호텔롯데(지상 38층, 1,000실, 18개의 레스토랑)로 개관함

- 일제 말에 총독부와 개인이 운영했던 철도, 열차식당, 역구내식당과 조선호텔, 반도호텔, 부산철도호텔 등은 해방 후 미군정에 의해 관리됨(1945년 8월 15일 해방 이후). 1948년 8월 15일 대한민국 정부수립과 더불어 교통부로 이관되었다.

④ 민영 호텔 등장

- 1952년, 대원호텔 : 최초의 민영 호텔
- 1955년, 금수장 호텔 : 지금의 소피텔 앰배서더의 전신
- 1954년 교통부 육운국에 관광산업 촉진을 위한 관광과가 설치
- 1957년 세계관광기구(WTO)의 전신인 국제관광기구에 정회원으로 가입
- 1957년 해운대관광호텔, 사보이호텔 등이 각각 개관하였다.

⑤ 1960년대의 호텔업

- 1961년 8월「관광사업진흥법」: 시설기준이 우수한 호텔을 관광호텔로 지정(메트로 호텔, 아스토리아 호텔, 뉴코리아 호텔, 사보이 호텔, 그랜드 호텔)
- 1962년 6월 국제관광공사가 설립되면서 반도호텔, 조선호텔 그리고 지방 7개의 호텔들의 경영권을 인수
- 1963년 4월에 개관한 워커힐(Walker Hill)호텔은 한국 호텔산업에 있어 최초의 현대적인 호텔이라고 할 수 있다. 이 호텔은 254개의 객실을 보유한 당시 동양 굴지의 리조트호텔로서 한국관광공사에서 운영
- 1965년 PATA 개최. 서울 : 호텔의 중요성 인식

⑥ 1970년대의 호텔업

- 1970년 3월 한국관광공사와 미국의 아메리칸항공사(America Airlines)가 합작투자한 조선호텔이 개관. 국내 최초로 자본과 경영을 분리
- 1970년 관광호텔등급제도, 관광호텔 총지배인 자격시험제도 실시
- 1972년 하반기부터 국내기업의 경제활동이 빠르게 국제화되면서 외국인 관광객이 급격히 증가, 정부는 미국 보잉(Boeing)사에 용역을 의뢰하여 "한국관광종합개발 기본계획"을 수립하여 한국관광의 미래상을 제시, 국제관광공사가 운영하던 워커힐호텔, 반도호텔, 대한항공사 등을 민영화
- 1976년 서울 프라자 호텔 개관
- 1978년 Hyatt 호텔, 부산조선비치호텔, 경주코롱호텔 개관
- 1979년 호텔신라 개관을 시작으로 1979~1980년 사이에 호텔롯데, 경주조선호텔, 경주도큐호텔, 부산서라벌호텔, 서울가든호텔 등 대형호텔 개관

⑦ 1980년 이후

- 1983년 12월 7일에 Hilton 호텔 open(개관 이후 1995년 4월, (주)동우개발에서 (주)대우개발로 상호를 변경하였으며, 1999년 12월 1일 싱가포르계 투자전문회사인 (주)씨디엘호텔코리아로 소유권이 이전되었다. 2004년 1월 힐튼인터내셔널과의 위탁경영계약을 종료하고 프랜차이즈 계약)
- 제53차 ASTA(미주여행업 협회) 세계총회가 1983년 9월 25일부터 30일까지 6일간 서울에서 개최
- 1988년 5월 스위스그랜드호텔로 개관. 2002년 4월 그랜드힐튼 서울호텔으로 변경
- 1989년 인터컨티넨탈, 롯데월드호텔 등 개관
- 1990년 제주 신라가 Resort Hotel로 개관
- 1999년 인터컨티넨탈 코엑스 호텔 개관
- 2000년 JW 메리어트 호텔 서울 개관
- 2000년 한무컨벤션(주)는 10월 1차로 컨벤션센터의 부대시설인 지하 6층, 지상 6층, 연면적 10,557평의 '컨벤션별관' 준공(정통 멤버십 피트니스 클럽을 비롯 다양한 시설의 쇼핑몰 컨벤션몰의 운영을 시작), 2001년 12월 오크우드 프리미어 코엑스센터 소프트 오픈 09지상 26층, 지하 5층, 연면적 16,757평의 오크우

드 프리미어 코엑스센터 준공, 한무컨벤션(주)는 무역과 비즈니스의 중심인 한국종합무역센터 단지 내에 "국내 최초의 서비스 레지던스 시설"인 오크우드 프리미어 코엑스 센터를 개장, 운영하여 국내 호텔 및 관광 업계에 새로운 개념의 숙박문화를 제시, 오크우드 프리미어 코엑스센터를 최고의 시설로써 운영하고자 세계 최대의 Serviced Residence Management Company인 미국의 Oakwood사와 위탁경영계약을 체결, 2002년 02월 오크우드 프리미어 코엑스센터 호텔을 그랜드 오픈하였으며, 2005년 10월 외국인 전용 카지노 Seven Luck Casino 임대계약 체결, 2014년 07월 오크우드 프리미어 인천 그랜드 오픈

(5) 서울의 5성급 호텔 등의 경우 이용 가능한 시설

- 장애인용 주차
- 자명종
- 엘리베이터 내 경보시설
- 32인치 이상 너비의 욕실 출입구
- 침실 출입문 너비 최소 32인치(812mm) 이상
- 점자 표기 엘리베이터
- 객실번호 점자 표기
- 전화기의 비상호출버튼
- 욕실의 가로대
- 건물 출입구에 문턱이 없거나 경사로 설치
- 엘리베이터 내 버튼 위치 낮춤
- 도어의 하단 피프 홀(Peep Hole : 도어스코프(Door Scope)라고도 함. 집주인이 안전하게 밖을 볼 수 있도록 만들어진 장치임)
- 높이가 낮은 싱크대
- 높이가 낮은 온도조절기
- 신체장애인용 공용 구역/시설
- 요청 시 장애인용 객실 제공
- 휠체어 접근 가능한 객실(계단 없음)
- 고무 샤워 매트

- 도우미 동물 동반 가능
- 청각장애인용 화면 알람
- 복도의 청각장애인용 화면 알람
- 로비/리셉션 구역의 휠체어 경사로
- 피트니스센터(Fitness Center, Health & Fitness Club), 수영장, 각종 레스토랑

제3장

호텔경영의 이해

제3장

호텔경영의 이해

제1절 경영의 형태

1. 단독경영 호텔(Independent Hotel)

호텔을 직접 소유하고 경영하는 방식으로써 타사로부터 자금지원이나 경영지원 없이 독립적으로 운영하는 형태이다. 경영에 대하여 간섭을 받지 않고, 독자적으로 소신껏 신속하게 의사결정을 할 수 있으며, 위탁경영비, 상표사용료 등의 수수료가 들지 않는다는 장점이 있다. 그러나 투자대비 손실위험이 높고, Open 경험 및 경영 노하우의 부족, 해외 마케팅 한계 등의 단점이 있다.

2. 체인경영 호텔(Chain Hotel)

체인 호텔본부로부터 시장조사, 입지선정, 건축, 전산시스템, 교육 등의 Open업무와 각국의 예약시스템 활용, 매뉴얼을 통한 서비스 표준화, 효율적인 경영지도 등을 받을 수 있다.

체인경영 호텔(Chain Hotel)이란 체인본사와 가맹호텔기업이 계약을 통하여 경영하는 호텔 또는 국내외의 특정 기업이 2개 이상의 호텔경영을 공유하는 경영형태를 일컫는다.

브랜드의 인지도를 통한 신속한 영업력의 확보, 규모의 경제(Economics of Scale)를 통한 이윤의 극대화를 꾀할 수 있는 경영방식으로 최근 이 방식을 적극 도입하고 있다.

호텔경영에 경험이 없어도 체인본부의 호텔전문인력이 Open 준비부터 개업 후 경영까지 호텔사업의 진출이 용이하며 조기에 영업목표를 달성할 수 있다. 이는 다음과 같이 3가지로 대별된다.

① 프랜차이즈호텔(Franchise Hotel)
② 위탁경영계약호텔(Management Contract Hotel)
③ 본사직영 체인호텔(Directly Operated Chain Hotel)

1) 프랜차이즈 호텔(Franchise Hotel)

프랜차이즈 본사(Franchisor : 프랜차이저)와 가맹 호텔(Franchisee : 프랜차이지) 간에 계약을 하여 본사는 상표사용권, 예약시스템, 경영 노하우를 제공하고, 가맹점 호텔은 그에 따른 가맹비를 지불하는 형태이다. 호텔의 경영권은 간섭을 받지 않기 때문에 독립성이 유지된다.

기본 수수료의 형태는 최초 가입비(Initial Fee), 객실매출액에 대한 3~5% 정도의 로열티, 예약 건당 수수료 등이 있고 계약 내용에 따라 Open준비, 광고 및 PR(Public Relation : 홍보) 등의 마케팅, 종사원교육, 기타 경영자문 등에 대한 수수료가 추가될 수도 있다.

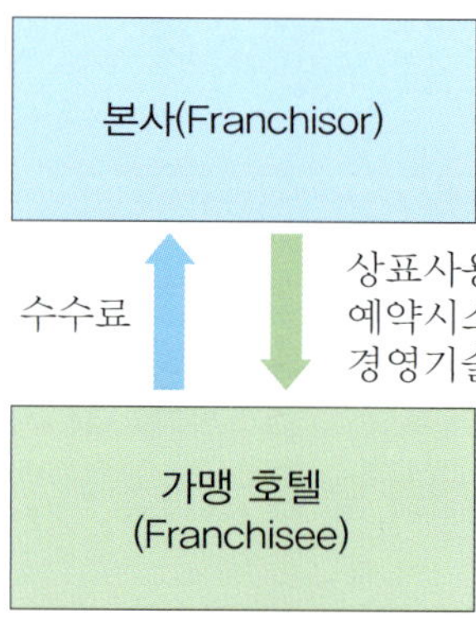

그림 3-1 프랜차이즈 호텔 본사와 가맹 호텔의 관계

호텔소유자의 입장에서 프랜차이즈 방식으로 호텔을 운영할 경우의 장단점은 다음과 같다.

① 장점

- 공동광고 효과와 체인예약시스템을 활용--객실판매의 증대
- 규모의 경제 실현 : 대량구매로 원가절감
- 신규호텔사업 진출의 용이
- 신뢰도가 있어 금융권으로부터 자금조달 편리
- 인지도 높은 브랜드의 사용으로 초기 인지도 확보에 유리

② 단점

- 국내 시장의 경험이 없어 시행착오 발생
- 과다한 로열티의 지불 감수
- 계약 종료 후 이미지 저하가 문제
- 지역특성을 고려한 독자상품 개발 및 판매의 제한
- 프랜차이즈의 브랜드파워가 저하되거나 이미지가 나빠지면 영업에 큰 타격

국내 프랜차이즈 호텔의 현황은 다음의 표와 같다.

표 3-1 국내 프랜차이즈 호텔의 현황

소유회사	호텔명	기술제공자	특징
(주)워커힐	워커힐 호텔	쉐라톤	고용안정 및 오랜 경력자 확보로 국내 유명 체인호텔과 비슷한 인지도 확보 및 안정된 경영 유지에 성공했었으나 지금은 쉐라톤 체인에서 탈퇴
앰배서더 호텔 그룹	Grand Ambassador Seoul associated with Pullman	아코르(ACCOR) 그룹	• 가맹금 : $430,000 • 해외홍보비 – 88년 : 객실수입의 1.5% – 89년 이후 : 객실수입의 3% • 해외예약망 이용 수수료 – 88년 : 객실수입의 0.2% – 89년 이후 : 객실수입의 0.5% (1988~97년/최초 계약기간)
	Novotel Ambassador 독산		
	Novotel Ambassador 부산		

앰배서더 호텔 그룹	Pullman Ambassador 창원	AAK(ACCOR Ambassador Korea)	• 호텔 브랜드 론칭과 함께 협약하는 풀먼 브랜드와 세계 3대 호텔 매니지먼트인 '아코르 그룹'이 상류층을 공략하기 위해 전략적으로 개발한 특급호텔 브랜드이다. • 이 협약을 통해 기존의 소피텔 앰배서더 서울이 추구했던 전통적인 프랑스풍의 럭셔리 브랜드 콘셉트에서 한 발 나아가 독자적이면서도 풀먼 브랜드의 오퍼레이션을 도입한 인터내셔널한 호텔 브랜드로 거듭났다.
	Pullman Ambassador 대구		
	이비스(Ibis) Ambassador 서울	아코르(ACCOR) 그룹	• 아코르(ACCOR) 그룹 전 세계 137개국에 2,260여 개의 호텔 체인을 거느린 아코르 그룹은 소피텔(Sofitel), 노보텔(Novotel), 머큐어(Mercure), 이비스(Ibis), 우르비스(Urbis), 포뮬 원(Formule 1), 홀리데이 인(Holiday Inn) 등의 호텔 체인을 소유하고 있는데, 소피텔 인터내셔널은 그중에서도 5성급 비즈니스 호텔에 속한다.
	이비스(Ibis) Ambassador 명동		
	이비스(Ibis) Ambassador 수원		
전원산업(주)	홀리데이인(제주)	홀리데이인	1. 상표권 사용 2. HOLIDEX 예약서비스 제공 3. 마케팅 교육 프로그램 제공
그랜드 워커힐 서울 호텔/ SK 네트웍스	W-hotel	Star Wood Hotel & Resort	혁신적 디자인과 패션, 혁신적인 종업원 복장, 혁신적인 명품 브랜드와 라이프스타일, 음악, 엔터테인먼트, 디자인, 건축, 대중문화 등의 독특한 조합을 제공. 지금은 '그랜드 워커힐 서울 호텔'이 체인에서 탈퇴

2) 위탁경영협약 호텔(Management Contract Hotel)

체인호텔 본사경영권 행사로 책임경영을 꾀하여 높은 서비스의 질을 유지할 수 있고 본사 노하우를 가지고 소신경영을 하게 할 수 있다. 'Management Contract Hotel'을 직역하면 '경영계약 호텔'이지만 보통은 '경영협약호텔'로 통한다. 위탁경영협약 호텔은 체인호텔 본사와 호텔 소유주가 계약을 맺어 체인호텔 본사는 상표사용권과 위탁경영을 제공하고 소유주는 그에 따른 수수료를 지불하는 형태이다. 경영권이 체인호텔 본사에 있는 점이 프랜차이즈 호텔과 다르다. 가맹호텔은 인사권 등 일체의 경영권한을 체인호텔 본사에 넘긴다. 총지배인 등 핵심간부들이 체인호텔 본사로부터 파견되어 해당호텔을 위탁경영하는 것이다.

광고 · 홍보 등의 마케팅비 그리고 손익에 관계없이 고정적으로 총 매출액에 1~3% 정도를 받는 경영수수료(Management Fee), 영업이익(GOP : Gross Operating Profit)을 올렸을 경우 인센티브로 10~15% 정도를 받는 경영 성과 성공보수(成功報酬)(Incentive Fee) 등이 있다. 프랜차이즈의 수수료 비용보다 높은 비용을 지불해야 한다. 1949년 힐튼 인터내셔널(Hilton International)이 힐튼 본사로부터 독립, 위탁경영 전문회사를 만들어 최초로 시작하였다고 하여 일명 힐튼방식이라고도 칭한다.

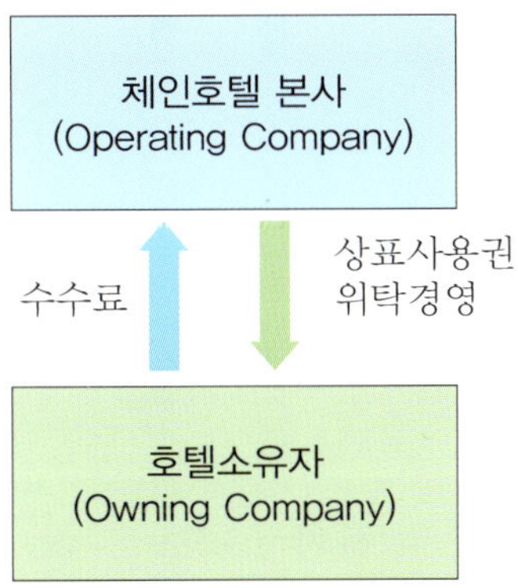

그림 3-2 호텔소유자와 위탁경영계약 호텔의 관계

위탁경영협약 호텔을 하게 되면 다음과 같은 경영 노하우를 받을 수 있다.

(1) 호텔 Open 전

- 각 부문 매뉴얼(Manual) 제공
- 건축계획과 지도
- 입지 및 상권조사
- 사업계획 수립
- 실내 인테리어 지도
- 수입자재 구매지원

(2) 호텔 Open 후

- 매출액 분석 및 마케팅 지원
- 세계적 체인예약망 지원
- 종사원 교육 · 훈련
- 총지배인 및 핵심간부파견
- 판매관리 서비스
- 호텔상표 사용권

위탁경영협약 호텔의 장단점을 호텔 소유자의 입장에서 보면 다음과 같다.

① **장점**

- 공동 광고 효과
- 경영노하우의 습득
- 금융권으로부터 자금조달이 용이
- 높은 서비스질을 유지할 수 있고 본사 노하우를 가지고 소신경영을 하게 할 수 있다.
- 인지도 높은 브랜드의 사용으로 신뢰성 확보
- 호텔경영의 전문성 확보
- 체인 예약망 활용

② **단점**

- 경영의 독립성 상실(체인호텔 본사경영권 행사)
- 계약 종료 후 이미지 저하-과다한 수수료의 지불
- 본사의 브랜드가 약해지거나 부정적 이미지로 바뀌면 영업력 저하
- 실수로 불합리한 계약조건 체결 시-장기 계약기간 동안 손실감수

국내 주요 체인호텔의 현황을 위탁경영, 업무제휴, 프랜차이즈 운영방식 등의 3가지 체인형태로 살펴보면 〈표 3-2〉와 같다.

표 3-2 국내 주요 체인호텔의 현황

구분	위탁경영	위탁경영
	Inter-Con	Hyatt
계약기간	1987~2008	1994~2012
계약내용	**관리용역** 1. 직원선발, 채용, 해고, 감독훈련 및 임무부여 2. 요금, 요율결정 3. 광고 선전 기획 4. 기술고문 및 전문가 초빙 **시스템 용역** 1. ITC세계 판매, 예약망 2. 국제통신망, 전산예약시설 3. ITC체인광고, 판촉활동과 시설 4. 조사와 자문을 위한 전문가의 정기, 일상적 방문	**경영활동** 1. 총지배인은 호텔경영에 있어 절대적 지배와 재량(인사/영업정책/전산 예약업무)
로열티	1. 관리용역에 대한 보상 : 고정 전 조정수입의 8~12%, 2. 시스템용역에 대한 보상 : 총매출액의 3% **제한사항** 총지급 로열티는 고정비 전 조정수입의 19%를 초과하지 못한다.	1. 경영관리수수료 • 1차 : 78.7.1~93.12.31/GOP의 9% • 2차 : 94.1.1~98.12.31/GOP의 14% 2. Logo System 사용료 : GOP의 1%(단, 20만 불을 넘지 않음)
한국	Inter－Continental Hotel 서울/한무개발(주) LG그룹 GS홀딩스 계열사	Grand Hyatt Seoul/미라마관광(주)
비고	그랜드 인터컨티넨탈 서울(89년 1월 오픈), 코엑스 인터컨티넨탈 서울(99년 12월 오픈)	총지배인의 호텔경영 재량권 강화－안정적 경영－서비스 우수

구분	위탁경영	위탁경영
	Hilton	Sofitel-아코르(ACCOR) 그룹
계약기간	1983~2003	
계약내용	**경영활동** 1. 종업원에 대한 인사방침 수립 2. 호텔운영, 예약조건 3. 은행구좌의 계설유지 4. 호텔과 관련광고 홍보활동	1. 전 세계 마케팅 및 예약지원 2. 광고, 선전, 판촉활동텔과 관련광고 홍보활동 3. 해외예약망 이용
로열티	GOP의 15%	• 가맹금 : $430,000 • 해외홍보비 – 88년 : 객실수입의 1.5% – 89년 이후 : 객실수입의 3% • 해외예약망 이용 수수료 – 88년 : 객실수입의 0.2% – 89년 이후 : 객실수입의 0.5% (1988~97년/최초 계약기간)
한국		앰배서더 호텔 그룹
비고	총지배인은 호텔경영 재량권 강화–안정적 경영	

구분	위탁경영	위탁경영
	Ramada	Renaissance-Marriott International Inc.
계약기간	1988~2005	1986년부터 10년간(라마다 계약은 종료–르네상스 계약)
계약내용	1. 종업원의 고용, 연수, 해고, 감독, 보수의 결정 2. 가격, 요율결정 3. 식음료 및 부대시설, 위락정책 개발 4. 가구설비 결정 5. 전 세계 마케팅 및 예약망 지원 6. 광고, 판촉활동 지원 **시스템 용역** 컴퓨터화된 예약서비스, 광고선전 서비스, 교육훈련, 표준화된 절차 제공	1. 전세계 마케팅 및 예약지원 2. 광고, 선전, 판촉활동텔과 관련광고 홍보활동 3. 해외예약망 이용 4. Renaissance–1985년 기공식을 가지고 1988년 7월 라마다 르네상스 호텔로 Open, 1993년 1월 1일 지금의 이름으로 상호를 변경하였다. 미국을 비롯한 전 세계 58개국에서 2,200개가 넘는 호텔과 리조트를 운영하는 세계 최대의 호텔그룹 메리어트 인터내셔널(Marriott International)의 체인호텔–지금은 폐업

로열티	**경영수수료(다음 중 더 큰 것으로 적용)** • Management 기본수수료 : 총수입의 1.2% – 인센티브 Management 수수료 : 수정총운영수입의 10% • Management 기본수수료와 인센티브 매니지먼트수수료 : 수정총운영수입의 15% • 시스템용역 수수료 : 총객실수입의 3% • 1.5% 전 세계 라마다 마케팅 활동 설비를 위한 지급 • 1.5% 아시아 태평양지역 마케팅활동 및 예약설비	1. 영업이익의 12% 2. 객실수입의 3%
한국	라마다호텔서울	Renaissance Seoul Hotel/남우관광(주) 삼부토건(주)
비고		고용안정 안착

구분	위탁경영	위탁경영	업무제휴
	Ritz-Carlton	Westin	오쿠라
계약기간	1994~2012	1967~25년간	1978~
계약내용	1998년에 매리어트(Marriott)가 리츠칼튼호텔사(Ritz-Carlton Hotel Company) 인수	웨스틴-1979년에 미국 웨스틴(Westin)호텔그룹의 투자관계에 의해 웨스틴조선호텔로 변경. 1995년 신세계가 웨스틴체인의 지분을 완전히 인수	**경영활동** 1. 총지배인 보좌역 1명 파견 2. 경영자문 3. 일식당 조리사 2명 파견 4. 직원 일본연수처 알선
로열티	총매출액의 4.5%	GOP의 10%	(객실수입+음료수입)-(판촉비+광고비+알선수수료)의 0.75%
매출액대비			• 97년 매출액 : 70,108백만 원 • 로열티2,416백만 원 • 매출액대비 3.06%
한국	리츠칼튼(Ritz Carlton) 서울호텔(지금은 리츠칼튼 체인에서 탈퇴)		호텔신라
비고	리츠칼튼사는 보스턴의 리츠칼튼 호텔을 매입하여 1983년에 새롭게 Open하여 체인화를 꾀했다. 리츠칼튼 브랜드로 전 세계 30여 개의 호텔을 보유하고 있다. 리츠칼튼사를 전체 매입한 'Marriott International사'는 메리어트 호텔계열을 비롯하여 리츠칼튼, 르네상스, 라마다 호텔 등의 브랜드를 소유하고 있는데 전 세계 382,654개의 객실을 보유하여 세계 3위		

구분	프랜차이즈 운영방식	프랜차이즈 운영방식
	Sheraton Corp. of America	Holiday Inn
계약기간	1989~	1999~2007
계약내용	1. Sheraton 상표권 사용 2. 예약 전산망 제공 3. 1977년 11월 프랜차이즈에 가맹계약, 건물의 개보수 및 증축 시 본사 디자이너가 파견－logo의 지정감리	1. 상표권 사용 2. HOLIDEX예약서비스 제공 3. 마케팅 교육 프로그램 제공
로열티	1. 기술권사용료 : 객실매출의 5% 2. 객실예약 수수료 : 예약 건당 US $4 3. 판매가능객실수수료 : 객실수×객실당 US $10	1. 객실수입의 3%(최저로열티 : 미화 $100,000) 2. 마케팅, 예약분담금 : 객실 총수입의 각 1% 3. 특별마케팅 분담금 : 회원이 지급한 객실수입의 8% 4. 교육연수를 위한 월 1객실 1박당 미화 1센트 지급 5. 신규비용 신청 1객실당 $200
매출액대비	• 97년 매출액 : 71,860백만 원 • 로열티 : 1,003백만 원 • 매출대비 : 1.40%	• 97년 매출액 : 24,134백만원 • 로열티 : 341백만원 • 매출대비 : 1.4%
한국	'그랜드 워커힐 서울호텔'로 개명(쉐라톤 체인 탈퇴)	계약 종료
비고		

※ 자료 : 박호래 · 이정배, 호텔사업경영의 이해, 백산출판사, 2006을 참고로 저자 재구성.

3) 본사직영 체인호텔

1개의 소유주가 2개 이상의 호텔을 체인화한 형태이다.

① 호텔롯데 체인

- 호텔롯데(1979)
- 호텔롯데월드(1988)
- 호텔롯데대덕(1992) : 폐업
- 호텔롯데부산(1997)
- 호텔롯데제주(2000)
- 호텔롯데울산(2002)

② **호텔현대 체인**

- 호텔현대경포대(1971)
- 호텔현대울산(1983)
- 호텔현대경주(1992)
- 호텔현대블라디보스토크(1997)

③ **파라다이스호텔 체인**

- 파라다이스호텔부산(1981)
- 파라다이스호텔제주(1990)
- 파라다이스호텔도고(1998)
- 파라다이스호텔올림포스호텔(2000)

④ **신라호텔 체인**

- 신라호텔(1979)
- 제주신라호텔(1990)
- 신라스테이(비즈니스 호텔 체인)

3. 임차경영 호텔(Leased Hotel)

타인 소유의 호텔을 임차하여 운영하는 형태로 이랜드그룹에서 여의도 호텔 맨해튼을 임차하여 경영하는 렉싱턴 호텔, 설악산 켄싱턴 스타호텔 등을 들 수 있다. 호텔 소유자 입장에서는 노조문제 등에 신경 쓰지 않고 타 주력사업에 전념할 수 있고, 경영능력이 뛰어난 임차인에게 임대해 줄 경우 계약기간 종료 후 그 여세를 이어갈 수 있어 유리하다. 임차인의 입장에서는 막대한 부지 매입 및 건설비용의 투자 없이 호텔을 경영할 수 있어 서로 도움이 된다.

임대인은 호텔 내 · 외부 시설 및 비품 · 가구 등을 제공하고, 임차인은 그에 대한 임차료를 지불하는 것으로 이루어진다. 계약내용은 보통 영업실적에 관계없이 일정액을 임차료로 내는 경우와 영업실적에 따라 일정비율로 내는 경우가 있는데 이 2가지를 혼합하여 최소액의 임차료와 영업실적에 따른 매출액의 일정비율을 내는 경우도 있다. 외국의 경우는 체인호텔들이 체인호텔의 확장을 위해서 임차경영을 많이 이용한다.

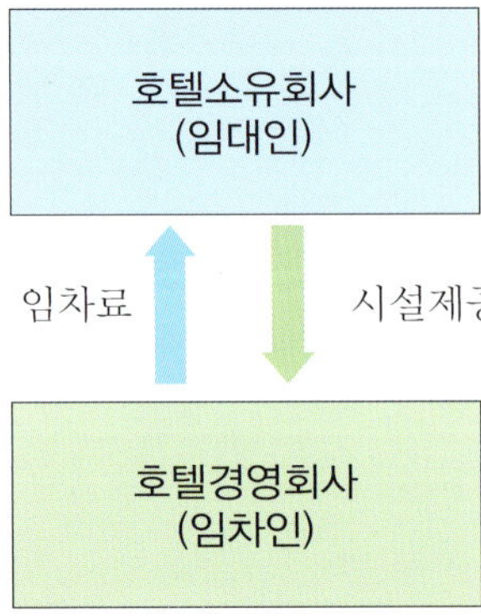

그림 3-3 임차경영호텔의 관계

4. 리퍼럴그룹 호텔(Referral Group)

단독경영호텔들이 대규모 체인호텔에 맞서 상호 연합하는 형태인데 각 호텔은 독자적인 경영권을 유지하면서 체인의 장점을 살리기 위해 회원사를 조직하여 체인화하는 것이다. 본사직영 체인호텔의 경우 한정적인 예약망을 확대하기 위하여 세계적인(World-Wide) 리퍼럴 그룹에 가입하는 것이 유리하다.

리퍼럴 그룹하의 호텔들은 체인호텔과 유사하게 상호 협력하여 예약망 공유 · 공동구매 · 선전 · 판촉 등을 하고 이에 대한 비용을 고정 금액이나 객실판매액비율로 수수료를 지불한다.

최근의 리퍼럴 그룹은 단순한 협력관계를 유지하는 차원을 넘어 기업형태로 발전하고 있다. 세계적인(World-Wide) 리퍼럴 그룹인 SRS(Steigenberger Reservation Service) 그룹은 전 세계 64개국에 264개의 회원 호텔로 구성되어 있다. 이 SRS 그룹에 롯데호텔, 신라호텔, 프라자호텔이 가입하고 있다. 그들은 시설이나 서비스 등의 자격요건을 갖추어야 회원사의 자격을 부여한다.

한국 측과 계약내용은 투숙객 송객, 예약편의 제공, 공동광고이며, 계약조건은 연회비 $1,400(UTELL(영국))~$52,000(PHW(미국) 1개 도시)를 한국호텔 측에서 지불하였었다. 현재는 UTELL이 SUMMIT로 바뀌는 등 계약내용이 다를 수 있다.

5. 업무제휴(Affiliation) 경영 호텔

신라호텔이 좋은 사례인데 일본 오쿠라 호텔과 업무제휴를 하여 객실 및 식음료 매출액의 1.5%와 별도의 공동 판촉비를 수수료로 제공하고 있다. 단독경영호텔이 체인화를 시도하지 않고 자사의 호텔 상표 및 경영의 독립성을 유지하면서 브랜드 인지도가 있는 호텔과 호텔경영에 대한 기술 또는 특정업무만을 제휴하는 호텔이다.

6. 합작투자 경영 호텔(Joint Venture Hotel)

소유회사와 경영회사 사이에 자본을 각자 일정비율 투자하여 운영하는 형태로 프랜차이즈와 위탁경영계약 호텔 등과 같은 체인호텔의 경우가 경영협약 체인이라면 합작투자 호텔은 자본 체인이라고 할 수 있다. 우리나라의 경우, 「외자도입법」에 의하여 외국인이 투자를 하게 되면 소득세, 법인세, 취득세 및 재산세가 감면된다는 점에서 합자투자 경영 호텔이 많다.

표 3-3 국내 주요 호텔의 공동 투자(Joint-Venture) 현황

호텔명	외국자본	투자비
그랜드 Hilton 서울호텔	Swissair	49(스위스항공) : 51%(한국), 구)스위스그랜드 호텔)
그랜드 Inter-Continental 호텔	InterContinental Hotels Group	6%
Novotel Ambassador 강남	프랑스 아코르(Accor)	50%(1993년 당시 새롭게 비즈니스 중심지인 강남 역삼동에 Open한 호텔)(1992년부터 5년간/최초 계약)
밀레니엄 Hilton 서울호텔	미국 Hilton	12.4%
신라호텔(The Shilla Hotels & Resorts)	일본 日商岩井(株) 외	19.15%. 삼성그룹 故이병철 초대 회장의 뜻에 따라 1979년 3월 '서울 신라호텔'을 개관, 이후 1990년 제주 중문관광단지에 '제주신라호텔', 이어서 합리적인 가격의 비즈니스 호텔로 '신라스테이'를 다수 Open
JW 메리어트호텔	Marriott Hotel Group	센트럴시티와 50:50 투자였으나 현재는 100% 지분을 완전히 인수

호텔롯데	일본 (주)롯데 외	• 100%. 1973년 5월 관광호텔업을 목적으로 설립되었다. 1979년 반도호텔과 국립도서관 부지를 인수하여 서울특별시 중구 소공동에 호텔을 건립하였다. 본관 지상 38층, 지하 3층, 신관 지상 35층, 지하 5층의 특1급 호텔이며, 객실 1,124실, 연회장 16개, 레스토랑과 바 13개 등으로 이루어져 있다. • 1988년 9월에는 잠실에도 호텔을 Open(호텔롯데월드)하였으며, 1993년 호텔롯데대전, 1997년 호텔롯데부산, 2000년 호텔롯데제주를 Open. 2001년 인천국제공항 면세점을 개점, 2002년 호텔롯데울산 Open. 이어 같은 해 3월 2002 FIFA 월드컵TM 공식호텔로 선정되었으며, 9월에는 외화획득 5억 불 관광진흥탑을 수상
Westin조선호텔	미국 Westin Hotel	• 1978년 Open, 1979년 미국 웨스틴(Westin) 호텔그룹의 50% 투자관계에 의해 웨스틴조선호텔로 바뀌었으며, 1995년 신세계가 웨스틴체인의 지분을 완전히 인수. 부산에 계열사인 '웨스틴조선 부산'호텔이 있는데, 세계 최대의 호텔그룹 스타우드호텔&리조트사(Starwood Hotels & Resorts)가 웨스틴체인과 쉐라톤(Sheraton) 체인을 포함한 6개 호텔 체인을 합병하면서 1999년에 계열사로 만들었고, 조선호텔이 2000년 12월 30일 인수하였다. 지상 9층, 지하 2층 규모이며 객실 수 290실 • '웨스틴조선 부산'호텔 외에, 외식사업부, 베이커리사업부, 인더키친사업을 운영 중

제2절 호텔기업의 특성

1. 경영상의 특성

(1) 인적 서비스 의존도가 높다

호텔의 서비스는 타 산업과 달리 기계가 아닌 친절하고 정성어린 호텔직원에 의하여 모든 서비스가 제공되므로 인적 의존도가 높다.

(2) 고정비는 지속적으로 지출된다

호텔은 수도광열비, 시설유지비, 인건비 등의 고정비가 과다하여 최소한의 객실 판매율이 유지되지 않으면 손실이 크다. 고객이 많든 적든 고정비는 지속적으로 지출된다.

표 3-4 고정자산의 사용연한

구분	호텔시설물	일반 시설물
철근콘크리트건물	40년	60년
목조건물	20년	25년
냉난방시설	8년	10년
전화설비	8년	10년
침대	6년	8년
객실용품	5년	10년
일반가구	5년	10년

(3) 365일 연중무휴 영업을 한다

호텔은 고객이 원하는 때에 언제든지 이용할 수 있도록 365일 연중무휴 영업을 한다. 객실판매부서, 커피숍, 룸서비스 등의 경우 하루 24시간 영업을 한다.

(4) 성수기(On Season)와 비수기(Off Season)의 구분이 뚜렷하다

아무리 유능한 호텔 총지배인에게도 비수기 타개문제는 항상 풀기 힘든 숙제이다.

호텔 영업은 성수기와 비수기 또는 주말과 주중 등 특정 계절이나 특정일에 영업이 편중되는 경향이 있는데 성수기에는 초과수요를 수용하지 못하고, 비수기에는 수요가 적은 데 비하여 높은 고정비는 지출되므로 경영상 어려움이 따른다.

2. 시설상의 특성

(1) 초기투자비용이 크다

호텔은 건물, 시설, 인테리어 등의 그 자체가 하나의 상품이기 때문에 부분적, 연차적 두자는 어렵고, Open 시 거액이 일시에 투자된다. 호텔은 토지, 건물, 기계, 설비 등 고정자산의 비중이 70% 정도로 높아서 초기투자비용이 크다.

(2) 시설의 노후화가 빠르다

호텔의 시설은 연중무휴 수많은 고객이 이용하는 상품이기 때문에 훼손이 빠르다. 낡은 시설로는 고객의 니즈에 부응하지 못하므로 지속적으로 개보수(Renovation)를 해야 하는 어려움이 따른다. 냉난방시설은 8년 정도 만에 보수를 해주어야 한다.

(3) 공공장소로서 비생산적인 넓은 공간을 확보해야 한다

로비(Lobby)는 직접 수익을 올리는 영업공간이 아님에도 불구하고 투자비용을 많이 들여서 공공장소로서 넓은 공간을 확보해야 한다.

3. 상품상의 특성

호텔의 상품은 크게 객실, 식음료, 피트니스센터(Fitness center), 쇼핑센터 등의 부대시설 등으로 구성된다. 이들 상품은 다음과 같은 특성을 가지고 있다.

(1) 비저장성

제조업의 상품은 판매가 부진하면 재고로 저장하여 반복 판매가 가능하지만 호텔상품은 저장판매가 불가능하다. 당일 판매하지 못한 객실은 시간과 함께 소멸되어 영원히 판매가 불가능하다.

(2) 비표준성

통상 제조업의 상품은 첨단 기계화로 생산의 표준화를 꾀할 수 있다. 그러나 호텔상품은 소비자의 세밀한 욕구(Wants : 원츠), 기본적 · 원초적 욕구(Needs : 니즈), 취향, 지불수준 등이 각자 다르기 때문에 이를 표준화하여 상품생산을 할 수 없다.

(3) 비탄력성

제조업의 상품과 달리 호텔상품은 많이 저장해 놓고 탄력적으로 판매하는 것이 불가능하다. 객실 수와 레스토랑의 좌석이 한정되어 있으므로 수요가 초과할 경우 즉시 대처할 수 없으므로 공급 측면에서 비탄력적이다.

(4) 비유통성

제조업의 상품은 생산자와 소비자 사이에 유통과정이 있지만 호텔상품은 고객이 제 발로 호텔에 직접 와서 구매해야 하므로 유통과정이 없다. 호텔상품은 고객의 주문에 의하여 생산을 하게 되고, 고객이 생산과정에도 참여하며, 생산과 소비가 분리되지 않는 동시성을 가지고 있다.

(5) 비단독성

제조업의 상품은 하나의 개체로써 존재하고 판매될 수 있지만 호텔상품은 반드시 인적 서비스가 곁들여져야 하고 서비스 과정(Service process) 그 자체가 하나의 상품으로 존재한다.

객실상품이든 식음료상품이든 인적 서비스 상품을 포함해서 판매가 이루어진다.

(6) 비이전성

제조업의 상품은 대금 지불 후 판매가 되면 소유권이 구매자에게 이전된다. 호텔상품은 소유할 수 있는 것이 아니고 일정기간 이용하고 호텔을 나서는 순간 무소유가 되므로 소유권의 이전이 불가능하다.

제3절 호텔의 조직과 업무개요

1. 호텔의 조직

호텔을 유지 · 발전시키고 경영목표를 달성하기 위해서는 호텔 입지 상권과 호텔규모, 식당 수 등에 맞는 적절한 조직이 필요하다.

호텔의 조직기구는 객실(Room), 식당(Restaurants), 로비라운지(Lobby Lounge), 주장(Bar), 디스코텍(discotheque), 연회장(Banquet), 부대시설(附帶施設, subsidiary facilities) 등의 규모, 입지, 그리고 경영 개념(槪念, a general idea ; a concept)에 따라 달라진다.

호텔의 일반적인 조직도는 총지배인을 중심으로 판촉부, 객실부, 식음료부, 조리부 등 영업을 담당하는 영업부서와 총무부, 경리부, 시설부 등 영업지원을 담당하는 관리부서로 조직된다. 대규모 호텔을 기준으로 조직도를 살펴보면 그림 〈3-4〉와 같다.

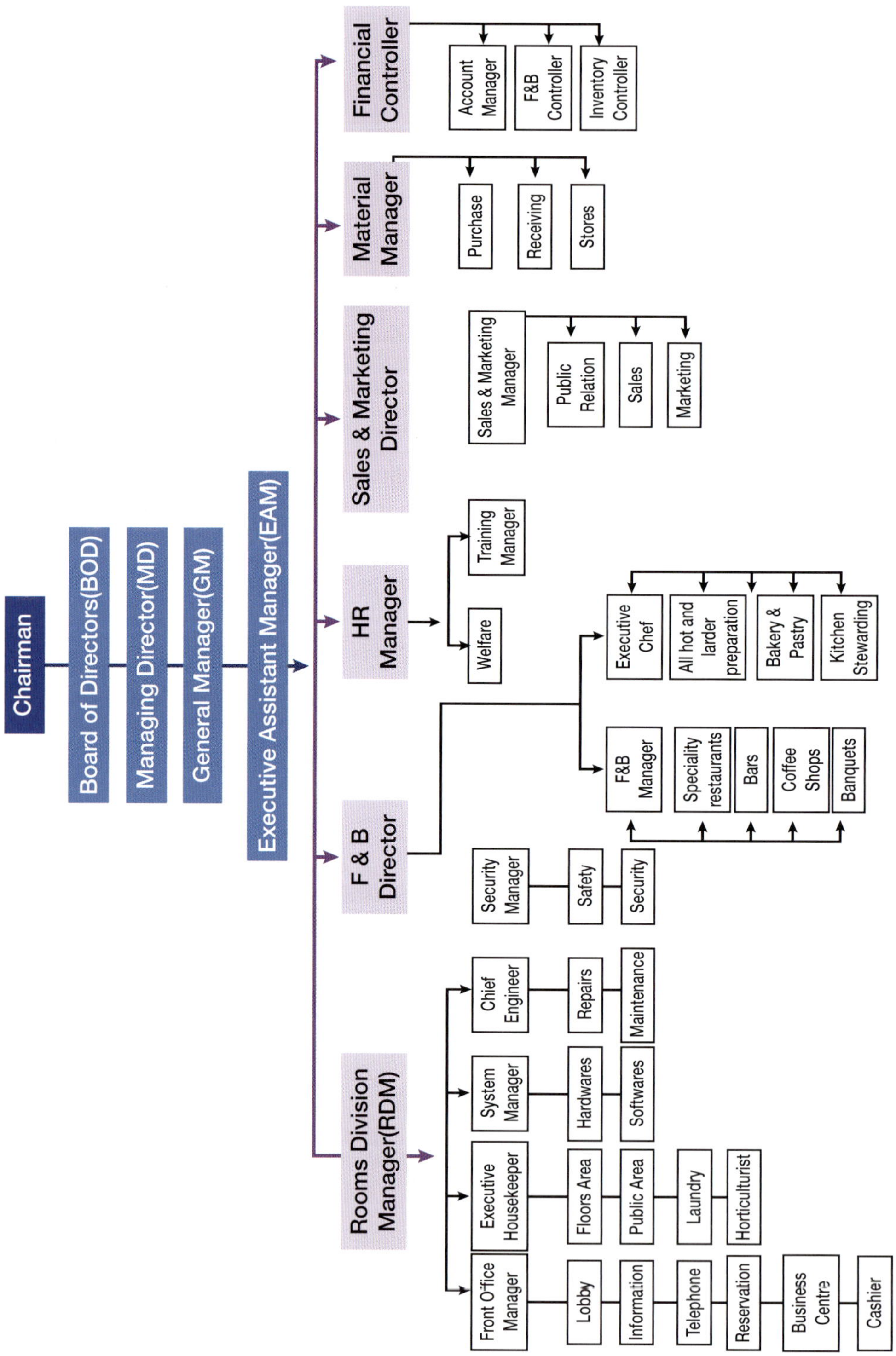

그림 3-4 대규모 호텔 조직도

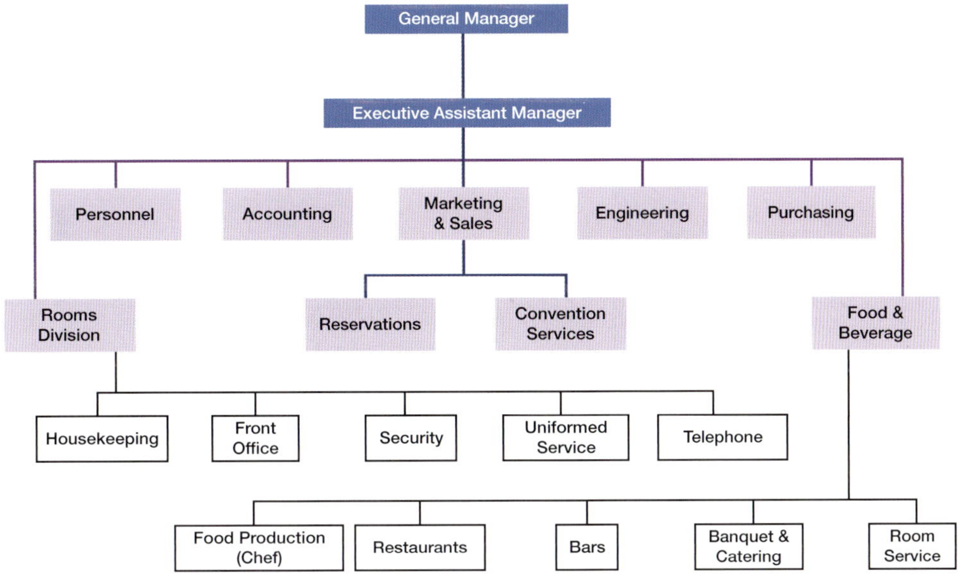

그림 3-5 전형적인 호텔 조직도

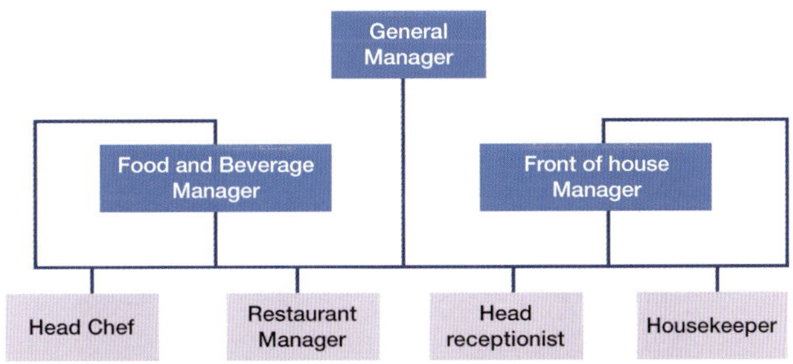

그림 3-6 소규모 호텔 조직도

2. 조직도에 의한 업무개요

1) 총지배인(General Mangeger : GM)

호텔경영의 최고 책임자로서 경영 전반에 대하여 총괄 지휘, 통제를 한다. 좋은 고객서비스를 감독, 직원의 동기부여, 영업이익 극대화 등에 권한과 책임을 갖는다.

2) 레지던트 매니저(Resident Manager) 또는 부총지배인(Executive Assistant Manager)

총지배인을 보좌하고 부재 시 총지배인의 업무를 대행한다. 대규모 호텔에만 있는 직책이다.

3) 당직지배인(Duty Manager)

당직지배인은 총지배인의 직속으로서 총지배인 퇴근 후, 출장 등 부재 시에 대신하여 고객을 접객하고 고객의 불평을 해결하며, 야간에는 호텔업장을 감독한다. 사고에 대비하여 안전업무 등을 총괄한다.

4) 기획심사부(Department of Planning & Audit)

관리부에 속한 것이 아니라 총지배인 또는 대표이사의 참모(Staff)부서이다. 직계 참모조직(Line & Staff Organization)의 참모형태로 기획, 심사, 조언, 경영분석, 자문 등을 행한다. 경영에 관한 기획을 하는 기획과와 영업 전반에 대한 심사를 하는 심사과로 구성된다.

5) 판촉부(Department of Sales & Marketing)

객실상품을 주로 판매하는 객실판촉과와 연회행사를 유치하는 연회판촉과 그리고 홍보업무와 인쇄물 제작을 담당하는 홍보과로 구성되어 있다. 호텔의 모든 상품의 판매를 촉진시키고 대외 PR(홍보, Public Relation) 및 광고(Advertising) 등의 제반 판매촉진을 하는 업무를 담당한다.

TIP

홍보(PR : Public Relation)

- 인터넷, 신문, 잡지, TV, 라디오 등에 기사를 제공하여 자사를 알리는 것을 말하며 비용 지불이 없으므로 비용을 지불해야 하는 광고(Advertising)와 다른 개념이다.

6) 객실부(Room Division)

객실상품을 생산하고 판매하는 부서이다. 객실판매를 담당하는 객실영업(Front Office)과에는 Uniform Service(유니폼 서비스 : 호텔을 이용하는 고객에게 제복인 유니폼을 입고 서비스를 제공하는 것으로서 여기에 해당하는 직원들은 주차 종사원, 도어 맨(Door Man), Porter, Limousine Driver, Bell Man 등이다), 프런트 데스크(Front Desk), 예약실, 교환실, 비즈니스센터가 해당되며, 고객이 사용한 객실을 재정비하여 생산하는 객실정비(Housekeeping)에는 객실정비(Room Maid), 리넨실, 세탁실 등의 부문으로 구성된다.

7) 식음료부(Department of Food & Beverage)

식사(Food)와 음료(Beverage)를 판매하는 영업장 등의 조직으로 구성된다.

커피숍, 프랑스식당, 이태리식당, 한식당, 일식당, 중식당, 뷔페식당 등의 조직으로 구성된 식당과와 음료를 관리하고 메인바, 연회장(Banquet Hall)바, 각 식당의 바(Bar), 로비라운지, 디스코텍 등의 조직으로 구성된 음료과가 소속된다.

8) 조리부(Department of Culinary)

'핫 키친(Hot Kitchen), 콜드 키친(Cold Kitchen)'으로 구성된 메인 주방(Main Kitchen), '모든 주방에서 필요로 하는 육류, 어패류, 가금류 등을 주문용도에 맞추어 portion(포션 : 부분 몫으로 나눔), 세척, 오물 제거, 염장 또는 당장(절임)' 등의 보존 처리과정, 1차 가공 및 포장, 소시지, 햄, 훈제연어, 갈비세트 등을 만드는 부처주방(Butcher Kitchen), '제과 · 제빵 베이커리(Pastry & Bakery), 커피숍, 룸서비스(Room Service), 프랑스식당, 이태리식당, 한식당, 일식당, 중식당, 뷔페식당, 연회장(Banquet), 디스코텍' 등의 영업장주방 그리고 '접시 등의 주방과 식당의 모든 기물을 세척 및 관리'하는 기물관리과(Steward) 등의 부문 조직으로 구성된다.

9) 부대사업부(Department of Appendant Operation)

임대업소, 쇼핑센터, 피트니스센터(Fitness Center : 헬스클럽 · 사우나 · 수영장 등) 등이 해당된다.

10) 인사총무부(Department of Human Resources & General Affairs)

인사총무부는 직원 면접 · 채용 · 배치 · 교육 및 고과관리를 하는 인사과, 경비 · 공무 · 후생복지, 간호실 등을 담당하는 총무과로 구성된다.

11) 경리부(Department of Accounting)

경리부는 회계, 수납, 여신 업무를 담당하는 경리과, 그리고 호텔 내의 전산망을 담당하는 전산실, 재산 및 비품을 관리하는 관재과, 구매 및 원가관리, 창고를 담당하는 구매과 등의 조직으로 구성된다.

12) 시설부(Department of Engineering)

건축(목공 · 도장 · 미장 등을 담당하는 영선을 포함), 전기(전기와 음향 · 조명을 담당), 기계(기계 · 냉동 · 열관리), 통신(전화) 등의 조직으로 구성된다.

13) 구매부(Department of Purchasing)

호텔 전체 조직의 경영 프로세스 관련한 자재, 장비, 기물, 리넨, 인쇄 관련 물품, 소모품, 수입자재, 기계 등의 구매관리, 검수관리, 창고관리, 회계 및 원가관리 등의 시스템을 확보하여 구매와 원가관리를 수행하며, 구매팀장이 '원가관리과'를 통솔한다.

14) 원가관리과(Cost Control)

호텔 '구매부'에 소속되어 '원가계산'을 근거로 하여 경영활동 전반을 합리화하고, 원가절감을 도모하도록 하는 경영활동을 담당하는 부서이다.

제4장

객실관리 개관

제4장

객실관리 개관

제1절 객실관리의 개요

1. 객실관리의 중요성

근대(16~19세기 말) 초기 호텔산업의 경우 객실매출의 비중이 가장 높았으나 최근에는 웨딩, 컨벤션, 다양한 식음료 영업장, 피트니스, 레저 · 스포츠, 각종 문화행사 등의 영역이 확대되고 잠재시장에 맞게 다양한 부대사업 시설을 확장한 결과, 초특급 호텔의 매출 구성비 객실 45%, 식음료 40%, 기타 15% 정도의 매출추이를 보여주고 있다. 그러나 객실매출 대비 인건비 포션(부분 : Portion)도 적어 이익률이 높은 객실매출이 뒷받침이 없이는 호텔영업이 어렵다.

2. 객실부(Room Division)의 조직 및 주요 업무

접객부서, 객실영업부서, 객실정비부서로 크게 3가지 부문으로 구분할 수 있다.

1) 객실부문의 조직 구성원

접객부서인 유니폼서비스, 영업부서인 Front Office(F/O), 객실정비부서인 하우스키핑(Housekeeping), 리넨 및 세탁물관리, 교환서비스로 구성되며, 호텔의 숙박기능을 수행하는 부서이다.

프런트 오피스는 고객 영접 및 환송업무를 수행하며, 객실판매 현황을 파악하고 전화 및 우편물에 대한 서비스를 제공하는 곳이다. 또한 객실 예약 담당이 있어 예약을 접수하고 고객의 예약취소를 처리하며, 단체예약접수 및 지역별 유치 파악 등을 주요 업무로 한다.

프런트 오피스 캐셔(Front Office Cashier)의 경우 투숙객이 프런트에 등록하면 동시에 업무가 발생한다. 투숙객의 객실료, 식음료 이용료, 기타 부대시설 이용료 등에 따른 모든 계산을 통합관리 징수하는 곳을 말한다.

객실부의 조직도는 〈그림 4-1〉과 같다.

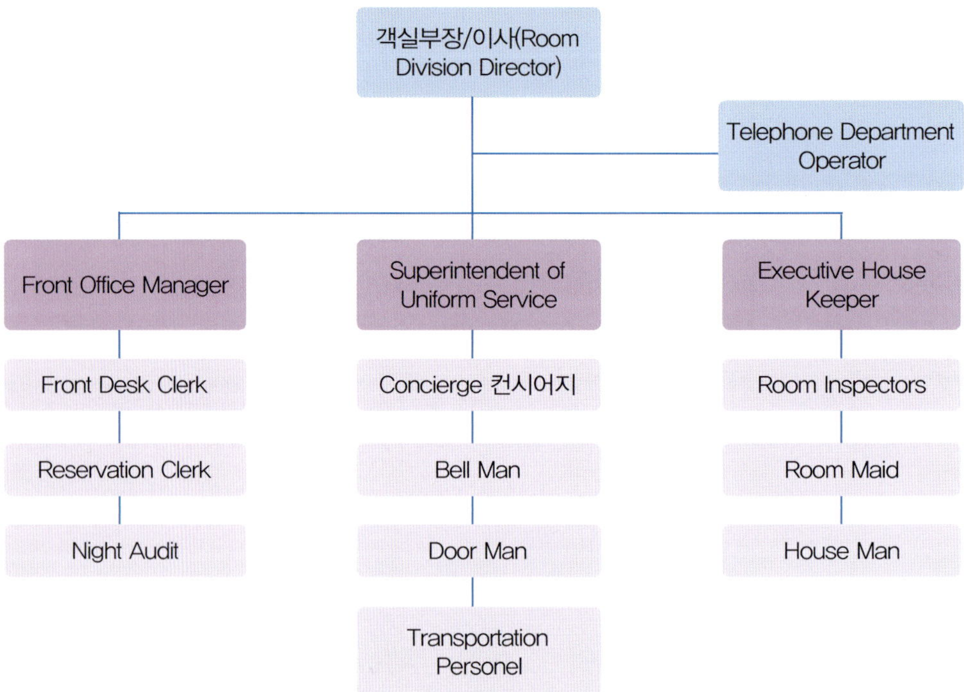

그림 4-1 객실부의 조직도

2) 객실부문의 직무

객실부서는 호텔기업의 주상품이라고 볼 수 있는 객실을 생산하는 곳으로서, 경영관리적인 측면에서 타 호텔과 경쟁적 차별화가 가능한 영역이며, 고객에게 제공하는 중심적 서비스인 숙박서비스가 수행되는 부서이다.

(1) 객실부장(이사)

- 객실상품의 생산과 판매에 대하여 최고 책임자로서 객실업무를 총괄한다.
- 객실회의를 주도하며 필요한 사항을 부하직원들에게 전달하고 원활한 의사소통을 한다.
- 부하직원의 지휘 · 감독 · 훈련을 책임지며 인사고과를 실시한다.
- 객실업무에 대한 충분한 경험과 지식을 가지고 있어야 한다.
- 영어, 일어, 중국어 등 외국어에 능통하고 단골고객 및 VIP를 접객한다.
- 객실판매와 관련된 타 부서와의 긴밀한 협조를 유지한다.

(2) 프런트 지배인

- 객실부장을 보좌
- 룸 클럭(Room Clerk) 등 프런트 사무원의 업무 지휘 및 감독
- 현관종업원의 직무편성 및 지휘 · 감독
- 고객의 불평 · 불만 처리
- 고객의 접대
- 예약업무의 감독
- 객실 일일보고서 작성
- 현관업무의 회계처리 감독
- 현관의 청소상태 및 타 부서와의 협조 유지

(3) 프런트 사무원(Front Desk Clerk)

- 고객을 영접
- 프런트 데스크 시스템(Front Desk System)을 사용하여 객실 예약을 확인
- 예약된 리스트를 확인하고 예약고객의 객실배정상황, 객실준비상황을 확인하여 체크인(Check-In) 시 혼잡 예방
- 프런트 데스크 시스템에 숙박등록(고객의 주소, 성명, 직업, 여권번호, 체재기간, 객실종류, 객실요금, 객실번호, 서명 등)을 실시
- 전반적인 호텔의 정보를 고객에게 제공
- 이용안내서(Welcome Letter)를 준비하고 고객에게 교부

- 선수금 현황을 파악하고 스키퍼(Skipper : 객실료를 내지 않고 퇴실하는 행위)를 예방
- 예약하지 않고 방문하는 고객(Walk-In 고객)에게 적절한 요금으로 객실을 판매
- 벨맨(Bell Man)에게 객실열쇠를 건네주고 특이사항을 지시한다.
- 객실배정(Room Assignment)을 효율적으로 조정 · 통제하여 객실 판매의 촉진, 고가객실 우선판매에 따른 매출 증진을 꾀함
- 체크아웃(Check-Out) 업무를 수행한다. 기준을 초과한 고객의 고액 외상잔액 보고서(High Balance Report)를 작성하여 보고
- 고객이 지불하는 이용요금을 정확히 처리
- 귀중품 보관함을 운용한다. 영업일지를 작성하여 보관 및 보고
- 고객에게 온 메모, 전달사항 등이 있으면 기록하고 전달한다. 고객의 불편사항에 적극적으로 응대하여 해결
- 고객의 항공편, 투어링 버스 등의 예약을 확인하고 필요시 안내

(4) 나이트 오디터(Night Auditor : 夜間監査者)

야간감사자(Night Auditor)는 호텔회계과의 지시를 받으며 영업장 부문별로 당일의 매상수입을 마감하여 정산하는 일을 맡는다. 야간감사자의 고유기능을 살펴보면 다음과 같다.

① 수취계정의 총잔액과 개별원장의 비교 검증

② 당일 수입일람표 작성

③ 개별원장의 대변 · 차변기록과 청구액의 정확한 검증

(5) 객실정비과장(하우스키퍼 Housekeeper)

- 하우스키퍼 부하직원 관리
- 하우스키핑 직원들이 수행해야 할 각종 작업계획을 장단기별로 수립
- 운영경비의 절감
- 재고조사(Inventory)
- 호텔의 재산과 시설을 보호하고, 화재 등 긴급사태에 대비
- 하우스키핑은 호텔 내 전 부서와 연관되어 있으므로 유기적인 협조체제를 갖춘다.

(6) 룸인스펙터(Room Inspector)

- 객실점검원, 여자가 담당할 경우 룸 인스펙트리스(Room Inspectress)라고 호칭
- 룸메이드가 정비한 객실을 판매하기 전에 점검하는 직책

(7) 룸메이드(Room Maid)

- 단순한 청소업무가 절대 아니며 객실상품 생산 측면에서 중요한 역할의 직책
- 객실을 직접 청소하고 정비하는 여직원. 세탁물 수거, 객실청소, 욕실청소 등을 행함
- 청소를 요하는 객실(On Change Room)을 깨끗하고 아늑하게 꾸밈
- 적정시간 내에 청소 및 정비의 완료
- 한 사람이 하루 8시간을 기준으로 객실을 정비할 수 있는 숫자는 대개 12~15실 정도

(8) 하우스 맨(House Man)

하우스키핑에서 근무하는 남자종사원으로 룸메이드가 하기 힘든 업무나 야간에 객실 고객에게 객실용품 전달하는 작업 등을 수행한다.

'객실부서'의 구체적인 주요 업무내용은 〈표 4-1〉과 같다.

표 4-1 객실부서의 주요 업무내용

부서명	주요업무내용
예약실 (Reservation)	예약접수 및 확인, 예약취소 및 No-Show에 관한 분석, VIP 및 국빈에 관한 처우, 단체예약접수 및 지역별 유치 파악, 회사별 이용실적 파악, 예약카드 정리 및 조정, 객실판매 계획수립 및 분석
현관(Front)	객실판매, 고객접객 및 환송, 객실열쇠 관리, 객실배정, 고객의 우편물 서비스, 대고객 인포메이션 서비스업무, 고객불평불만 접수처리, 고객카드 작성 및 관리, 고객분석, 비즈니스센터 서비스
컨시어지 서비스 (Concierge Service)	컨시어지는 프랑스에서 유래된 말로 중세시대에 성을 지키며 초를 들고 성을 안내하는 사람인 'le comte des cierges(촛불관리자)'에서 유래한 말이다. 최근에는 개인비서처럼 손님이 필요한 정보 및 모든 서비스를 총괄적으로 제공하는 관리인으로 그 의미가 확대. 고객의 짐 운반 보조, 교통, 관광, 쇼핑 등의 안내, 음식점 추천과 예약정보 제공, 고객이 직접 구하기 어려워 부탁하는 각종 티켓 구매대행 등까지도 담당하는 고급 호텔서비스를 담당한다.(네이버, 시사상식사전, pmg 지식엔진연구소, 박문각)

유니폼서비스 (Superintendent of Uniform Service)	유니폼서비스는 컨시어지, 벨맨, 도어맨, 차량서비스요원 업무를 지칭하는 것으로 현관에서 고객의 이미지 결정을 좌우하는 부문이기 때문에 'Uniform Service'라고 규정한다. 컨시어지서비스(Concierge Service ; 쇼핑 해결, 연극표 예매, 교통편 주선 등 세밀한 서비스), 벨맨(Bell Man)의 고객 수하물 객실 운반서비스, 도어맨(Door Attendants)의 최초 영접 및 차량관리, 차량서비스요원(Transportation personel)의 유·무료 차량운전서비스, 무료 순환버스 운전기사 등의 업무
객실정비과 (Housekeeping)	객실의 점검 및 청소 정비, 객실용품의 보관 장식, 미화 공급 배정, 객실용품의 청구 및 관리, 투숙객의 일반적 주문사항의 접수처리, 세탁물과 리넨에 대한 관리, 객실의 안전유지 및 보수에 관한 일부 업무
PBX(교환실)	PBX는 Private Branch Exchange의 약어로 (전화의) 사설 구내 교환대를 의미. 교환실(交換室, Operating Room)의 업무는 통신매개체, 안내센터, 홍보매체로서의 기능, 모닝콜서비스, 대고객 정보제공, 메시지 접수 및 전달 등이다.
세탁(洗濯, laundry)	리넨 및 세탁물, 호텔영업에 필요한 각종 리넨류의 조달 및 세탁, 투숙고객의 의류 및 직원의 유니폼 세탁

3. 객실의 기능

객실은 호텔의 숙박기능을 수행하는 가장 중요한 부서이다. 실내에서 일어나는 숙박고객의 활동을 바탕으로 볼 때 수면공간, 자유공간, 위생공간으로 구분할 수 있다.

① 수면공간 : 침실의 기능으로서 취침과 휴식의 공간이다.

② 자유공간 : 거실의 기능으로 다목적공간이다. 즉 인터넷, 독서, TV시청, 음악감상, 작업, 사무, 대화 등의 활용공간으로 이용되며, 손님접대로 외부와의 관계를 맺는 공간이다.

③ 위생공간 : 배수설비를 핵심으로 하는 공간으로, 세면, 목욕, 용변, 배수 등 생리적 행위를 위한 공간이다.

4. 객실의 종류

다음과 같이 침대 및 객실형태에 의한 분류를 할 수 있다.

① 싱글 룸(Single Room : 5.4평/18㎡)(1인용 객실) : 싱글베드(1인용)가 1개 있는 객실을 의미. 최근 들어 싱글 룸은 별도로 두지 않는 추세이다.

• 서울 5성급 외국 체인호텔 : 디럭스 룸(킹 베드 1개), 12.4평/41~45㎡(1박) 39만 원부터

싱글 룸

② 트윈 룸(Twin Room : 7.5평/24.7㎡) : 싱글 베드(1인용 베드)가 나란히 2개 들어 있는 객실. 최근 다운타운호텔에서는 2인용 침대와 1인용 침대를 준비해서 단체 고객을 맞이할 때 엑스트라 베드(Extra Bed) 1개를 추가해 4명을 투숙시키는 융통성을 발휘한다.

• 서울 5성급 'L'호텔 : 스탠다드(슈페리어), (침대타입) 더블/트윈(전망), 시티뷰 (수용인원) 2~3명, (객실 크기) 8평/26.7~30.7㎡(1박) 23만 원

트윈 룸

③ 더블 룸(Double Room : 7.5평/24.7㎡) : 1.5~2배 크기의 침대 즉 2인용 침대가 1개 들어 있는 객실, 부부용 객실을 의미한다.

- 서울 5성급 'L'호텔 : 스탠다드(디럭스 룸), (침대타입) 더블/트윈, (전망)시티뷰(수용인원) 2~3명, (객실 크기) 12평/40~46㎡(1박) 27만 원

더블 룸

④ 더블-더블 룸(Double-Double Room : 10평/33.058㎡) : 한 객실에 더블 베드가 2개 들어 있는 객실이다.

- 서울 5성급 외국 체인호텔 : 프리미어 룸(킹 베드 1개/더블 베드 2), 14.5평/48㎡ (1박) 42만 원

더블-더블 룸

⑤ 트리플 룸(Triple Room) : Twin Room에 한 사람이 더 합숙해서 3사람이 투숙하기 위한 객실로, 싱글 침대가 3개 또는 트윈에 엑스트라 베드(Extra Bed)가 추가된 형태이다.

- 서울 5성급 외국 체인호텔(강북) : 슈페리어(트리플 룸) (침대타입) 더블 1/싱글 2, (수용인원) 3인, (객실 크기) 10.7평/35.31㎡ (1박) 35만 원

트리플 룸

⑥ 쿼드 룸(Quard Room) : 4명이 투숙할 수 있도록 트리플 룸에 엑스트라 베드가 하나 더 추가된 객실이다.

쿼드 룸

⑦ 스튜디오 룸(Studio Room) : 더블 룸이나 트윈 룸 내에 정규침대 외 Studio Bed를 설치한 객실로서 주간에는 소파로 사용하고, 야간에는 침대로 사용이 가능한 형태로 만들어진 객실이다.

- 서울 5성급 외국 체인호텔 : 스튜디오 스위트(킹베드 1), 산과 도시의 전망, 22.7평/75㎡(1박) 58만 원

스튜디오 룸

⑧ 아웃사이드 룸(Outside Room) : 외향객실로 호텔의 외부 전망이 좋은 객실이다.

아웃사이드 룸

⑨ 인사이드 룸(Inside Room) : 호텔의 내부 쪽으로 위치하여 전망이 좋지 못한 객실로 Mountain View Room을 의미한다.

인사이드 룸

⑩ 커넥팅 룸(Connecting Room) : 인접한 객실 안에 연결도어(통용문)가 있어 객실 2개가 연결되어 내부의 문을 이용하여 가족 이용 시 상호 왕래가 가능한 형태이다. 연쇄통용객실

커넥팅 룸

⑪ 어드조이닝 룸(Adjoining Room) : 객실 내에 통용문이 없이 인접한 객실. 객실이 나란히 붙어 있는 형태인데 내부에 통용문이 없다는 점에서 커넥팅 룸과는 차이가 있다. 사이드 바이 사이드 룸(Side by Side Room : 나란히 있는 객실).

어드조이닝 룸

⑫ 스위트 룸(Suite Room) : 일반객실을 제외하고 좋은 객실이나 큰 객실을 편리하게 이용할 수 있도록 특실을 마련하며, 특실 중에도 호텔에 따라 차이는 있지만 차등을 두어 판매하고 있으나 일반적으로 구분하면 다음과 같다.

- 코너 스위트(Coner Suite) : 코너에 설비된 객실 1.5배의 크기로 준비되어 가격도 약 1.5배 의 요금을 책정하고 있다.
- 주니어 스위트(Junior Suite) : 일반객실 2개의 객실크기와 질이 좋은 가구를 준비하여 1실은 침실로, 1실은 응접실로 사용하는 것이다. (수용인원) 2~3명, (객실크기) 16평/53.6~61.5㎡ (1박) 53만 원
- 로열 스위트(Royal Suite) 또는 프레지덴셜 스위트(Presidential Suite) : Royal Suite 또는 Presidential Suite의 경우는 집무실과 비서실 회의실까지, 별도의 사우나시설까지 설치한 경우도 있으며, 일반객실의 10~30배까지 요금을 책정하고 있다.
- 펜트하우스(Penthouse) : 고층건물 맨 위층에 자리한 고급 아파트

- 국내 최고급 5성급 체인호텔

㉮ 프레지덴셜 스위트 : (침대타입) 더블 (수용인원) 2인, (전망) 시티 뷰 또는 리버 뷰 (면적)43.3평/143㎡ (1박) 500만 원(세금 · 봉사료 제외)

㉯ 로열 스위트 : (침대타입) 더블, (수용인원) 2인, (전망) 시티 뷰 또는 리버 뷰 (면적)107평/353㎡ (1박) 1,000만 원 이상(추정)

스위트 룸

TIP

오크우드 프리미어(Oakwood Premier) 아파트먼트호텔

오크우드 프리미어 코엑스센터 서울

- 개관일 : 2002년 2월 27일
- 주소 : 서울시 강남구 테헤란로 87길 46번지
- 전화 : 02.3466.7000
- 팩스 : 02.3466.7700
- E-mail : general.opcc@oakwoodpremier.co.kr
- 구조 : 지상 25층
- 주차장 : 350대 동시 주차 가능
- 객실수 : 281실
- 레스토랑 : 오크 레스토랑 앤 바, 양식당, 중식당, 일식당, 뷔페 식당

부대시설

- 피트니스 센터(체련장, 실내골프연습장, 수영장, 사우나)
- 비즈니스 센터, 어린이 놀이방
- 격조 있는 서비스, 특급호텔 수준의 시설, 고급스러운 분위기
- 오크우드의 다섯 가지 서브 브랜드 중 최상위급인 프리미어는 럭셔리한 스타일을 요구하는 국제적 비즈니스 또는 레저 여행객들을 위해 설계되었다.

도시 중심 지역에 위치한 오크우드 프리미어는 특급호텔식 서비스를 주방 및 다양한 시설이 구비된 아파트먼트에 접목시켜 레지던스의 특징은 물론 특1급 호텔에 비교해도 손색이 없는 구성을 갖추고 있다. 특히 레스토랑, 룸서비스, 비즈니스 센터, 미팅룸, 수영장, 피트니스 센터 등을 포함하는 편리함을 갖추고 있으며, 객실 정비 서비스, 초고속 유/무선 인터넷, 24시간 운영 프런트 데스크, 공항 교통편 및 컨시어지도 함께 제공하고 있다.

삼성동 코엑스에 위치한 오크우드 프리미어 코엑스센터와 2014년 7월 23일 개관한 오크우드 프리미어 인천이 바로 이 프리미어 브랜드로, 호텔식 서비스와 더불어 레지던스 호텔의 가장 큰 특징이라고 할 수 있는 내 집 같은 편안함과 여유로움을 느끼실 수 있다. 특히 오크우드 프리미어 코엑스센터는 세련되고 고급스러운 분위기와 함께 가구, 주방, 조리기구, 세탁시설이 완벽히 갖추어져 장단기 여행객 및 비즈니스 출장객에게 최적의 주거공간을 선사한다.

아파트먼트 호텔의 종류

- 스튜디오 아파트먼트
- 스튜디오 프리미어
- 1 베드룸 아파트먼트
- 2 베드룸 아파트먼트
- 3 베드룸 아파트먼트
- 4 베드룸 아파트먼트

TIP

펜트하우스(Penthouse)

스튜디오 프리미어 아파트먼트 호텔 객실 내부

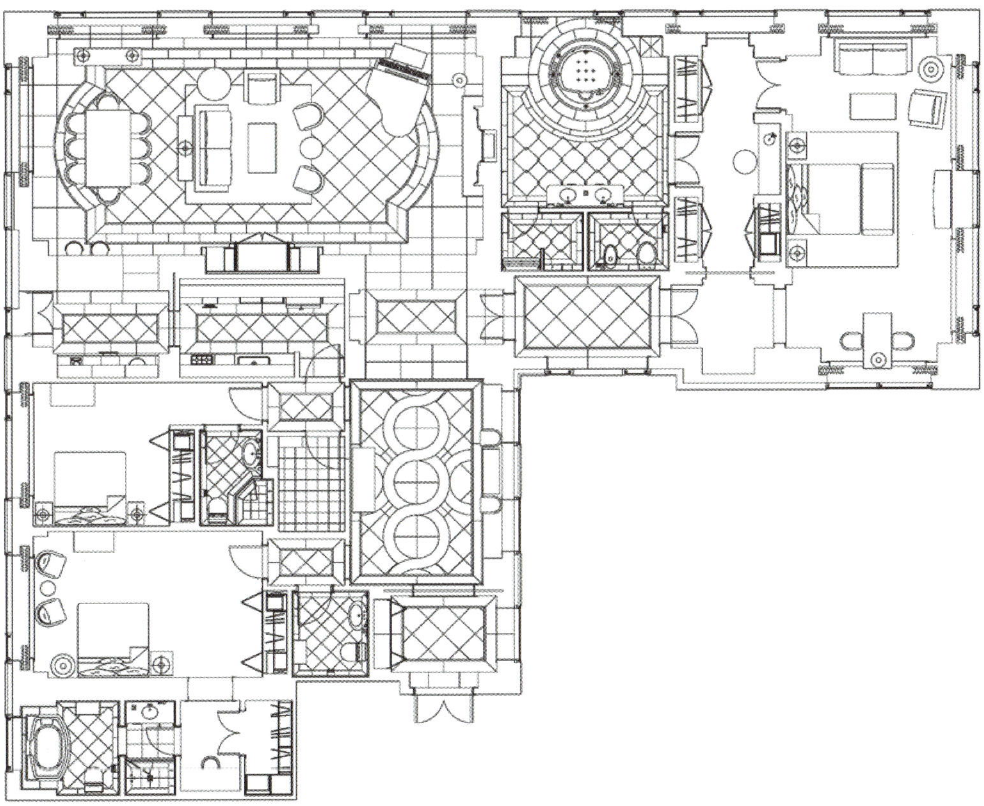

펜트하우스

유러피안 스타일의 클래식한 인테리어에 도심 최고의 전망이 더해져 품격을 갖춘 펜트하우스는 VIP 전용 객실이자 오크우드 프리미어의 최고의 객실이다.

최고급 서비스 레지던스 오크우드 프리미어 최고의 자랑인 펜트하우스는 전용면적 120여 평의 최고급 객실로서 세계적인 인테리어 전문회사인 Nadel Architects Inc.에 의해 특별히 디자인되었으며, 별도의 개인 정원과 함께 오크우드 프리미어의 최상층인 27층에 자리 잡고 있다. 유러피안 스타일의 클래식하면서도 고풍스러운 마스터 베드룸은 아름다운 서울 도심의 야경과 탁 트인 한강의 시원함을 함께 내려다볼 수 있는 초호화 전용 욕실과 드레스 룸을 통하여 연결되어 있다.

고급 대리석으로 마감된 거실에는 편안하고 아늑한 고급 별장의 느낌을 전하는 벽난로를 비롯하여 최상의 음질을 선사하는 전문 홈 시어터 시스템, 프랑스 정상급 디자이너의 안목으로 선정된 세련되고 고풍스러운 소품 및 가구, 아트 장식품, 최첨단 전동 커튼 및 라이팅 시스템이 절정의 미적 감각으로 절묘한 조화를 이루고 있다.

또한 빌트인 와인 냉장고를 포함, 품위 있고 격조 높은 오픈 바 스타일의 최고급 시스템 주방 및 고품격 다이닝 룸은 아름답고 고풍스러운 분위기를 자아낸다.

---

⑬ 온돌 룸(Ondol Room) : 온돌방은 한국적 실내 분위기의 한실이며, 한국식 온돌방 의미한다. 대부분의 객실이 양실이지만 몇 개씩의 한실을 보유하고 있어 내국인들 중 침대를 꺼려하는 노인층이나 한실을 선호하는 가족단위 고객이 주로 이용한다. 면적은 19㎡(5.7평) 이상 확보해 꾸미도록 되어 있고 보료, 요, 이불 등의 전통적인 침구를 준비해 놓고 있다.

온돌 룸

1) 객실등급에 의한 분류

① 스탠다드 룸(Standard Room) : 보통수준의 객실로서 평수가 비교적 작고 조망이나 위치가 좋지 않은 일반객실

스탠다드 룸

② 디럭스 룸(Deluxe Room) : 스탠다드 룸보다 평수가 조금 더 넓고 조망이나 위치가 좋은 고급객실

디럭스 룸

③ 비즈니스 전용 층 객실(Executive Floor Room) : 비즈니스 고객을 위하여 위치가 좋은 몇 개 층에 특별히 만든 객실. 해당 층에 귀빈층 라운지를 설비하여 조식 뷔페 무료제공, 커피나 음료 무료제공, 신문, 잡지, 컴퓨터, 팩시밀리, 복사기 등을

비치하여 비즈니스에 편리함을 제공하며, 통역이 가능한 여직원을 상주시켜 비서업무도 제공한다. 디럭스 룸과 크기 면에서는 차이가 없지만 객실내부에 비즈니스업무 수행을 위한 시설 및 차별화된 서비스를 갖추고 있다. 귀빈층에서 체크인, 체크아웃을 바로 할 수도 있다.

비즈니스 전용 층 객실

④ 스위트 룸(Suite Room) : 스위트, 붙은 방, 호텔의 침실 · 욕실 · 거실 등이 이어진 한 벌의 방을 의미. 등급은 주니어 스위트(Junior Suite), 코너 스위트(Corner Suite), 로열 스위트(Royal Suite), 프레지덴셜 스위트(Presidential Suite) 등이 있는데 각 호텔마다 등급 명칭이 다르며 객실 평수, 인테리어, 특별서비스 등을 차별화하여 제공

TIP

서울 롯데호텔(Executive Tower) 로열 스위트 룸(Royal Suite Room)

• 객실크기 ; 460.8m², 객실타입 ; 트윈

서울 롯데호텔의 Royal Suite Room

• 서울 도심의 환상적인 전망을 감상
• 최신시설과 현대적인 감각의 럭셔리 디자인
• 호텔 모든 객실 초고속인터넷 무료 제공(유선, 와이파이)
• 최상의 숙면을 위한 침대 및 침구류
• 슈퍼프리미엄 베딩시스템 적용(Simmons사 공동개발)
• Egypt cotton으로 제작된 Gastaldi 침구(Made in Italy)
• 무료 다림질 서비스(셔츠 2장/투숙기간 내)
• 전 객실 턴다운 서비스
• 발렛박스 서비스(Suite 이상)
• LG 스타일러 객실내 구비(Suite 이상)
• 라운지 'Le Salon'
• 추가정보
• 보조침대(Extra bed) 요청 시 1박당 추가요금 ₩70,000

르 살롱 혜택 안내

• 조식뷔페 06:30~10:00
• 라이트 스낵 11:30~14:30

- 애프터눈 티 15:00~17:00
- 해피 아워 18:00~20:00
- 칵테일 제조 서비스
- 즉석 조리코너 서비스
- 개별 미팅룸 2시간 무료이용(6인실, 12인실에 한함)
- 호텔 내 식음업장 이용 시 10% 할인, 최대 투숙객 제외 2인까지(식음 일부 품목 제외)
- 세탁물 10% 할인
- 만 12세(초등학교 6학년) 이하의 어린이 동반 시 입장이 제한됨
- 롯데호텔서울의 모든 시설은 전부 금연이오니, 이용에 착오 없기 바람
- 모든 요금에 세금 10% 및 봉사료 10%(합계 21%)가 부과됨
- 짐정리 도움 서비스(Suite 이상 요청 고객)

제2절 객실요금의 종류

1. 공표요금(Rack Rate)

공표요금이란 호텔에서 규정되어 일반 고객에게 공표된 판매가격이다. 즉 객실가격표(Room Tariff)에 명시되어 있는 요금이다. 객실요금은 2인 기준의 객실당 요금으로 1명이 투숙한다 해도 같은 요금을 받는다.

표 4-2 Room Tariff

(Current as of March 2018)

Room Type	Tariff*(Indian Rupees)
Deluxe-Single	Rs. 4,000
Deluxe-Double	Rs. 5,000
Superior-Single	Rs. 5,000
Superior-Double	Rs. 6,000
Suites	Rs. 6,000
Deluxe-Suites	Rs. 7,000
Extra Person/Bed in Room	Rs. 1,000

*Please note the tariff is inclusive of breakfast Taxes : Additional Luxury Taxes as applicable Children above TEN years are charged full rate Check Out Time : 12 Noon

TIP

롯데 · 신라 · 조선 호텔 이어 메리어트도 최고가 경쟁

국내 특급호텔의 최고가 객실요금이 1박에 1,000만 원 이상에 이르고 있다. '호텔의 자존심'으로 불리는 최고가 객실 프레지덴셜 스위트는 호텔의 역량을 집결한 초호화객실이다. 최근 특급호텔들이 신축과 개보수를 거치면서 객실요금이 1,000만 원을 훌쩍 넘어섰다.

2013년 대대적인 리노베이션을 마치고 재개관한 서울 신라호텔의 프레지덴셜 스위트 객실요금은 1박에 1,400만 원으로 책정됐다. 서울롯데호텔도 가장 넓은 448㎡ 객실요금을 3년여 전 1,400만 원으로 변경한 이후 그 요금을 유지하고 있다.

최근 서울 종로구 청계천로에 개관한 JW메리어트 동대문 스퀘어 호텔의 프레지덴셜 스위트 객실요금은 1박에 1,000만 원으로 책정됐다.

부가세 10%와 봉사료 10%를 합치면 요금은 1,210만 원으로 올라간다. 233㎡ 면적의 이 객실은 가장 작은 객실(38㎡)을 6개 붙여놓은 크기지만, 가격은 18배나 비싸다.

서울 웨스틴조선호텔은 피아니스트 키스 재럿, 첼리스트 장한나 등이 묵었던 310㎡ 스위트룸 1박 요금이 1,500만 원으로 가장 비싸다.

프레지덴셜 스위트 또는 로열스위트 등으로 불리는 이러한 객실의 요금이 비싼 이유는 호텔에 단 하나뿐인 공간이라는 상징성 때문이다. 해외 정상이나 국빈급 명사들이 묵는데, 실제 요금은 고시요금과 다소 차이가 있다. 저명한 예술인이나 귀빈은 초청행사 주최 측에서 요금을 내고, 국빈은 초청국인 한국 정부가 객실요금을 부담하기 때문에, 호텔 측이 상황에 따라 각기 다른 할인율을 적용한다.

외국계 호텔 관계자는 "가격이 비싼 곳은 할인 폭이 크다. 일부 호텔은 봉사료를 이미 가격에 포함시켜 고시가격만으로는 실제 가격을 정확히 알기 어렵다"고 한다. 또 다른 호텔 관계자는 "개인이 비용을 지불하고 이 방에 묵는 경우는 거의 없다"고 했다. 이 때문에 상당수 특급호텔의 최고가 스위트룸은 1년 중 9~10개월간은 비워둔다. 대형 아파트 면적보다도 큰 80~90평대 객실은 단순히 숙박공간만은 아니다.

서울롯데호텔의 스위트룸에는 침실에다 스파와 사우나가 가능한 욕실, 응접실과 회의실, 다이닝 룸, 서재가 따로 있다. 욕실 내 욕조크기만 9.9㎡(3평)에 달한다.

남산자락에 위치한 그랜드하얏트서울은 미국 대통령, 영국 여왕 등의 국빈과 레오나르도 디카프리오 등 해외 스타들이, 파크하얏트서울은 강남에 사무실을 둔 명품 브랜드 본사 임직원들이 선호한다.

서울 신라호텔은 국빈급 투숙객의 신변 보호를 위해 객실 3면 유리벽에 모두 방탄필름을 설치했고, 24시간 이 객실만을 위해 일하는 전담 집사(버틀러)를 배정한다.

2. 무료 및 기타 요금

1) 무료요금

호텔의 경영상 부득이 접대가 필요한 경우와 해당 호텔에 단체고객을 인솔한 자 또는 단체행사 계약차 온 답사 고객에게 무료(Complimentary : Comp.)로 객실을 제공하기도 한다. 대개 여행사단체의 경우 15실 사용에 1실, 일반단체의 경우 20실 기준에 1실을 무료로 제공한다. 일반단체의 경우 주최측과의 협의에 의해 달라질 수 있다.

2) 업그레이드(객실상향조정 Up Grade)

호텔 측의 돌발적인 사정에 의하여 고객이 예약한 객실을 제공하지 못할 경우, 그 객실보다 더 고가의 객실로 상향 조정하여 제공할 때, 추가요금을 받지 않고 제공하는 경우를 말한다. 그리고 Repeat Guest(단골고객)나 VIP고객에게 접대의 차원으로 저가의 객실을 고가의 객실로 제공하면서 요금은 저가객실의 요금을 그대로 적용하는 경우에도 이에 해당된다.

3) 홀드 룸 차지(Hold Room Charge)

고객이 퇴숙(체크아웃)절차를 밟지 않고, 객실에 수하물(가방) 등을 놓아둔 채 고객 개인사정이나 여행 등을 이유로 1박 이상 객실을 비워두게 되면 비워둔 일수만큼 요금이 계산되는 제도이다. 또한 성수기에 객실을 예약하기 힘들 때 사전에 개인이나 단체가 객실을 일정일 수 홀드(Hold)하는 경우가 있는데 예약 당일에 사용하지 않으면 그 일 수만큼 객실요금을 지불해야 하는 제도이다.

4) 미드나이트 차지(Midnight Charge)

자정(밤 12시) 이후에 투숙하는 고객에게 할인해 주는 요금이다. 그렇지만 예약을 한 고객이 교통편이나 개인사정 등으로 인하여 밤 12시를 넘어 새벽이나 아침에 도착할 경우는 원래대로 1박 요금을 적용한다.

5) 초과요금(Over Charge)

일반적으로 호텔의 입숙(체크인)시간은 정오(오후 12시) 이후이고, 퇴숙(체크아웃)

시간은 정오 이전이다. 그렇지만 고객이 사정상 체크아웃 시간을 늦게 정오 이후에 할 경우 부과되는 요금이다. 정오부터 1~2시간은 호텔이 서비스 차원에서 허락하지만 오후 3시 이후에는 객실요금의 30%, 5시 이후에는 50%, 6시 이후에는 100% 등으로 호텔마다 규정을 정하여 초과요금을 받는다.

6) 취소요금(Cancellation Charge)

개인 또는 단체가 객실을 예약해 놓고 취소하는 경우에 부과되는 요금인데 각 호텔의 약관이나 예약상황에 따라 적용률이 다르다. 그러나 주거래 여행사의 천재지변에 의한 취소 등 애매한 상황이 생겨서 실제 취소요금을 적용하기에는 어려운 상황이 따른다. 이러한 경우를 대비 예외규정 또는 요금을 약간 받는 등 호텔 내부 규정을 준비하여 두는 것이 좋다. 만약 예약 선수금(Deposit)을 받아놓았을 경우 당일 취소를 하게 되면 환불이 안 된다.

7) 데이 유즈(Day Use) 요금

고객이 객실을 1박 투숙하는 것이 아니고 몇 시간 체재(滯在)할 경우 객실료를 시간 단위로 계산하는 제도이다. 대개 휴양지 온천, 교외, 공항, 역 등의 지역에 위치한 호텔에서 잠시 쉬는 목적의 고객을 위하여 만든 제도이다.

8) 하우스 유즈(House Use)

호텔 자체 운영상 필요하여 객실을 계산하지 않고 사용하는 경우인데 총지배인의 숙소로 사용하는 경우와 야간당직 및 특별 목적으로 출장 온 직원들이 사용하는 경우이다.

3. 패키지요금(Package Rate)

패키지요금은 비수기에 영업매출 증진을 위해 판매촉진(프로모션 Promotion)이 필요할 때 호텔 나름대로 상품을 만들어 객실에 식사(프랑스식당 Candlelight Dinner 정찬 2인 또는 조찬 뷔페 2인)와 부대시설(피트니스센터, 사우나, 야외수영장, 마사지, 디스코텍의 칵테일 2잔 무료제공 등) 이용 등을 묶어서 제시하는 요금이다. 고객의 입장에서는 객실만 이용하는 것보다 다양한 혜택을 누릴 수 있어 좋다.

4. 특별요금

특별요금은 영업차원이나 고객관리 차원에서 개인고객과 단체로 구분하여 불가피하게 할인을 해주고 있다.

호텔에서는 일반적으로 공표요금을 받지 못하고 특별요금(Special Rate)으로 제공하는 경우가 많다. 단골고객들이 작게는 10%에서 많게는 50% 정도의 할인을 받는다. Walk In Guest로 체크인할 경우 100%의 공표요금을 받으며 기업체 고객이나 Repeat Guest, 예약고객 등에게는 정해놓은 할인율에 의해 특별요금(Special Rate : 20~40% 할인요금)을 받는다. 일 년 내내 보유객실을 100% 판매한다는 것은 불가하기 때문이다.

1) 개인고객(F.I.T) 특별요금

개인고객은 개인 여행객을 말하는 것으로 영어로 'F.I.T : Foreign Independent Tour'라고 한다. 단체나 계약에 의한 할인은 계약내용에 따라 협상한 대로 할인을 해주면 되나 F.I.T고객의 경우는 그때그때 예약상황에 따라 유동적으로 할인을 해 줄 수 있는데 나름대로 규정한 것이다. F.I.T고객의 할인규정은 호텔마다 다르지만 통상적으로 적용하는 규정은 다음과 같다.

① F.I.T고객의 할인규정

- 50% 할인 : 총지배인 승인을 득한다.
- 40% 할인 : 객실부장 또는 판촉부장의 승인을 득한다.
- 30% 할인 : 비수기의 경우 프런트나 예약실의 직원이 임의로 결정할 수 있으나 성수기에는 객실과장의 승인을 득한 후에 제공한다.
- 20% 할인 : 프런트 사무원이나 예약실 직원이 객실상황에 따라 소신껏 결정할 수 있다.

② 비수기 특별요금

보통 다운타운 호텔은 여름철이 비수기이고, 대부분 유명한 리조트 호텔의 경우 봄철이 비수기이다. 비수기에는 객실 점유율을 높이기 위해 대폭 할인된 특별요금으로 판매할 수밖에 없다. 계절상 성수기일지라도 천재지변 등에 의해 예약상황이 좋지 않으면 특별요금이 제시되고, 이에 반해 비수기일지라도 특정휴일에 예약이 몰리면 그날에는 특별요금 적용을 탄력적으로 안 하는 경우도 있다.

③ 계약요금(커머셜 요금 Commercial Rate)

사업이나 출장 등의 목적으로 연중 객실을 이용하고자 하는 특정 기업체와 송객 계약을 맺어 할인요금을 적용하거나, 기업체 외에 카드사와도 계약을 맺어 카드회원을 대상으로 투숙 시 할인된 금액을 적용하기도 하는데 이를 '계약요금(커머셜 요금 Commercial Rate)'이라고 한다.

계약요금은 연간 이용실적에 따라 등급을 나누어 객실요금의 20~40% 정도 차등 할인을 적용시킨다. 총지배인의 승인을 받아 장기로 투숙해야 할 사람(Long Term Guest)이 있으면 특별계약(대체적으로 40~60% 할인)을 한 후에 적용시킨다.

이러한 기업체 계약요금은 일반적으로 다운타운의 비즈니스 호텔에서 많이 적용하며, 기업체 고객의 입장에선 선호하는 호텔을 할인해서 이용할 수 있고, 호텔의 입장에서는 연속적으로 고객을 확보할 수 있다는 점에서 선호되고 있다.

2) 단체요금(Group Rate)

① 단체요금

단체 할인요금을 말하는데 기업체 또는 협회, 단체 등에서 컨벤션이나 세미나 등을 하면서 객실에 투숙할 때 적용되는 요금이다. 이용객실 수와 성 · 비수기에 따라 할인폭이 달라지고 협상에 의해서 객실요금이 결정된다.

② 여행사 단체 할인요금

국내 호텔이든 국외 호텔이든 세계적으로 객실영업에서 가장 큰 비중을 차지하는 고객이 여행사 단체고객이다. 그들이 연중 계속 외래 관광객을 호텔로 송객해 주므로 기본적인 객실점유율을 확보할 수 있다는 점에서 공표요금보다 파격적인 할인가격을 협상 제공하기도 한다. 우리나라 호텔의 대부분이 매년 여행사에게 일본, 중국 등의 나라에 연휴, 성수기 · 준성수기 · 비수기, 주중 · 주말 등 세분화하여 객실요금을 제시하고 있다.

5. 식사 유무에 의한 요금

1) 유럽식 요금제도(유러피언 플랜 European Plan : EP)

객실과 식사요금을 별도로 계산하는 제도이다. 도심지에 위치한 호텔을 비롯한 우리나라의 호텔은 이 제도를 도입하고 있다.

2) 대륙식 요금제도(콘티넨탈 플랜 Continental Plan : CP)

유럽지역에서 성행되고 객실요금에 아침식사가 포함되는 제도이다. 조식메뉴는 콘티넨탈 조찬(Continental Breakfast(대륙식 조찬) : 주스, 빵, 커피 또는 홍차 제공)을 제공한다. 이 요금제도는 주로 아침을 해결해야 하는 단체여행객 또는 비즈니스 고객을 대상으로 제공한다. 그리고 호텔 주변에 조식을 먹을 만한 식당이 없는 해안, 산악 등의 리조트호텔에서 적용하고 있다.

3) 수정식 미국요금 제도(Modified American Plan or Demi-Pension, 하프 팡션(Half Pension) : M.A.P)

하프 팡션(Half-Pension) 또는 데미 팡션(Demi-Pension)이라 칭하는데 아메리칸 플랜을 수정한 것이다. 이는 객실요금에 조식과 석식 2끼의 식사요금이 포함된 제도이다. 신혼여행을 많이 가는 휴양지 리조트에서 많이 적용하고 있다. 호텔에서 조식 후 낮에는 관광을 하면서 점심을 해결하고 호텔로 돌아와서 석식을 먹는 경우이다. 휴양지의 호텔은 대부분 이 방식의 요금제도를 채택하고 있다.

4) 미국식 요금제도(아메리칸 플랜 American Plan : A.P)

객실요금에 조 · 중 · 석식 3회의 식사가 포함된 제도이다. 미국 서부 개척시대에 생긴 제도이다. 호텔 주변에 식당이 없는 외딴 섬이나 산속 휴양 리조트에서 주로 적용하고 있다.

제5장

객실관리

제5장

객실관리

제1절 객실예약(Room Reservation) 업무

1. 객실예약 업무

객실예약(Booking)은 투숙고객과 호텔 사이에 객실 사용에 대한 상호의 계약행위이다. 레저베이션 클럭(Reservation Clerk)은 밝은 미소로 친절한 고객 응대를 하여야 하며, 객실의 종류, 숫자(數字), 규정요금, 투숙기간, 객실료 등의 정확한 업무처리가 중요 업무이다.

예약실에서 예약업무를 담당하는 직원을 레저베이션 클럭(Reservation Clerk)이라고 하며 예약을 접수 관리하여 프런트 룸 클럭에게 인계하는 것이 주업무이다.

객실예약기능은 객실예약담당자가 고객으로부터 예약요청을 받으면 컴퓨터 단말기를 통하여 고객이 요청한 객실에 대하여 예약이 가능한지 여부를 판단하여 응대하고 예약정보를 입력한다. 예약의 경로에는 전화, 팩스, 우편, 인터넷, 직접 방문 등이 있다.

2. 레저베이션 클럭(Reservation Clerk)의 업무상 필요조건

① 영어, 일어, 중국어 회화 구사능력

② 항상 호감을 주는 억양과 친절한 고객 응대요령 체득(體得)

③ 프런트 오피스 시스템 운용방법 체득

④ 객실의 종류, 숫자, 요금, 객실 내의 시설물 지식 체득

⑤ 여행사, 카드사, 기업체, 대사관 등과의 객실이용에 관한 계약내용 체득

⑥ 패키지(Package) 상품 및 프로모션(Promotion) 상품지식 체득

⑦ 호텔 내부 및 부대시설 등 호텔의 상품지식 체득

⑧ 교통편 및 주변지역 관광지, 쇼핑 등 주변지역 안내에 밝아야 함

3. 예약의 방법

예약방법에는 Block Reservation(블록 레저베이션, Block ; 차단하다, Booking)과 Share Reservation(쉐어 레저베이션, Share ; 공유하다)의 2가지가 있다.

① Block Reservatoin : 예약된 객실을 일정기간 동안 Block시켜 다른 사람이 객실을 판매하지 못하도록 하는 방법이다.

② Share Reservation : 1개의 객실을 2명이 사용하되, 별도의 예약번호를 갖도록 하는 방법이다. Share Reservation으로 예약한 고객은 호텔 투숙기간 동안 발생되는 비용을 투숙객 개개인에게 부과하며, 체크아웃 시에 Bill(계산서)이 별도로 발행된다.

4. 예약의 종류

예약 시 요청사항은 투숙기간, 객실종류, 객실료 등이며 예약의 종류를 크게 나누면 다음과 같다.

① 순수개인예약 : 투숙을 원하는 개인고객이 호텔에 직접 예약을 신청하거나 호텔과 계약관계가 없는 제3자가 대리로 예약을 신청하는 경우

② 여행사 또는 기업체에 의한 개인예약

③ 여행사에 의한 단체예약 등

5. 예약받는 요령

1) F.I.T(Foreign Independent Tour(포런 인디펜던트 투어 ; 외국인 개인여행객)

외국인 개인여행객이 예약을 원할 때 다음 요령으로 예약을 받는다.

- 가장 먼저 투숙날짜의 객실상황을 체크한다.

- 객실할인은 내부규정에 의하여 적용해야 한다.
- 예약 슬립에 의하여 예약사항을 기입, 특히 연락처를 반복확인 후 정확히 기록해야 한다.
- 리조트 및 리조트에 있는 호텔은 물론이고 일반 호텔의 경우에도 예약날짜에 객실이 만실에 가까우면 예약선수금(Deposit)을 받아 예약을 해놓고 당일 나타나지 않는 노-쇼 게스트(No-Show Guest)를 최대한 줄이도록 한다.
- 객실번호를 사전에 고객에게 확정통보를 하지 말아야 한다. 기존 투숙객이 객실을 연장(Stay-Over)하여 사용할 수도 있고, 당일 그 객실에 문제가 생길 수도 있기 때문이다.
- 연중 예약이 몰리는 특정 날짜에 오래전부터 예약을 원하거나 1년 후의 예약에 대해서는 요금을 확정해서는 안 된다. 향후 요금정책이 변동될 수 있기 때문이다.

2) 단체고객(Group Guest, 그룹 게스트)

단체고객이 예약을 원할 때 다음 요령으로 예약을 받는다.

- 가장 먼저 투숙날짜의 객실상황을 체크한다.
- 객실할인은 내부규정에 의하여 적용해야 한다.
- 예약 슬립에 의하여 예약사항을 기입, 특히 연락처를 반복확인 후 정확히 기록해야 하는 등의 기본적인 F.I.T 고객의 예약접수 요령과 동일하다.
- 예약확인되었을 경우 단체명단, 식사예정인원, 도착시간, 여행일정표(Itinerary ; 아이티너레리, (항공)여객의 여행 개시부터 종료까지의 Gap(갭 ; 시간적) 공백[차이])을 포함한 전 구간을 말한다.) 등을 요구한다.
- 단체관광객의 예약슬립(Reservation Slip ; 예약전표)은 별도로 준비되어 있다.
- 통상적으로 15실 예약(Reservation)을 단체로 규정한다.
- 객실, 식사, 부대시설이용 등의 요금 중에서 단체의 인솔자 지불과 각 개인이 지불하는 부분을 정확하게 명시한다.
- 세탁료, 전화, 미니바(Mini Bar), 유료채널 TV, 커피숍 및 레스토랑의 식사, 피트니스클럽(남녀사우나, 마사지, 이 · 미용실) 등을 개인적으로 이용할 경우에는 각각의 고객이든 인솔자이든 이용한 본인이 제반요금을 지불한다.

- 확인(Confirm) 의무화 : 단체인 경우는 도착예정 2주일 전에, 개인고객은 일주일 전에 확인을 반드시 해야 한다.

6. 초과예약(Over Booking) 관리

1) 초과예약(Over Booking)의 의의

초과예약이란 판매가 가능한 객실 수보다 초과하여 예약을 받는 경우를 말한다.

- 노-쇼(No Show : 예약 후 나타나지 않는 무단취소 고객) ; 약 5% 초과
- 캔슬레이션(Cancellation : 예약취소로 CNL로 표시) ; 약 8~10% 초과

초과예약은 당일 취소하는 고객과 노-쇼(No-Show) 고객을 대비한다는 점에서 장점은 있다. 그러나 초과예약자를 체크인시키지 못할 경우 고객에게 사과하고 동급호텔에 턴 어웨이 서비스(Turn away Service)를 해주고 객실요금지불과 교통편까지 제공해야 하는 등 큰 문제가 발생한다. 오버부킹은 초과예약자에 대한 호텔의 비용이 발생된다는 점에서 많은 주의가 필요하다. 이런 경우는 턴 어웨이 서비스를 해주는 것보다 업그레이드(Up Grade)해 주는 편이 더욱 유리하다.

2) 언더부킹(Under Booking)

오버부킹과 상반되는 의미인데 판매가능한 객실 수 이하로 예약받는 것을 뜻한다. 언더부킹(Under Booking)은 객실을 판매할 수 있는 기회를 놓친다는 점에서 문제가 있다.

3) 초과예약의 기법(Overbooking Percentage Rate : O.P.R)

O.P.R의 전형적인 산출방법은 취소율과 노-쇼(No-Show)율을 정확히 파악하고 그 비율만큼의 초과예약을 받는 것을 말한다. 과거의 경험과 통계자료를 근거로 산출하는 기법이다. No-Show는 약 5% 초과, Cancellation은 약 8~10% 초과예약을 받는다.

출장목적의 비즈니스고객들은 취소나 노-쇼율이 낮으나 예약을 접수 시 확정적 예약인지 여부를 파악하여 예약선수금(Deposit)을 받도록 해야 한다.

"비록 과거자료를 근거로 하더라도" 돌발변수에 의하여 예상 취소율과 노-쇼(No-Show)율 %가 틀릴 경우가 있다. 예약담당자 및 예약지배인은 워크인(Walk-in) 고객의

빈도수를 감안하고, 숙박목적의 유형을 파악하며, 기상예보, 호텔 내부 또는 인근지역에 특별한 이벤트(Event)가 있는지 등을 미리미리 파악하여 Over Booking을 할 경우 매출손실을 줄이도록 최선의 노력이 필요하다.

법에서는 객실 예약을 하나의 법적인 계약으로 보고 있다. 법적 분쟁이 생길 수 있고, 리조트에서의 일부 단체고객인 경우에는 이러한 경우가 가끔 발생하는 경우가 있다. 이는 호텔 측에서 정책적으로 초과예약을 실시하여 이들 단체고객에게 피해를 주는 경우가 발생한 경우라고 보면 된다. 그러므로 리조트는 해당 객실요금 전액을 1주일 전에 고객이 무통장으로 입금하도록 조치해야 No-Show를 줄일 수 있다.

TIP

$$\text{노-쇼율} = \frac{\text{노-쇼 객실 수}}{\text{예약된 객실 수}} \times 100$$

제2절 프런트 데스크(Front Desk)

프런트 데스크는 객실에 투숙하려는 고객의 숙박등록을 하면서 처음으로 고객을 응대하는 곳이다. 따라서 프런트 데스크에서 근무하는 직원은 미소 띤 얼굴로 호텔의 제반 정보를 고객에게 제공할 뿐만 아니라 대고객 서비스의 중추적인 역할을 감당하여야 하므로 고객에게 호텔의 첫인상을 깊이 기억시키는 가장 중요한 부서이다. 객실 판매의 촉진을 책임지는 부서가 바로 프런트 데스크와 판촉부이다. 프런트 데스크는 객실 판매를 촉진하고, 통제, 조정하는 업무를 주로 취급하면서 고객의 체크인과 체크아웃을 담당하는 곳이다. 체크인 고객의 등록(Registration), 안내(Information), 리셉션(Reception)업무, 퇴숙수속(Check-Out ; 체크아웃), 고객의 계산(Cashier), 귀중품 보관(Safe Deposit Vault(볼트 ; 금고)) 등을 담당한다. 프런트 데스크는 조직력, 실무능력, 효율성 등을 토대로 호텔 매출증대에 기여하고 최상의 '대고객 서비스'를 제공함으로써 호텔의 이미지(Image)를 최상으로 끌어올릴 수 있다.

1. 프런트 데스크(Front Desk) 직원의 자질

고객들은 프런트 데스크에서 최초로 호텔에 대한 이미지를 갖게 되며 이 최초 인상은 오랫동안 기억한다. 고객에 대한 밝은 미소, 정중한 태도, 정확하고 신속한 서비스와 효율적인 업무처리가 행하여졌을 때 비로소 좋은 인상을 줄 수 있으므로 프런트 데스크 직원은 가능한 한 좋은 이미지를 줄 수 있도록 최대한 노력해야 할 의무가 있다. 그러므로 프런트 데스크 직원은 호텔의 매우 중요한 위치를 차지한다고 할 수 있다.

1) 프런트 데스크 직원의 업무상 필요조건

- 외국인 고객과의 의사소통에 어려움이 없는 외국어 능력
- 판매사원 정신(Salesmanship)
- 고객과의 커뮤니케이션 능력
- 고객 핸들링 스킬
- 팀원들과 협조하는 팀워크 능력
- 회사정책을 잘 따르는 자세
- 프렉시빌리티(Flexibility ; 융통성(融通性))
- 눈치 빠른 새주(새치)가 있는 화술(話術)
- 단정한 용모와 청결한 개인위생
- 국제화시대 매너와 에티켓

2. 프런트 데스크 직원의 업무 및 근무 자세

1) 프런트 데스크 직원의 업무

프런트 데스크에서 등록업무를 담당하는 직원을 프론트 클럭(Front Clerk) 또는 룸 클럭(Room Clerk)이라 하며, 다음과 같은 업무를 수행한다.

- 객실예약의 접수와 객실배정 실시
- 체크인 등 등록업무를 수행
- 객실 열쇠 관리
- 당일의 객실변경 및 취소 업무를 담당
- 투숙객의 호텔 이용과 관련하여 타 부서와의 상호협조와 업무연락을 취함

2) 프런트 데스크 직원의 근무자세

- 고객을 데스크에 혼자 서 있게 하지 않는다.
- 올바른 인사법을 알고 인사한다.
- 항상 고객의 이름을 기억하고 부르려 노력한다.
- 예약카드나 숙박등록카드에 기재된 사항을 함부로 변경하지 않는다.
- 고객의 숙박등록카드가 완전하게 작성될 수 있도록 조력(助力)한다.
- 외국인 고객에게 한국말을 하지 않는다.
- 외국인 고객의 말을 잘 이해하지 못했을 때는 확실하게 다시 여쭈어본다.
- 고객에게 객실 키를 건네줄 때에는 고객의 Name(성명)을 확인한다.
- 계산대에서 고객이 많이 기다릴 경우에는 어느 누구와도 불필요한 대화를 피한다.
- 고객으로부터 오해소지가 있는 과도한 행동(Over Action)은 금한다.
- 모든 고객에게 동등한 서비스를 제공한다.
- 여하한 경우라도 고객과 언쟁을 하지 않는다.
- 고객의 개인신상을 외부로 노출하지 않는다.
- 전화벨이 세 번 울리기 전에 수화기를 들어 응답한다.
- 데스크 내에 동료들과 모여서 잡담을 하지 않는다.
- 데스크 내에서는 주머니에 손을 넣지 않는다.
- 절대로 고객에게 등을 보이지 않는다.

- 회사의 정책과 업무의 절차를 항상 숙지하고 있어야 한다.

3. 숙지사항

- 객실의 종류와 당일의 판매가격
- 일반적인 객실 Assignment(어사인먼트 ; 배정) 요령
- 단체고객의 객실 Assignment 요령
- 객실 Assignment Form(어사인먼트 폼 ; 배정서식) 작성요령
- 객실 Assignment 변경요령
- 예약고객의 Check-In(투숙 수속) 업무
- 공실이 없을 때 예약고객이 도착한 경우 처리요령
- 고객의 희망에 따른 객실 변경요령
- 고객의 부재중 고객의 짐을 이동하는 요령
- 객실요금의 변경 시 처리요령
- Check Out(비용을 지불하고 나가는 퇴실 수속) 날짜 변경 시 처리요령
- 도착 예정인 예약객의 점검
- 출발 예정 고객의 점검
- Housekeeping(객실정비) 부서와의 업무 연락사항
- No-Show(예약하여 오기로 한 고객이 나타나지 않음)와 Cancellation(캔슬레이션 ; 취소) 고객의 보고 요령
- Turn Away(턴 어웨이 ; 당일 호텔에 예약된 고객에게 호텔 측 사정으로 객실을 제공하지 못하여 다른 호텔의 객실을 알선해 주는 것) 발생 시 조치요령
- 일반적인 Check-Out(퇴숙 수속) 업무
- Message(메시지 ; 투숙객에게 온 전갈) 및 우편물 취급요령
- Sleep Out(슬립 아웃 ; 체재 중 짐과 옷은 놔두고 외박한 고객) Room의 확인
- 컴퓨터(Pms-Property Management System)에 의한 Revenue(레버뉴 ; 수입) 및 각종 통계자료 집계요령
- 각종 Report(보고서) 작성요령
- VIP(귀빈) Treatment(트리트먼트 ; 대우) 요령

- Room Key의 일반적인 관리요령
- Room Key의 종류
- Room Key 분실 신고 시 처리요령
- Master Key의 관리요령
- 단체(Group)고객의 종류[Tour(관광객), Incentive(인센티브 여행은 기업이나 산업체 등에서 근무 성과가 우수한 사람에 대한 보상이나 포상수단으로 실시하는 관광이나 여행 관련 비즈니스를 통칭), Lay Over(LOPK ; Lay Over Package서비스, 항공연결편을 이용하여 여행하는 승객 중 당일 항공편 접속이 불가능한 경우, 경유지에서 숙박(지정 호텔 1박 1조식)을 무료로 제공하는 항공사의 서비스이다.) 등]
- 단체고객의 예약접수 요령
- Meal Coupon(식사 쿠폰) 발행 요령
- 단체고객의 식사메뉴, 가격, 장소 Arrangement(배정) 요령
- Hospitality Desk(호스피탤리티 데스크 설치) 요령
- 루밍 리스트(Rooming List, 단체의 입실명단(入室名單)) 작성 및 키 분배 요령
- 우편물, Fax(팩스), 전보 등의 송 · 수신 및 취급 요령
- 각종 인쇄물의 명칭 암기
  - Reservation Card, Registration Card, Key Card, Name Slip, Message Form, Welcome Kit, Deposit Slip, 각종 Revise Slip, Night Clerk's Revenue Report, Today's VIP(귀빈) Report, Today's Group Status, Fax Form, Telegram Form, Memo Pad, Notice Slip 등)
- 부대시설과 이용 시 특전

TIP

객실자동전멸장치(Room Key Tag System, 客室自動全滅裝置)

- 에너지 절약차원에서 객실 입실 시 키를 키 센서(Key Sensor)에 꽂으면 객실이 자동적으로 점등되고 외출이나 Check-Out(퇴숙) 시 키를 꺼내면 자동으로 점멸되는 시스템 방식이다.

4. 등록업무(Registration, Reception)

등록업무를 체크인을 담당하는 곳이라 하여 레지스트레이션(Registration)이라 한다. 또한 고객을 영접한다는 의미에서 리셉션(Reception)이라고도 한다.

1) 일반적인 Check-In 절차

숙박을 위한 Check-In 절차는 보통 다음과 같은 단계로 이루어진다.

프런트 데스크에서 투숙고객의 체크인 처리는 예약 확인→숙박등록카드 작성→객실 배정 및 키(key) 제공의 3단계로 되어 있다.

- 숙박객 도착
- 예약 확인
- 숙박등록카드 기재
- 객실(번호) 배정
- 객실 키(또는 카드 키) 전달
- 벨맨의 객실 안내
- 회계 원장(Folio ; 폴리오) 작성

5. 레지스트레이션 카드(Registration Card ; 숙박등록카드)

밝은 표정으로 고객을 맞아 인사로 고객에게 관심을 표하여 환영하고 숙박 등록 시에는 고객의 객실 예약 유무를 확인한 후 고객이 데스크에서 너무 오래 기다리지 않도록 한다. 숙박등록카드에는 고객의 주소, 성명, 직업, 여권번호(또는 주민등록번호), 체재(滯在)기간, 객실 종류, 객실요금, 객실번호, 서명 등이 정확하게 기재 되었는가를 확인하고 미비한 사항이 있으면 고객으로 하여금 작성하도록 한다. 이때 Bell Man은 고객의 뒤에서 고객의 짐과 함께 대기한다.

숙박등록카드의 작성이 끝나면 Clerk은 Bell Man에게 객실 키를 인계하고 객실로 안내하도록 한다. 이후 Clerk은 다음 작업을 시행한다.

- 레지스트레이션 카드(Registration Card ; 숙박등록카드) 정리
- 루밍 슬립(Rooming Slip ; 입실 전표)/룸 랙 슬립(Room Rack Slip ; 키를 꽂아 놓는 보관함) 정리

- 게스트 히스토리 카드(Guest History Card ; 고객이력카드) 작성
- 얼라우언스-시트(Allowance-Sheet(공제액, 환급금 반환용), 브이 아이 피-어라이블 리포트(VIP-Arrival Report ; 귀빈-도착 보고서), 룸 체인지 슬립(Room Change Slip ; 객실 변경 슬립), 레이트 체인지 슬립(Rate Change Slip ; 요금 변경 슬립) 등을 작성, 정리한다.

TIP

고객이력카드(Guest History Card, 顧客履歷 카드)

- 고객의 방문기록카드로 지정된 객실, 객실료(客室料), 특별한 요구사항, 신용능력 평가 등을 기록하여 보다 나은 대고객서비스를 위해 보관한다.

1) 예약 확인

고객이 프런트 데스크에 다가오면 먼저 예약을 했는지를 여쭙는다. 예약고객일 경우 컴퓨터 CRT(Compute Reservation Terminal)에 성명 또는 예약번호를 입력하여 예약사항을 확인한다. 예약을 하지 않고 당일 오신 Walk-in Guest(워크 인 게스트, 유의어 ; Walk Ins, No Reservation)에게는 투숙여부와 요금을 알리고 숙박등록카드(Registration Card)를 작성하게 한다.

2) 숙박등록카드(Registration Card) 작성

숙박등록카드는 다음 목적으로 작성하게 한다.

- 객실이용에 관한 고객과의 계약을 의미
- 고객관리 차원의 목적
- 안전 및 도난사고 대비의 목적
- 각종 통계의 목적
- 스키퍼(Skipper) 발생을 줄이기 위하여

스키퍼(Skipper) 발생 시 숙박등록카드로 추적할 수 있다. 그러나 이를 사전에 예방하기 위하여 체크인할 때 예치금(Deposit)이나 신용카드를 오픈하도록 요구한다.

우리나라 말고도 보통 중국이나 홍콩, 유럽 지역의 호텔도 필수적으로 호텔 체크인 시에 보증금 대신 신용카드로 결제오픈을 해놓고 체크아웃할 때 별문제가 없다면 결제한 것을 취소해 주곤 한다. 일본은 숙박권만 제시하면 바로 투숙할 수 있다.

TIP

- 스키퍼(Skipper) : 호텔에 투숙 후 계산을 하지 않고 퇴숙한 고객
- 베이컨트 룸(Vacant Room) : 청소가 완료되어 판매가 준비되어 있는 빈 객실
- 오큐파이드 룸(Occupied Room) : 판매되어 고객이 투숙 중인 객실
- 메일 클럭(Mail Clerk) : 우편물을 취급하는 직원
- 키랙(Key Rack) : 키를 꽂아놓는 보관함을 말한다. 카드 키를 운용하는 호텔에서는 없어졌다.

키랙(Key Rack) 출처 ; The Boxer 4-star hotel, 107 Merrimac Street, West End, Boston, MA 02114, USA

단체고객 투숙 시에는 가이드나 인솔자가 대표로 한 장만 작성하고 숙박등록카드 뒤에 호실별 명단(Rooming List)을 첨부한다.

숙박등록카드(Registration Card) 내용에는 고객이 직접 기입하는 난[성명, 주소, 연락처, 주민등록번호(외국인의 경우 여권번호 및 국적), 직업, 서명 등], 프런트 직원이 기입하는 난[투숙날짜, 객실번호, 객실료, 체재(滯在)기간, 출발예정일, 투숙인원, 일련번호, 취급자 서명 등]으로 되어 있다.

가족동반 투숙객의 경우 한 사람만 작성하면 되지만 객실을 2개 이상 사용할 때는 사용자별로 각각 작성토록 한다.

3) 객실 배정 및 키(Key 또는 Card Key) 제공

개인고객은 숙박카드 작성이 끝나면 판매가 준비된 룸(Vacant Room)의 키를 제공한다. 단체고객은 로비 한쪽에 마련된 별도의 그룹 데스크(Group Desk)를 활용한다. 즉 단체가 도착하기 전에 미리 객실 배정표와 키를 봉투에 넣어 그룹 데스크 위에 준비해 두었다가 단체가 도착하면 프런트 직원이 가이드와 함께 키를 나누어준다.

6. 안내(Information)업무

Front Desk의 안내업무는 호텔 내부, 관광지, 주변의 교통에 대한 안내를 하고, 투숙객(Room Guest)에게 보내온 메시지를 처리한다. 또한 편지 · 엽서 · 소포 처리 등의 우편업무도 서비스한다. 이러한 업무들을 담당하는 사무원을 인포메이션 클럭(Information Clerk)이라고 한다.

1) 호텔 내외부 안내업무

① 반드시 행해야 할 일

- 외부에서 객실고객을 찾아온 경우 반드시 객실고객에게 먼저 연락을 취하여 만날 의사 여부를 확인한다.
- 미도착고객에 대한 메시지는 예약카드에 첨부하여 체크인 시 전달한다.

② 반드시 거절해야 할 일

- 투숙객의 네임(Name)은 모르고 룸 넘버(Room Number)만 알고 방문한 자에게는 안내를 절대적으로 거절해야 한다.
- 체크아웃(Checkout)한 고객의 연락처 등의 요청은 반드시 거절하여야 한다.
- 투숙객의 네임(Name)은 모르고 룸 넘버(Room Number)만 알고 고객의 네임(Name)을 원하거나 전화연결을 원하면 거절하여 연결하지 말아야 한다. 그리고 상대의 신원을 확보토록 한다.

③ **반드시 숙지하고 있어야 할 상품지식**

- 호텔 내부의 아울렛(Outlet 영업장, 레스토랑) 및 각각의 메뉴 등 호텔의 상품지식, 부대시설 서비스 및 요금
- 항공기, 공항리무진버스, 순환관광버스, 기차 등의 스케줄 및 요금
- 주변 관광지에 대한 안내(입장료, 이용 교통편 요금)
- 박물관, 공연장 등의 문화시설 스케줄(Schedule) 및 요금
- 고객들이 만족할 수 있는 음식의 맛이 뛰어나기로 유명한 한국음식점 등
- 교회, 성당, 사찰 등 종교시설의 이용
- 백화점, 은행, 우체국, 경찰서 등 주요 관공서 등
- 5성급 호텔 디스코텍 등의 안전한 유흥시설, 외국인 전용 카지노 등의 오락시설

2) 우편물(Mail[Postal] Matter ; 메일[포스틀] 매터) 취급업무

투숙고객이 발송 또는 수신하는 편지 또는 전보, 택배 등의 우편물을 취급한다. 수신된 우편물은 즉시 고객에게 전달하여야 한다. 만약 객실에 부재중일 때는 키와 함께 우편물을 프런트(Front)에 잘 보관해 두었다가 고객이 돌아오면 즉시 전달한다. 메일 클럭(Mail Clerk)이 업무를 담당한다.

3) 메시지(Message) 전달업무

다음의 경우 상대방의 연락처, Name을 정확하게 메모하고 즉시 전달한다.

- 도착예정 투숙객에게 Message(메시지)를 남기는 경우
- 전화로 투숙객을 찾는데 부재중이어서 Message(메시지)를 남기는 경우
- 외부에서 객실고객을 만나러 왔다가 부재중이라 Message(메시지)를 남기는 경우
- 방문객이 투숙객의 부재중 투숙객을 위한 물품의 전달을 원하는 경우

7. 계산업무(캘큐레이션, Calculation)

프런트에서 Checkout고객의 Key를 받으면서 하는 객실료 및 부대업장 이용요금 등의 지불업무(Pay the Gest Bill, Payment)는 재경부 소속의 프런트 캐셔(Front Cashier)가 계산을 담당한다.

주요 업무 및 주의사항은 다음과 같다.

1) Check-Out 고객의 요금정산(精算, Calculation)

퇴숙고객에 대한 요금정산을 할 때는 객실요금은 물론 객실 내에서 사용한 전화, 룸서비스, 미니 바(Mini Bar), 레스토랑, 사우나, 기타 부대시설 등을 이용하고 지불하지 않은 요금 등을 빠뜨리지 말고 모두 정산해야 한다.

2) 요금수납(Receive Charge)

요금수납은 카드, 현금, 자기앞수표(보증수표)만 받아야 하며, 수표를 받았을 때는 반드시 친절한 태도로 주민등록증을 요구하고 확인 후 이서를 받아놓아야 한다. 이용금액이 적지 않으므로 금융사고를 예방하기 위함이다. 그러나 약속어음, 가계수표 등은 절대 받으면 안 된다.

3) 귀중품 보관(Safe Deposit Vault(볼트(특히 은행의) 금고, 귀중품 보관실))

고객이 귀중품과 현금 보관을 요청하면 보는 데서 안전보관함(Safe Deposit Box)에 보관한다.

4) 환전업무(Exchange Services)

매일 그날의 외환시세표(Exchange Quotations, 익스체인지 쿼테이션스)를 확인하여 환전을 해준다.

제3절 현관서비스 관리업무(Superintendent of Uniform Service)

1. 현관서비스(Uniform Service) 업무 개요

현관서비스를 유니폼 서비스라고 하며 최초에 고객을 맞이하여 호텔에 대한 이미지(Image ; 심상, 인상)를 결정짓는 얼굴역할을 하는 중요한 부서가 현관이다. 그래서

'유니폼 서비스(Uniform Service)"라고 말한다.

유니폼서비스는 컨시어지, 벨맨, 도어맨, 차량서비스요원 업무를 지칭한다. 컨시어지서비스(Concierge ; 고객의 쇼핑 대행, 공연장 예매, 교통편 등의 알선(good[kind] offices) 등 세밀한 서비스), 벨맨(Bell Man)의 고객 수하물 객실 운반서비스, 도어맨(Door Attendants)의 최초 영접 및 입구 차량 주정차 관리, 호텔차량서비스요원(Hotel Car Service personel)의 차량운전서비스(Shuttle Bus ; 무료버스 포함) 등의 업무이다.

현관로비는 호텔의 첫 서비스 접점이다. 고객과 직원들의 접촉이 이루어지는 순간을 '접점(接點)'이라고 한다. 고객과 현관서비스 직원이 처음 만나는 최초의 접점이므로 중요한 이미지를 결정하는 부문으로서 진심으로 고객에게 친절해야 하고 현관 로비가 완벽하게 정리정돈이 유지되어야 한다.

TIP

고객과 한기업의 서비스가 만나는 순간(접점, 接點)

Normann(1991)은 "고객과 한기업의 서비스가 만나는 순간(접점)"을 '서비스 인카운터(Service Encounter)'라고 칭한다고 주장하였으며, 진실의 순간 (moment of truth)이라는 추상적인 개념으로 서비스 인카운터를 규정했으며, 서비스 기업이 채택하고 있는 기술(skills), 모티베이션 및 관리적 도구라는 세 가지 구조가 고객의 행태에 영향을 미치는 것으로 보았다. 기업이 서비스를 제공할 때 고객과 직접 만나는 접점으로, 고객은 이 순간을 통해 서비스를 구매할 것인지를 판단하게 된다. 때문에 'Service Encounter(서비스 인카운터)'는 '진실의 순간(Moment of Truth)'이라는 별칭으로도 불리어진다.

"고객과 직원들의 접촉이 이루어지는 순간"을 '접점(接點)'이라고 한다. 스칸디나비아 항공사의 사장 '얀 칼슨(Jan Carson)'은 이를 'MOT(Moment Of Truth)'라는 개념으로 정립, 1987년 'Moment Of Truth'란 책을 편낸 이후 'MOT'라는 말이 급속히 보급되었다. 고객이 직원들과 접하는 처음 약15초 동안의 짧은 순간이 회사의 이미지, 나아가 사업의 성공을 좌우한다고 강조한 칼슨사장은 1년만에 적자를 흑자로 바꾸었다. 고객만족의 의지를 가진 직원이 접점을 잘 관리할 때 고객들은 그 회사에 긍정적인 이미지를 가지고 충성고객이 될 수 있다는 것이다. 고객은 하루에도 수십 번의 접점을 경험한다. 서비스 인카운터가 곧 서비스 기업의 경쟁력을 결정짓는 척도이며, 서비스 인카운터를 구성하는 세 가지 요소는 서비스 과업(service task), 서비스제공시스템(service delivery system), 서비스 표준(service standard)이다. Fitzsimmons & Fitzsimmons(1995)는 서비스 조직, 종업원, 고객의 상호작용이라는 세 개의 요소로 서비스 인카운터를 파악했다.

제품이나 서비스에 만족하는 고객은 평균 8명의 주변 사람들에게 자신이 경험한 좋은 기억을 전한다. 그러나 한 번 불만족한 고객은 평균 22명의 사람들에게 쫓아다니면서 "그 상품 절대로 사지마, 사지마"하면서 불만을 표현한다고 한다.

크게 문제되는 것은 불만고객 10명 중 단 한 명만이 그 회사에 연락해서 불만을 토로한다는 것이다. 그리고 그런 불만의 대부분이 접수창구에서 얼버무리어지고, 불만의 1/2 정도만 경영진에게 보고된다는 것이다. 마침내 불만고객의 단 5%만의 불만족 수준을 인지하는 셈이다(출처 : http://blog.naver.com/bizip, http://blog.naver.com/jesusyhi).

현관 서비스를 담당하는 직원의 공통업무는 다음과 같다.

① 회전문, 자동문을 관리한다. 어린이의 출입 시 안전에 특히 유의해야 한다.

② 우천 시 우산비닐카버가 떨어지지 않게 '우산 자동포장기'를 체크한다.

③ 호텔로비의 공중전화를 점검하여 전화기, 메모지, 전화번호부 등을 체크한다.

④ 만취고객, 수상한 자 등을 발견 즉시 호텔 안전요원에게 즉시 협조 요청을 하고 이어서 즉시 당직지배인에게 보고하여 고객의 안전을 도모한다.

⑤ 유티리티맨(Utility Man ; 하우스키핑 소속 '공공구역 청소원')이 수시로 하지만 재떨이, 현관 유리문, 현관 입구 및 로비 등의 청소상태를 항상 체크하여 하우스키핑에 연락한다.

⑥ 현관 및 로비에 떨어진 한두 개의 휴지 줍기 또는 로비 소파의 정리정돈을 협조한다. 고객화장실, 로비 스탠드 및 천정의 고장 난 전구 등을 항상 관찰하고, 이상이 있을 시 관련부서에 연락하여 수리토록 조치한다.

⑦ 호텔 홍보물, 관광안내물 등의 팸플릿 비치용 스탠드를 체크하고 보충한다.

2. 컨시어지 서비스(Concierge Service)

컨시어지서비스(Concierge Service)는 벨 데스크와 연계해서 고객의 필요한 쇼핑 대행, 공연장 예매, 교통편 알선 등 호텔 내 · 외부의 각종 안내 및 심부름 업무를 수행하는 보다 업그레이드된 '세밀한 서비스(Detailed Service)'를 말한다. 국내 5성급호텔에서도 적극적으로 이 서비스를 적극 채택(採擇)하고 있는 추세이다.

컨시어지 데스크(Concierge Desk) 출처 ; Concierge Desk and Team, Grand Hotel Wien, Viennna Austria.

TIP

컨시어지(Concierge)

- (호텔의) 접수계, 수위(Doorkeeper), 아파트 관리인, 슈퍼인텐던트(Superintendent 감독자, 지배인, 관리인) 등의 사전적 의미를 지님

3. 도어맨(Door Man) 및 포터(Porter) 업무

1) 도어맨(Door Man) 업무

호텔에 오는 고객을 최초로 맞이하는 호텔의 상징적 직원이므로 큰 키와 호감 있는 직원을 선발하며, 모자와 유니폼, 구두 등을 가장 화려하게 착용하고 근무를 한다. 도어맨의 주요 업무는 다음과 같다.

- 고객의 승하차 시 소지품, 수하물 등의 분실이나 파손이 없도록 도와준다.
- 호텔 현관 입구에서 승하차하는 고객을 돕는다.
- 출입하는 고객을 영접하고 제반차량의 안전한 유도 및 주정차 관리를 한다.
- 고객의 차량에 대하여 주차장까지 발레 파킹 서비스(Valet Parking Service)를 한다.

- 국기 게양대의 국기를 관리한다.
- 택시 수배 및 호출서비스를 한다.

TIP

발레 파킹(Valet Parking 대리주차)

- 호텔 · 레스토랑 등에서 주차 담당원이 손님 차를 주차장에 넣고 내오는 서비스

2) 포터(Porter) 업무

Airport(공항) 또는 Seaport(항구)를 통해서 호텔로 오는 고객을 위해 공항까지 포터(Porter)가 마중 나가서 고객의 짐을 운반하고 안내하는 것이 주요 업무이다. 공항 도착 고객이 없는 평상시에는 도어맨과 벨맨의 업무를 Support(지원)해 준다.

4. 벨맨(Bell Man) 업무

주로 고객의 Check-In(입숙)과 Check-Out(퇴숙)을 도와 고객 Baggage(배기지(미), Luggage(러기지(영) ; 짐, 수하물=수화물)을 객실로 운반해 주는 서비스를 하며, 객실 내에서 시설이용에 대한 안내 서비스, 고객의 메시지 전달, 고객 요청 심부름 등을 서비스한다. 프런트 데스크 직원이 등록이 끝난 투숙객 짐을 들고 객실로 안내하도록 벨맨을 부를 때 프런트 데스크 위에 있는 벨을 쳐서 신호를 알린 데서 유래되었다고 한다.

1) Check-In(입숙)과 Check-Out(퇴숙) 서비스

- 등록이 끝난 투숙객의 Baggage(배기지 ; 수화물, 짐)를 가지고 객실까지 안내한다.
- 체크아웃하는 투숙객의 Baggage는 대기 중인 차량을 세밀하게 확인한 뒤 정확하게 투숙객의 차량에 실어 준다.
- 객실로 가지고 가기 힘든 부피가 큰 수화물은 클로크 룸(Cloak Room ; 수화물 보관 창고)에 고객의 Room Key를 확인하여 수하물Tag에 Room Number를 적고 보관증을 고객에게 준 후 이상이 없게 보관한다.

2) 메시지 전달 및 심부름

- 프런트 데스크로부터 받은 각종 메시지나 물품을 투숙객에게 잘 전달한다.
- 투숙객으로부터 요청받은 각종 심부름을 서비스한다.
- 투숙객이 객실 열쇠를 룸에 두거나 분실하였을 시, Manager에게 보고 후(야간에는 Duty Manager에게 보고) 마스터키 관리대장에 날인 후 마스터키(Master Key)로 도어를 열어 고객이 객실에 무사히 들어갈 수 있도록 서비스한다.

3) 객실 내 시설안내

- 각종 조명 스위치에 대한 안내
- 냉난방 조절에 대한 안내
- 미니바 사용에 대한 안내
- 유료채널 TV(Pay TV)에 대한 안내
- 욕실 사용에 대한 안내
- 전화 사용에 대한 안내

제4절 나이트 클럭(Night Clerk) 업무

나이트 클럭(Night Clerk)은 프런트에서 야간 근무를 하는 사무원인데 프런트 업무를 담당하며 객실영업보고서를 작성하는 것이 주된 업무이다.

1. 야간 프런트 업무

① 근무시간은 밤 10:00부터 익일 오전 07:00까지이다.

② 야간에 도착하는 고객의 Check-In을 돕는다.

③ 미도착 고객을 파악하여 연락을 취하여 도착여부를 확인하고, 연락이 두절된 경우 노-쇼(No-Show) 처리한다.

④ 키랙(Key Rack)에 남은 키와 객실현황판을 대조하여 Room Key를 점검한다.

⑤ 야간에 수신된 우편물이나 메시지를 정리해서 다음 조에게 정확히 인계한다.

⑥ 전날의 객실영업을 결산하고 각종 보고서를 출력하여 관련 부서에 인계한다.

⑦ 익일 도착예정고객의 등록카드, 익일 출발예정고객의 명단, 야간에 발생한 고객의 요구사항 및 특기사항 등을 정리하여 다음 조에게 정확히 인계(引繼)한다.

⑧ 업무일지(Log Book)를 작성한 후 업무를 종료한다.

2. 객실영업보고서(Room Sales Report) 작성

1) 객실영업보고서(Room Sales Report)의 종류

객실영업 일일보고서(Room Sales Daily Report)의 종류는 다음과 같다.

- 귀빈 리포트(VIP Report) : 당일 투숙 및 익일 이후 투숙예정인 귀빈 상황보고서
- 일일 객실 리포트(Room Report) : 객실매출액, 판매객실 수, 평균객실료, 객실 점유율, 투숙 인원수 등 객실영업 상황 전반을 한눈에 볼 수 있도록 만든 보고서
- 예상 리포트(포캐스트 리포트, Forecast Report) : 당일 이후의 주간, 월간 예약 상황을 매일 업데이트(Up Date)한 보고서
- 일일 그룹 리포트(Group Report) : 여행사 등의 단체 판매현황 보고서
- 특별요금 및 무료(컴플리멘트리, Complementary) 객실현황 보고서
- 경쟁사 객실영업상황분석 리포트(Competitor's Analysis Report, 컴페티터스 어낼러시스 리포트) : 매일 오전 경쟁사와 연락을 취하여 객실영업상황을 상호 비교 분석한 보고서

객실영업보고서(Room Sales Report)는 일일보고서(Daily Report), 월말보고서(Monthly Report), 연말보고서(Annual Report) 등으로 구분할 수 있다.

2) 객실영업의 산출

- 객실판매 수(Number) : 그날(당일) 판매된 객실 수를 집계하여 산출
- 객실매출액(Revenue) : 그날 판매된 객실요금을 집계하여 산출
- 객실 평균요금(Average Room Rate) : 객실매출액을 객실판매 수로 나누어 산출

$$- \text{객실 평균요금} = \frac{\text{객실매출액}}{\text{객실판매 수}}$$

- 객실점유율(Room Occupancy) : 당일 객실판매 수를 판매가능 객실 수로 나눈 뒤 100을 곱하여 산출한다. 즉, 전 객실 수에 대한 당일 판매객실 수의 비율을 말한다.

  $$- \text{객실점유율} = \frac{\text{당일 판매객실 수}}{\text{판매가능 객실 수}} \times 100$$

제5절 GRO, 비즈니스센터, 이그제큐티브 플로어, PBX, 피트니스 센터

1. GRO(Guest Relation Officer) 업무

5스타 호텔에서는 객실영업부 소속으로 GRO(Guest Relation Officer) 데스크를 운영한다. 해당 업무는 다음과 같다.

- 주로 고객들에게 보다 세심한 서비스를 제공하기 위해 밀착하여 상담 및 안내 서비스를 제공한다.
- Regular Customer(단골고객) 또는 VIP Guest의 Check-In을 도와주고 필요한 경우 객실에서 등록을 받는다.
- 호텔 상품 및 관광지, 교통 및 쇼핑안내 등 고객 문의사항에 대하여 충분한 정보와 해박한 지식을 가지고 안내 및 상담에 임한다.
- VIP Guest를 영접하고 환송한다.
- 각종 안내 팸플릿(Pamphlet), 호텔 브로슈어(Hotel Brochure), 일간신문 등을 비치한다.
- VIP(귀빈)고객의 메시지, 우편물, 팩스 등을 전달한다.

2. 비즈니스 센터(Business Center) 업무

비즈니스 센터(Business Center)란 비즈니스 투숙객을 위하여 필요한 사무기기와 전문 서비스 직원이 배치되어 비즈니스 관련 서비스를 해주는 곳을 말한다.

- 항공권 예약 및 확인(Confirm) 및 각종 교통기관 알선
- 고객 물건 및 문서 수발
- 비즈니스 센터 내에 있는 미팅룸(Meeting Room, 회의실)을 공평하게 제공

유료 서비스(Paid Service)는 다음과 같다.

- 워드 타이핑, 복사, 통역 또는 번역 서비스
- 팩시밀리, 텔렉스 사용
- 퍼스널 컴퓨터, 슬라이드, OHP기기 등의 대여

3. 이그제큐티브 플로어(Executive Floor)

귀빈층(Executive Floor)은 Executive Club, Regency Club, Executive Salon, Towers, Grand Club 등으로 다양하게 불리고 있으나, VIP(귀빈)고객을 위한 전용 객실 귀빈층을 말하며, 제공되는 귀빈층의 서비스는 다음과 같다.

- 조식 제공
- 오후 해피아워(Happy Hour) 시간에 칵테일, 음료, 스낵류 제공
- 커피 또는 홍차, 음료, 쿠키 제공
- 각종 신문 및 시사잡지 무료이용
- 귀빈층에서 신속한 체크인, 체크아웃 서비스
- 체크아웃 시간 연장
- 소회의실 사용
- 컴퓨터 등 각종 사무기기 사용
- 항공 및 호텔예약 서비스

TIP

해피 아워(Happy Hour)

주로 호텔의 로비라운지, 칵테일 바, 펍-바 등의 음료 영업장에서 하루 중 고객이 붐비지 않는 시간대인 오후 4~6시 사이에 이용하는 고객들에게 저렴한 가격 또는 무료로 음료 및 안주 등을 제공하는 판매촉진 서비스이다. 미국의 뉴욕 Bar에서는 대부분 '해피 아워(Happy Hour)'라는 이벤트를 만들어서 오후 5시 반부터 1~2시간 동안 운영한다. 술값을 절반으로 깎아주거나 간단한 안주를 무료로 제공한

다. 사전적 의미는 서비스 타임(주점 등에서 할인 또는 무료로 제공되는), (회사 · 대학에서의) 친목회의, 비공식 집회시간(가벼운 음식물이 제공됨), 일이 끝난 후 저녁식사 전까지의 휴식시간, 게임 종료 직전(영) 등이다.

Executive Lounge

4. PBX(프라이빗 브랜치 익스체인지, Private Branch Exchange ; 전화교환실)

전화교환실(PBX)은 그 중요성을 감안하여 외국의 5성급 호텔에서는 부총지배인(Resident Manager)의 직속부서로 운영되는 경우도 있으나, 우리나라의 경우에는 객실부 소속으로 운영된다. 교환원을 오퍼레이터(Operator)라고 한다.

1) 교환원의 역할

친절한 음성은 보이지 않는 호텔의 얼굴 역할을 하며 고객과의 전화 통화과정에서 교환원의 밝고 친절한 목소리는 그 호텔의 서비스와 직원교육의 수준을 나타낸다. 교환원은 호텔의 발신자와 수신자 간을 연결하는 매개체 역할을 한다. 또한 호텔의 제반 상품 및 서비스, 영업장의 영업시간, 이벤트 등을 충분히 알고 고객의 문의에 정보제공을 한다. 객실부, 레스토랑, 피트니스 클럽 등에 신속하게 연결하여 고객에게 보이지 않으나 실제 긍정적인 이미지를 심어주어 호텔 매출에 기여하는 중요한 부서이다. 고객의 국내외 전화 사용료는 객실부서의 수입원 중 하나이다.

2) 교환원의 응대자세

교환원의 친절하고 밝은 육성은 해당 호텔의 서비스 수준을 헤아리게 한다. 호텔을 대표하는 교환원과 고객 사이 최초의 '접점' 측면 그리고 보이지 않는 상태에서의 응대자세는 더욱 중요하다.

- 표준어로 호텔 내규에 의한 인사말을 한다.
- 응대에 필요한 기본 외국어로 영어, 일어, 중국어 등을 습득해야 한다.
- 미소를 띠며 전화응대를 하면 보이지 않아도 상대가 그걸 인지한다.
- 상냥하고 밝은 육성을 유지한다.
- 신속 정확한 연결 서비스를 한다.

3) 교환원의 업무

- 외부로부터 걸려온 전화(Incoming Call)의 교환업무를 수행한다.

- 원하는 고객의 모닝 콜(Morning Call ; Wake-up Call) 서비스를 차질 없이 수행한다.
- 고객 및 내부직원의 외부전화(Outgoing Call) 즉 시외 및 국제전화 업무를 담당한다.
- 호텔고객에게 걸려온 컬렉트 콜(Collect Call ; 수신자 요금 부담 통화)의 경우 수신 여부를 확인받고 상대방에게 연결한 다음 통화 시수를 토대로 요금 청구를 한다.
- 전화사용 전표를 작성하고 프런트에 인계하여 고객이 체크아웃 시 계산에서 누락이 되는 일이 없도록 즉각 조치한다.

TIP

Collect Call(수신자 요금 부담 통화, 受信者料金負擔通話)

- 'Collect Call'은 통화요금을 수신자가 지불하는 통화 방법을 말한다. 그 통화는 교환국의 취급자가 수신자의 요금지불 동의를 확인한 후에 연결하게 된다. 흔히 '컬렉트 콜'이라고 칭한다.

5. 피트니스 센터(Fitness Center)

피트니스 센터는 호텔의 중요한 부대시설 중 하나이다. 대부분 회원제로 운영되며 현지인들의 건강과 함께 다채로운 즐거움을 부여하는 공간 및 관광객들의 여독(旅毒)을 풀기 위한 여가활동의 공간이다. 호텔 규모에 따라 실내외 수영장, 선데크, 원적외선 사우나, 핀란드 사우나, 스팀 사우나 및 초음파 버블탕, 아로마탕, 수면실, 자쿠지(Jacuzzi ; 기포가 나오는 뜨거운 욕조. 미국 브랜드), 개인 마사지룸, 피트니스 체력단련센터(헬스장, 에어로빅, 테니스코트), 조깅코스, 실내외 골프연습장 등의 다양한 레포츠시설 및 식음료 영업장을 갖추고 있다.

제6절 객실요금과 손익분기점(Break-even point, 損益分岐點)

호텔의 신규 Open의 경우에는 동급 선두 경쟁호텔의 가격보다 약간 낮게 책정하는 것이 유리하다. 호텔의 서비스와 제반시설에 따라 요금이 책정된 것을 토대로 자사의 위치를 되돌아보고 시장가격에 괴리감이 들지 않도록 객실요금을 정한다. 호텔특성 상 투자비용 회수의 기간이 길어서 경쟁호텔보다 높은 가격을 고려할 때는 그 호텔보다 서비스 및 호텔 제반시설이 더욱 뛰어나서 차별화가 현저히 눈에 띌 때 가능하다.

객실료는 그때그때 상황에 따라 할인요금을 적절하게 책정할 수 있고 이를 통해 고객이용 빈도수를 늘릴 수가 있다.

그러므로 이러한 특성을 고려하고 국내외 수요의 동향파악 및 예측을 통하여 객실요금을 책정해 나가야 한다. 반면에 최고급 호텔을 지향한다고 객실공급은 일정하고 외국인 관광객 입국 수요가 감소하면 가격은 하락한다는 단순 법칙을 무시하여 여행사 단체 객실료를 배제하고 고가격을 고집하면 오히려 객실 매출 저하로 이어질 수 있다. 예를 들어 '중국 연휴로 서울의 객실 수요가 증가하면 객실가격은 상승한다.'는 간단한 논리로 보면 요금을 그때그때 상황에 따라 적절하게 대응하는 것이 옳다.

1. 객실요금 산정방법

1) 전통적인 방법

(1) 하워드(Howath)방식

일명 힐튼(Hilton)방식이라고도 하는데 이 방식은 미국의 호텔회계회사인 Laventhol Krekstein Horwath and Horwah의 상호에서 유래한 방식으로 투입된 객실건축비의 1/1,000을 객실당 요금으로 산정하는 것이다.

1930년대 시카고의 팔머하우스에서 처음으로 도입, 1960년대까지 대부분의 호텔이 적용하여 왔다. 우리나라의 경우 조선호텔이 개관 당시에 이 방식을 채택하였다. 당시에는 영업공간이 객실 위주로 되어 있었지만 오늘날의 5성급 호텔은 컨벤션 센터 외에 5개 이상의 레스토랑, 메인 바, 디스코텍 등과 이에 딸린 크고 작은 주방시설, 피트니스 클럽 등의 각종 영업장 그리고 Public Area를 비롯한 각종 부대시설이 확장되어 있고 비영업적 공간과 시설을 감안해서 1실당 5~6억 원 정도의 건설비용이 투자되므로 매우 정확한 산정방식은 아니라고 본다.

(2) 휴버트(Hubbart) 방식

로이 휴버트가 연구해서 미국 호텔/모텔 협회에 의하여 도입한 방식이다.

- $\text{객실요금} = \dfrac{\text{연간총경비}+\text{연간목표이익}}{\text{객실 수}\times\text{목표객실점유율}\times 365}$

(3) 시장조사분석 및 2년 후 개관시점부터 3년간 국내외 관광시장 환경에 의한 가격 결정

새로이 Open하는 4성급 이상의 호텔이 객실요금을 산정할 때는 시장의 특성, 경쟁호텔의 객실영업상황과 과거 3~5년간의 요금정책을 입수하여 이것을 세밀히 분석한 뒤 결정하는 것이 합리적이다.

- 2년 후 Open시점부터 3년간 국내외 관광시장 동향 변화 파악
- 향후 시장의 규모 동향 변화 파악
- Target Market의 특성 동향 변화 파악
- 2년 후 Open시점부터 3년간 국내외 경제 동향 변화 파악
- 5개 경쟁호텔의 5년간 매출 분석 동향 변화 파악
- 5개 경쟁호텔의 5년간 객실평균요금(Room Average Rate) 추이 분석동향 파악
- 5개 경쟁호텔의 타입별 객실 면적과 요금 비교 분석 동향 변화 파악
- 5개 경쟁호텔의 5년간 객실점유율 분석 동향 변화 파악

2. 손익분기점(BEP : Break-Even Point)

손익분기점은 일정 이익을 올리기 위해서는 얼마의 매출액을 올려야 하는지를 경영지표로 제시한다.

손익분기점(Break-Even Point)은 손익과 비용이 일치하는 시점의 매출액을 말한다. 즉 이익도 손실도 발생되지 않는 매출액을 말한다. 만약 매출액이 분기점을 넘어서면 이익이 발생하고, 분기점 이하로 떨어지면 손실이 발생한다.

TIP

손익분기점(Break-Even Point, 損益分岐點)

• 한 기간의 매출액이 당해기간의 총비용과 일치하는 점

매출액이 그 이하로 감소하면 손실이 나며, 그 이상으로 증대하면 이익을 가져오는 기점을 가리킨다.

손익분기점 분석에서 비용을 고정비와 변동비(비례비)로 분해하여 매출액과의 관계를 검토한다. 매출액은 판매수량과 매출단가의 관계로 서로 대치되므로 상품의 판매계획의 입안에 있어서 이 분석방법은 중요한 근거가 된다. 또한 그들 상호의 인과관계(因果關係 ; 어떤 행위와 그 후에 발생한 사실과의 사이에 원인과 결과의 관계가 있는 일. 민법, 형법에서 행위자에게 책임을 지우는 근거가 된다)를 지향함으로써 생산계 · 조업도(操業度)정책 · 상품결정 등의 분야에 걸쳐 다양하게 이용된다.

손익분기점 분석에서는 다음의 공식이 이용된다.

(1) 손익분기점(채산점) 산출 공식

• $$\text{손익분기점 매출액} = \text{고정비} \div \left(1 + \frac{\text{변동비}}{\text{매출액}}\right)$$

(2) 어떤 일정한 매출을 하였을 때 발생하는 손익액 산출 공식

• $$\text{손익액} = \text{매출액} \times \left(1 - \frac{\text{변동비}}{\text{매출액}}\right) - \text{고정비}$$

(3) 특정의 목표이익을 얻기 위하여 필요로 하는 매출액 산출 공식

• $$\text{필요매출액} = (\text{고정비} + \text{목표이익}) \div \left(1 - \frac{\text{변동비}}{\text{매출액}}\right)$$

조업도가 극단적으로 다른 경우에는 비용곡선 자체가 다른 커브를 나타내게 되므로 부분적인 분석결과를 가지고 나머지를 정확히 유추해석(類推解釋)할 수가 없다. 그러므로 손익분기점의 정밀한 분석은 유효범위마다 구분하여 별개로 분석하여야 한다.

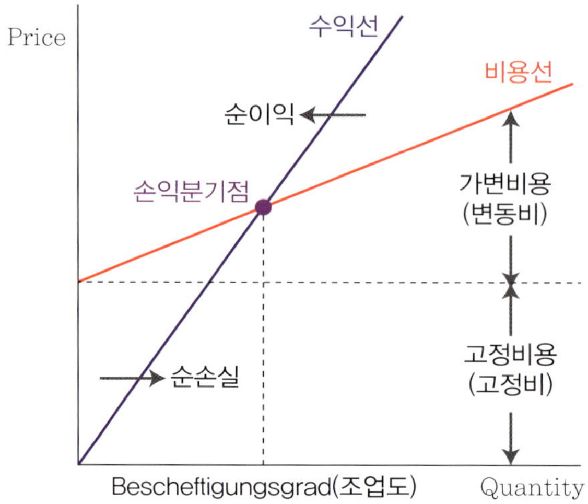

그림 5-1 손익분기점(Break-Even Point) 분석

손익분기점을 구하는 방법에는 두 가지가 있는데 판매량을 기준으로 하여 구하는 방법과 매출액을 기준으로 하여 구하는 방법이 있다. Bescheftigungsgrad(조업도)는 가능한 생산능력에 대한 실제 생산량의 비율로 조업률 · 가동률이라고도 한다.

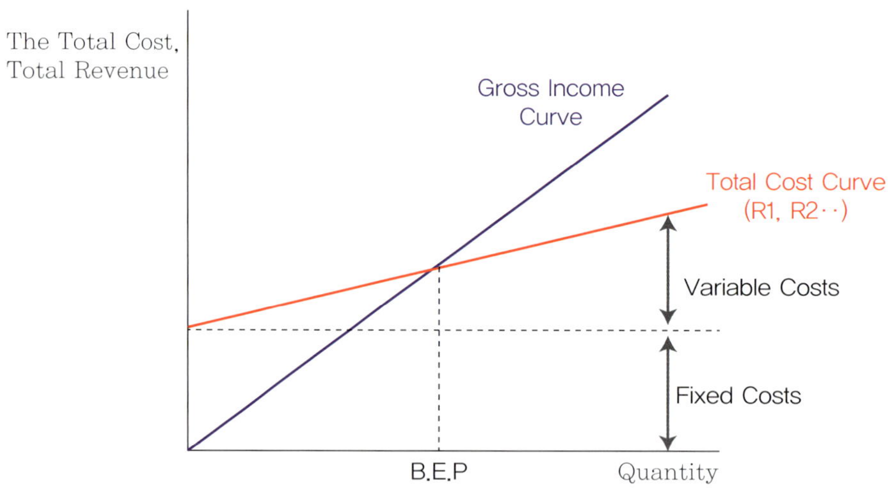

그림 5-2 손익분기점(Break-Even Point) 분석

1) 판매량 손익분기점

- 손익분기점 $= \dfrac{\text{고정비용}}{\text{단위당 판매가격} - \text{단위당 변동비용}}$

① 공헌이익(Contribution Margin)

손익분기분석에서 단위당 판매가격으로부터 단위량 변동비를 차감한 것이다. 총 공헌이익 중에서 고정비를 차감하면 회사의 이익이 산출된다.

- 공헌이익=단위당 판매가격 −단위당 변동비

유사한 개념으로 공헌이익률이 있는데 이는 공헌이익을 단위당 판매가격으로 나눈 값으로 정의된다.

② 고정비

인건비, 금융비, 일반관리비, 감가상각비

③ 변동비

재료비, 변동성 노무비, 소모품비

④ 단위당 변동비

상품 하나를 팔았을 때 들어가는 재료비. 호텔의 경우 1객실

⑤ 단위당 판매가격

상품 하나당 판매가격(호텔 객실의 경우 1실 당 요금)

사례 객실이 590실인 리츠칼튼호텔은 연간 총고정비용이 250억 원, 객실단위당 변동비용이 20,000원, 객실단위당 판매가격이 250,000원이다. 리츠칼튼호텔은 손익분기점에 도달하기 위해서는 몇 실을 판매해야 하는가를 산출해 본다.

- 손익분기점(X) $= \dfrac{\text{250억 원}}{\text{250,000원} - \text{20,000원}} = \text{108,695실}$

위의 리츠칼튼호텔은 손익분기점에 도달하기 위해서는 객실점유율을 얼마를 올려야 하는가 산출해 본다.

- $\text{연간 객실점유율(Y)} = \dfrac{\text{연간 판매된 객실 수}}{\text{연간 판매가능 객실 수}} \times 100$

- $Y = \dfrac{108{,}695\text{실}}{590\text{실} \times 365\text{일}} \times 100 = 50.5\%$

2) 매출액 손익분기점

매출액에 의한 손익분기점은 다음의 공식에 의하여 구할 수 있다.

- $\text{손익분기점} = \dfrac{\text{총고정비}}{1 - \dfrac{\text{단위당 변동비}}{\text{판매단가}}}$

사례 리츠칼튼호텔에서 연간 얼마의 매출액을 올려야 손익분기점에 도달하는지 산출해 본다.

- $\text{손익분기점(X)} = \dfrac{250\text{억}}{1 - \dfrac{20{,}000}{250{,}000\text{원}}} = 27{,}173{,}913{,}040\text{원}$

3. 일드 매니지먼트(Yield Management)

1) 일드 매니지먼트의 개념

호텔의 Room 영업은 전체 Room을 할인 없이 100% 공표가격을 다 받고 판매하는 것이 최고의 지향점이지만 실제로는 불가능하다. 이것을 수요의 증감에 따라 적절한 가격전략을 통하여 최대한 수익을 극대화해야 하는데 이것이 일드 매니지먼트(Yield Management ; 수익률 산출 관리, 신축적 가격전략접근법)이다.

호텔의 객실 수가 많다고 해서 많은 수익을 올리는 것이 아니라 그만큼 인건비 및 유지관리비가 많이 소요되는데 객실점유율이 낮으면 그 비용을 떠안게 되어 경영악화가 초래되는 것이다. 따라서 이용 가능한 영업공간을 최대한 활용하여 최상의 수익을 올리는 것이 가장 중요하며 그것이 곧 일드 매니지먼트이다.

2) 일드(Yield) 산출방법

객실 판매실적 평가의 근거로써 객실매출, 객실판매 수, 객실평균요금, 객실점유율 등을 이용하는데 이 자료로는 실수익을 알 수 없다. 호텔 규모와 객실 수가 다르기 때문이다. 정확한 분석을 위해 타 일드율 및 일드 레이트(Yield Rate)의 산출이 필요하다.

① 일드율(Yield)

일드율(Yield)이 높을수록 영업성과가 좋다. 일드율을 산출하는 공식은 다음과 같다.

- 일드(Yield) = $\dfrac{\text{실질매출총액}}{\text{잠재매출총액}} \times 100$

실질매출총액과 잠재매출총액은 다음과 같이 구한다.

- 실제 매출총액 = 객실판매 수 × 판매된 객실의 1실당 평균요금
- 잠재 매출총액 = 보유객실 수 × 보유객실의 1실당 평균요금

② 일드레이트(Yield Rate)

일드 레이트가 높을수록 객실점유율과 평균객실료를 잘 조화시켜 객실수익 성과가 가장 좋음을 뜻한다.

일드 레이트는 다음과 같은 공식에 의하여 구할 수 있다.

- 일드 레이트 = $\dfrac{\text{실질매출총액}}{\text{보유객실 수}} \times 100$

제7절 하우스키핑 관리

1. 하우스키핑의 개요

1) 하우스키핑(Housekeeping)의 개념 및 중요성

(1) 하우스키핑(Housekeeping)의 개념

Housekeeping의 사전적 의미는 살림, 집안 돌보는 일, (회사 등의)관리업무, (호텔 · 병원 · 사무실 건물 등의) 시설 관리 등을 뜻한다. 하우스키핑은 호텔에서 객실정비 또는 객실관리라고 하며 주업무는 객실을 판매할 수 있도록 객실을 정비하여 객실상품을 새로 생산하고 유지관리를 담당하는 것이다. 객실청소, 침대 꾸미기(Bed Making), Turn Down Service, 객실 내의 비품관리유지 등을 하는 곳이다. 하우스키핑은 이러한 기본적인 업무뿐만 아니라 유틸리티 맨(Utility Man)이 있어 호텔 전 영업장, 퍼블릭 에리어(Public Area) 등의 청소와 정리정돈도 담당한다.

호텔의 고정자산은 호텔의 상품이 되는 막대한 비용이 투자된 시설인데 이러한 시설의 청소, 청결한 유지 관리가 하우스키핑 부서의 업무범위에 모두 포함된다. 따라서 가구 및 장비가 상하지 않게 적정용품을 사용하여 세심한 유지관리를 요하는 하우스키핑 부서의 직무는 호텔상품을 훌륭히 재생산하여 판매하는 창조적 기능을 가진 중요한 부서이다. 최근 Room Maid를 용역회사에 외주를 주어 비용을 절감하려 하지만 가구, 시설 등의 보존차원에서는 부정적이다.

(2) 객실정비의 중요성

청결하고 잘 정돈된 호텔객실에 가면 정말 감탄한다. 깨끗하고 새하얀 침구류와 세심한 Turn Down Service, 청결한 화장실 등에서 그 호텔의 서비스 수준을 느낄 수 있다.

하우스키핑은 Room뿐만 아니라 호텔 내의 각 레스토랑 청소는 물론 공공구역까지도 청소하고 꽃꽂이, 커튼, 카펫, 샹들리에(Chandelier ; A Pendant), 기타 가구, 도자기, 소장품 등을 유지 관리한다. 이 밖에 각 영업장의 Linen(리넨)을 관리 공급하고 직원 유니폼 관리, 고객세탁물 세탁서비스를 하는 등 집사(執事)의 역할을 하는 중요한 부서이다.

고객이 잠자리에 들기 쉽게 배려한 Turn down Service

2) 하우스키핑의 조직

하우스키핑의 조직도는 다음과 같으며, 객실부(차)장 아래 객실정비과장이 총괄한다.

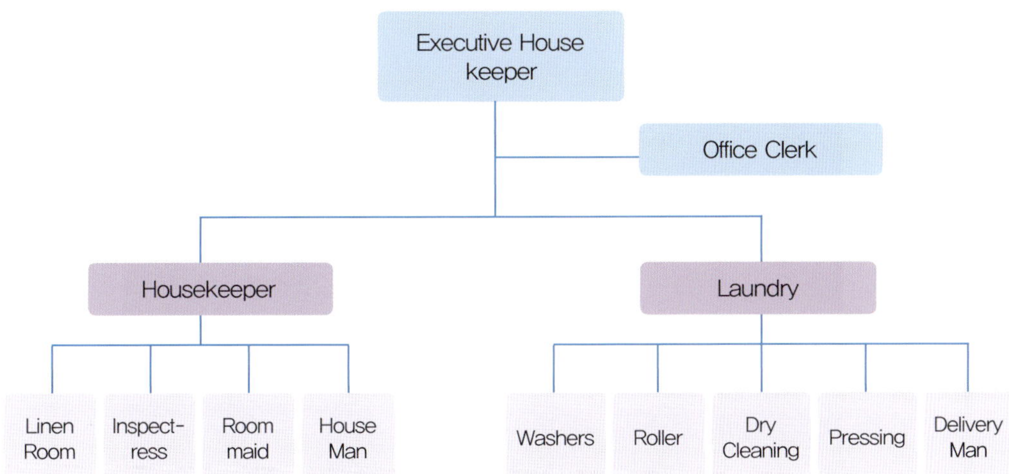

그림 5-3 하우스키핑의 조직도

2. 하우스키핑의 업무

1) 객실정비부(차)장(Executive Housekeeper) 업무

이그제큐티브 하우스키퍼(Executive Housekeeper)는 하우스키핑 부문의 총괄책임자이다. 주요 업무는 다음과 같다.

(1) 호텔이익의 증대에 기여

하우스키핑은 객실상품의 메이크업(Make Up ; 단장, 치장)은 객실 수입에 직결되므로 Room 판매에 차질이 없도록 하여야 한다.

(2) 호텔 Cost(비용)의 절감

호텔의 운영 Cost는 객실이용 증감과 무관하게 일정한 비용이 꾸준히 지출된다. 이러한 고정경비(임금, 제세공과금, 보험료, 지대, 수도광열비 등)와 고객의 증감에 따라 그 지출이 증감되는 변동비(재료비, 부분품비, 포장비)로 크게 구분된다. 첫째, 판매의 최대화, 둘째, 비용의 최소화를 통하여 호텔경영의 목표인 '이익의 극대화'를 이루어야 하므로 'Cost의 절감'은 매우 중요한 업무를 차지한다. 객실의 가구, TV, 스탠드, 침대, 침대 커버, 수건 등의 장비 및 비품의 관리뿐만 아니라 인건비 절감 등을 책임지는 각 부문 책임자들은 비용 절감에 최선을 다해야 한다.

(3) 장단기 교육훈련계획 수립

직원들의 동기부여를 위한 장단기 교육훈련계획을 수립하여 애사심을 고취시킨다.

(4) 호텔 자산 관리

호텔의 자산을 최적하게 관리해야 하고, 도난방지, 파손방지, 화재예방 등의 교육훈련을 정기적으로 행하며, 화재와 같은 긴급사태에 대비해야 하고 가구류를 잘 관리하고 고장난 것을 수리한다.

(5) 재고조사(Inventory)

객실정비와 관련된 각종 장비나 비품 등을 매월 말일 재고조사를 하여 비품의 원활한 수급 및 손·망실 예방, 보충, 수리 등을 행한다.

(6) 각 부서와의 협조

하우스키핑은 호텔 내 거의 모든 부서와 관련되어 있기 때문에 타 부서와 항상 유기적인 협조체제를 유지한다.

(7) 객실상품의 생산

호텔객실은 가장 편안하고 청결하게 이용할 수 있게 하고, 체크아웃과 동시에 곧바로 객실을 상품화하기 위하여 시간에 맞추어 객실 꾸미기를 해야 하는 재생산의 기능을 극대화시키는 것은 매우 중요하다.

2) 룸메이드(Room Maid) 업무

룸메이드는 객실을 청소하고 정비 메이크업(Make Up : 단장, 치장)하는 여자직원을 말한다.

- 룸메이드는 청소를 요하는 객실(On Change Room)을 깨끗하게 꾸민다.
- 전날부터 빈 객실(Vacant Room)은 먼지를 제거한다.
- 투숙객이 막 퇴숙한 방(Check-Out Room)은 전체를 청소한다.
- 투숙객이 있는 재실(Occupied Room)은 원할 때, 원하지 않을 때를 구분해서 청소한다.
- VIP(귀빈)룸(Special Attention Room)은 세심한 주의를 기울여 청소한다.

룸메이드(Room Maid)는 오전 09:00~오후 18:00 이내에 객실정비를 완료해야 하는 객실상품 생산 측면에서 매우 중요한 역할을 하고 있다. 룸메이드 한 사람이 하루 8시간을 기준으로 객실을 정비할 수 있는 숫자는 대개 12~15실 정도이므로 객실예약 현황에 따라 신속 정확한 업무수행이 필요하다.

(1) 세탁물 수거

투숙객의 성명, 객실번호, 품목, 수량을 정확히 확인하고 호주머니에 소지품이 있는지를 반드시 확인한다.

(2) 객실청소

- 객실청소 전 룸메이드실에 설치된 객실상황판(Indicator)에 청소 중이라는 표시등(일반적으로 빨간색)을 켠다. 이 표시등은 객실정비부(과) 사무실 및 프런트 데스크에 연결되어 객실판매 여부를 확인할 수 있다. 청소가 완료되면 녹색 표시등을 켠다.

- 청소를 할 때는 커튼을 열고 밝은 상태에서 실시하며, 창문(窓門)을 열어 환기시킨다.
- 청소를 하기 전에 고객의 분실물, 비품의 유무 및 파손 여부 등을 체크한다.
- 미니바를 체크하여 고객의 사용여부를 확인하고 미니바의 계산서는 고객이 직접 마크하여 Check-Out 시 계산해야 하는데 만약 고객이 미니바를 사용했는데도 불구하고 계산서가 미니바 위에 남아 있거나 미니바 냉장고 안의 음료나 안주가 없다면 즉각 프런트에 연락하여 요금을 받도록 조치한다.
- 청소의 절차(Procedure)에 의하여 침대꾸미기, 휴지통 정리, 전등 및 냉난방의 원상태 복구, 객실 내 비품 비치 등을 행한다.
- 투숙객이 취침 직전에 간단한 청소 · 정리정돈 · 침대 정리 등 취침하기 좋게 'Turn Down Service'를 실시한다.

TIP

턴다운 서비스(Turn Down Service)

- 고객이 이미 투숙한 객실에 대하여 고객의 취침 직전에 제공하는 서비스이다. 간단한 객실의 청소 · 정리 · 정돈과 잠자리를 돌보아주는 작업으로 침대 속으로 쉽게 들어갈 수 있게 이불을 약간 제쳐 놓는 것을 말한다.

(3) 욕실청소

- 욕실 세면대, 욕조 및 바닥 청소
- 욕실 내 어메니티용품(Amenity : 욕실 내 비치된 용품으로는 비누, 칫솔, 치약, 면도기, 로션류, 샴푸, 린스, 샤워 캡(Shower Cap), 빗 등)을 보충
- 변기청소 및 화장지 교체 후 끝을 삼각형으로 접어주고
- 거울을 닦는다.
- 샤워커튼 체크
- 샤워기 및 밸브 체크
- 사용한 타월(Towel)의 수거 및 보충
- 냉온수 체크

(4) 주의사항

- 고객을 마주치면 항상 웃는 얼굴로 인사한다. 복도에서는 우측 한쪽으로 다닌다.
- 출근과 동시에 룸 인스펙트리스(Room Inspectress)로부터 전일, 당일 객실상황과 특이사항을 듣고 업무에 임한다.
- 냉온수 체크
- Room Key를 객실청소와 관련 없는 용도에 불출(내어줌)하여서는 안 된다.
- Room Key를 불출할 때는 불출대장에 기록한다.
- 객실을 출입할 때는 반드시 노크를 3번 하고 출입한다.
- 작업 전에 메이드 왜건(Maid Wagon)에 필요한 소모품 및 비품을 적재(摘載)한다.
- 청소를 할 때는 반드시 문을 열어둔 채로 한다.
- 객실 바깥쪽 문 손잡이에 도어놉 카드(Door Knob Card)가 걸려 있다면 "Please Makc Up Room(청소해 주세요)"라고 적힌 면이 보이면 문을 열어 청소하고,"Do Not Disturb(깨우지 마세요)"라고 적힌 면이 보이면 방해하지 말라는 뜻이니 그 Room은 청소를 안 해도 된다.
- 투숙객의 분실물을 습득하였을 때는 규정봉투에 담아 습득날짜와 객실번호 등을 기록하여 객실정비과 사무실(H/K Office)에 전달하고 습득물 대장(Lost & Found)에 기록한다.

3) 룸 인스펙터(Room Inspector, Room Inspectress)의 업무

룸 인스펙터는 객실점검 책임자인데 여자가 담당할 경우 룸 인스펙트리스(Room Inspectress)라고 한다. 룸 인스펙터는 완벽한 객실상품을 만들기 위한 객실점검이 주요 임무이다.

주요 점검사항은 다음과 같다.

- 침대 및 침구의 정리정돈상태
- 휴지통, 재떨이, 탁자, 바닥 카펫
- 전기 및 라디오, 나이트 테이블(Night Table)의 작동상태
- 화장대 및 욕실 거울의 청소상태
- 비품, 소모품, Towel의 비치상태
- 욕실의 냉온수 및 배수의 상태

- 욕실과 변기 및 타일벽 청소 및 정리정돈
- 옷장과 옷걸이 수, 벽지 및 상태
- 창문(窓門)의 청소상태
- 미니바에 비치된 용품 체크
- TV와 옷장 서랍 속의 청결상태
- 복도, 공공화장실 청소상태

이상의 점거사항을 점검 후 객실지배인에게 기록 보고한다.

4) 하우스맨(House Man)의 업무

하우스맨은 Room Maid가 하기 힘든 일이나 야간에 투숙객이 원하는 급한 업무를 담당한다. 하우스맨의 업무지시 및 감독은 하우스키퍼가 담당한다.

① Room Maid가 하기 힘든 업무 보조

② 리넨류 및 비품의 체크

③ 더럽혀진 리넨류의 수집

④ 야간에 객실 스탠드 전등 작동 불량 등 응급조치 수행

⑤ 야간에 원하는 고객의 담요, Towel 추가 등 객실 관련 서비스

⑥ 엑스트라 베드(Extra Bed) 및 어린이용 침대(Baby Crib or Baby Cot) 보급

⑦ 폐품의 수거 및 간단한 보수작업

5) 유틸리티맨(Utility Man)의 업무

유틸리티맨이란 단역배우, 엑스트라배우 등의 의미이나 호텔용어로 공공구역의 청소원을 의미한다. 특별히 기술이 필요치 않은 청소를 담당하는 단순직이라는 의미에서 유틸리티맨이라는 호텔용어가 탄생한 것이다.

① 현관 정 · 후문의 주변 청소

② Lobby의 청소

③ 로비 화장실의 청소

④ 로비의 화분관리

⑤ 고객엘리베이터 청소

⑥ 복도 및 계단의 청소

⑦ 호텔 건물의 외곽 청소

⑧ 각 사무실의 쓰레기통 비우기 작업

⑨ 현관의 제반 집기 청소

⑩ 현관의 카펫 청소 및 세탁물 건조

⑪ 호텔의 주차장 청소 및 쓰레기통 비우기 작업

⑫ 종사원 락커룸 청소

⑬ 유사시 룸메이드 업무 지원(김봉규, 신호텔경영론, 도서출판 새로미, 2003).

⑭ 호텔 전반 정원 산책로 청소

6) 리넨(Linen)실의 업무

리넨(Linen)은 마지류를 말하는데 면류나 화학직류로 만들어진 모든 직물류를 말한다. 리넨이란 호텔에서 사용하는 담요(Blanket), 침대시트(Sheet), 베개커버(Pillow Cover), 가운(Gown ; (잠옷 위에 입는) 가운[실내복]), 타월(Towel), 식탁보(Table Cloth), 냅킨(Napkin), 도일리(Doily ; 컵받침), 커튼(Curtain), 직원 유니폼(Employee Uniform)까지 모든 직물류를 말한다. 아울러 호텔에서 리넨류의 적정재고수준에 관하여 확고한 기준이 설정(設定)되어 있는 것은 아니나, 일반적으로 4~5회전의 수량이 필요하다. ① 사용 중(使用中) 리넨, ② 각층(各層) 리넨과 창고(倉庫)에 보관 중인 리넨, ③ 세탁(洗濯)을 위해 대기 중(待期中)인 리넨, ④ 세탁 중(洗濯中)인 리넨, ⑤ 긴급시(緊急時)의 대비용(對備用, 예비용) 리넨 등이 있다.

(1) 리넨(Linen) 취급요령

① 리넨류는 당일 더럽혀진 리넨류를 퇴근 시까지 종류별로 구분하여 수량을 정확히 파악한 뒤 이를 다음날 오전(10:00~11:00 사이) 세탁실에 세탁신청을 한다.

② 세탁실과 룸메이드의 입회하에 인수인계를 한다.(품목과 수량은 전표에 상호 날인을 한다)

③ 세탁이 완료된 리넨은 매일 오후 2시에 리넨실에서 룸메이드가 가져오며 담당 각층별 리넨 보관창고에 입고시킨다.

적정재고 보유수량은 다음 사항을 고려하여 산정한다.

① 침대의 수(형태별)

② 리넨류 교환횟수

③ 세탁 소요시간

④ 긴급상황의 예측

적정 재고수준에 관해 확고한 기준은 없지만 침대당 4~5회전의 수량이 필요하다는 것이 외국 5성급 호텔의 통례이다.

- 한 벌은 사용 중
- 한 벌은 각층 리넨 Store에 보관
- 한 벌은 세탁을 위하여 대기 중
- 한 벌은 세탁 중
- 한 벌은 긴급시(緊急時)의 대비용(對備用, 예비용)

리넨의 수명은 종류별로 다른데 폐기 때까지의 세탁 회전 수로 예측할 수 있다. 객실에서 사용하는 리넨의 규격과 수명을 살펴보면 〈표 5-1〉과 같다.

표 5-1 리넨의 규격과 수명

품목		규격(가로×세로)	폐기까지의 세탁 회전 수
침대시트 (Sheet)	싱글(Single)	180 × 220 cm	382회
	더블(Double)	220 × 240 cm	382회
	킹 사이즈(King size)	240 × 260 cm	382회
손수건(Wash Cloth)		30 × 30 cm	191회
얼굴수건(Face Towel)		80 × 36 cm	249회
발수건(Foot Towel)		80 × 50 cm	193회
목욕수건(Bath Towel)		120 × 65 cm	344회
베개커버(Pillow Case)			352회
침대커버(Sheet)			382회
욕실용 매트(Bath Mat)			193회

출처 : 김봉규, 신호텔경영론, 새로미, 2003 ; 이정학, 호텔경영의 이해, 기문사, 2006을 토대로 저자 재작성.

TIP

호텔 성격별, 객실 종류별 Size

구분		면적 (㎡)		
		City Hotel	Business Hotel	Resort Hotel
Single Room	면적(㎡)	13^9~22	10^5~16^4	11^2~19^6
	평균	18^2	13^3	15^9
Double Room	면적(㎡)	21~30^6	10^7~18^0	13^0~34^0
	평균	24^7	15^5	20^8
Twin Room	면적(㎡)	15^3~34^2	14^3~27^9	13^0~33^{77}
	평균	27^6	20^9	26^2

- 스위트 룸(Suite Room) : 5성급 호텔과 4성급 호텔의 Room 면적은 크게 차이가 나며, 호텔에 따라 다르게 설계되므로 평균면적을 구할 수 있다. 호텔 등에서 침실, 욕실, 거실이 이어진 최고급 방(A Set of Rooms)을 말하는 것으로, Sweet와 발음이 같다.
- 펜트하우스(Penthouse : 고층건물 맨 위층에 자리한 최고급 Room)는 건물 한층 전체를 차지하는 면적이어서 호텔에 따라 다르게 설계되므로 평균면적을 구할 수 없다.

3. Bed 크기(Size)

1) Bed 크기(Size)

매트리스(Mattress) 크기(Size) 기준으로 보아 다음의 경우가 일반적 크기(Size)이다.

① Single Bed ; 970mm×1,950mm

② Semi-Double Bed ; 1,210mm×1,950mm

③ Double Bed ; 1,380mm×1,950mm 등

Bed Making한 크기(Size)는 양측에 20mm, 발부분에 30mm, Head Board 두께 25~30mm를 감안한 크기(Size)가 된다. 최근에는 Business Hotel의 Single Room에도 Semi Double Bed를 비치하는 경우가 많아 이것이 객실 면적이 커지는 요인의 하나가 되기도 한다.

Bed는 또한 Room의 구조나 크기(Size)에 따라서 Hollywood Bed, Twin Bed, Studio Bed, Sofa Bed, Extra Bed, Baby Bed 등으로 구분된다.

2) Bed의 종류 및 크기(Size) 치수(Dimension)

(단위 : mm)

구분 (Classification)	치수(Dimension)			
	가로(폭) (Width)	세로(길이) (Length)	높이 (Height)	비고(Remark)
Small Single	900~910	1,950~1,970	360~540	Bed Board 높이 700, 두께 35, 높이는 매트리스(Mattress)를 포함한 높이이다.
Regular Single	970~1,100	1,950~1,970	360~540	
Semi Double	1,210~1,350	1,950~1,970	360~540	
Double	1,370~1,380	1,950~1,970	360~540	
Queen Double	1,500~1,600	1,950~1,970	360~540	
King Double	1,800~2,000	1,970~2,000	360~540	
Sofa Bed	(1,370)970	(2,200)1,820	(500)495	( )는 Sofa Size, Sofa 등받이 높이 780, Double Sofa도 있다.
Studio Bed	910	1950	385	
Extra Bed	910	1950	460	

① 상기 베드 외에도 공간이 협소한 객실의 경우 또는 벽면 손상을 피하기 위해 Head Board를 벽에 고정하는 경우도 있으며 Bed와 가구를 혼합한 Type도 있다.
② Bed Board ; 베드 보드(침대 스프링과 매트리스 사이의 딱딱한 판)

3) 바닥면적(Floor Space)과 용적률

(1) 바닥면적(Floor Space)

객실의 높이≧2.80m, Double Room 이상의 객실에서는 고객 1인당≧3㎡의 바닥면적, 그리고≧12㎡의 용적이 필요하고, Single Room에서는 고객 1인당≧6~8㎡의 바닥면적, 그리고≧18~20㎡의 용적이 필요하다(1평=3.3058㎡). 용적률이란 대지면적에 대한 건축연면적의 비율을 말한다. 즉 용적률은 대지 내 건축물의 바닥면적을 모두 합친 면적(연면적)의 대지면적에 대한 백분율을 말한다. 다만, 지하층 · 부속용도에 한하는 지상 주차용으로 사용되는 면적은 용적률 산정에서 제외된다.

용적률이 높을수록 대지면적에 대한 호수밀도 등이 증가하게 되므로 용적률은 대지 내 건축밀도를 나타내는 지표로 활용되며 특히「국토의 계획 및 이용에 관한 법률」및 시행령과 「서울특별시 도시계획조례」 등에서 용도지역 · 용도지구별 건축물에 대한 용적률의 법적인 한도가 규정되어 있다.

또한 대지 내 공지, 보행공간 조성, 공개공지 확보, 공공용지의 기부채납 또는 임대주택의 건설 등, 도시계획사업에 따른 사업자의 공공기여를 유도하기 위한 용적률에 대한 완화 내지 인센티브 부여 방안 등도 법규 및 조례를 통해 시행되고 있다.(서울특별시 알기 쉬운 도시계획 용어, 서울특별시 도시계획국, 2016)

TIP

호수밀도(Dwelling Density, 戸數密度)

주택지에서 어느 구역 내의 주택 호수를 그 구역 내의 토지면적으로 나눈 수치. 단위는 보통 호/ha로 표기한다. 주택지의 토지이용도를 나타내는 지표가 되며, 또 여기에 1호당 평균 거주인원을 곱하면 인구밀도를 구할 수 있다.

- 1 Bed당 호텔의 총 필요면적 : 35~40㎡
- 호텔 전체면적 대비 객실면적 : 50~60%
- 미국의 호텔 : 최대 70%

(2) 화장실 및 실내가구(Bathroom & Room Furniture)

① **Wash Basin(워시 베이슨 ; 세면기)**

Room 구석의 칸막이벽과 접하여 설치(設置)한다.(그림(1)과 그림(2) 참고) 가능한 한 파이프 스페이스의 관 근처로부터 바닥으로 끌어내 설치(設置)한다.(그림(3)~(12) 참고)

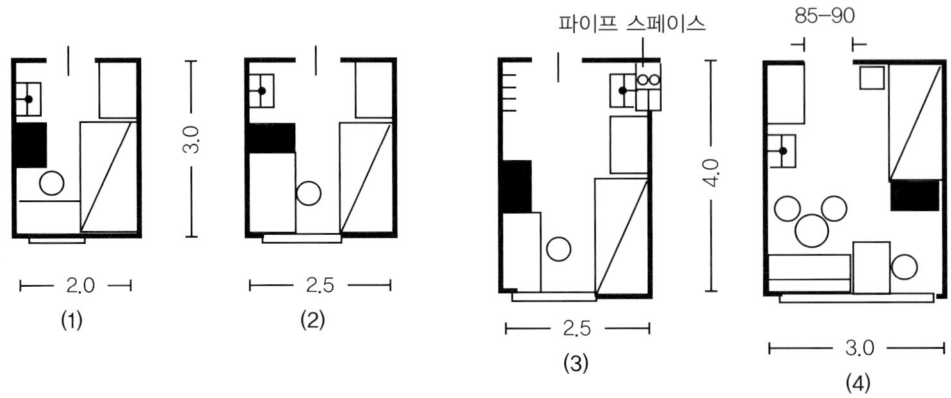

Wash Basin(워시 베이슨 ; 세면기) 설계도

② **선반장식장 및 Bed**

되도록 통합(統合)해서 공간을 확보하도록 설치한다. 복도와 객실의 방음을 위해 2중 도어를 설치(設置)해야 하며 견고한 벽 선반 장식장에 침대를 부착한다.(그림(5) 참고) 내부에 비치할 가구와 용도를 감안한 세면대(그림(6) 참고), Shower Stall(Room ; Shower室)(그림(7) 참고)

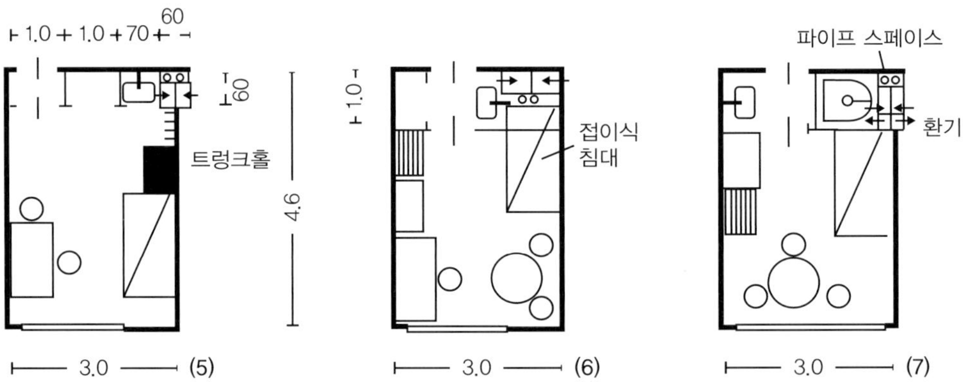

선반장식장 및 Bed 설계도

욕실형태별 설계도(그림(8)~(12) 참고) 2인실 공용의 욕실과 화장실(그림(8) 참고), 그림(13)의 형식은 Double Bed Room에 통상 사용된다.(그림(8)과 그림(11)과 그림(12) 참고)

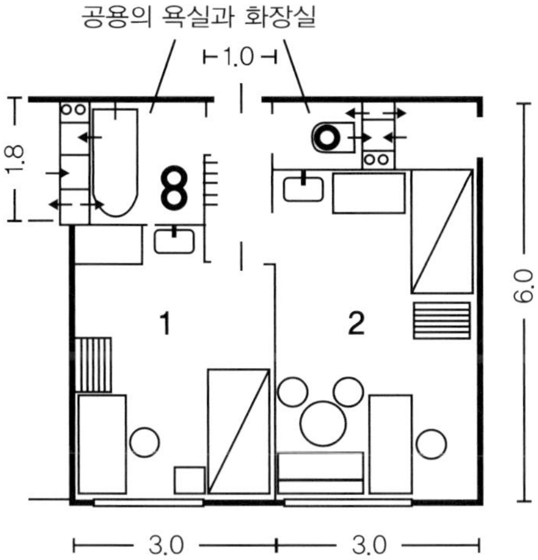

(8) 2인실 공용의 Bathroom(浴室)과 Toilet 설계도

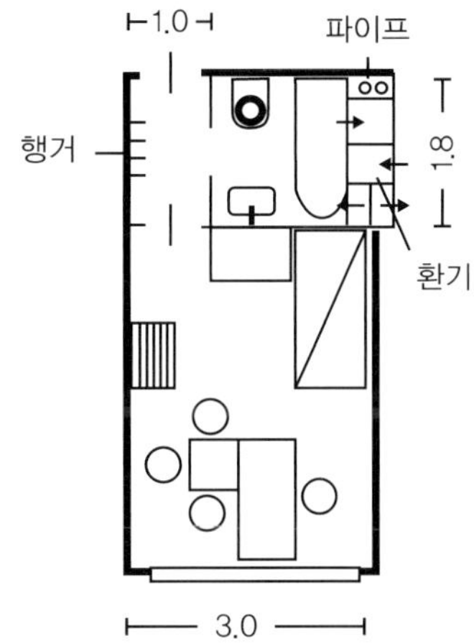

(9) Single Room 1 설계도

전체 싱글 Room(Guest Single Room)(그림(9) 참고)이나 Junior Suite Room(일반 객실 2개의 객실 크기와 질이 좋은 가구를 준비하여 1실은 침실로, 1실은 응접실로 사용한다.(그림(11) 참고)

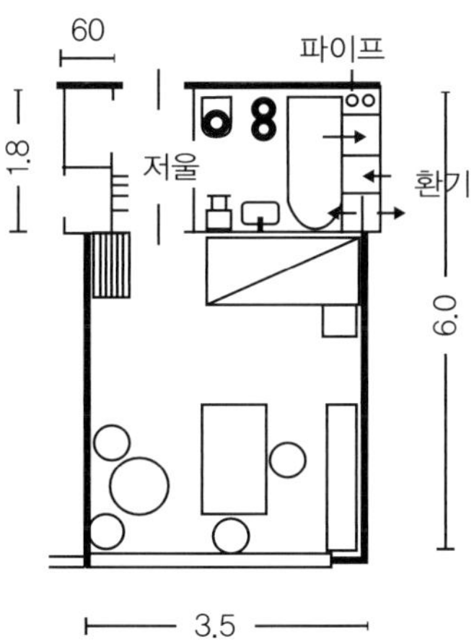

(10) Single Room 2 설계도

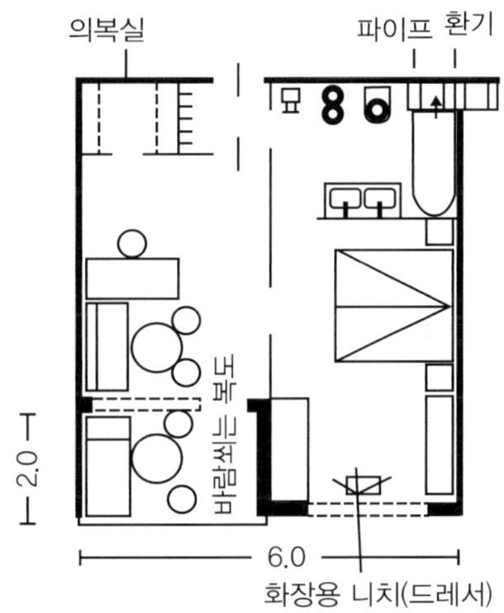

(11) Junior Suite Room 설계도

Adjoining Room(어드조이닝 룸)은 모서리에 두면 편리하다.(그림(12) 참조) 의복선반은 대개 선반(Shelf, Shelves, Rack) 속길이 0.6m(가구와 붙박이선반 그림(13) 참고), 창의 위치는 Adjoining Room(어드조이닝 룸)은 Balcony(발코니)의 모서리에 배치하면 편리하다(그림(12) 참조). U.S.A에서는 대개 Walk-In(워크인 ; 크기가 커서 사람이 서

서 드나들 수 있는 선반장(그림(11) 참고)과 붙박이침대와 붙박이선반장 사용.(그림(13) 참고)

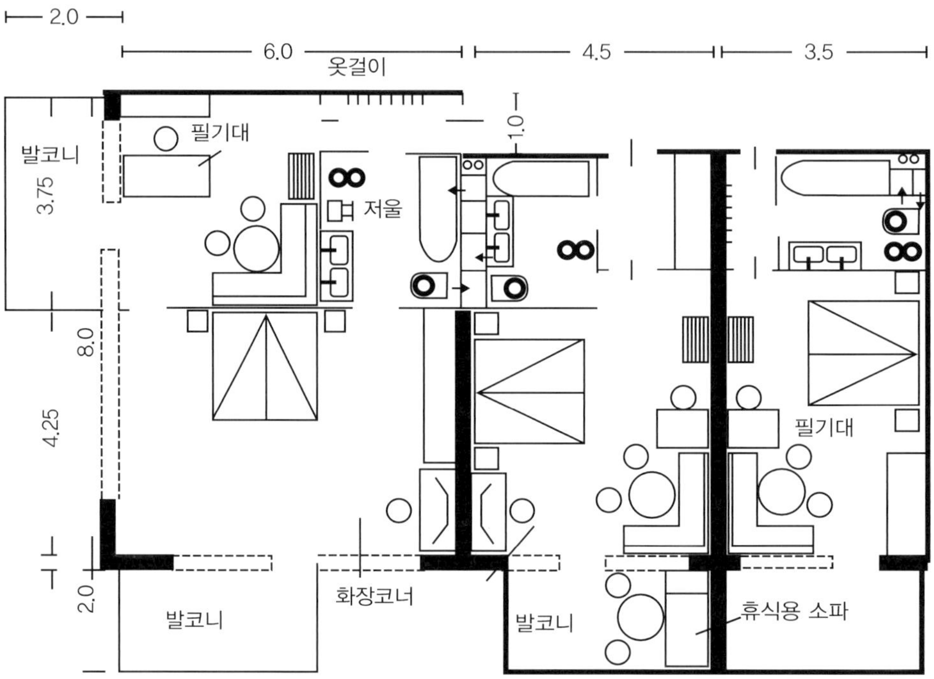

(12) Adjoining Room(어드조이닝 룸) 설계도

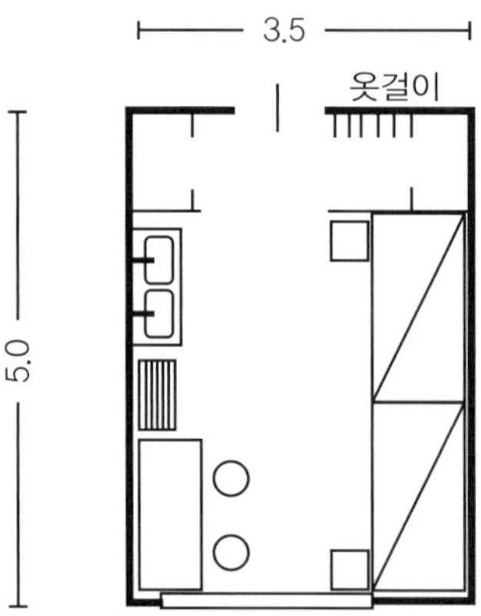

(13) 간이Twin Bed Room의 붙박이선반장 설계도

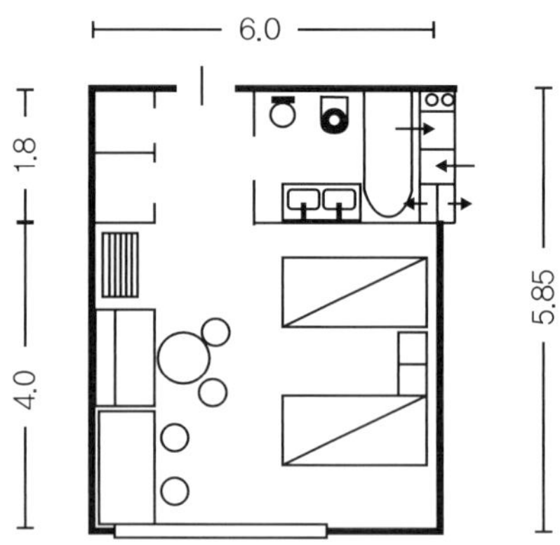

(14) 폭이 있는 넓은 Twin Bed Room의 붙박이선반장 설계도

③ **창문(窓門)**

방의 중심(축, 軸) 위에 있지 않고 Side로 비켜 설비(設置)한다. 또한 Bed의 Head Board를 창문(窓門) 쪽으로 두지 않는다(그림(1)~(3) 참고). Window(창문, 窓門)은 바깥 전망이 좋은 곳에 위치시킨다. Suite Room의 거실에 발코니를 두도록 배치할 수 있다.(그림(11) 참고) Adjoining Room(어드조이닝 룸)은 모서리에 두면 좋다.(그림(12) 참고) 간이 Twin Bed Room에서는 침대가 서로 전후에 배치된다.(그림(13) 참고) 폭이 있는 넓은 Twin Bed Room에서는 침대가 병렬로 놓인다.(그림(14) 참고)

④ **설비**

실내의 가구 · 소파 : 베드 0.9×1.95, Business Hotel의 경우 벽에 접어둘 수 있도록 설계할 수 있다. 작은 방에서는 Sofa Bed가 되기도 한다.(그림(1)~(3)과 그림(8) 참고) 설비는 견고하고 Simple하며, 내구성이 강하고 청소가 쉬워야 한다. 2중창, 칸막이벽은 모두 방음. Bed의 인입(引入 ; 안으로 끌어들임) 스위치, Room의 세면기 주변도 타일로 설비하며 1cm 정도 낮게 설비한다. Bed에서의 전기도어 잠금장치, 필기용 테이블 옆 베드에는 비상벨과 전화기 비치, 청소기 콘센트, Room 바닥은 목재(Resort Hotel) 또는 카펫(Down Town Hotel)을 Room의 용도에 맞게 설비토록 한다. 욕실은 Ceramic Tiles(세라믹(도자기) 타일) 사용.

⑤ **Amenity(어메니티 : 호텔 편의용품)**

호텔 객실 안에 고객관리 차원에서 고객의 니즈(Needs)에 부합하는 각종 선물, 문구류, 객실용품, 욕실용품, 비품 등을 말한다. 보통 어메니티로 제공하는 Cost가 약 10달러 이상을 차지한다. 경쟁 강화에 따라 무료로 제공되는 어메니티가 고급화, 차별화되는 추세이다.

⑥ **Shelves(옷장, 워드로브(Wardrobe ; 붙박이 옷장), 클로짓(Closet ; 벽장)**

의류 · 구두나 세탁물 용도의 벽장(Closet). 속길이 60cm, 폭은 ≧50, 75~100m가 적당하다. 나이트 테이블 40×40cm, 필기용 테이블 100×60cm, 2개의 의자와 소파, 1개의 테이블, 트렁크대는 50×80cm의 높이, 구두 벗는 Space(공간), 양치물받이가 있는 세면대 설치(設置), 거울 뒤의 약장, 타월걸이 등을 설비한다(건축설계대사전편집위원회 편저, 김정재 감수, 건축설계대사전(상 설계편)(하 도해편), 전2권, 한국사전연구사, 1995)

4) 기타(Other)

① **복도의 폭**

- 양복도 ; 1^6m
- 편복도 ; 1^2m

② Bed의 간격(Bed와 Bed, Bed와 가구, Bed와 벽) = 60cm

③ 화장실 변기 전면의 최소거리 ; 40cm 이상

5) 레스토랑 종류별 면적(Squáre Méasure(Area) by Restaurant Type)

식당면적은 영업부문 전체면적의 8~10%가 일반적이며, 레스토랑 종류별 좌석 수당 면적은 다음과 같다.

구분	면적
Coffee Shop	1^6~$1^8$$m^2$
Western Restaurant	2^0~$2^5$$m^2$
Japanese Restaurant	2^5~$3^5$$m^2$
Chinese Restaurant	2^0~$2^8$$m^2$
Bar	2^5~$3^5$$m^2$
Banquet Hall	1^6~$1^8$$m^2$

6) Hall과 주방의 면적비율(Area Ratio of Hall and Kitchen)

구분	면적비율(Hall : 주방)
Lounge, Bar	75:25
Coffee Shop	65:35
Restaurant	65:35
Banquet	70:30

7) 식음부분(Food & Beverage Department)

보통 1식당 면적은 1.5~3(주방면적 제외)이 적합하며 규모의 적정면적은 Service의 제반 측면을 고려하여 Coffee Shop의 경우에는 200~250석, 파인다이닝 레스토랑의 경우에는 100석 정도가 적절하다.

8) 부문별 면적 구성비율(Area Composition Ratio by Sector)

구분		구성비(%)	
		전체	부문별
영업 면적	객실	35	70
	식음	5	10
	연회	6^5	13
	아케이드 등 기타	3^5	7
	소계	50	100
비영업 면적	고객Area, Lobby, Elev Hall, 화장실 등	20	40
	Housekeeping, Linen Room	4	8
	주방, 구매, F&B Store, 냉동실, 냉장실	6	12
	관리부문, 사무실 등	5	10
	직원식당, Locker Room, 샤워실, 직원 화장실, 직원 휴게실	5	10
	기계실, 전기실, 보일러실, 음향실, 목공실, 중앙감시반, 안전실 등	10	20
	소계	50	100
합계		100	

4. 세탁실(Laundry ; 론드리)

호텔의 세탁실은 론드리(Laundry)라고 하는데 호텔고객용 세탁물과 직원용 세탁물을 처리하는 곳이다.

1) 세탁실(Laundry)의 조직

호텔 세탁실의 조직은 일반적으로 Laundry Manager 관리하에 Dry Cleaning(드라이클리닝 ; 드라이 담당), Washer(워셔 ; 세탁기 담당), Roller(롤러 ; 돌림판 건조담당), Pressing(프레싱 ; 다림질 담당), Delivery Man(딜리버리 맨 ; 세탁물 배달원) 등으로 구성되어 있다.

2) 세탁실(Laundry)의 업무

(1) 론드리 지배인(Laundry Manager)의 업무

세탁실의 책임자로서 다음과 같은 직무를 수행한다.

① 세탁실 종사원 지휘 감독

② 고객 세탁물과 호텔용 세탁물의 세탁업무를 원활하게 수행

③ 세탁관리와 세탁기계의 유지관리

④ 세탁실 청결 및 정리정돈 유지관리

⑤ 세탁에 관한 충분한 기술과 경력을 활용하여 부하 교육훈련

(2) 롤러(Roller)의 업무

대형 세탁물의 건조작업이 주업무임

① 대형 세탁물의 건조작업

② 대형 롤러에 의한 프레싱(Pressing ; 다림질)작업

③ 기계작동에 따른 부수작업

④ 부서별 협조와 청결유지

⑤ Roller기에 팔을 크게 다칠 위험이 많으니 안전수칙을 지킨다.

(3) 프레싱(Pressing ; 다림질) 및 드라이클리닝(Dry Cleaning) 담당

프레싱 및 드라이클리닝 담당자

① 고객용 세탁물의 프레싱 작업

② 호텔용 세탁물의 프레싱 작업

③ 고객용 세탁물의 드라이클리닝

④ 기타 세탁실의 업무협조

제6장

식음료부

제6장

식음료부

제1절 레스토랑의 개요

1. 식음료부문의 중요성

현대 호텔경영에 있어서 식음료부문 경영은 객실부문 경영과 함께 2대 주요 수익발생부분이며 초특급 호텔의 매출 구성비 객실 45%, 식음료 40%, 기타 15% 정도의 매출추이를 보여주고 있어 그 중요성이 점차 높아지고 있다.

식음료는 호텔의 주된 상품이 되었으며 가장 탄력성이 강한 상품으로 호텔의 수익에 있어서도 많은 공헌을 하고 있다. 이러한 이유로 호텔 웨딩사업부문을 포함하는 식음료부문 경영은 객실부문 못지않게 중요하다.

제2절 레스토랑의 역사와 개념

1. 레스토랑의 역사

1) 고대(A.D. 375000년~A.D. 14세기 초)

- 고대 이집트의 분묘와 피라미드의 벽화에서 음식을 준비, 시장에서 파는 것을 묘사한 그림이나 상형문자가 발견

- 아시리아의 왕 '사르다나팔루스(Sardanapalus)'는 식도락을 즐겨 큰 연회를 자주 열었으며, 조리경연대회와 같은 행사를 개최, 요리사들의 실력을 겨루게 함
- 식당은 인간이 이동하면서 먹고 쉬는 장소가 필요해짐에 따라 발생
- B.C. 512년 고대 이집트에 식당의 기원이라 할 수 있는 음식점이 있었고 메뉴는 간단한 시리얼(Cereal), 들새고기(Wild), 양파(Onion) 정도의 요리가 제공되었다. 소년들은 부모와 동반해야만 출입이 가능하였으며, 소녀들은 결혼할 때까지 식당 출입이 금지되었음

2) 로마시대(B.C. 8세기 중엽~A.D. 5세기 말(약 1300년))

- A.D. 79년경 로마시에는 나폴리의 'Vesuvius' 산줄기의 휴양지에 식사하는 곳(Eaters Out)이 매우 많았음
- 유명한 카라칼라(Caracalla)라는 대중목욕탕의 유적에서도 식당의 흔적을 찾아볼 수 있다. 이곳은 기원전 216년 카라칼라 제왕 때 사용되었던 것으로, 한 변이 330m나 되며 수용능력이 1,600명이었다고 한다. 이 큰 건물 내에는 증기탕, 온탕, 냉탕 등 여러 가지 욕실과 체육장, 경기장, 도서실, 강연실, 학습실, 미트라교의 예배당까지 갖추어져 사교장 겸 스포츠장으로 사용했고 음식물을 제공하는 식당이 있었다고 한다.
- 이 시기에 수도원과 사원에서도 음식물을 제공할 수 있는 식당이 있었고 여행자를 수용하는 여인숙이 있었다.
- 타베르네(Tavernas)는 고대 로마의 작은 레스토랑으로 포도주와 음식을 판매했고, 음식판매와 음식점 운영에 관한 법이 있었다고 전해진다.

3) 중세시대(A.D. 5세기~A.D. 15세기)

화려한 식음료 연회는 귀족들만의 특권이었고, 곡예사, 마술사들이 묘기를 보고, 음유시인들은 시를 지어 흥을 돋우었다. 참석자들은 향숫물에 손을 씻고 큰 접시 위에 놓인 공작, 소, 돼지, 양고기요리를 즐겼다. 길드(Guilds)들이 대량으로 음식을 준비하였다.

굽는 사람(Roaster) 길드의 하나인 '셰네 드 로티스리(Chain'e de Rotisserie)'는 현재 각국에서 개최되는 미식가단체와 같은 모임인데, 12세기 프랑스 파리에서 허가를 받아

독점적으로 상품을 생산하였다. 요리장이 몇몇 요리사들을 전임으로 맡아 기술을 전수해 왔다. 현재의 조리에 관한 표준과 기술의 부분이 이때 시작된 것이다.

4) 12세기 영국의 경우

12세기경 영국은 선술집(Public House)이 번창했으며, 1650년에는 최초의 커피하우스(Coffee House)가 옥스퍼드에 개업했고, 일정한 가격으로 점심이나 저녁식사를 제공하는 오디너리(Ordinary)란 간이식당도 생겼다.

5) 프랑스요리

14~16세기 동안의 르네상스시대에는 문화, 예술의 부흥뿐만 아니라 음식도 눈부시게 발전했으며, 고급요리로 유명했다. 요리의 르네상스는 이탈리아에서 씨앗을 뿌렸다. 곧 프랑스로 옮겨가 화려한 꽃을 피우게 되었다. 프랑스요리라고 하는 음식의 등장은 1533년 앙리 2세(Henry Ⅱ)와 이탈리아 플로렌스(Florence) 지방 메디치(Medici) 가문의 카트린(Catherine)과와의 결혼식 때 조리된 고급음식이 그 시초이다. 그녀는 수석조리사를 직접 데리고 시집와서 새로운 음식을 선보였다.

이 시기의 귀족들은 자신의 성(城)을 최대한 호화롭게 짓는 데 열중했었고, 사치스러운 연회는 누가 최고의 접대연회를 할 수 있는가 하는 조리경연대회 같아 능력 있는 조리사는 생활비는 물론 연금을 보장받으면서 미식의 연구와 발전에 몰두할 수 있는 최상의 대우를 누렸다.

이러한 환경이 프랑스요리를 최고급으로 발전하게 만들었고 명성을 떨치게 되었다.

그 후 쇠락한 프랑스의 많은 귀족들이 조리사와 하인들을 데리고 파리(Paris)에 있는 자신들의 집에서 저녁과 음식을 판매하였고, 이들 중 몇몇은 오늘날 파리에 있는 고급 유명 레스토랑으로 이름을 떨치게 되었다. 프랑스요리는 19세기까지 귀족과 외교관, 예술가들의 사랑을 받으며 세계적인 명성을 유지하였다.

6) 레스토랑의 출현

1600년경은 식당 역사상 매우 중요한 전환점이 되는 시기이다. 프랑스에 레스토랑의 전신이라고 할 수 있는 최초의 커피하우스(Coffee House)가 출현, 곧 유럽의 전 도시로 빠르게 확산되었고, 이곳에서는 커피, 코코아, 포도주 등 간단한 음료와 술을 판매하였다. 이것이 후세 레스토랑의 시초이다.

프랑스의 루이 15세 집권기간 중에, 프랑스에서는 1765년 몽 블랑거(Mon Boulanger)라는 사람이 "블랑거는 신비의 스태미나 요리를 판매 중(Boulanger Sells Magical Restoratives)"이라는 간판을 내걸고 양의 다리와 흰 소스(White Sauce)를 끓여 만든 '레스토랑(Restaurant)'이란 이름의 수프를 판매했다.

이 수프는 루이 15세를 비롯하여 대중들에게 인기가 대단했는데, 이 수프의 이름이 전래되어 후세에 이 요리를 먹는 장소는 '레스토랑(Restaurant)'이라 칭하게 되었다.

'레스토랑(Restaurant)'이란 단어는 체력을 회복시킨다는 뜻의 '레스토레(Restaurer)'라는 말에서 유래되었다. "De Restaurer(드 레스토레)"란 단어는 '수복한다, 재흥한다, 기력을 회복시킨다'라는 의미이다.

7) 중국 및 우리나라

중국에서는 6세기 『식경(食經)』이라는 요리 전문서적이 발간, 식당 발전에 효시가 되었고, 청조(靑朝) 시에는 회관(會館)이란 식당이 등장하면서 장원(壯元), 진사(陣士)라는 간판을 내걸고 영업을 하였다고 한다.

우리나라는 509년에는 동시(東市), 695년에는 서시(西市), 남시(南市) 등의 상설시장이 개설되었고, 시장 안에 상인들을 위해 음식을 판매하는 장소가 생겼다고 한다.

『고려사』 제3권, 5장 앞쪽에는 성종 2년(983)에 성례(成禮) · 낙빈(樂賓) · 연령(延齡) · 영액(靈液) · 옥장(玉漿) · 희빈(喜賓) 등 6개의 주점이 함께 설치되었다.

이 시기 주점의 설치는 화폐를 유통시키며 상업 발달을 도모하기 위한 것이다.

숙종 9년(1104)에도 국가에서 정책적으로 주점을 설치하였다.(한국고전용어사전, 세종대왕기념사업회, 2001)

이태조는 조선왕조 1398년(태조 7) 지금의 명륜동에 국립교육기관인 성균관을 두었는데, 유생들이 강의를 듣던 명륜당(明倫堂)이 있었고, 명륜당 앞 좌우에는 두 재(齋)가 있었는데 이 안에 모두 28개의 방이 있어 200명 가까운 유생들이 거처했고, 이곳에 선비들이 식사하는 식당이 있었다.

이때부터 처음으로 식당(食堂)이라는 말이 기록되었으며, 음식을 날라주는 사람을 일컫는 식당지기라는 말이 최초로 생겨났다.

1885년 10월 초대 주한 러시아공사 '베베르(Veber)'를 따라 내한하여 25년간(1885~1909) 한국에서 생활한 독일 여인 손탁(Sontag)이 1902년(고종 39), 고종으로부터 그녀의 독립운동 공로로 정동에 있는 한옥을 하사받아 개업한 손탁호텔(Sontag Hotel)에 불란서식 식당이 처음으로 생겨 우리나라 최초의 서양식 식당이 되었다.

1925년에는 철도호텔의 등장과 함께 서울역의 구내에는 서양식 식당인 서울역 그릴(Grill)이 생겨났다.

2. 레스토랑의 개념

프랑스 백과사전『Larouse du XXe Siecle』에 의하면 레스토랑의 어원은 'De Restaure(드 레스토레)'란 말로부터 시작되었다고 한다. 이 '레스토레(Restaurer)'란 단어는 수복한다, 재흥한다, 기력을 회복시킨다라는 의미이다. 프랑스 백과사전에서 Restaurant이란 "Eatablishment Public ou Lonpeut Manager : Restaurant a Prix File : Restaurant À La Carte"라고 적혀 있다. 즉 사람들에게 음식물을 제공하는 공중의 시설, 정가판매점, 일품요리점이라고 표현하고 있듯이, 식당이란 음식물과 휴식장소를 제공하고 원기를 회복시킨다는 장소라고 풀이했다. 한편, 미국의 『Webster사전』에는 "An Establishment Where Refreshment or Meals May Be Procured By The Public : A Public Eating House"라고 표현되어 중들이 가벼운 음식물이나 식사를 할 수 있는 시설이라 설명하고 있다. 영국의 고전적인 사전 『The Oxford English Dictionary』에도 "An Establishment Where Refreshment or Meals May Be Obtained"라고 기록되어 있다.

우리나라 『국어사전』에는 식당을 "식사를 편리하게 할 수 있도록 설비된 방, 음식물을 만들어 파는 가게"라고 설명하고 있다.

이들을 종합해 볼 때 "식당이란 일정한 장소와 시설을 갖추어 인적 서비스와 물적 서비스를 동반하여 음식물을 제공하고 휴식을 취하게 하는 곳"이라고 정의할 수 있다.

제3절 식음료 서비스의 이해

1. 운영방식에 의한 분류

1) 테이블 서비스(Table Service)

고객은 편히 앉아서 서비스를 받을 수 있으므로 시간이 많고 바쁘지 않은 고객에게 적합하다.

대부분 고객의 좌측에서 서브하고 우측에서 빈 그릇을 수거하며 서비스 수단은 Tray, Wagon, Plate에 의한다.

2) 셀프서비스(Self-Service)

Self-Service Restaurant은 고객 자신이 음식을 운반하여 먹는 서비스로서 카페테리아(Cafeteria)나 뷔페(Buffet) 서비스가 바로 그것이다. 호텔 연회장에서느 카빙(Carving)이 필요한 요리는 요리사가 서비스해 주기도 한다.

■ 셀프서비스의 특징

① 기호에 맞는 음식을 다양하게 자기 양껏 먹을 수 있다.

② 식사를 기다리는 시간이 없으므로 신속한 식사를 할 수 있다.

③ 인건비가 절약된다.

④ 가격이 저렴한 장점이 있다.

(1) 카페테리아 서비스(Cafeteria Service)

① 간단한 음식을 고객 자신이 스스로 운반하여 먹는 서비스 제도이다.

② 공장, 학교, 병원, 고속도로 휴게소 식당, 드라이브인 식당, 터미널 식당 등이 택하는 서비스제도이다.

(2) 뷔페 서비스(Buffet Service)

① 격식 없는 가족모임에 적합

② 음식을 스스로 가져다 테이블에 앉아서 먹는 Seating Buffet방법과 연회식으로 서서 먹는 Standing Buffet방법이 있다.

③ 고객의 수, 메뉴, 홀의 크기와 형태에 따라 테이블의 배치가 달라진다.

④ 종사원들은 고객의 편의를 도와주고 음식이 모자라지 않는지 항시 체크한다.

⑤ 간단한 테이블 세팅(Table Setting)을 하고 모든 서브용 빈 접시는 뷔페 테이블 뒤에 놓는다.

(3) 카운터 서비스(Counter Service)

카운터 서비스(Counter Service)는 식당의 주방이 개방되므로 고객은 조리하는 과정을 직접 볼 수 있으며, 조리장과 붙은 카운터를 식탁으로 하여 고객이 직접 조리과정을 지켜보며 식사할 수 있는 형식으로서, 때로는 웨이터가 음식을 테이블 까지 날라주기도 한다. 바카운터와 이 식당의 철판구이카운터, 스시카운터 등이 있다.

■ 카운터 서비스의 특징

① 빠르게 식사를 제공할 수 있다.

② 고객의 불평이 적다.

③ 고객이 조리과정을 지켜볼 수 있어 청결하다.

④ 상당히 경제성 있는 서비스이다.

2. 서비스 형태에 의한 분류

1) 플레이트 서비스(Plate Service)

플레이트 서비스는 간혹 독일식 서비스라고도 칭하고 있으나 일반적으로 아메리칸(American) 서비스라고 한다. 이 서비스는 주방에서 개별 plate에 담긴 요리를 Waiter나 Waitress가 손으로 접시째 운반하여, 식탁에 앉아 있는 고객에게 시종일관 접시째로 제공하는 서비스 방식이다. 따라서 이 서비스의 형태는 주로 커피숍이나 스낵바 등과 같이 객석의 회전이 빠른 약식 식당(Canteen)이나 단체숙식을 하는 곳(Boarding House)의 식당에 적합한 신속 편리한 서비스 방법이다.

■ 플레이트 서비스의 특징

① 주방에서 음식을 접시에 담아 운반하고 서브

② 신속하고 빠른 서비스

③ 고급식당이 아닌 객석의 회전이 빠른 식당에 적합한 서비스

④ 일정한 몫(portion size)이 정해져 있어 모든 고객의 양을 만족시켜 주지 못하며, 또한 음식이 비교적 빨리 식어버리는 것이 단점

장점	단점
서비스상의 숙련도가 많이 필요치 않으므로 종사원 확보가 용이	프렌치 서비스 같은 우아한 점은 부족
신속한 서비스가 용이	특별한 전문력을 요하지 않으므로 종사원의 이직률이 비교적 높은 것이 단점
숙련된 요리사에 의해 음식이 배식되므로 깔끔한 음식배열	
단체고객 식사에 효율적	

(1) 플레이트 서비스(Plate Service)

■ 플레이트 서비스(Plate Service)의 요령

① Serve는 고객의 왼쪽에서, 빈 접시의 수거는 오른쪽에서 한다.

② 엄지손가락이 접시 가장자리 안쪽으로 들어가지 않도록 한다. 운반 시 기울지 않도록 한다.

③ 빈 접시의 수거는 코스요리의 순서에 따르며 소음이 나지 않도록 주의한다.

④ 식사 서브는 어린이, 나이 많은 여성, 젊은 여성, 주빈, 고령남성, 젊은 남성 순으로 한다.

(2) 트레이 서비스(Tray Service)

Tray Service는 해당식사에 필요한 기물과 음식을 쟁반(Tray) 위에 차려서 제공하는 형식으로 요리 담은 접시를 트레이에 담아서 서브하며, 롯데리아 같은 스낵식사 또는 호텔의 룸서비스나 항공기의 기내식사를 제공할 때 사용한다.

이 서비스의 특징을 간단히 요약하면 다음과 같다.

① 다른 서비스에 비해 빠른 서비스를 할 수 있다.

② 플레이트 서비스보다 안전하다.

(3) 카트 서비스(Cart Service or Gueridon Service)

영국식 서비스(English Service), 게리동 서비스(Gueridon Service)라고도 불리는 이 서비스는 영국의 정통적인 주인(Master) 또는 가장(Family Head)이 식탁에서 직접 카빙(Carving)하고, 몫을 나누어 서브하는 포셔닝(Portioning)을 한 것에서 유래. 이 서비스 형식은 유럽의 정통적인 우아한 서비스를 즐기는 미식가들과 귀족적인 서비스를 원하는 고객에게 적합한 형식으로 프렌치 서비스(French Service)에서도 이 방식을 사용한다. Cart Service 자체가 프렌치 서비스는 아니다.

음식이 반조리상태에서 홀(Hall)로 운반되어 고객의 식탁 앞에 위치한 Cart(Gueridon) 위에 준비한 다음 셰프 드 랑 혹은 코미 드 랑에 의해 요리를 완성하여 Serve하는 형식. 셰프 드 랑은 코미 드 랑과 한 조를 만들어 팀워크를 이루는데 셰프 드 랑이 카트 위에서 조리를 완성하고 접시에 프레젠테이션(Presentation : 보여주며 제시, 증정)을 하면 코미 드 랑이 고객에게 Serve한다. 카트 서비스(Cart Service)를 미국에서는 왜건 서비스(Wagon Service)라고도 한다.

▪ 게리동 서비스(Gueridon Service)의 특징

① À La Carte 채택 전문식당에 적합한 서비스

② 식탁과 식탁 사이의 충분한 공간이 필요

③ 잘 훈련되어 숙련된 접객조 편성을 요하므로 인건비 비율 높음

④ 셰프 드 랑 시스템(Chef de Rang System)

⑤ 고객은 자기의 양(Portion)에 맞게 식사가능하며, 남은 음식은 따뜻하게 보관되어 추가 서브 가능

⑥ 정교함과 정중함을 요구하는 서비스이므로 시간이 오래 걸리는 것이 단점

게리동 서비스(Gueridon Service) 출처 : STARZ Restaurant, Ara Institute of Canterbury, Timaru

(4) 플래터 서비스(Platter Service, 실버 서비스 Silver Service)

부유층의 고급식당 이용고객들은 주방에서 음식을 미리 접시에 담아서 내오는 플레이트 서비스(Plate service) 형식을 선호하지 않는다.

플래터 서비스(Platter Service)는 생선이나 가금류를 통째로 요리하여 아름답게 장식한 후 고객에게 서브되기 전에 고객들이 잘 볼 수 있도록 보조테이블(Side Table)에 올려놓아 이 요리를 보고 고객이 식욕을 돋우게 하는 효과를 거둘 수 있도록 하는 데서 유래되었다고 한다.

이 요리는 주빈에게 쇼(Show)를 거친 후 식탁 위에 직접 올려놓아 고객이 직접 셀프 서비스하거나, 웨이터가 요리를 덜어서 Table을 돌며 서브하게 되는데 19세기 초 유럽에서 크게 유행되었던 서비스 방식이다. 우리나라도 1978년부터 특1급 호텔 프랑스 식당에서 크게 유행하였다. 이 서비스는 1800년 중반에 유행한 것으로 큰 은쟁반(Silver Platter)에 멋있게 장식된 음식을 고객에게 보여주면 고객이 직접 먹고 싶은 만큼 덜어 먹거나 웨이터가 시계 도는 방향으로 테이블을 돌아가며 고객의 왼쪽에서 적당량을 덜어주는 방법으로 매우 고급스럽고 우아한 서비스이다.

독일과 미국에서는 러시안 서비스(Russian Service)라고도 말하며 프랑스에서는 실버 서비스(Silver Service) 혹은 프렌치 서비스(French Service)라고 칭하는 것으로 세계 각국의 고급호텔이나 상류사회 고급식당에서 많이 채택하여 이용되는 형식이다.

플래터 서비스(Platter Service)

■ 러시안 서비스의 특징

① 모든 요리는 고객의 식탁 위에 준비

② Self-Service로 고객이 직접 덜어 먹음

③ 소형 연회나 가족파티의 경우 적합하며 비교적 서빙 인원이 적게 듦

④ Full Silver Service는 테이블에 앉아 있는 고객에게 정식요리나 일품요리를 정중하게 서브할 때 종사원이 은기(Silver)로 주문한 요리를 제공하는 것을 말하며 이는 사이드 보드(Side Board)를 활용하여 시종일관 모든 코스를 은기로 서브함

⑤ 종사원들의 정중한 태도와 숙련도가 요구됨

3. 나라별 서비스 특징에 의한 분류

1) 미국식 서비스(American Service)

서비스 중에서 가장 신속하고 능률적이다. 고급 레스토랑을 제외하고는 대부분 미국식 서비스(American Service)의 방법을 취한다.

■ 미국식 서비스(American Service)의 요령

① 한 손에 너무 많은 접시를 들어서는 안 되며 안전에 유의한다.

② 수평으로 접시를 들어 음식이 쏠리거나 소스(Sauce)가 옆으로 흐르지 않도록 한다.

③ 식사 접시(Plate)는 고객의 왼쪽에서 왼손으로 하고,

④ 빈 접시는 고객의 오른쪽에서 오른손으로 치운다.

⑤ 음료는 고객의 오른쪽에서 오른손으로 서브한다. 브레드 바스켓, 텅, 버터서빙도 이와 같이한다.

⑥ 모든 서브는 어린이, 연장여자 고객, 여자, 연장남자 고객 순으로 하고 시계방향으로 한다.

■ 미국식 서비스(American Service)의 특징

① 주방에서 음식을 접시에 담아 제공한다.

② 신속한 서브를 할 수 있다.

③ 종사원 한 사람이 고객 12~20명까지 서브할 수 있다.

④ 음식이 비교적 빨리 식는다.

⑤ 고객의 미각을 돋우는 데는 플래터 서비스(Platter Service) 등보다 취약하다.

⑥ 고급식당보다 고객회전이 빠른 식당에 적합하다.

2) 영국식 서비스(English Service)

패밀리 스타일 서비스(Family Style Service)라고도 한다. 가정집에서 가장(Host)이 하는 방식으로 서브되는 것으로 음식이 플레이트(Plate) 또는 트레이(Tray)에 담겨 테이블로 운반되면 테이블에서 주빈 또는 종사원이 카빙(Carving)하고 각 접시에 담아서 모든 사람에게 돌려주거나, 카빙된 큰 접시를 돌려가면서 각자가 덜어먹는 형식이다.

가족적인 소형연회나 칠면조가 제공되는 미국식 추수감사절 만찬 등에 적합하다.

■ English Service의 특징

① 고객의 몫을 종사원이 선택하여 제공한다.

② 일품요리(À La Carte : 아라카르트) 식사에 적용 가능하다.

③ 남은 요리는 워머기 위에 뚜껑 있는 실버웨어 Platter를 올려놓고 따뜻하게 보관한 후 식지 않게 남는 요리를 고객에게 추가로 제공할 수 있다.

④ 공간이 넓고 단조로운 식당에 어울린다.

⑤ 게리동(카트)을 사용하여 서브된다.

3) 러시아식 서비스(Russian Service)

Russian Service는 프렌치 서비스(French Service)와 비슷한 점이 많으며 1800년 중반에 유행했던 대단히 고급스럽고 우아한 서브형식이다.

종사원은 대형 플래터(Platter)를 사용하며, 테이블 세팅(Table Setting)은 프렌치 서비스(French Service)와 같다.

■ 러시아식 서비스(Russian Service)의 특징

① 전형적인 연회서비스이다.

② 혼자서 우아하고 멋있는 서비스를 할 수 있고 프렌치 서비스에 비해 특별한 준비 기물이 필요하지 않다.

③ 요리는 고객의 왼쪽에서 왼손으로 Platter를 받쳐 잡고 오른손으로 서브한다.

④ 프렌치 서비스(French Service)에 비해 시간이 절약된다.

⑤ 음식이 따뜻하게 서브된다.

⑥ 마지막 고객은 식욕을 잃게 되기 쉬우니 가능하면 신속하게 서비스를 실시한다.

⑦ 속도가 빠른 서비스(Fast Service)에 속한다.

러시아식 서비스(Russian Service)

4. 국가별 주된 품목에 의한 분류

1) 서양식 식당(Western Style Restaurant)

(1) 이탈리아 식당(Italian Restaurant)

14세기 초 탐험가 '마르코 폴로'가 중국 원나라에서 배워온 면류가 고유한 스파케티(Spaghetti)와 마카로니(Macaroni)로 정착하여 이탈리아 요리의 원조가 되었다. 이탈리아에서는 이 면류를 총칭하여 파스타(Pasta)라 하여 수프(Soup) 대신 식사 전에 먹는다. 이탈리아의 요리는 기본적으로 안티파스티(Antipasti : 전채요리), 프리미 피아티(Primi piatti : 파스타나 수프), 세콘디 피아티(Secondi piatti : 육류나 생선요리), 포르마지오(Formaggio : 치즈), 돌체(Dolce : 디저트) 순으로 구성되어 있다. 코스는 아페리티보(Aperitivo : 식전주), 안티파스토(Antipasto : 전채), 육요리, 인살라타(Insalata : 야채), 과일, 커피(Caffè) 또는 홍차(Tè : 차) 등의 순으로 식사한다.

(2) 프랑스 식당(French Restaurant)

이탈리아에서 유래되어 16세기 앙리 4세 때부터 요리가 시작되었다. 요리의 이름에는 국가의 지명이나 인명 등이 대표이름으로 내려온 것이 특징으로 전 국토에서 생각되는 풍부한 식재료와 국민의 미식가적 기질이 세계적인 요리로 만들었으며, 대표적인 요리로는 Chateaubriand(샤토브리앙), Lobster thermidor(랍스터 테르미도르), Hors d'oeuvre(오르되브르) 등이 있다. 각종 소스만도 500가지가 넘는다.

(3) 미국 식당(American Restaurant)

재료는 빵과 곡물, 고기와 계란, 낙농식품, 과일 및 야채 등을 이용하고 식사는 간소한 메뉴와 경제적인 재료 및 영양 본위의 실질적인 식생활을 추구한 메뉴식단 등이 특징이다. 대표적인 요리로는 Beef Steak, Hamburg Steak, Barbecue 등이 있다.

(4) 스페인 식당(Spanish Restaurant : 서반아식당)

스페인 요리의 특색은 올리브 기름(Olive Oil)과 포도주(Wine)를 재료로 많이 쓰는 것이다. 생선요리가 유명하며 새우, 가재, 돼지새끼요리 등을 들 수 있다. 스페인 요리는 올리브유(Olive Oil), 포도주(Wine), 마늘(Garlic), 파프리카(Paprica), 새프런(Saffron) 등의 향신료를 많이 쓰는 것이 특징이다.

2) 중국식당(Chinese Style Restaurant)

중국식당의 인테리어는 정통 중국식 가옥형태이며, 중국에서 벗어나 가장 중국다운 맛과 멋을 경험할 수 있는 식당으로 다음 4대 요리를 골고루 맛볼 수 있다.

중국은 6세기경에 나온 『식경』이라는 책이 지금도 남아 있을 정도로 중국의 요리는 그 맛과 전통이 증명하고 있다. 중국인의 주식은 쌀과 밀가루이고, 부식은 돼지, 생선, 닭, 오리, 소, 양고기와 채소, 콩으로 만든 식품을 위주로 한다. 그러나 각지의 입맛이 다르기 때문에 조리법과 맛에 있어서 주식보다 훨씬 차이가 많이 난다. 국토가 넓어 각 지방의 기후, 풍토, 산물 등에 각기 다른 특색이 있어 지리, 정치, 사회, 문화, 경제 등 다양한 요소가 작용하여 4대 요리가 형성되었는데 중국 북부를 서에서 동으로 흐르는 중국 제2의 강인 황허강 유역 및 기타 북방은 베이징 요리를 대표로 하고, 중국 대륙 중앙부를 횡단하는 중국에서 가장 긴 강인 양자강(揚子江 : 장강(長江))의 하류는 상하이 요리를, 양자강의 중상류는 쓰촨요리를, 중국 화남지방(華南地方) 최대의 강인 주강 유역은 광둥요리를 대표로 하고 있다. 남방 사람은 단것을 즐겨 먹고, 북방 사람은 짠것을 즐겨 먹으며, 산둥(山東) 사람은 파 등의 매운맛을 좋아하고, 산서(山西)일대의 사람은 식초를 즐겨 먹는다.

(1) 베이징(北京) 요리

베이징이 가장 화려한 문명을 자랑한 것은 청나라 때로, 이때부터 궁중을 중심으로 중국 각지에서 우수한 요리사들이 모여 각 지역의 명물 진상품과 장점만을 받아들여 발달시켰고 별칭인 '청요리'도 이때 유래된 것이다.

밀의 생산이 많아 면류 · 만두 · 전병의 종류가 많은 것도 특징이다. 대표적인 음식은 베이징 오리 요리이고, 우리나라 중국식당에서는 대부분 이 베이징 요리법을 적용한다.

베이징 오리

(2) 상하이(上海) 요리

양쯔강 하류 지역을 대표하는 도시는 난징이지만, 상하이가 항구로서 발달하여 국제적인 풍미를 갖추었기 때문에 상하이 요리로 부르며, 비교적 바다와 가깝기 때문에 해산물을 많이 이용한다.

음식의 색이 화려하고 선명하도록 만들며, 그 지방의 특산품인 간장과 설탕을 써서 진하고 달콤하며 기름지게 만드는 것이 특징이다. 특히 9월 말부터 1월 중순에 맛볼 수 있는 상하이의 게 요리는 전 세계 식도락가들이 최고로 뽑는 진미이다.

(3) 쓰촨(四川) 요리

중국의 곡창지대로 유명한 쓰촨 분지는 해산물을 제외한 사계절 산물이 모두 풍성해서 야생 동식물이나 채소류, 민물고기를 주재료로 한 요리가 많다. 더위와 추위가 심해 향신료를 많이 쓴 요리가 발달한 것이 특징이며 매운 요리와 마늘 · 파 · 고추를 사용하는 요리가 많다.

깨끗함, 신선함, 순수함과 진함이 함께 느껴지는 저리고 매운맛을 잘 사용하는 것으로 유명하며, 누룽지탕, 마파두부 등이 대표적이다.

(4) 광둥(廣東) 요리

광둥 지역은 동남 연해에 위치하여 기후가 온화하고 재료가 풍부한 곳이다. 그래서 "먹는 것은 광둥에서"라고 말할 정도로 광둥 지역은 예부터 요리가 발달한 곳이다. 특히 외국과의 교류가 많은 지역으로 전통요리와 국제적인 요리의 특성이 조화를 이뤄 특출하게 발달하였다.

서유럽 요리의 영향을 받아 쇠고기, 서양 채소, 토마토 케첩 등 서양요리 재료와 조미료를 받아들인 요리도 있다. 간을 싱겁게 하고 기름도 적게 써 가장 대중적인 요리로 꼽힌다. 탕수육과 팔보채, 중국 요리의 보석으로 꼽히는 딤섬도 광둥 요리이다. 딤섬(點心)은 2백여 가지의 맛과 모양을 가지고 있으며, 모양에 따라 교, 파오, 마이, 쇼마이, 편 등 크게 다섯 종류로 나눌 수 있다.

① 교(餃) : 작고 투명한 것. 새우교자, 부추교자 등이 있는데 피(껍질)가 투명하고 얇을수록 맛있음

② 파오(包) : 껍질이 두툼하고 푹푹한 것(야채 또는 돼지고기만두)

③ 마이(賣) : 통만두처럼 윗부분이 뚫려 속이 보이는 것(쇼마이)

④ 쇼마이(燒賣) : 윗부분이 꽃봉오리 모양을 하고 있어 마치 복주머니 같다. 돼지고기, 새우 등으로 속을 꽉 채워 넣은 광둥의 대표적인 딤섬

⑤ 편(片) : 평평하고 얇은 것

광둥(廣東) 요리

3) 일본식당(Japanese Style Restaurant)

일본식당의 인테리어는 실내 정원과 다다미방의 별실을 구비한 정통 일식가옥 형태이며, 일본에서 벗어나 가장 일본다운 맛과 멋을 경험할 수 있는 식당이다.

일본요리는 시각요리라고 불릴 정도로 색채와 모양을 중시하며, 해산물과 제철의 맛을 살린 산나물요리가 많다. 일본은 계절의 변화가 뚜렷하고 바다로 둘러싸인 해양국가의 특수성으로 색깔, 향기, 맛을 생명으로 하여 조미료를 가미하는 것을 특색으로 한다.

다도의 전통과 생선요리, 초밥, 튀김요리, 스키야키 등의 생선요리가 200가지를 넘는다. 따라서 일본요리는 맛과 함께 모양과 색깔, 그릇과 장식에 이르기까지 전체적인 조화에 신경을 쓰고 있다.

메뉴는 형식에 따라 본선요리(本膳料理 : 관혼상제와 같은 의식에 쓰이는 것으로 예절과 방법을 중요시함. 일본의 정식요리), 회석요리(會席料理 : 일본식 정찬으로, 작은 그릇에 담아 조금씩 다양한 요리를 내는 코스요리), 차회석요리(茶懷石料理 : 전문음식점에서 차를 내놓기 전에 간단히 내놓는 요리), 정진요리(精進料理 : 육류 · 어패류 · 달걀을 사용하지 않고 곡물 · 콩 · 야채 등의 식물성 재료와 해조류를 사용한 요리), 보채요리(普茶料理 : 에도시대 중기 중국식 쇼진요리라 하여 산성(山城)우치(宇治)의 황벽산 만복사로부터 퍼지기 시작하였으며 일본에 귀화한 스님인 잉갱젠시(隱元禪師)로부터 전해져 대대로 귀화한 스님에 의하여 이어졌으며 자기 조국의 풍습으로 이어졌기 때문에 그 풍미가 그대로 남아 있다. 그래서 식탁의 예의도 중국요리처럼 원형탁자로 쇼진요리를 즐긴다. 4인일탁(四人一卓)으로서 한 그릇에 담아 가운데 놓고 요리를 덜어 먹는다. 영양 면을 고려하여 두부(豆腐), 깨(胡麻), 식물류(植物類)를 많이 사용한다. 야채와 건어물을 조리) 등이 있다.

4) 한국식당(Korean Style Restaurant)

한국식당은 밥은 주식, 각종 찬은 부식으로 하여 후식류 등의 각 지역 향토특산물을 제공하는 식당이다. 특급호텔에서 제공하는 궁중요리를 비롯하여 불고기, 신선로, 김치 및 전골요리 등을 들 수 있다.

5. 일반적인 이용형태에 의한 분류

1) 레스토랑(Restaurant)

식탁(Table)과 의자(Chair)를 갖추고 고객의 주문에 따라 종업원이 음식을 제공하는 비교적 고급시설을 갖춘 식당을 말한다.

2) 다이닝 룸(Dining Room)

이용하는 시간이 대체로 제한되어 있고, 주로 점심과 저녁식사만이 제공되어 정찬(Table d'hote)을 서브(Serve)하는 식당이다.

3) 그릴(Grill)

고객의 기호에 의해 음식을 선택하는 일품요리(À La Carte)나 특별요리(Daily Special Menu)를 제공하는 식당으로 아침, 점심, 저녁식사가 제공된다.

4) 카페테리아(Cafeteria)

카운터 테이블(Counter Table)에서 고객이 직접 요금을 지불하고 스스로 가져다 먹는 셀프서비스(Self-Service) 형식의 간이식당을 말한다.

5) 커피숍(Coffee Shop)

호텔의 커피숍은 조찬뷔페, 각종 조찬 일품요리, 고객출입이 많은 장소인 1층 호텔 로비(Lobby)에 위치한다. 주로 커피나 음료를 판매하면서 서양인들이 맛볼 수 있는 우리나라의 불고기, 비빔밥, 설렁탕 등을 포함한 인도의 카레라이스, 일본의 데리야키(쇠고기요리) 등 대표적인 몇 개국의 간단한 식사도 판매하는 식당을 말하며, 외식산업의 커피숍(카페)과는 그 콘셉트가 다르다.

6) 뷔페식당(Buffet Restaurant)

일정한 요금을 지불하고 기호에 따라 이미 준비된 음식을 먹을 수 있는 Self-Service 식당이다. 음료는 별도 계산을 한다.

7) 바(Bar)

주로 음료를 원하는 고객이 이용하기 편리한 곳에 일정한 시설을 갖추어 놓고 주류 및 음료를 판매하는 곳이다.

8) 델리카티슨(Delicatessen)

델리숍(Deli Shop)이라고 하며, 제과, 제빵, 가공식품 등을 주로 판매하는 식당을 말한다. 델리는 페이스트리, 케이크, 샌드위치, 빵 외에도 초콜릿과 와인, 차, 치즈 등 다양한 선물용품을 판매하고 추석과 설에는 선물세트를 판매하며, 크리스마스와 추수감사절에는 칠면조 요리를 주문 판매한다.

제4절 식음료 서비스의 경영조직

1. 셰프 드 랑 시스템(Chef de Rang System)

정중하고 일정한 격식을 요하는 프렌치 레스토랑과 같은 최고급 레스토랑에서 많이 사용하는 최고급을 지향하는 서비스 조직이다. 메트르 도텔(Maitre d'hotel, Head Waiter)의 관리하에 일정 테이블 즉, 스테이션을 담당하는 서비스 수장인 셰프 드 랑이 있고, 밑에 드미 셰프 드 랑(Demi-chef de Rang), 코미 드 랑(Commis de Rang), 코미 드 바라쉬르(Commis de Barrasseur)가 한 팀이 되어 서비스업무를 하게 된다. 셰프 드 뱅(Chef de Vin, Sommelier)은 와인을 전문적으로 관리하고 고객에게 와인을 서비스하는 사람으로 음식을 서비스하는 셰프 드 랑의 업무에 협조한다.

셰프 드 랑 시스템은 게리동(Gueridon), 또는 플랑베 왜건(Flambee Wagon)을 사용하여 음식을 직접 만들어 서비스하게 되므로 팀워크가 필수적임

(1) 셰프 드 랑 시스템의 장점

① 높은 수준의 서비스를 제공, 최고의 분위기를 연출한다.

② 고객 앞에서 직접 조리해 주므로 고객 만족이 극대화될 수 있다.

③ 매출 극대화를 가져온다.

④ 타 업장 대비 급여가 높고 최고기술 습득의 동기를 부여한다.

(2) 셰프 드 랑 시스템의 단점

① 종업원 의존도가 크므로 많은 인원이 필요하고 크로스 타임이 있어 하루 기준 회사에 체재(滯在)시간이 약간 길다.

② 매출액에 비해 인건비 지출이 크다.

③ 다른 서비스에 비해 시간이 오래 걸린다.

④ 서비스의 섬세함으로 인해 장시간 식사를 하므로 회전율이 낮음

셰프 드 랑 시스템의 장단점을 요약하면 〈표 6-1〉과 같다.

표 6-1 셰프 드 랑 시스템의 장단점

장점	단점
높은 수준의 서비스, 최고의 분위기를 연출	종업원 의존도가 크므로 많은 인원 필요
급여 및 최고기술 습득의 동기부여	고가의 인건비 지출
충분한 휴식시간	연중무휴인 고급식당 편성에만 적당
고객 앞에서 조리를 해주므로 고객만족 극대화	

(3) 셰프 드 랑 시스템의 직무분장

① 메트르 도텔(Maitre d'hotel, Head Waiter)

헤드웨이터라고 칭하기도 하며 고객을 지정된 테이블로 영접하고 각 스테이션에서 서비스가 원활하게 이루어지도록 고객을 고루 안배토록 배려하며 셰프 드 랑과 코미 드 랑을 감독한다.

② 셰프 드 랑(Chef de Rang)

근무구역의 조장으로 2명의 웨이터와 서비스의 책임을 진다. Food, Wine, Beverage, Service 등에 관한 충분한 지식과 전문적인 기술이 요구된다.

③ 코미 드 랑(Commis de Rang)

셰프 드 랑을 보좌, 실질적인 서비스에 참여한다.

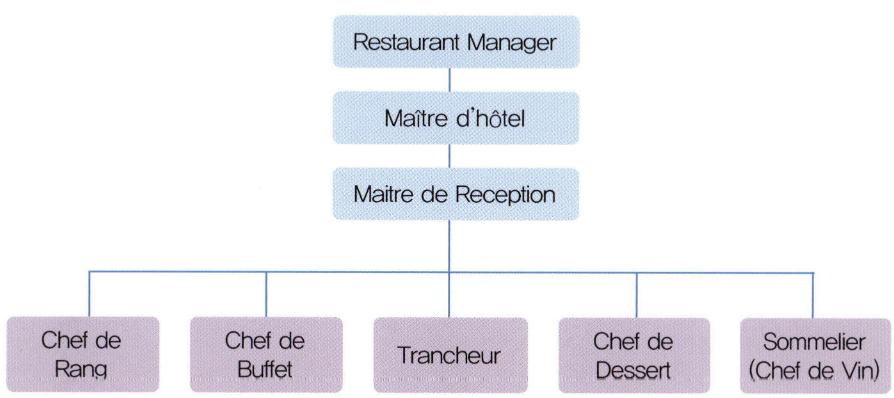

그림 6-1 Chef de Rang System

호텔 식음료부문의 레스토랑 조직도는 〈그림 6-2〉와 같다.

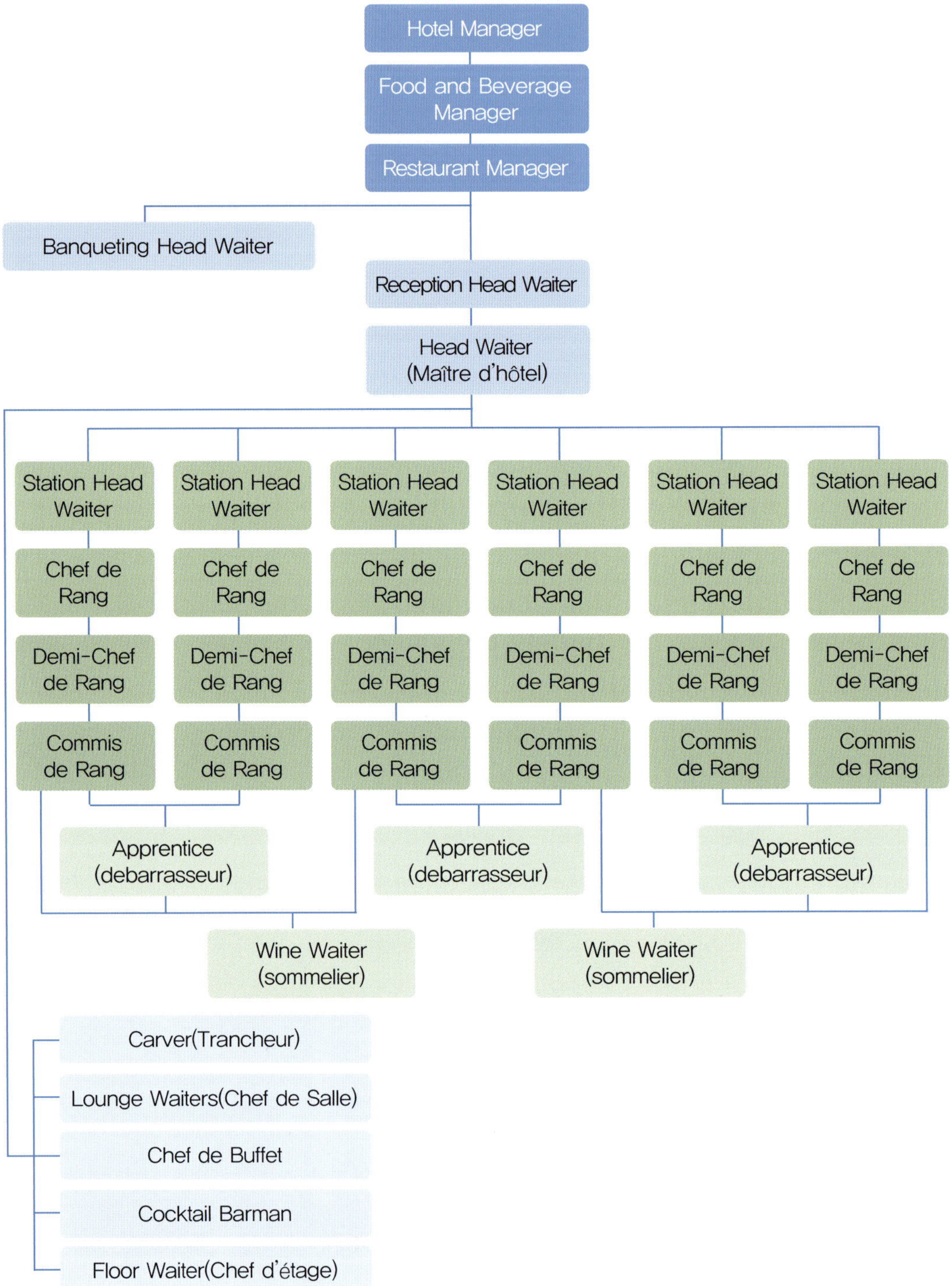

그림 6-2 The Restaurant Brigade

2. 헤드웨이터 시스템(Head Waiter System)

최고급을 지향하는 서비스 조직인 Chef de Rang System을 간편하도록 변형시킨 것이며, 일반 레스토랑에서 통상적으로 많이 사용하는 서비스 조직이다. 헤드웨이터 밑에 음식을 서비스하는 웨이터와 음료를 서비스하는 바텐더(Bartender) 또는 소믈리에(Sommelier)가 있다. 지정된 테이블이나 스테이션(Station) 없이 웨이터 또는 웨이트리스가 모든 곳을 서비스할 수 있는 것이 특징이다. 즉 수장 밑으로 식사담당, 음료담당을 두어 주어진 테이블을 서브하는 제도로 일반식당에 적합하다.

(1) 헤드웨이터 시스템의 장점

① 셰프 드 랑 시스템 서비스보다 신속한 서비스가 가능

② 좌석회전율이 높음

③ 최고급 서비스와 하위급 서비스이 절충형

④ Plate Service 위주의 음식 서비스 실시

(2) 헤드웨이터 시스템의 단점

① 정중한 서비스를 하기에는 부족함

② 셰프 드 랑 시스템보다 서비스 분위기가 가벼움

③ 고객의 서비스 불평이 고정고객 확보에 영향을 줄 가능성이 많음

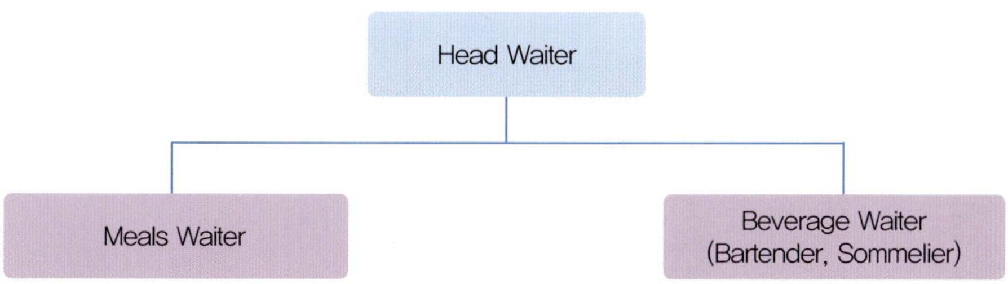

그림 6-3 Head Waiter System

(3) 헤드웨이터 시스템의 직무분장

① 헤드웨이터(Head Waiter)

고객의 주문을 직접 받고 웨이터, 웨이트리스를 감독하고 지시하며 서비스의 전반적인 책임을 진다.

② 식사 담당 웨이터(Meals Waiter)

식사만 담당하고 헤드웨이터의 지시에 따라 서비스를 하지만 바쁠 때는 직접 주문을 받는다.

③ 음료 웨이터(Beverage Waiter)

와인 메뉴 상품 지식과 식사에 대한 지식을 습득한 후 서비스 업무에 임한다.

3. 스테이션 웨이터 시스템(Station Waiter System)

One Waiter System이라고도 칭하며, 한 계절만 영업을 하는 계절식당(Seasonal Restaurant)에 적합한 Service제도이다. 한 식당에 조장을 두어 그 밑에 한 명씩 웨이터가 한 구역만을 담당하여 서비스한다. 즉 1명의 웨이터가 일정한 식탁만을 맡아 주문받아 식사와 음료를 제공하는 System이다.

(1) 스테이션 웨이터 시스템의 장점

① 보다 신속한 서비스가 가능하다.

② 고객의 부담이 최소화될 수 있다.

③ 좌석회전율이 높다.

④ 인건비의 절약이 가능하다.

(2) 스테이션 웨이터 시스템의 단점

① 서비스의 부실로 고객관리가 다소 어렵다.

② 서비스의 질적 향상이 다소 어렵다.

③ 전문성이 떨어질 수 있다.

④ 고객으로부터 항상 불평받을 소지가 있다.

⑤ 웨이터가 자기 담당구역을 비우면 고객이 다소 기다리게 되는 단점이 있다.

스테이션 웨이터 시스템(Station Waiter System)의 장단점을 요약하면 〈표 6-2〉와 같다.

표 6-2 스테이션 웨이터 시스템의 장단점

장점	단점
일괄적이고 신속한 서비스	웨이터의 잦은 주방 출입으로 고객서비스가 지체되거나 세심한 서비스가 어려움
한 계절을 통한 웨이터 인건비 절감	
좌석회전율이 높음	서비스의 부실로 고객관리가 다소 힘듦
	서비스의 질적 향상이 다소 어려움

(3) 스테이션 웨이터 시스템(Station Waiter System)의 직무분장

① **웨이터 조장(Head Waiter, Chief Waiter)**

지배인 역할을 한다. 한 식당에 조장을 두어 그 밑에 웨이터가 한 명씩 한 구역만을 담당하여 서비스하는 제도이다. 그러므로 스테이션 웨이터, 웨이트리스를 감독하고 지시하며 서비스의 전반적인 책임을 진다.

② **웨이터(Waiter)**

각자 자기에게 배당된 한 구역만을 담당하여 서비스한다. 웨이터가 일정한 구역의 식탁만을 맡아 주문받고 식사와 음료를 제공하는 것이다.

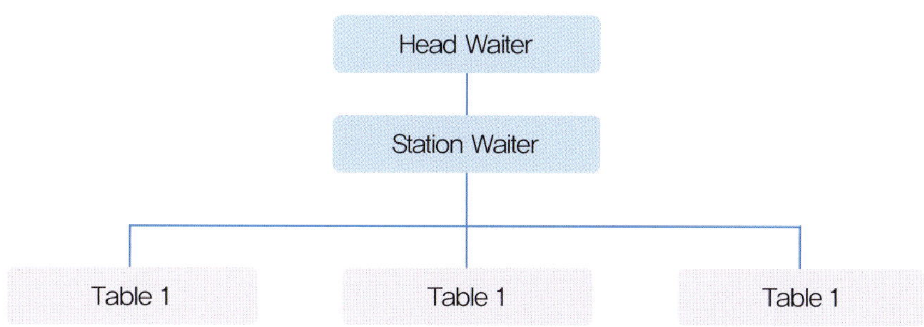

그림 6-4 Station Waiter System

제5절 식음료 서비스의 구성

호텔의 식음료부서는 매우 전문적이고 국제적인 컨벤션 등 다양한 행사를 치르는 경우가 많기 때문에 세분화된 서비스기능을 필요로 한다. 호텔 식음료부서는 호텔의 규모에 따라 모두 다르지만, 크게 연회컨벤션서비스(Banquet Convention Service), 웨딩서비스(Wedding Service), 레스토랑 아울렛 서비스(Restaurant Outlet Service), 음료서비스(Beverage Service), 룸서비스(Room Service), 조리부(Food Preparation) 등으로 부서를 나눌 수 있다.

1. 식음료부서의 직원규모

호텔의 규모와 레스토랑의 유형은 예상 고객 수나 음식을 준비하고 제공하는 식음료부서의 조리 및 서비스 직원의 규모에도 많은 영향을 끼친다. 일반적으로 특급호텔은 각 식음료 업장별로 주방을 따로 설치한다. 그리고 대규모 연회행사를 치르기 위한 별도의 연회주방을 설치한다. 따라서 직원도 분리되며 연회주방 및 서비스 직원을 각각 조직한다.

2. 식음료 서비스의 구성

(1) 주방(Food Preparation or Food Production)

메뉴를 개발하고 음식을 생산(Production)하는 곳이며, 특급호텔에서는 식음료업장마다 별도의 주방을 운영하며 연회주방이 있다. 주방에는 총주방장을 비롯하여 분야별로 직접조리를 하는 조리사들이 조직된다. 또한 식기와 조리기구 등을 닦고 관리하는 기물관리과(스튜어드 : Stewards)가 있다.

(2) 음식 서비스(Food Service)

조리된 모든 음식을 각 식음료업장의 서비스 직원이 고객에게 제공하고, 그 외에 고객을 위한 여러 가지 서비스를 담당하는 것을 말한다. 호텔 식음료업장은 지배인, 부지배인, 또는 캡틴(수장), 웨이터, 웨이트리스, 리셉셔니스트(그리트리스 : 안내사원) 등으로 구성된다.

(3) 음료 서비스(Beverage Service)

라운지, 각 아울렛(레스토랑) 등에 주류를 포함한 모든 음료를 제공하고 관리하는 것을 말한다. 호텔에 따라서는 음식 서비스 부문과 통합하여 부서를 운영하기도 하지만, 음료는 특별한 분야이기 때문에 음료지배인(Beverage Manager)이 별도로 각 영업장의 음료 담당직원을 관리한다.

(4) 연회 서비스(Banquet Convention Service)

연회장과 컨벤션(Convention)이 별도로 조직되어 있어 대 · 소형 행사에 식음료를 제공한다. 연회직원이 별도로 구성되어 있고, 바쁠 때는 다른 Outlets의 직원들이 파견(Helper) 나와서 대규모 행사를 돕는다.

(5) 룸 서비스(Room Service)

오더 테이커(Order Taker)가 객실고객의 식사주문을 받고 이를 웨이터가 서비스하는 임무를 실행한다.

3. 호텔 식음료부서의 조직

취급하는 음식종류, 서비스 수준 및 형태, 영업시간 등에 따라 조직의 형태가 달라진다. 특급호텔의 경우 많게는 10여 이상의 식음료 Outlets(영업장)을 운영한다. 최근 비즈니스 호텔에서 커피숍 한 곳만 운영하는 객실주력형 형태를 취하고 있으나 장기적인 전망을 볼 때 연회장과 적어도 4~5개의 레스토랑을 갖추는 것이 바람직할 것이다.

〈그림 6-5〉는 디럭스 체인 특1급 호텔 식음료부문 중 영업장의 기본적 서비스조직 시스템의 예이다. 〈그림 6-6〉은 특1급 보다 적은 규모의 호텔 식음료부문 조직 시스템의 예이다.

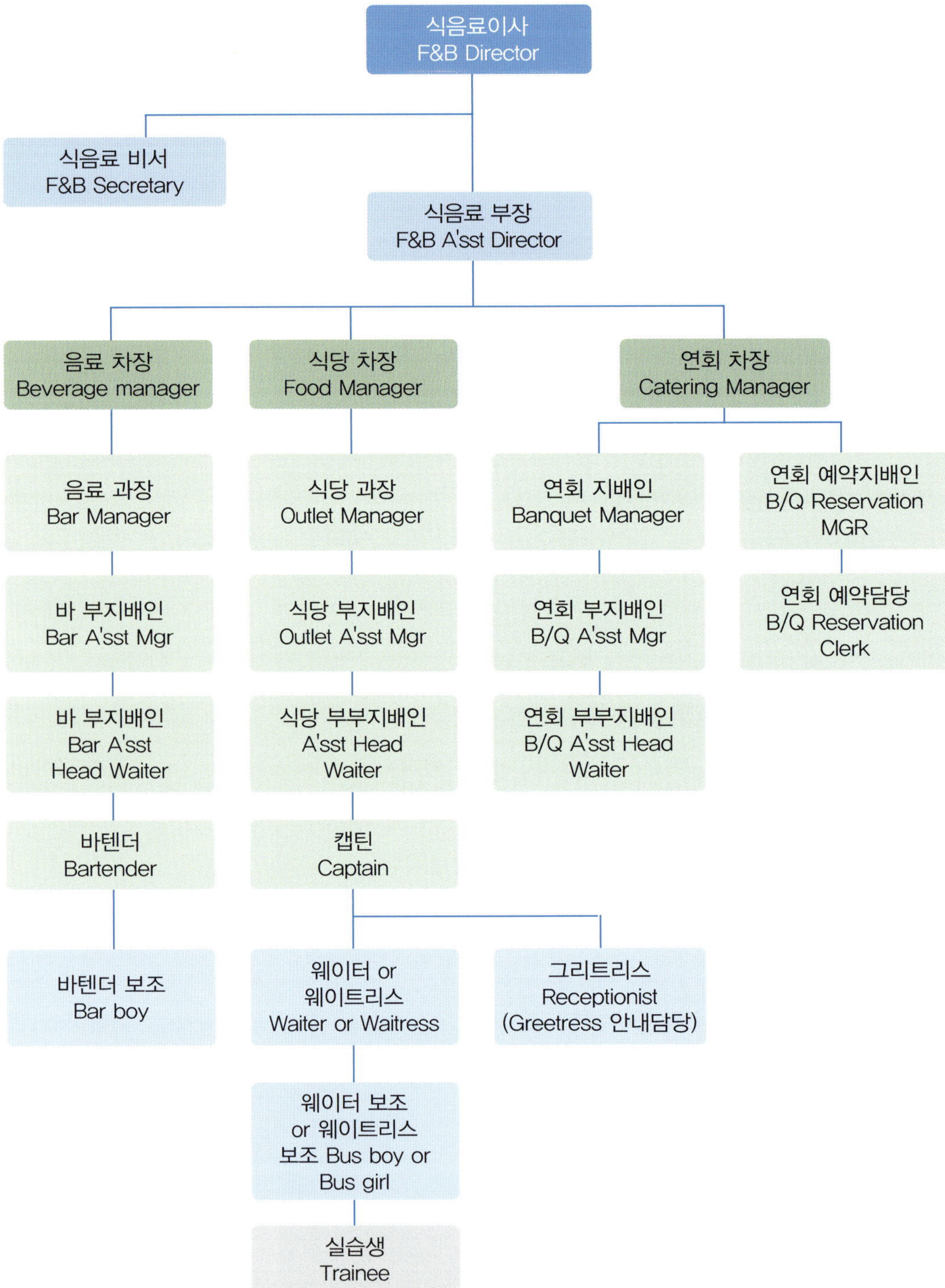

그림 6-5　디럭스 체인 특1급 호텔 식음료부문 중 영업장의 기본적 서비스조직 시스템의 예

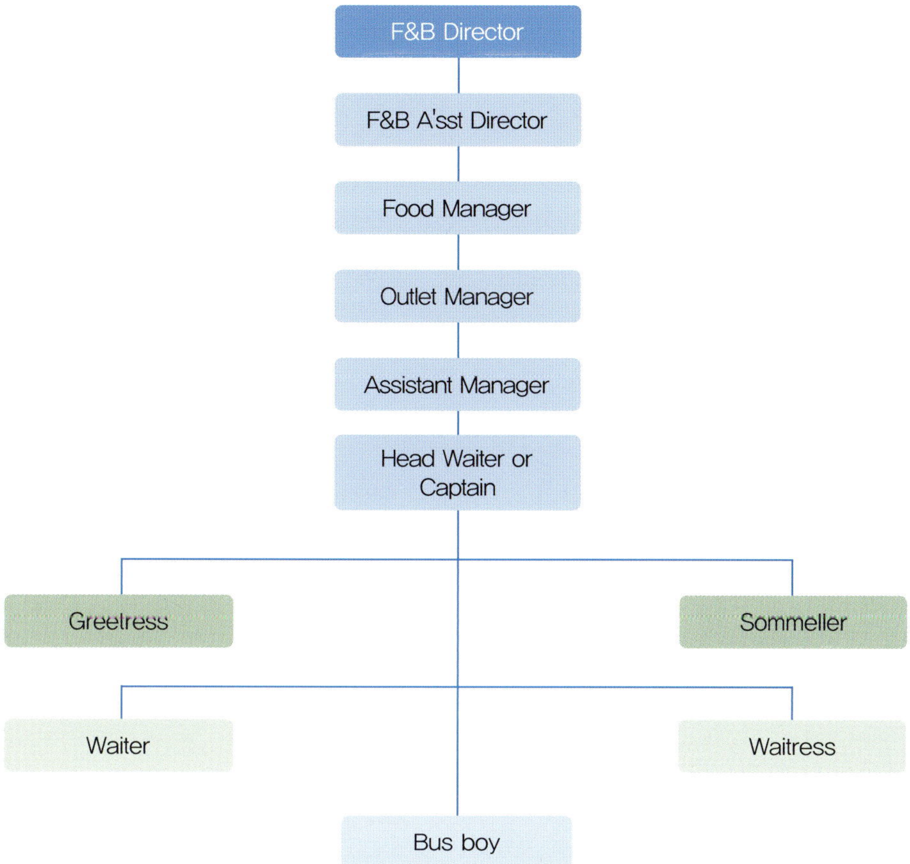

그림 6-6　특1급보다 적은 규모의 호텔 식음료부문 조직 시스템의 예

4. 식음료부문의 직무분석

1) 식음료이사(Food & Beverage Director, F&B Director)

Food & Beverage Dept.의 최고 수장으로 식음료부문 총괄계획 및 정책의 수립, 영업장의 관리감독, 종사원의 인사관리, 종사원의 서비스 교육 등 식음료부의 전반적 운영에 대해 책임을 지고 있다.

■ 주요 업무(the principal duty)

- 경쟁사 식음료부문의 정보를 수집하고 비교하여 새로운 경영을 시도함
- 각 영업장의 매출 분석 및 원가 분석
- 경쟁사 호텔을 주기적으로 방문하여 벤치마킹

- 새로운 신상품 개발에 노력
- 인원 계획에 의한 채용 및 교육을 담당
- 서비스의 질을 높이는 계획을 수집하고 모든 가격을 결정
- 식음료 전체 업장의 목표 관리와 원가 관리

2) 영업장 지배인(Restaurant Manager, Outer Manager)

최근에는 각 호텔 간의 경쟁이 치열해지고 있기 때문에 영업장 지배인(Outer Manager)의 역할이 그만큼 중요시되고 있다.

Restaurant의 책임자로서 용모 단정한 인격체여야 하며 풍부한 경험을 바탕으로 부하직원에 대한 통솔력이 있어야 한다. 또한 원가관리에 충분한 지식이 있어야 하며 영어와 일어 등의 외국어 구사능력이 요구된다.

■ 주요 업무(the principal duty)

- 캡틴(Captain), 웨이터(Waiter), 웨이트리스(Waitress), 리셉셔니스트(Receptionist) 등에 대한 훈련과 감독을 한다.
- 종사원의 업무와 영업 준비에 대한 지시를 한다.
- 예약접수현황과 준비상황을 점검하고 각 해당자의 업무에 대한 세부사항을 지시한다.
- 직원들의 근무시간표를 작성한다.
- 종사원들에게 서비스 담당구역을 할당한다.
- 각국 음식축제, 각 지방 음식축제 등 Event의 계획 및 작성을 한다.
- 영업장의 책임자로서 영업장의 운영 및 고객관리, V.I.P 접대 실적보고, 원가관리, 인사관리 등 책임자로서의 영업장을 관리한다.
- 메뉴를 작성한다.
- 고객들의 불평처리와 식음료에 대한 권유, 서비스에 대한 총괄적인 책임을 진다.
- 준비물들이 적절한 수준에 있는지를 확인 점검한다.
- 리넨류, 조미료, 기타 식당기물의 부족 시 청구를 지시한다.
- 식음료부, 영선부, 객실정비부서 등에 필요한 상황이 발생될 때 필요사항을 전달 의뢰한다.

- 레스토랑 테이블 준비에 대한 지휘 감독을 한다.
- 고객영접 안내를 하며 각 서비스 스테이션의 균형 유지에 힘쓴다.
- 고객들의 불평처리와 식음료에 대한 권유, 서비스에 대한 총괄적인 책임을 진다.
- 마감작업이 완전하게 이루어졌는지 또는 모든 테이블이 잘 재정비되었는지 확인 점검한다.
- 식당 내 모든 서비스에 대한 지휘 통솔과 동시에 주방요원과 서비스 요원 간에 협동을 이루도록 조정한다.

3) 업장 부지배인(Assistant Manager)

전문지식과 기술이 요구되며 식당 전반에 걸쳐 지배인을 보좌하며 지배인 부재 시에는 그 직무를 대행한다. 자격과 역할은 지배인과 같으며 지배인의 업무를 누구보다 가까이에서 도와준다.

4) 캡틴(Captain : 수장, 접객조장)

각 Outlets의 접객조장으로서 보통 헤드웨이터(head waiter)라고도 불리며, 지배인, 부지배인을 보좌한다. 대규모 식당에서는 할당된 스테이션을 맡고 있는 책임자이나 중 · 소규모 레스토랑에서는 지배인 역할을 충분히 할 수 있다. 특급호텔은 그만큼 업무지식과 역량을 습득하기 때문이다. 실습생 교육과 웨이터, 웨이트리스를 감독한다.

■ 주요 업무(the principal duty)

- 영업 시작 전에 해당구역의 서비스 준비사항과 웨이터, 웨이트리스를 점검한다.
- 리셉셔니스트의 부재 시 고객을 영접하여 테이블로 안내한다.
- 판매하는 메뉴와 각 품목의 조리시간을 숙지하고 와인을 권유하기도 하므로 와인에 대한 깊은 지식을 가지고 있어야 한다.
- 주요리가 제공된 후 고객이 즐겁게 음식을 드시는지 주의 깊게 살펴본다.
- 종사원들의 불일치를 해소시키고 교육을 담당한다.
- 업장서비스매뉴얼, 호텔규정, 긴급 시 조치사항 등을 숙지하여야 한다.
- 각종 집기 및 리넨류를 관리하고 고객 퇴장 시에 전송하며 테이블을 재정비한다.

- Captain의 직무는 영업 시작 전에 담당구역의 서비스 준비사항과 웨이터들을 점검하는 것이다.
- 캡틴은 그 구역 내의 팀장으로서 고객을 영접하고, 주문을 받으며, 판매하는 메뉴와 각 품목의 조리시간을 숙지하고 적당한 순서에 따라 서비스를 한다.
- 와인을 권유하기 위하여 와인에 대한 전문지식을 가지고 있어야 한다.
- 타 업장에 대한 모든 상황과 연회행사의 스케줄에 관해서도 알고 있어야 한다.
- 손님에게 냅킨을 펼쳐드리고, 칵테일 주문을 받고, 메뉴를 제공한다.
- 요리와 와인주문을 받는다.
- 주요리가 제공된 후 손님께서 음식을 즐겁게 드시는지를 주의 깊게 살핀다.
- 디저트를 주문받고 식후 술을 권유한다.
- 손님의 요구에 의해 계산서를 제공한다.
- 고객을 전송한 다음 식탁을 재정비하도록 지휘한다.
- 업장서비스 매뉴얼, 호텔규정, 긴급 시 조치사항 등을 숙지하여야 한다.
- 항상 최선의 서비스를 할 수 있도록 만반의 태세를 갖추어야 하며 다른 동료직원이 바쁠 때에는 도와야 한다.

5) 웨이터(Waiter), 웨이트리스(Waitress)

캡틴 지시하에 근무조가 구성되며 테이블 서비스를 한다. 통상 5테이블에 15~20명 정도의 구성원이 서브하고 신속한 대고객서비스와 업장의 청결 및 정리정돈을 유지하는 업무를 담당한다.

■ 주요 업무(the principal duty)

- 당일의 메뉴를 숙지하여 매상증가를 염두에 두고 주문을 받는다.
- 근무시간 전에 청결하고 단정한 제복 차림을 하고 영업행위에 필요한 준비를 한다.
- 캡틴을 보좌하며 공소하고 상냥한 어조로 고객을 맞이한다.
- 주문받을 때는 규정된 전표(Bill)에 기재한 후 반드시 재확인한다.
- 기재된 주문전표를 주방에 연결하고 조리된 음식을 즉시 서브한다.
- 2인 이상의 고객일 때는 음식을 가능한 한 동시에 서브하는 것이 좋다.
- 고객을 항상 주시하며 부름에 즉시 응한다.

- 고객의 식사가 끝나면 빈 그릇을 치우고 디저트를 주문받는다.
- 노련한 상품지식과 전문적인 기술을 겸비하고 상급자의 지시에 소홀함이 없고 동료와 협력하며, 하급자에 대한 보조도 아끼지 않는다.
- Waiter와 Waitress는 근무시간 전에 청결한 복장으로 용모 단정하게 하고 업장에 나와서 근무에 필요한 준비를 하여야 한다.
- 할당된 구역과 부수적인 업무와 테이블 번호를 숙지해야 한다.
- 테이블이 잘 정돈되었는지, 서비스구역이 잘 정리되었는지 등 영업 준비사항을 점검하고 버스보이를 감독하며 도와주어야 한다.
- 공손하고 상냥한 어조로 고객을 맞아야 하며, 고객의 성함을 아는 경우 고객의 성에 존칭을 붙여 대화를 시작해야 한다.
- 담당테이블의 접객, 식음료 주문, 그리고 올바른 순서에 따라 모든 식사코스를 능률적으로 제공하여야 한다.
- 고객의 식사가 끝났을 때 고객이 요구에 따라 계산서를 제공하고 이상 유무를 확인한다.
- 다음 고객을 접대하기 위해 식탁을 재정비한다.

6) 버스보이(Bus boy), 버스걸(Bus girl)

신입종사원을 말하며 캡틴이나 웨이터, 웨이트리스의 지시에 따라 식사 서비스를 보조하며 기물을 치우고 닦는 역할 및 모든 레스토랑 준비업무를 담당한다.

■ 주요 업무(the principal duty)

- 웨이터 및 웨이트리스의 일을 보좌한다.
- 각종 웨어(ware)와 비품의 청결을 유지한다.
- 테이블, 의자의 정리정돈을 한다.
- 버터, 잼, 얼음물 등을 제공한다.
- 식탁으로 요리를 운반하는 데 웨이터를 돕는다.
- 각종 리넨(linen)을 반납한다.
- 언제나 최선의 서비스를 제공할 수 있도록 만반의 태세를 갖추며 동료들이 바쁠 때는 협동한다.

- 사용이 끝난 접시들은 주방의 접시 닦는 곳으로 옮겨 치운다.
- 식당에서 필요한 은기물이나 글라스류, 리넨류 등을 보급한다.
- 고객에게 냉수와 버터, 빵을 서브한다.
- 테이블을 정리정돈하며 사용된 리넨류를 치우고, 테이블 세팅(Table Setting)을 한다.
- 식탁으로 요리를 운반하는 웨이터를 돕는다.
- 커피, 티 종류를 서브한다.
- 식당 내 가구류를 청소하고 기타 기물을 닦는 데 돕는다.
- 서비스 카트, 플랑베, 왜건, 서비스 쟁반을 청결하게 정리정돈한다.
- 서비스 매뉴얼, 호텔규정, 긴급 시 유의사항을 숙지하여야 한다.
- 언제나 최선의 서비스를 제공할 수 있도록 만반의 태세를 갖추어야 하며, 동료들이 바쁠 때에는 협동하도록 하여야 한다.

7) 소믈리에(Sommelier : Chef de Vin, Wine Steward, 와인 스튜어드)

셰프 드 뱅(Chef de Vin, Sommelier)은 와인을 전문적으로 관리하고 고객에게 와인을 서비스하는 사람으로서 음식을 서비스하는 셰프 드 랑의 업무에 협조한다.

■ 주요 업무(the principal duty)

- 아페리티프(Aperitif)와 테이블 와인, 디제스티프(Disestif) 등을 권유하고 제공하는 역할로서 주문받은 즉시 규칙대로 정중하게 서브한다.
- 또한 와인의 진열과 음료 재고를 점검 관리하며 필요시 음료창고로부터 보급 수령한다.
- 고객에 대한 서비스로 시간이 있을 경우 아이리시 커피(Irish Coffee)와 다른 리큐르 플랑베(Liqueur Flambee)를 준비하기도 한다.
- Wine Steward는 와인의 진열과 음료 재고를 점검 관리하며 필요시 음료창고로부터 보급 수령한다.
- 아페리티프(Aperitif : 식전 술), 테이블와인, 디저트와인 등을 권유하고 주문을 받는다.
- 주문받은 와인을 규칙대로 정중하게 서브한다.
- 업장 서비스 매뉴얼과 호텔규정에 대하여 숙지하고 있어야 한다.

- 항상 최선의 서비스를 제공할 수 있도록 음료관리에 만전을 기해야 하며, 또한 다른 동료들이 바쁠 때는 돕고 협동하여야 한다.

8) 바텐더(Bar Manager/Bar Captain)

음료에 대한 전문적인 지식을 갖추고 있어 고객이 어려운 칵테일을 주문해도 응할 수 있는 조주기술이 있어야 한다.

■ 주요 업무(the principal duty)

- 고객을 기억하여 고정고객을 관리한다.
- 바 카운터 내의 청결유지 및 정리정돈을 수시로 점검한다.
- 각종 기기류의 작동사태를 점검하고 칵테일 부재료 등을 점검한다.
- 주문에 따라 주류를 혼합하고 바웨이터 및 바웨이트리스에게 고객의 음료를 조주하여 인계한다.
- 칵테일은 반드시 일정량에 의하여 제공되고 지정된 양, 지정된 글라스(Glass)를 사용한다.
- 바에 필요한 기물을 잘 보관, 유지한다.
- 어떠한 경우에도 판매목적 이외에 주류 및 부재료를 사용해서는 안 된다.
- 음료에 대한 전문지식을 갖추어야 한다.
- 고객을 기억하고 기호를 파악하여야 한다.
- 품절음료의 유무를 확인 신청하여야 한다.
- 전반적인 음료를 관리한다.
- 음료에 대한 교육을 한다.
- 예약된 테이블 또는 행사장에 음료 준비를 한다.
- 음료 Inventory(재고조사)를 한다.

9) 그리트리스 또는 리셉셔니스트(Greetress, Receptionist)

전형적인 복장으로 레스토랑 입구에 서서 웃는 얼굴로 고객을 맞이한다. 이때 기술적인 요령을 필요로 하는데 고객을 맞이할 때 재빠른 동작으로 예약고객과 예약되지 않은 고객을 구별하여 안내하고 이때 차별을 두어서는 안 된다.

■ 주요 업무(the principal duty)

- 근무시간 전에 청결한 복장으로 용모를 단정하게 하고 나와 일할 준비를 한다.
- 각 스테이션(Station)에 배치된 캡틴들을 기억하고 식탁번호를 숙지한다.
- 밝은 미소로써 고객을 맞이한다.
- 예약된 고객에게 당일 확인 전화를 한다.
- 고객의 기호를 파악하여 고객관리를 위한 특기사항을 기록하며 차후 서비스를 위한 자료로 이용한다.
- 예약을 받을 때는 정확한 성명(Full Name), 인원수, 도착시간, 특별요구사항, 전화번호(연락장소) 등을 순서에 입각해서 기재한다.
- Greetress와 Receptionist의 직무는 근무시간 전에 청결한 복장으로 용모 단정하게 하고 영업장에 나와서 신고하고 일할 준비를 한다.
- 예약업무, 좌석안내절차 등에 대하여 숙달하여야 하며 지배인의 지휘에 따라 협동한다.
- 영업시간에는 영업장에서 예약을 받으며 그날의 예약은 행사 전에 충분한 시간을 두어 예약을 받도록 하고, 영업시간이 아닐 경우는 식당사무실이나 24시간 근무하는 Room Service Order Taker에 의해 예약을 받도록 한다.

10) 수납원(Cashier : 캐셔)

(1) 업무요약

식당의 고객이나 종사원으로부터 고객의 식음료비를 계산하여 요금을 수수하고 금전등록기를 다루며 그날의 영업실적을 지배인에게 보고한다.

(2) 직무요약

■ 주요 업무(the principal duty)

- Head Cashier로부터 영업개시 현금을 받아 별도로 보관한다.
- 영업 시작 전 금전등록기가 깨끗이 정리되어 있는지를 확인한다.
- 고객의 요금을 현금이나 수표로 받을 때 수납원은 금전등록기의 Paid키를 작동시켜 기록하고 고객에게 영수증을 발행한다.

- 접객원이 고객으로부터 받은 주문에 대해 주문서(Order Pad)를 보관한다. Order Pad는 수납원용, 조리용, 자기 보관용으로 이루어진다.
- Bill은 일련번호 순으로 기입되고 회계기에 맞게 규격화된 복사인쇄지로 사전에 세무당국의 검열을 받아 세금계산서로 이용되는 것으로 발행에 착오가 있어서는 안 된다.
- 좌석회전이 빠르고 메뉴가 단순한 영업장에서는 3매 1세트의 Bill을 사용하여 조리용, 수납원용, 고객테이블 비치용으로 대체하기도 한다.
- 근무 마감 시에는 금전등록기에 지급된 금액을 확인하고 입금된 현금과 수표를 비교하여 이 명세를 기록하고 봉투에 넣고 봉합하여 확인을 통해 금고에 보관한다.
- 수납원은 고객영접의 최종적 단계에 있어서 결정적 역할을 하므로 깨끗한 용모와 밝은 미소로 업무에 임하여야 한다.
- 수납과정 중의 고객의 불평은 식당 내에서 발생될 수 있는 가장 큰 문제로, 흔히 부과요금의 부당성은 전 영업장의 이미지에도 나쁜 영향을 미친다. 만약 부당성이 발생되었을 경우에는 고객의 입장에서 불평처리가 이루어져야 하며, 회사를 대표하여 정중히 사과하며, 즉각적으로 영업장 Manager에게 보고하고 시정을 한다.

11) 오더 테이커(Order Taker)

객실로부터 전화에 의한 식음료 주문을 받는 업무를 담당한다. 메뉴와 음료리스트, 도어놉 메뉴(Door knob Menu) 취급절차, VIP 등을 숙지하여야 한다. 영어, 일어, 중국어 등의 유창한 어학능력이 요구되며 전화주문을 받은 사항들은 반드시 전화를 마치기 전에 복창 확인해야 한다.

5. 식음료부 영업 지원부서

호텔의 식음료부 영업을 위해서 지원해 주는 각 부서와 기능은 다음과 같다.

지원부서	지원내용
인사(Personnel)과	영업에 필요한 인력의 충당과 노무관리, 교육 등을 담당
구매(Purchasing)과	판매하는 상품의 원, 부자재 및 영업용 소모품 등을 구매
창고(Storeroom)과	식료, 음료, 건자재 등으로 구분하여 구매한 물품을 보관, 저장실
검수(Receiving)과	구매한 물품의 입고 시에 품목별 수량, 사양, 품질 등을 검수
조리(Kitchen)과	판매할 상품(요리)을 조리
기물관리(Steward)과	조리 및 영업에 필요한 접시류, 글라스류, 실버웨어류 등을 보관, 배치, 세척, 관리
심사분석(Cost Control)과	영업의 손익 및 원가 계산
회계(Accounting)과	호텔의 수입과 지출, 재산관리
세탁(Laundry)과	직원 유니폼, 테이블 클로스, 냅킨 등을 세탁하고 객실에서 사용한 침구류와 고객의 옷을 세탁
객실정비(Housekeeping)과	호텔 내부(영업장 및 객실정비)와 외부를 청소
시설, 영선(Engineering, Maintenance)과	냉난방기계, 전기 등 각종 기계 및 시설을 운영하고 점검, 정비, 보수하고 건물을 관리
경비(Security)과	호텔 내외부의 경비 및 안전을 담당
당직(Duty Assistant Manager)과	호텔 경영진을 대신하여 당직 근무를 하면서 호텔의 운영에 관여하고, 상부에 보고

제6절 메뉴관리

1. 메뉴의 유래

메뉴가 처음 사용되기 시작한 것은 1541년 프랑스 헨리 8세 때 브런즈윅(Brunswick) 공작이 연회행사에서 음식을 제공할 때 순서가 틀리는 번거로움과 불편을 해소하기 위해 요리에 관한 내용과 순서 등을 메모하여 식탁 위에 놓고 그 순서대로 요리를 제공하기 시작한 것이 나중에 후작이나 백작들에게 좋은 평을 받아 이로부터 귀족 간에 유행하게 되었으며, 차츰 유럽 각국에 전파되어 정식차림표로써 사용하게 되었다.

2. 메뉴의 개념

1) 메뉴(Menu)의 정의

Menu의 어원은 라틴어의 'Minutus(미누투스)'에서 온 말이다. 이것은 영어의 "Minute(미니트)"에 해당하며 '상세히 기록한다'라는 의미를 지닌다. "Detailed Record", 혹은 "Detailed List"를 말한다. Menu는 본래 프랑스 말로서 Carte(카르트)라고도 불리나, Menu가 세계의 공통어로 사용되고 있다.

우리나라는 메뉴판(식당이나 음식점 따위에서 파는 음식의 종류와 가격을 상세히 기록한 목록), '식단', '차림', '차림표'로 사전에서 설명하고 있다.

각국에서는 메뉴를 다음과 같은 단어로 사용한다.

- 스페인 : Minuta(미누타)
- 프랑스 : Carte(카르트)
- 영국 : Bill of Fare(빌 오브 페어)
- 독일 : Speisekarte(슈파이제 카르테)
- 일본 : 곤다데(献立こんだて.=차림표)
- 중국 : 차이단(菜單)
- 우리나라 : '식단', '차림', '차림표'

2) 메뉴의 현대적인 개념

메뉴는 판매되는 식사와 음료(술 포함)의 이름 및 가격, 그리고 들어가는 재료와 소스, 맛 그리고 조리방법 등의 정보를 기록한 목록이며 고객으로부터 주문을 이끌어내는 판매 촉진의 도구라고 정의할 수 있다. 메뉴는 가장 중요한 마케팅도구이다. 또한 원가의 통제도구도 될 수 있으며, 레스토랑과 고객을 연결하는 대화의 고리이기도 하다. 즉 메뉴는 PR의 도구이기도 하다.

3. 지속기간에 따른 메뉴의 분류

(1) 고정메뉴(Fixed Menu, 스태틱메뉴(Static Menu))

메뉴를 바꾸기 전까지 몇 개월 이상 사용되는 메뉴로 일정기간 동안 메뉴품목이 변하지 않고 제공되는 메뉴. 일반적으로 커피숍, 패밀리 레스토랑, 체인 레스토랑 등에서 많이 사용. 장점은 상품의 통제와 조절이 용이한 점, 단점은 상품이 오랫동안 고정되면 환경변화에 둔감하여 고객이 외면할 수 있음

(2) 순환메뉴(Cycle Menu)

일정 주기 또는 계절에 맞게 정해놓고 변화시키는 메뉴이다. 고정적으로 배치된 숙련된 조리사가 필요하다. 호텔 커피숍 특선 메뉴, 병원급식, 단체급식 등에서 많이 사용. 장점은 메뉴에 변화를 주어 고객에게 신선함을 전달할 수 있고, 계절에 따라 메뉴 조정이 가능하다는 점. 단점은 식재료의 재고율이 높아질 수 있다는 점

(3) 한시적 메뉴(Temporary Menu)

특별한 행사기간에 판매되는 메뉴로 푸드 페스티벌 메뉴(Food Fevestival Menu), 일일특별 메뉴(Daily Special Menu), 계절특선메뉴(Seasonal Special Menu), 가벼운 메뉴(Light Menus), 건강식 메뉴(Health Food Menu), 육류를 먹지 않는 인도인과 같은 채식주의자(Vegetarian)를 위한 야채메뉴(Vegetable Menu) 등으로 구분

4. 메뉴의 분류

1) 메뉴의 선택 방식에 따른 분류

식사내용 및 가격에 따라 크게 타블도트 메뉴(Table d'hote menu), 아라카르트 메뉴(À La Carte Menu), 그리고 두 가지를 혼합한 결합메뉴(Combination Menu)와 연회메뉴(Banquet Menu)로 구분

(1) 타블도트 메뉴(Table d'hote Menu, Full Course Menu : 정식코스메뉴)

정식메뉴는 개별요리를 연회 등에서 사용할 수 있게 세트화하여 만든 각국의 고전적인 정식코스요리를 말한다. 각각의 요리품목을 한 코스로 묶어서 정해진 가격에 의해, 정해진 순서대로 제공하는 요리. 한 끼분의 식사로 구성되어 시각, 미각, 영양, 분

량의 균형을 이루고 있어 고객이 그 차림 내용을 편리하게 이해하여 주문이 용이하다. 아침, 점심, 저녁, 연회 등 언제든지 사용할 수 있다.

그 구성되는 코스는 중세시대인 1541년 프랑스 헨리 8세 때 브런즈윅(Brunswick) 공작이 연회행사에서 사용했던 것으로 당시에는 16코스로 대단히 길고 복잡하게 구성되었으나 현대에 와서 비슷한 요리를 생략하고 간단하게 구성하는 추세로 바뀌었다. 통상 고급 정식메뉴에는 7~10코스가 가장 많은데, 메뉴의 구성내용은 〈표 6-3〉과 같다.

표 6-3 서양식 Full Course 메뉴의 예

<table>
<tr><th>고전적인 Full Course menu</th><th>축소된 Full Course menu</th><th>8 Course menu</th></tr>
<tr><td>① 찬 전채(Cold Appetizer)</td><td>① 찬 전채(Cold Appetizer)</td><td>① 전채(Cold Appetizer)</td></tr>
<tr><td>② 수프(Soup)</td><td>② 수프(Soup)</td><td rowspan="2">② 수프(Soup)</td></tr>
<tr><td>③ 더운 전채(Hot Appetizer)</td><td>③ 더운 전채(Hot Appetizer)</td></tr>
<tr><td>④ 생선요리(Fish)</td><td>④ 생선요리(Fish)</td><td>③ 생선요리(Fish)</td></tr>
<tr><td>⑤ 셔벗(Sherbet)</td><td>⑤ 셔벗(Sherbet)</td><td>④ 셔벗(Sherbet)</td></tr>
<tr><td>⑥ 더운 주요리(Hot Main Dish)</td><td>⑥ 주요리(Main Dish)</td><td rowspan="3">⑤ 주요리(Main Dish)</td></tr>
<tr><td>⑦ 찬 주요리(Cold Main Dish)</td><td></td></tr>
<tr><td>⑧ 가금류 요리(Roast)</td><td>⑦ 가금류 요리(Roast)</td></tr>
<tr><td>⑨ 더운 야채요리(Hot Vegetable)</td><td></td><td rowspan="2">⑥ 야채(Salad)</td></tr>
<tr><td>⑩ 찬 야채요리(Salad)</td><td>⑧ 찬 야채요리(Salad)</td></tr>
<tr><td>⑪ 더운 야채요리(Hot Dessert)</td><td></td><td rowspan="4">⑦ 후식(Dessert)</td></tr>
<tr><td>⑫ 찬 후식(Cold Dessert)</td><td></td></tr>
<tr><td>⑬ 생과일 또는 과일조림
(Fresh or Compote Fruit)</td><td>⑨ 생과일 또는 과일조림
(Fresh or Compote Fruit)</td></tr>
<tr><td>⑭ 치즈(Cheese)</td><td>⑩ 치즈(Cheese)</td></tr>
<tr><td>⑮ 커피 또는 차</td><td>⑪ 커피 또는 차</td><td rowspan="2">⑧ 커피 또는 차</td></tr>
<tr><td>⑯ 식후 생과자(Pralines)</td><td>⑫ 식후 생과자(Pralines)</td></tr>
</table>

(2) 아라카르트 메뉴(À La Carte Menu)

'일품요리' 메뉴를 말하며, 고객이 선택한 품목의 가격만큼 지불하면 된다. '아라카르트'는 '식전에 따라서'라는 뜻의 프랑스어 구절이다. 그 뜻은 다음과 같다.

① 메인코스 요리를 주문할 수 있을 뿐만 아니라 "메뉴로부터 자유롭게 주문하라"는 뜻으로 통한다. 메뉴 순서가 미리 설정되어 있지 않고 여러 가지 요리 조합으로 주문할 수 있다는 뜻이다.

② 고정된 요리, 고정된 가격의 멀티코스 식사 외에 따로 주문해야 할 아이템들의 목록을 가리킨다.(Table d'hôte 항목 참조)

③ 주방으로서는 요리재료를 더 많이 준비해야 한다는 애로사항이 있기는 하다. 요리시간 계획을 짜는 데 있어서, 또한 요리재료 준비계획을 하는 데 있어서 불확실성이 증가한다.

④ 그릴 또는 전문 레스토랑(Specialty Restaurant)에서 많이 제공하고 있지만, 정식요리 메뉴를 전문적으로 제공하는 레스토랑에서도 메뉴의 구성 상 몇 가지 '아라카르트' 메뉴는 한 번 작성되면 장기간 사용하게 되므로 요리준비나 재료 구입업무가 단순화되어 À La Carte Menu를 적절히 판매함이 능률적이나, 식재료의 원가상승에 의해 이익이 줄 수 있고, 단골고객에게는 맛에 싫증을 느끼게 하여, 고객이 딴 식당으로 이탈하여 판매량이 감소할 수도 있다. 따라서 '아라카르트' 메뉴는 고객 욕구를 감안하여 메뉴개발 노력을 지속적으로 해야만 한다.

(3) 연회메뉴

연회메뉴(Banquet Menu)는 연회예약을 접수할 때 행사내용 또는 주최측의 요구에 따라 다양한 아라카르트 메뉴 또는 타블도트 메뉴로 구성되는 메뉴를 말한다.

(4) 결합메뉴

결합메뉴(Combination Menu)는 타블도트 메뉴와 아라카르트 메뉴를 혼합한 형태의 메뉴로 중국 레스토랑이나 특정국가의 에스닉 음식메뉴(Ethnic Food Menu ; 민족음식메뉴)를 판매하는 레스토랑에서 주로 사용되고 있다.

2) 메뉴의 형태별 분류

(1) 정식(Table d'Hôte : Full Course)

정식이란 요리의 종류와 순서가 미리 짜여 있는 차림표를 말하며 대개 5~6코스, 4~5코스로 짜여져 정식 A, B, C코스로 나눠지고 가격도 다르다.

① 정식(Full Course, 타블도트(Table d'Hôte))메뉴의 내용

정식은 정해진 메뉴(Set Menu)에 의해 제공되는 것으로 전채(Appetizer), 수프(Soup), 생선(Fish), 소르베(Sorbet), 주요리(Entreé), 로스트(Roast), 야채(Salad), 후식(Dessert), 음료(Beverage) 순으로 제공되는 식사를 말한다.

② 정식의 특징

■ 고객 측면

- 골라서 여러 음식을 각자 주문하는 것보다 가격이 저렴하다.
- 고객의 입장에서 선택이 간단하다.
- 짜여 있는 코스이므로 고객이 직접 먹고 싶은 요리를 선택할 수 없다.

■ 식당 측면

- 원가가 절약된다.
- 조리과정이 일정하여 노력이 절감된다.
- 서브가 단조롭다.
- 매상고가 높다.
- 회계가 쉽다.
- 메뉴작성이 쉽다.

(2) 일품요리(À La Carte Menu : 아라카르트 메뉴)

'기호요리' 또는 '선택요리'라고도 한다. 메뉴판의 내용은 통상 정식(Table d'Hôte)의 순으로 구성되며, 각 코스별로 다양한 종류를 나열하여 놓고 고객의 기호에 따라 선택해서 먹을 수 있게 만들어진 메뉴이다.

① **일품요리의 특징**

■ 고객 측면

- 정식보다 가격이 비싸다.

■ 식당 측면

- 고객의 주문에 의하여 조리사의 특별한 기술로 만들어진다.
- 품목별로 가격이 정해진다.
- 전문 레스토랑에서 주로 적용한다.
- 다양한 서비스 방법을 취한다.
- 높은 매상증진을 가져온다.

(3) 뷔페(Buffet) 메뉴

일정한 요금을 지불한 후 기호에 따라 선택해서 먹을 수 있는 요리이다. 정식메뉴와 일품요리의 중간형태로 유럽의 레스토랑에서 많이 이용되고 있다.

준비 내용에 따라 찬 요리(Cold Dish)뷔페와 더운 요리(Hot Dish)뷔페로 나뉘며 조직상으로는 먹는 대로 값을 지불하는 오픈뷔페(Open Buffet)와 일정한 연회고객의 숫자에 따라 정해진 양의 음식이 제공되는 클로스뷔페(Close Buffet)로 구분할 수 있다.

일반적인 뷔페식당에서 운영하는 방식이 오픈뷔페(Open Buffet)이고 연회장이나 출장파티 등 특정장소의 요청으로 이루어지는 뷔페가 바로 계획뷔페 성격의 클로스뷔페(Close Buffet)이다.

① **뷔페 메뉴의 특징**

- 많은 고객을 유치할 수 있다.
- 기호에 따라 양껏 먹을 수 있다.
- 많은 요리를 제공하기 위해 필요하다.
- 셀프서비스(Self-Service) 형식으로 인건비가 절감된다.

(4) 특별메뉴(Special Menu)

고객이 특별히 주문한 요리, 요리사가 특정 재료를 엄선하여 만든 요리, 특별한 명절 등의 메뉴를 특별메뉴라 한다. 세트메뉴(Set Menu), 데일리 메뉴(Daily Menu)라고 하며 정식메뉴의 구성에 준하는 메뉴이다.

① **특별메뉴의 특징**

■ 고객 측면

- 일품요리를 골라서 몇 가지를 주문해 먹는 것보다 가격이 저렴하다.
- 계절의 풍미를 맛볼 수 있다.

■ 식당 측면

- 육요리가 Main으로 선택된다.
- 재고품의 판매가 쉽다.

3) 식사시간에 따른 메뉴

식사시간에 따른 기본적 메뉴 유형은 조식, 중식, 석식으로 구분되며, 그 밖에 고객의 욕구와 마케팅전략에 따른 다양한 특별메뉴(Specialty Menu)가 있다.

(1) 조식(Breakfast) - 06:30~11:00

서양의 일반적인 조식은 보편적으로 일정 메뉴품목으로 구성되어 있다. 따라서 메뉴품목이 간단하고 음식제공이 빠르며, 가격이 저렴하다. 조식메뉴(Breakfast Menu)는 대표적으로 미국식 조식메뉴(American Breakfast)와 대륙식 조식메뉴(Continental Breakfast)로 구분된다.

(2) 브런치(Brunch) - 10:00~12:00

브런치는 브렉퍼스트(Breakfast)와 런치(Lunch)가 합쳐진 용어로 미국의 레스토랑에서 많이 사용하는 메뉴이며, 아침과 점심식사의 중간쯤에 있는 식사 메뉴를 말한다. 특히 바쁜 도시생활을 하는 사람들에게 적용되는 메뉴이다.

(3) 중식(Lunch) - 12:00~14:00

중식 메뉴는 근무 중의 피로를 덜기 위해 석식보다는 조금 가볍고 간단한 음식으로 샌드위치 등 기타 일품요리로 구성된 메뉴이다.

(4) 애프터눈 티(Afternoon Tea) - 15:00~17:00

에프터눈 티는 영국인의 전통적인 식사습관으로서, 밀크티(Milk Tea)와 시나몬 토스트(Cinnamon Toast) 또는 멜바 토스트(Melba Toast)를 점심과 저녁 사이에 간식으로 먹는 것을 말한다. 지금은 영국 외에도 세계 각국에서 오후에 티타임(Tea Time)이 보편화되고 있다.

(5) 석식(Dinner) - 18:00~22:00

석식은 하루 중 가장 중요한 식사시간으로 좋은 음식을 시간적인 여유를 갖고 즐긴다. 고객들은 석식을 통해 서비스, 분위기, 장식 등 레스토랑에 대한 새로운 경험을 기대하며, 조식과 중식보다 높은 가격을 지불한다. 또한 석식은 메뉴 선택의 폭이 넓은 편으로 정식 코스요리, 스테이크(Steak), 로스트(Roast), 해산물(Seafood) 등의 주요 메뉴로 구성되어 있다.

(6) 서퍼(Supper)

서퍼란 본래 격식 높은 정식 외 만찬을 의미하였으나, 근래에 와서는 그 의미가 변화되어 늦은 저녁 밤참(Supper)으로 제공되는 것을 말한다.

늦은 저녁행사(음악회, 오페라 등의 큰 모임) 후의 식사로서 가벼운 음식과 간단한 코스(2~3코스)로 구성되며, 진한 수프(Thick Soup)에다 소시지와 빵 또는 샌드위치, 음료 정도의 경식으로 제공된다.

5. 커피숍(Coffee Shop) 메뉴

1) 조찬류(Breakfast)

(1) 아메리칸식 조찬(American Breakfast)

주스, 계란요리, 빵, 커피 또는 홍차 등으로 간단한 식사이다.

계란요리를 비롯해서 각종 음식이 다채롭게 꾸며진다.

- 주스류(Juices) 선택
- 계란요리(Fried, Poached, Scramblad, Boiled, Omelette)와 함께 제공되는 meat류(Ham, Bacon, Sausage 중 1가지 선택)
- 빵류(Roll, Toast)
- 음료류(Coffee, Tea, Cocoa, Hot-Chocolate, Milk 중 1가지 선택)

TIP

아메리칸식 조찬(American Breakfast) 사례

Country Breakfast

- Juice, Two Eggs Any Style with Bacon, Ham or Farmer Sausage, Home Fries, Toast, Coffee or Tea $15

Choice of Chilled Juice 주스

- Orange, Tomato or Pineapple 오렌지, 토마토 또는 파인애플

Two Eggs Any Style 계란요리

- Fried, Scrambled, Boiled or Poached 프라이, 스크램블, 보일드 또는 포치드 중 1가지 선택
- With Ham, Bacon or Sausage 햄, 베이컨 또는 소시지 중 1가지 선택

Morning Rolls or Toast 모닝롤 또는 토스트

- With Butter and Jam or Marmalade 버터와 잼 또는 마멀레이드
- Coffee or Tea 커피 또는 홍차 중 선택
- From the Menu 6:30 am ~ 11:00 am

(2) 콘티네탈식 조찬(Continental Breakfast)

유럽에서 성행하는 식사로서 계란요리와 곡류가 포함되지 않은 빵, 커피 정도의 간단한 메뉴이다.

- 주스류(Juice)
- 빵류(Roll, Toast)
- 음료류(Coffee, Tea, Cocoa(코코아), Hot-Chocolate)

TIP

콘티네탈식 조찬(Continental Breakfast) 사례

Choice of Chilled Juice 주스

- Orange, Tomato or Pineapple 오렌지, 토마토 또는 파인애플 주스 중 선택

Freshly Baked Pastries, 신선하게 구운 빵

- With Butter and Jam or Marmalade 버터와 쨈 또는 마멀레이드
- Milk, Coffee or Tea 우유, 커피 또는 홍차 중 선택 $13

(3) 비엔나식 조찬(vienna Breakfast)

계란요리와 Pastries를 커피와 함께 제공한다.

- Croissant(크루아상)
- Soft Boiled Egg(2~3분) - Café au Lait(coffee 1/2, hot milk 1/2, 커피에 뜨거운 우유를 탄 것)

(4) 영국식 조찬(English Breakfast)

아메리칸식 조찬과 같으나 생선요리가 추가된다.

- 과일이나 주스류(Fruits or Juices)
- 곡물류(Cereals)
- 생선요리(Fried Fillet of Sole or Grilled Herring)
- 계란요리와 곁들이는 Meat류
- 빵류(Roll, Toast)
- 음료류(Coffee, Tea, Cocoa, Hot-Chocolate, Milk)

(5) 곡물류(Cereal)

쌀, 보리, 귀리, 옥수수 등의 곡류를 가공하여 만든 식사로 양이 작지만 미네랄이 풍부하다. 곡물류는 통상 아침과 점심에 먹는데 찬 곡물류와 더운 곡물류로 구분한다.

① 찬 곡물류(Cold Cereal)

각종 곡류를 가열조리하지 않고도 먹을 수 있도록 가공한(Ready to Serve) 시리얼을 말한다. 이 같은 곡물류는 찬 우유나 설탕과 함께 제공하는데, 그 종류는 다음과 같다.

- 콘 플레이크(Corn Flakes) : 옥수수알을 얇게 으깨 먹기 좋게 만든 것
- 라이스 크리스피(Rice Crispy) : 쌀을 바삭바삭하게 튀긴 것
- 레이즌 브랜(Raisin Bran) : 건포도와 기울을 섞은 것
- 슈레디드 위트(Shredded Wheat) : 밀을 조각낸 것
- 비르허뮤슬리(Birchermuesli) : 스위스의 아침 곡물식사로 다양하고 신선한 과일

과 벌꿀, 호두, 요구르트, 건포도 등을 넣어서 만든 건강식 오트밀이다.

② **더운 곡물류(Hot Cereal)**

시리얼을 우유나 스톡으로 가열 조리한 것(Cooked Cereal)으로 끓여서 죽처럼 만든 것이다. 보통 뜨거운 우유를 같이 제공하고 슬라이스한 과일을 곁들이기도 하는데, 그 종류는 다음과 같다.

- 오트밀(Oatmeal) : 귀리죽
- 크림 오브 위트(Cream of Wheat) : 죽
- 크림 오브 비프(Cream of Beef) : 소고기죽

2) 기타 아침식사

① 요구르트(Yogurt) : 아무것도 첨가하지 않은 플레인 요구르트(Plain Yogurt)와 첨가물에 따라 딸기 요구르트(Strawberry Yogurt), 살구 요구르트(Apricot Yogurt) 등이 있다.

② 브렉퍼스트 스테이크(Breakfast Steak) : 기름을 제거한 작은 등심스테이크(Sirloin Steak)에 프라이드 에그(Fried Egg)와 그릴드 토마토(Grilled Tomato)를 함께 제공한다.

③ 감자요리(Hashed Brown Potatoes) : 삶은 감자를 다져서 양파, 파슬리, 소금, 후추, 베이컨 등을 넣고 둥근 형태로 만들어 튀겨낸 요리이다.

④ 생선요리(Fish Dish) : 조식에 제공되는 생선요리에는 넙치요리(솔 뫼니에르 : Sole Meuniere)와 훈제연어(스모크드 살몬 : Smoked Salmon) 등이 있다.

3) 계란요리

계란요리는 아침식사의 주요리에 해당되는 것으로 보통 계란 2~3개로 요리하여 햄(Ham), 소시지(Sausage), 베이컨(Bacon) 중 한가지를 곁들여 제공한다. 계란요리의 종류는 조리방법에 따라 다양하게 구분되는데 이는 다음과 같다.

(1) 프라이드 에그(Fried Egg)

① **서니사이드업(Sunny Side Up)**

계란을 한 면만 익혀 샐러맨더(Salamander)에 잠시 넣어 윗면을 덥히는 계란요리다.

② **턴오버(Turned Over)**

- 오버 이지(Over Easy(Light)) : 계란의 양면을 굽되 흰자만 약간 익힌 것
- 오버 미디엄(Over Medium) : 흰자는 완전히 익고 노른자는 약간 익힌 것
- 오버 하드(Over Hard : Welldone) : 흰자와 노른자를 모두 익힌 것

(2) 스크램블드에그(Scrambled Egg)

두 개의 계란에 한 스푼 정도의 우유 또는 생크림을 넣고 잘 휘저은 다음 프라이팬에 앤초비, 치즈, 감자, 버섯, 새우 등을 넣어 만들기도 한다.

(3) 보일드 에그(Boiled Egg)

93℃에서 통째로 삶은 계란요리로 계란을 세우기 위한 Egg Stand와 계란 속을 떠먹기 위한 Tea Spoon이 필요하다.

- 소프트 보일드 에그(Soft Boiled Egg)(연숙 또는 미숙) : 3~4분
- 미디엄 보일드 에그(Medium Boiled Egg)(반숙) : 5~6분
- 하드 보일드 에그(Hard Boiled Egg)(완숙) : 10~12분

(4) 포치드 에그(Poached Egg)

소금, 식초를 넣어 약한 불(93℃)에 계란껍질을 제거하고 삶은 요리

- 소프트 포치드 에그(Soft Poached Egg)(미숙) : 3~4분
- 미디엄 포치드 에그(Medium Poached Egg)(반숙) : 5~6분
- 하드 포치드 에그(Hard Poached Egg)(완숙) : 8~9분

(5) 오믈렛(Omelet)

보기 좋은 모양과 형태를 만들기 위해 3개의 계란을 사용하며 첨가물 없이 계란만 말아서 만든 것을 Plain Omelet이라 하고, 여기에 Ham, Cheese, Bacon, Mushroom, Onion 등을 속에 넣어서 만들기도 한다.

(6) 콘드 비프 해시 위드 투 에그(Corned Beef Hash with Two Eggs Any Style)

소고기의 질긴 부위를 소금물에 절인 후 삶아서 작게 다져 양파, 샐러드를 첨가해 요리하거나 토마토 페이스트를 넣어 요리하는 형태도 있다. 이때 계란요리와 함께 서브된다.

(7) 에그 베네딕틴(Tow Poached Eggs Benedictine)

베네딕토 수도원식 계란요리이다. 일명 에그 베네딕트(Eggs Benedict)라고도 하는데 조식 또는 브런치용 계란요리의 일종이다.

머핀을 반으로 잘라 구운 뒤 햄 슬라이스 또는 캐나다 베이컨, 수란 그리고 홀랜다이즈 소스를 얹어 샐러맨더에 구워내는 것이다.

(8) 팬케이크와 와플(Pancakes and Waffles)

① 팬케이크(Pancake)

가루, 계란, 버터, 우유, 베이킹파우더를 반죽하여 철판에 구운 것이다.(Blueberry, Pineapple 첨가)

② 와플(Waffle)

Pancake 재료와 같고 Waffle 틀 속에 넣어 구운 케이크이다.

③ 프렌치 토스트(French Toast)

토스트 브레드(Toast Bread)를 우유에 적신 후 계란을 입혀서 철판에 구운 것이다.

- Maple Syrup, Maple Butter를 같이 제공하고 와플과 프렌치 토스트에는 계핏가루를 뿌린다.

(9) 그 외의 아침식사

① Smoked Salmon with Cream Cheese and Toasted Bagel

크림치즈를 곁들인 훈제연어에 베이글 토스트를 함께 서브한다.

② Hashed Brown Potatoes

삶은 감자를 거칠게 다져서 양파, 파슬리, 소금, 후추, 베이컨을 첨가한 후 동그랗게 만들어 튀겨낸 것이다.

③ Breakfast Steak

기름을 제거한 작은 Sirloin Steak에 Fried Egg, Grilled Tomato를 함께 제공한다.

④ Yogurt

아무것도 첨가하지 않은 Plain Yogurt이다.(첨가물에 따라 Strawberry, Apricot Yogurt로 나뉜다)

⑤ **조식뷔페(Breakfast Buffet)**

호텔 커피숍(Hotel Coffee Shop)에서는 앞에서 살펴본 각종 조찬 '일품요리' 외에도 '조식(조찬)뷔페'를 단체여행 숙박객과 비즈니스 목적 이용객들에게 제공한다.

4) 커피숍 일반 메뉴

(1) 샌드위치(Sandwich)

커피숍에서 통상 메뉴로 제공하는 것으로 클럽 샌드위치(Club Sandwich), 스테이크 샌드위치(Steak Sandwich), 햄버거 샌드위치(Hamburger Sandwich) 등이 있다.

샌드위치는 Main Course로 주문하는 요리 중에서 간단하게 먹을 수 있는 메뉴이다.

샌드위치는 형태상으로 Closed Sandwich와 Open Sandwich로 구분한다. 전자는 2쪽의 빵 사이에 속(Filling)을 끼우는 것으로 빵의 가장자리를 잘라내기도 하고 그냥 두기도 한다. 후자인 Open Sandwich는 한쪽의 빵 위에 육류와 채소를 조화 있게 놓아 먹는 것으로, 이것을 카나페(Canape)라 한다. 샌드위치는 용도에 따라 모양과 속을 다르게 만든다.

(2) 소시지(Sausage) 요리

(3) 쌀로 만드는 요리

밀가루 못지않게 인류의 식생활에 기여하는 기초식품이 바로 쌀이다. 근래에는 이 쌀의 중요성이 한층 더 대두되고 있는데, 동양에서는 쌀이 주식이지만 서양에서는 그렇지 않다. 쌀로 만드는 요리는 다양하지 않으나 세계적으로 알려진 몇 가지 요리를 소개한다.

① Risotto(리소토(이탈리아식 볶음밥)) : 다진 양파 볶은 것과 쌀을 Stock에 넣어 지은 밥에 파마산 치즈를 섞어서 만든 이탈리아식 볶음밥이다. 새프런 향이나 양송이, 토마토 등을 넣어 만들며 사용하는 재료에 따라 이름이 붙여진다.

② Creole Rice(크리올식 볶음밥(서인도제도)) : 소금물로 지은 밥을 버터로 볶아 만든다.

③ Pilaff Rice(필래프 : 쌀에 고기 · 양념을 섞어 만든 터키식 음식) : 다진 양파와 버터로 볶은 서양식 볶음밥이다.

④ Oriental Rice(동양식 볶음밥) : 각종 야채와 계란을 넣어 만든 동양식 볶음밥이다.

⑤ Nasigoreng(나시고렝) : 붉은 풋고추, 청피망, 배추, 고춧가루, 새우, 돼지고기, 마늘 등을 잘게 썰어서 밥과 함께 볶은 것이다. 말레이시아, 인도네시아 등 더운 나라에서 만들어 먹는다.

(4) 파스타류(Pastas)

파스타는 이탈리아식 밀가루 요리인데, 우리나라의 호텔 커피숍은 스파게티(Spaghetti)와 라자냐(Lasagne) 2가지는 통상적으로 제공하고 있다.

(5) 일품요리(À La Carte Menu)

전채(Appetizer), 수프(Soup), 생선(Fish), 소르베(Sorbet), 주요리(Entreé), 로스트(Roast), 야채(Salad), 후식(Dessert), 음료(Beverage) 중에서 고객이 선택

(6) 각 나라별 간단한 식사

서양인들이 맛볼 수있는 우리나라의 불고기, 비빔밥, 설렁탕 등을 포함한 인도의 카레라이스, 일본의 데리야키(쇠고기요리) 등 대표적인 몇 개국의 간단한 식사도 판매

(7) 오늘의 특별요리(Daily Special Menu)도 판매

제7절 프랑스 식당

1. 프랑스 요리의 메뉴 구성

프랑스의 요리는 풀코스(Full Course)로 구성되는데 각 코스는 맛과 소화를 고려하여 오랜 역사적 경험을 통하여 인체에 맞게 정착시킨 것으로 이는 다음과 같다.

① Hors d'oeuvre(오르되브르) - Appetizer - 전채

② Potage(포타주) - Soup - 수프

③ Poisson(푸아송) - Fish - 생선

④ Sorbet(소르베) - 셔벗

⑤ Entree(앙트레) - Main Dish - 주요리(고기요리)

⑥ Rôti(로티) - 가금류

⑦ Salade(살라드) - Salad - 야채

⑧ Fromage(프로마주) - Cheese - 치즈

⑨ Entremets(앙트르메) - Dessert - 후식

- Entremet Froid 앙트르메 프로이드 - Cold Dessert - 차가운 후식
- Entremet Chaud 앙트르메 쇼 - Hot Dessert - 더운 후식

⑩ Café - Coffee - 커피

1) 고전 메뉴의 구성

메뉴의 순서	Classical French	American	Classical Italian
전채요리	Hors d'oeuvre(오르되브르)	Appetizer	Antipasti(안티파스티)
수프	Potage(포타주)-Soup-수프 Soupe	Soup	Primi Piatti(프리마 피아티)-Zuppa(주파 : 수프) (Pasta(파스타), Risotto(리소토))
생선	Poisson(푸아송)-Fish-생선	Fish	pesce(페세)
셔벗	Sorbet(소르베)-셔벗	Sorbet(optional)	Sorbetto(소르베토)
주요리	Entrée(gala)(앙트레)-주요리 (고기요리), 비앙드(Viande)	Main Dish(Meat)	Carne(entrée)(카르네)
가금류	(로티)-가금류(rôti)	Roast	arrosto(아로스토)
샐러드	Salade(살라드)-Salad-야채	Salad	Insalate(인살라테)
치즈	Fromage(프로마주)	Cheese	Fruttie Formaggio
후식	Entremet(앙트르메)-후식	Dessert	Dolce(돌체)
음료	Boisson(부아송)	Beverage	Bevanda(베반다)
	Cafe, Tea	Coffee, Tea	Caffè espresso(카페 에스프레소), tè, Cappuccino
	Mignardise(미냐디즈)	Petit Four	Mignardise
식후주	Liqueurs	Cordial	Liquore

2) 현대메뉴의 구성

오늘날 요리는 과거의 고전 메뉴보다 점점 더 간편화되고 있다. 즉 자연적이며 가벼운 음식(비만 방지)을 향해 치닫고 있으며 이 가볍고 자연적이란 말은 알랭 샤펠과 같

은 유명한 요리사와 함께 누벨 퀴진이라는 말을 낳았다. 그러나 진정한 요리사는 어떤 경우에도 그들의 경험과 비법, 전통과 함께 지나간 시대를 잊어서는 안 된다는 사실을 알고 있다.

메뉴의 순서	Modern American	Modern French
전채요리	Appitizer	Hors D'oeuvre(오르되브르)
수프	Soup	Potage(포타주)
생선	Fish	Poisson(푸아송)
육류	Main Dish(Meat)	Entree(앙트레 : Viande(비앙드))
샐러드	Salad	Salade(살라드)
치즈	Cheese	Fromage(프로마주)
후식	Dessert	- 찬 후식(Entremet Froid 앙트르메 프로이드) - 더운 후식(Entremet Chaud 앙트르메 쇼)
음료	Beverage	Boission(부아송)

2. 메뉴의 내용

1) 아페리티프(Apéritif), 디제스티프(Digestif)

서양요리의 정찬에서 식욕증진을 위하여 식전에 인사말을 나누고 대화를 하면서 마시는 술을 '아페리티프'라고 한다. 일반적으로 버무스 · 셰리주 · 마델라 · 비터스 또는 마티니, 맨해튼, 캄파리 소다 등의 칵테일 등이다. 반면에 식사 후의 소화촉진용으로 내는 것이 식후주(디제스티프 : Digestif)인데, Digere(소화한다)에서 유래된 것이다. 술은 코냑 · 브랜디, 위스키, 진, 칼바도스 등이다. 저녁 정찬에서 디저트 코스에 들어가서 커피 뒤에 식후주로 베네딕틴, 드람부이, 칼루아 등의 리큐어(Liqueur, 리큐르)가 나오는데, 식사가 끝난 후에 주문을 받는다. 간단한 저녁식사일 경우에는 보통 식후주가 생략된다.

2) 오르되브르(Hors-d'oeuvre)

불어로는 오르되브르, 영어로는 애피타이저(Appetizer), 러시아어로는 자쿠스키(Zakuski), 중국어로는 렁봉(冷盆), 첸차이(前菜)라고 한다. 이 음식은 배가 부르지 않게 하는 소량의 것이어야 한다.

(1) 요리온도에 따른 분류

전채류의 종류는 다음과 같다.

① 찬 전채요리(Cold Appetizer : Hors-d'oeuvre Froid 오르되브르 프로이드)

- 푸아그라(Foie Gras) : 거위의 간 요리
- 벨루가 또는 오세트라 캐비아(Beluga or Osetra Caviar) : 철갑상어알을 소금에 절인 것
- 스모크드 살몬(Smoked Salmon) : 훈제연어
- 특제 테린(Terrine) : 테린형이라 불리는 내열성 용기에 고기나 생선 등의 재료를 불에 익힌 후 차갑게 한 요리를 말한다.

② 더운 전채요리(Hot Appetizer : Hors-d'oeuvre Chaud 오르되브르 쇼)

- 게살 리소토와 발사믹 에멀전의 전복구이(Marinated Abalone Slices with Crab Meat Risotto, Balsamic Emulsion) : 게살과 전복구이 요리
- 에스카르고(Escargot) : 불란서 부르고뉴 지방 특유의 식용 달팽이요리
- 프라이드 머쉬룸(Fried Mushroom) : 튀긴 양송이요리
- 프로그 레그(Frog Legs) : 식용 개구리 다리요리
- 그릴드 랍스터(Grilled Lobster) : 바닷가재요리
- 관자 타르타르(Sea Scallop Tartar) : 관자요리

(2) 가공형태에 따른 분류

① 가공되지 않은 전채요리(Plain Appetizer)

형태, 모양, 맛이 그대로 유지 제공되는 훈제연어, 생굴, 살라미(Salami) 등을 말한다.

② 가공된 전채요리(Dressed Appetizer)

카나페(Canape), 고기완자(Meat Ball), 계란요리(Stuffed Egg), 게살요리(Crab Meat), 각종 무스 등 조리 가공에 의해 형태, 모양, 맛이 변화된 전채 음식을 말한다.

(3) 조리형태에 의한 분류

① 바르케트(Barquette)

밀가루 반죽으로 작은 배모양을 만들어 그 안에 생선 알이나 고기를 갈아 채워서 만든 것

② **칵테일(Cocktail)**

칵테일의 재료로는 일반적으로 새우(Shrimp), 바닷가재(Lobster), 게살요리(Crab Meat)와 과일, 야채주스 등을 들 수 있다. 주로 칵테일 글라스를 사용하여 겉모습을 산뜻하고 매력 있게 만든 전채요리

- 부쉐(Bouchee) : 밀가루 반죽을 얇게 하여 치즈나 계란을 넣고 주사위나 만두같이 만든 것

③ **카나페(Canape)**

빵을 한입에 들어갈 수 있도록 여러 가지 모양으로 작고 얇게 잘라 튀기거나 토스트하여 버터를 바른 다음 그 위에 여러 가지 재료 등을 얹어 만든 요리

④ **브로슈(Broche)**

육류, 생선, 야채 등을 꼬치에 끼워 요리한 것

⑤ **렐리시(Relish)**

깊은 유리 볼이나 글라스에 분쇄한 얼음을 채우고 무, 셀러리, 당근, 오이 등을 꽂아 내놓는 전채요리

3) 포타주, 수프(Potage, Soup)의 분류

수프의 기본이 되는 스톡(Stock, Fond, 퐁)을 가리켜 포토푀(Pot au feu)라고도 한다. 이것을 다시 고아낸 국물을 부용(Bouillon)이라 하고 고아낸 찌꺼기를 부이이(Bouilli)라고 한다. 수프는 부용을 기초로 맑은 수프(Potage Clair(포타주 클레), Clear Soup)와 진한 수프(Potage Lie(포타주 리에), Thick Soup)를 만든다.

(1) 스톡(Stock, Fond)

에스트라곤(Estragon), 타임(Thyme), 파슬리(Parsley), 트뤼프(Truffe), 월계수잎(Bay leaf, Laurier)과 클로브(Clove) 등의 향신료를 넣어 끓인다. 살코기, 뼈, 생선, 채소 등에 물을 붓고 끓여서 우려낸 국물로 서양요리의 수프나 소스의 기본이 되는 것을 말한다.

스톡은 주된 재료에 따라 피시스톡(Fish Stock), 비프스톡(Beef Stock), 치킨스톡(Chicken Stock), 게임스톡(Game Stock)으로 분류되며 재료 자체의 깊은 맛을 충분히 우려낸다.

(2) Clear Soup(맑은 수프, Potage Clair, Consomme Clair)

맑은 스톡이나 Broth(브로스 : 부용, 육즙)를 사용하여 만든 수프

① 콩소메(Consomme)

부용을 조린 것이 아니라 맑게 한 것. 지방분이 제거된 고기를 잘게 썰거나 기계에 갈아서 사용하며, 양파, 당근, 백리향, 파슬리 등과 함께 서서히 끓이면서 계란 흰자를 넣어 빠른 속도로 젓는다.

이것이 Consomme Clair인데 종류가 400가지가 넘는다.

- 콩소메 브뤼누아즈(Consomme Brunoise) : 당근, 무, 파, 셀러리를 작은 주사위 모양으로 잘라 버터로 약간 볶아서 쇠고기 콩소메에 띄운 것
- 콩소메 셀레스틴(Consomme Celestine) : 타피오카(Tapioka)를 약간 넣은 콩소메이다. 밀가루, 계란, 우유, 소금 및 후추로 만든 크레이프(Crepe ; 얇게 부친 팬케이크)를 살짝 구운 뒤 작게 잘라 콩소메에 띄움.
- 콩소메 쥘리엔(Consomme Julienne) : 당근, 무, 양파, 셀러리, 양배추 등을 가늘게 썰어서 버터로 볶은 것을 콩소메에 띄움.
- 콩소메 페이잔(Consomme Paysanne) : 야채를 은행잎 모양으로 잘라 커터로 볶은 것을 콩소메에 띄움.
- 콩소메 프랭타니에(Consomme Printanier) : 맑은 양고기 콩소메로서 신선한 야채 여섯 가지 이상을 주사위 모양으로 작게 만들어 띄운 것. 이것에다 다시 살짝 익힌 계란을 넣으면 콩소메 프랭타니에 콜베르(Consomme Printanier Colbert)가 되고 계란과 두부를 넣으면 프랭타니에 루아얄(Consomme Printanier Royale)이 됨.

② 부용(Bouillon)

부용은 화이트 스톡을 기본으로 하여 뼈 대신 고깃덩어리를 크게 잘라 넣고 고아낸 국물.

③ 야채수프(Vegtable Soup)

- French Onion Soup : 양파와 마늘을 넣고 끓인 스톡에 Crouton(크루통)과 치즈를 뿌려 Salamander(샐러맨더)에 넣어 갈색으로 구워 제공

- Minestrone Soup(미네스트로네 수프) : 베이컨, 양파, 셀러리, 당근, 감자, Tomato Dice를 볶아 스톡에 넣은 후 향료를 첨가하여 끓인 수프

(3) 진한 수프(Thick Soup, Potage Lie)

탁하고 농도를 진하게 만든 수프이다. 야채, 쌀, 밀가루, 생선, 육류 등을 주재료로 해서 관련재료와 양념을 가해 부용(Bouillon)을 가지고 만드는 탁하고 농도가 진한 수프.

① 크림수프(Cream Soup)

밀가루를 커터로 볶아 우유를 넣어 만드는 수프로서 흰색 스톡을 사용하거나 기타의 스톡으로 만듦. 대표적인 것으로 치킨 크림수프, 생선 크림수프, 야채 크림수프 등이 있음.

- Bechamel(베샤멜) : Roux(루)에 우유와 Cream을 첨가하여 만든 것.
- Veloute(벨루테) : Roux(루)에 여러 종류의 스톡을 넣어 만드는 것으로 계란과 각종 야채를 섞어 만든다. 대표적인 수프에는 헝가리안 굴라쉬 수프, 생선 벨루테 수프 등이 있음.

② 퓌레 수프(Puree Soup : Potage Puree)

야채를 잘게 분쇄한 것을 Pure라 하며, 이것을 Bouillon과 혼합하여 조리한 수프.

③ 차우더 수프(Chowder Soup)

조개, 새우, 게, 생선류, 감자와 야채로 만든 크림형태의 수프로서 조갯살 차우더 수프, 옥수수 차우더 수프 등이 있음.

④ 비스크 수프(Bisque Soup)

새우, 게, 가재 등을 만든 어패류 수프, 새우 비스크 수프, 바닷가재 수프 등이 있는데 빵 반죽을 수프 볼에 씌워 오븐에 조리함.

4) 생선(Fish : Poisson, 푸아송)

생선은 위의 부담을 줄이고 소화촉진을 도우며 육류보다 섬유질이 연하고 열량이 적으므로 건강을 추구하는 고객과 여성고객들이 주로 주요리(Main Dish)로 많이 먹는다. 생선에는 단백질, 지방질, 칼슘, 비타민(A, B, C)이 함유되어 있어 건강과 소화에 좋다. 생선요리에는 백포도주(White Wine)를 곁들여 먹는다.

(1) 생선의 구분

① 종류에 따른 구분

- 바다생선(Sea Fish)
- 민물고기(Freshwater Fish)
- 갑각패류(Shellfish)
- 식용개구리(Edible Frog)
- 달팽이(Snail : Escargot)

② 저장법에 따른 구분

- 신선한 생선(Fresh Fish)
- 얼린 생선(Frozen Fish)
- 절인 생선(Cured Fish)
- 통조림 생선(Canned Fish)

(2) 생선의 조리법

서양의 기본 조리법을 살펴보면 크게 4가지로 다음과 같이 구분된다.

- 액체를 이용한 조리법 : 데치기(Blanching), 삶기(Poaching), 끓이기(Boiling), 증기찌기(Steaming)
- 기름을 이용한 조리법 : 볶기(Sauteing), 튀기기(Deep Fat Frying)
- 직접열을 이용한 조리법 : 굽기(Broiling), 그라탱(Gratinating), 로스팅(Roasting)
- 간접열을 이용한 조리법 : 오븐굽기(Baking in the Oven), 브레이징(Braising), 조림(Glazing), 푸알레(Poêler : Pan-fry), 스튜(Stewing)

생선 중에서 대구 · 광어 · 연어 · 다랑어처럼 기름기 많고 큰 생선의 내장을 빼고 토막쳐서 구운 것도 스테이크라고 한다.

■ 생선조리법

- 메트로트(Metelote) : 생선의 포도주 조림으로 잘게 썬 양파를 버터로 조리고 생선을 넣어 소금, 후추, 마늘, 향초를 가하여 포도주를 생선이 잠길 정도로 붓고 중간불로 20분 정도 조림

- 포세(Pocher) : 팬에 버터를 바른 다음 생선을 넣고 백포도주(Vine Blanc), 적포도주(Vin Rouge)를 첨가한 뒤 생선스톡(Fumet de Poisson)을 1/3 정도 부어 소금, 후추로 간을 맞추어 약한 불로 끓임
- 그릴드(Grilled) 또는 그리예(Griller) : 수분을 제거한 생선에 소금, 후추를 뿌려 샐러드 오일을 바른 후 그릴(Gill)에 X형 무늬를 내어 굽는다. 석회나 팬에 굽는 방법으로 버터나 올리브유를 먼저 팬에 바른 후 뜨겁게 달구어 생선을 올려 조리. 석쇠구이를 할 때는 석쇠자국이 생선에 뚜렷이 남도록 모양을 내기도 하는데 이는 주로 약간 굳은 생선에 적합한 조리방법으로 넙치, 연어, 고등어 등의 요리에 이용
- 아 랑글레즈(A l'anglaise) : 생선의 수분을 제거한 후 소금, 후추를 뿌려 밀가루를 바른 후 계란을 입힌다. 그 다음 빵가루를 칠하고 칼등으로 무늬를 낸 뒤 버터에 소테
- 뫼니에(Meunier) : 다른 말로는 버터구이인. 생선 위에 레몬즙을 뿌리거나 레몬을 잘라서 얹어 굽는다. 밀가루집 여주인이란 뜻이며 생선에 수분을 제거한 후 우유를 절여서 소금, 후추로 간을 맞춘 뒤 밀가루를 발라 Pan에 버터를 녹여 Saute한다.
- 프라이드(Fried : Friture) : 부드러운 생선살에 적합하며 다음 3가지로 구분할 수 있는데 첫째, 생선에 우유를 바르고 밀가루에 버무려 기름이나 올리브유 등으로 황금색이 나도록 튀기는 불란서식 방법 둘째, 생선을 계란과 빵가루에 버무려서 프라이팬에 버터로 굽는 영국식 방법 셋째, 적은 생선을 튀김식으로 조리하는 방법 등이 있다. 주로 연어, 새우, 굴 등의 요리에 이용된다.
- 밀라네제(Milanese) : 생선의 수분을 제거한 후 소금, 후추를 뿌리고 밀가루를 바른 후, 잘 저어진 계란에 다진 파슬리, 가루치즈(Parmesan Cheese)를 섞은 후 생선에 입혀 Pan에 버터를 녹여 Saute한다.
- 그라탱(Gratinat) : 생선 표면에 빵가루, 버터, 치즈 등을 뿌려 겉이 노랗게 착색될 때까지 오븐으로 굽는 방법이다. 일반적으로 그라탱 접시에 버터를 바르고 재료를 함께 담아서 베샤멜(Bechamel) 소스를 얹어 가루치즈를 뿌려 오븐에 굽는다.
- 브레이즈(Braise, Braisage) : 큰 생선을 찌는 요리법이다. 연어나 큰 송어에 적합하며 버터를 발라 브레이징 팬에 얇게 자른 당근, 양파를 깔고 그 위에 올려 스톡이나 와인을 넣은 다음 뚜껑을 덮고 오븐에 쪄내는 것이다.

- 스모크(Smoked) : 특수한 기술과 장시간의 기간을 요하는 훈제조리방법으로 연어, 장어, 송어 등에 많이 사용된다.
- 스팀(Steamed) : 식품을 고압의 수증기의 압력으로 조리하는 방법으로 짧은 시간에 다량의 조리가 가능하다. 물에 삶는 것보다 영양의 손실이 적어, 육류, 해산물, 야채 등의 식품을 조리할 때 널리 사용된다.
- 메트로트(Metelote) : 와인 조림 생선요리를 말함. 잘게 썬 양파를 버터로 조리고 생선을 넣어 소금, 후추, 마늘, 향초를 가하여 포도주를 생선이 잠길 정도로 붓고 중간불로 조린다.
- 보일드(Boild, Bouillir(부이르)) : 물이나 생선스톡에 식초, 소금, 향로, 화이트와인 등을 넣고 약한 불로 삶아내는 방법으로 연어, 송어, 고등어, 새우 등의 요리에 이용
- 포치드(Paoched) : 연어, 송어, 고등어, 뱀장어, 새우 등을 조리할 때 사용되며 물 또는 생선스톡에다 식초, 소금, 향초, 백포도주 등을 혼합해서 삶아내는 조리법. 즉 생선을 소량의 스톡에 포도주를 가미해 조리는 방법으로 이때 조린 국물은 소스로 이용

(3) 대표적인 생선류의 각국 언어의 표기법

생선	영어	불어
멸치	Anchovy	Anchois(앙수아)
뱀장어	Eel	Anguille(앙기유)
넙치	Flatfish	Barbue(바르뷔)
농어	Seabass	Bar(바르)
대구	Cod	Cabillaud(까비요)
가자미	Floundar	Carrelet(까르레)
조갯살	Scallop	Coguilles Saint Jaeque(꼬끼유 생자끄)
새우(작은)	Shrimp	Crevette(크레벳뜨)
게	Crab	Crabe(크라브)
도미	Seabream	Daurade(도라드)
달팽이	Snail	Escargot(에스카르고)
광어	Halibut	Fletan(프레땅)

개구리	Edible Flog	Grenouille Jambes(그러뉘유장보)
굴	Oyster	Huitre(위뜨르)
대구의 일종	Haddock	Haddock(아독)
청어	Herring	Hareng(아랑)
바닷가재	Lobster	Langouste(랑구스트)
왕새우	Prawn	Macroure(마크루르)
고등어	Mackerel	Maquereau(마크로)
대합	Clam	Meretrice(메르뜨리스)
홍합	Mussel	Rouget(루제)
정어리	Sardine	Sardine(사르딘)
연어	Salmon	Saumon(소몽)
혀넙치	Sole	Sole(솔)
송어	Trout	Truit(트리위트)
다랑어	Tunny	Thon(동)흰색 참치(Thon blanc : White tuna), 노란색 참치(Thon jeune : Yellow tuna), 붉은색 참치(Thon rouge : Red tuna)

5) 앙트레(Entrée : Main dish)

수조육류(獸鳥肉類)를 재료로 아름답게 조리한 정찬코스에서 식단의 중심이 되는 요리이다. 육류에 조화되는 소스와 채소를 조리한 후 이를 곁들여서 생선요리와 로스트 요리 사이에 내놓는다. 앙트레는 영어의 Entrance에 해당하는 말로, 식사의 코스 중에서 가장 중심이 되고 육류로 제공되는 요리를 의미한다. 옛날 프랑스에서 조수를 통째로 구이해서 처음에 내놓았고 이것을 '처음의 요리'라 하여 Entry라고 하였는데 오늘날 이런 개념변화를 거쳐서 Entree로 쓰이게 되었다. 소고기, 송아지고기, 양고기, 돼지고기 등의 육류는 칼로리가 많고 특히 단백질, 광물질, 비타민 등이 많이 함유되어 있다.

(1) 쇠고기 스테이크(Beef steak)

① T-BONE

- porterhouse with less meat on the filet side

② **FILET MIGNON**

- small, round, tender boneless cut from the short loin
- A.K.A. tenderloin

③ **BONELESS RIB EYE**

- cut from outside the rib section
- A.K.A. Delmonico

④ BONE-IN NEW YORK STRIP

- cut from top loin ; left on the bone for more flavor
- A.K.A. bone-in Kansas City strip, Delmonico, bone-in top loin, New York strip loin

⑤ **NEW YORK STRIP**

- boneless cut from the top loin
- A.K.A. Kansas City strip, sirloin, strip steak, strip loin

⑥ **BONE-IN FILET MIGNON**

- result of splitting the bone on a porterhouse steak
- A.K.A. Chicago cut

⑦ **PORTERHOUSE**

- strip and filet separated by the bone in the middle

⑧ **BONE-IN RIB EYE**

- rib-eye cut with the backbone left on
- A.K.A. cowboy steak

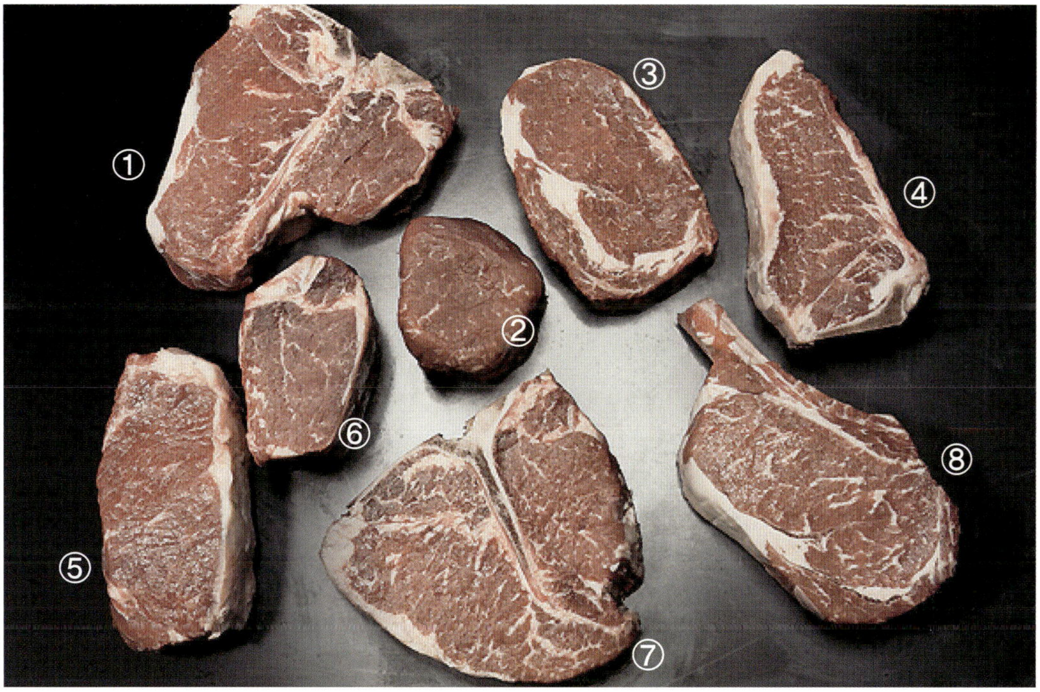
①
②
③
④
⑤
⑥
⑦
⑧

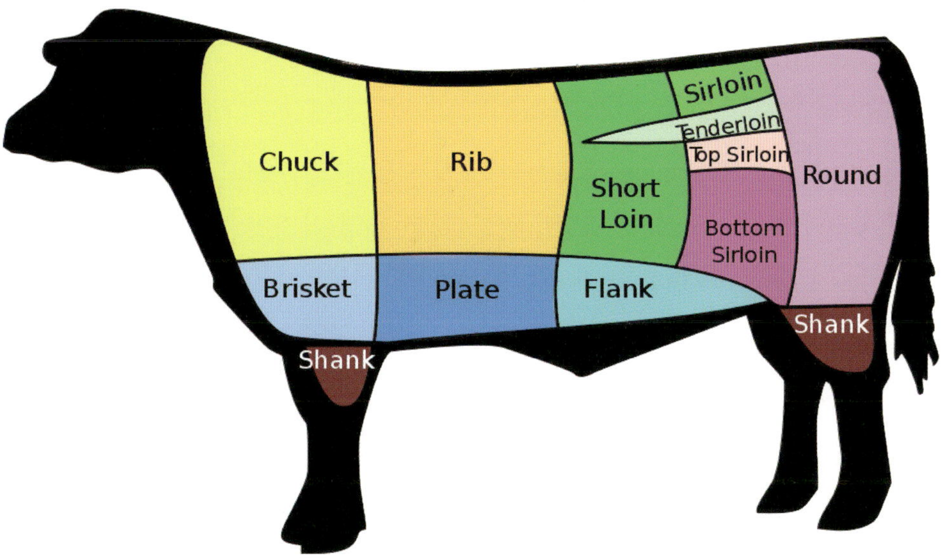
Chuck
Rib
Sirloin
Tenderloin
Top Sirloin
Short Loin
Bottom Sirloin
Round
Brisket
Plate
Flank
Shank
Shank

일반적으로 스테이크라고 하면 쇠고기를 구운 비프스테이크(Beef Steak)를 말한다.

쇠고기는 주로 석쇠 위에서 직화구이를 하거나, 프라이팬, 오븐에서 굽는다. 고깃덩어리의 크기나 모양은 여러 가지가 있으나 뉴욕컷 스테이크(300g)를 제외하고 보통 120~150g 정도가 적당하며, 작더라도 두께가 1.5cm는 되어야 맛이 좋다. 비프스테이크는 쇠고기를 두껍게 잘라 요리한 것으로 고기의 부위에 따라 명칭이 다른데 그 종류는 다음과 같다.

가. 안심(Tenderloin) 부분

쇠고기 중 가장 부드럽고 연하며 지방이 적고 담백하며 맛이 좋아 최고급으로 취급되는 부위이다.

등심 안쪽에 위치한 부분으로 쇠고기 중에서 결이 곱고 부드러우며 소 한 마리에서 겨우 2~3% 정도밖에 얻을 수 없는 최고급 부위이다. 지방이 적고 담백하여 살코기로서 맛이 좋은 부위이다. 샤토브리앙은 안심 중에서도 등급이 높은 최고급 안심을 말한다. 안심을 우리나라 요리에서는 구이, 전골, 산적의 용도로 이용하며, 서양요리에서는 로스트, 고급스테이크(안심스테이크), 바비큐, 브로일에 이용한다.

① 샤토브리앙(Chateaubriand Steak)

샤토브리앙은 그릴에 구운 안심스테이크로 샤토브리앙 소스(Chateaubriand Sauce) 또는 베어네이즈 소스(Béarnaise Sauce)와 함께 제공된다. 샤토브리앙은 19세기 초 프랑스의 귀족이며 프랑스 문학의 낭만주의를 이끈 유명 작가인 샤토브리앙 남작 집의 요리사인 몽미레이유(Montmireil)가 개발한 안심스테이크이다. 소 1마리에 4인분 정도밖에 나오지 않는 안심 중의 안심이다. 소고기 안심의 정중앙 부위를 두툼하고 넓적하게 썰어 굽는데, 육즙이 새지 않도록 겉은 빠르게 바삭 굽고 속은 부드러운 식감을 유지하도록 덜 익혀서 2명이 함께 주문하여 나누어 먹는 것이 보통이다. 전통적으로 샤토(Chateau) 포테이토와 베아르네즈(Béarnaise) 소스를 곁들인다. 전통적으로는 약 12온스(약 330g) 정도 두껍게 썰어 낸다. 소의 등뼈 양쪽 밑에 붙어 있는 가장 연한 안심부위를 4~5cm 두께로 잘라 굽는 것으로 중년 이상의 고객층이 즐겨 먹으며 연하고 맛있는 부위의 최고급 스테이크이다.

② 투르네도(Tournedos Steak)

투르네도는 텐더로인(Tenderloin：안심)에서 잘라낸 2~2.5cm 두께, 지름이 5~6cm인 쇠고기 스테이크용 고기를 말한다. 가장 좋은 부분이며, 작고 둥근 살코기 스테이크용 부위로 운동량이 적어 조직이 연하다. 투르네도는 지방함량이 매우 적기 때문에 굽기 전 돼지기름이나 베이컨 등으로 감아서 조리에 이용한다. 스테이크는 프라이한 동그란 빵 위에 놓여서 제공되며 버섯소스와 같은 소스를 위에 뿌려 먹는다. 1855년 파리에서 처음 생겨났고 "눈 깜짝할 사이에 다 된다"라는 의미를 지니고 있다. 필레(Filet)의 앞쪽 맨 끝부분 Filet Mignon의 다음 부분이다.

③ 필레미뇽(Filet Mignon)

필레미뇽(Filet Mignon)은 값비싼 뼈가 없는 쇠고기 부위로 안심이나 등심부위를 나타내는 프랑스 조리용어이다. 일반적으로 2.5~5.0cm의 두께이고 지름이 4~8cm이며, 매우 부드럽지만 향은 부족하다. 오븐 또는 석쇠에 살짝 굽거나 소량의 기름을 사용하여 프라이팬에 굽기도 한다. 아주 예쁜 소형의 스테이크란 의미로 필레(Filet)고기의 꼬리 쪽에 해당하는 세모꼴 부분을 잘라 베이컨(Bacon)으로 감아 구워낸다.

좋은 소고기는 지방의 색이 우윳빛이고 근내지방이 골고루 자리 잡고 있으며 고기색은 선홍색이 짙을수록 좋고 고깃결은 단단하고 매끄러워야 한다.

소고기 스테이크의 종류에 대해 알아보면 다음과 같다.

안심스테이크는 소고기 중에서 가장 연한 것으로, 안심 부위는 또 이렇게 분류된다. (이것은 미국식 안심분류법이다.) 앞에서부터 차례대로 헤드, 샤토브리앙, 필레, 투르네도, 필레미뇽, 필레 팁이다. 소의 머리 바로 아래인 안심 윗부분에서부터 중간까지의 연한 부분을 크게 썰어낸 것을 '샤토브리앙'이라 하는데, 약 12온스(약 330g) 정도 두껍게 썰어낸 것을 말한다. 소의 등뼈 양쪽 밑에 붙어 있는 가장 연한 안심부위이다.

'투르네도 스테이크'는 안심부위의 중간 뒤쪽 부분의 스테이크로 베이컨을 감아서 구워내는 요리이다. 투르네도는 "눈 깜빡할 사이에 다 된다"는 뜻이다.

'필레미뇽 스테이크'는 안심부위의 뒷부분으로 만든 소형의 아주 예쁜 스테이크라는 의미를 포함하고 있는 스테이크이다.

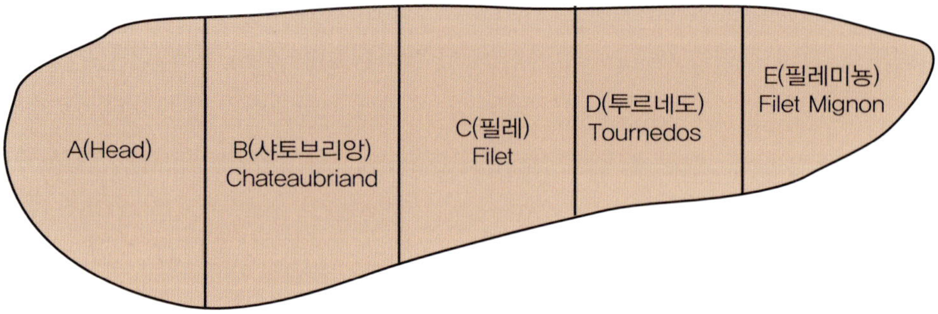

그림 6-7 Tenderloin 부위별 명칭

나. 어깨부분

어깨부분에서 잘라낸 것에 '블레이드 스테이크(Blade Steak)'가 있다.

다. 갈비 중심 부분 스테이크(Rib Steak, Prime Rib)

- 갈비(Rib) ; 갈비는 한국의 요리로 척추를 제외한, 지방이 적고 단백질(근육)이 많은 등뼈 부분, 또는 그 등뼈로 만든 요리를 말한다. 갈비를 구운 것을 갈비구이라고 부른다.
- 갈비 중심 스테이크는 등쪽에 있는 부위로서 두터우며 지방분이 많다. 이 스테이크에는 ① 립 아이 스테이크(Rib Eye Steak), ② 로스트 비프(Roast Beef) 등이 있다.

라. 허리 중심 스테이크(Poter House Steak) 부분에서 잘라낸 것

① 포터하우스 스테이크(Porterhouse Steak) : 큰 스테이크로 허리고기 윗부분 살에서 안심과 뼈를 같이 잘라낸 것을 말한다.

② 티본 스테이크(T-Bone Steak) : 포터하우스 스테이크를 잘라낸 다음 조금 작은 부분을 자른 큰 스테이크로 허리고기 윗부분 살에서 안심과 뼈를 같이 잘라낸 것을 말한다. 소의 안심과 등심 사이 T자형의 뼈부분에 있는 스테이크로서 이러한 이름이 붙여지게 되었으며 안심과 등심을 동시에 맛볼 수 있는 별미의 스테이크 요리이다. 티본스테이크는 포터하우스 스테이크보다 안심부분이 작다.

③ 클럽 스테이크(Club Steak)가 있다.

마. 허리끝(갈빗대 사이)에서 잘라낸 것

등심스테이크 부위(서로인 스테이크 ; Sirloin Steak)가 있다.

① **앙트르코트 스테이크(Entrecote Steak ; 서로인 스테이크)**

앙트르코트(Entrecote)는 설로인 스테이크(Sirloin Steak)를 나타내는 프랑스 조리용어이다. 문자상으로는 '갈빗대 사이'를 의미하며, 쇠고기의 9번째와 11번째 갈비뼈 사이에서 떼어낸 스테이크를 가리킨다. 매우 부드러우며 일반적으로 살짝 굽거나 튀기는 요리에 이용한다. 영국의 왕이었던 찰스 2세가 이 스테이크에 '남작'의 작위를 수여할 정도로 가장 즐겨 먹었고 그래서 'Loin'에 'Sir'라는 경어를 붙여 'Sirloin'이라고 한다.

② **핀본 서로인 스테이크(Pinbone Sirloin Steak)**

③ **등심 스테이크(Sirloin Steak)의 기타 종류**

- 뉴욕 컷 스테이크(New York Cut Steak) : 등심 중에서도 기름기가 적은 가운데 부분으로서 소의 이 부분을 자른 모양이 미국의 뉴욕주와 비슷하다고 해서 이름이 붙여졌으며 300g 정도의 크기로 요리되어 스테이크를 좋아하는 미식가들이 즐겨 먹는 요리이다.

T–Bone

New York Strip

Filet Mignon

Center Cut Ribeye

- 미니트 스테이크(Minute Steak) : 바쁜 현대인들을 위해 요리가 빨리 되는 스테이크를 개발하여 만든 것으로서 1분 이내에 구울 수 있다 하여 미니트(Minute)라는 이름이 붙여졌으며 간장과 미림을 섞어서 만든 소스로 요리되는 일본풍의 스테이크 요리이다.

이러한 연한 부분 외에 넓적다리 부분에서 떼어낸
④ 라운드 스테이크(Round Steak)가 있다.

바. Sir Loin(등심) 부분 추가설명

등심은 갈비뼈의 바깥쪽으로 붙어 있는 것이고 갈비의 안쪽에 붙어 있는 것은 안심이다. 등심은 안심보다 길고 크다. 이 부위의 외부에서 볼 수 있는 특징은 갈비가 붙어 있던 부분에 가로로 지방이 끼어 있어 희끗희끗한 줄무늬가 보이는 것이다. 등심을 얇게 썰었을 때의 특징은 반달모양의 황색 인대가 있는 것이다. 소의 등골뼈에 붙은 살코기이다.

한국에서는 등심으로 불고기를 한다. 고기를 질적으로 평가하면 등심은 가장 연하며 등심 주위에 있는 지방은 맛이 좋으므로 고기 전체의 맛을 돋운다. 좋은 조건에서 사육한 소의 등심일수록 지방이 살 사이에 많이 축적되어 있는데, 그런 고기를 서양에서는 대리석 같다는 뜻에서 마블드 미트(Marbled Meat)라 하고 고가(高價)로 판매한다. 서양에서는 등심을 갈비뼈가 붙은 채 갈비뼈 두께로 잘라 판매한다. 목에 가까운 등심을 리브(Rib)라 하고 허리 부분을 로인(Loin)이라고 한다. 갈비뼈 몇 개를 함께 큰 덩어리로 자른 것은 큰 덩어리째로 오븐에 로스트로 굽고, 갈비 하나씩 두께로 자른 것은 스테이크용이다.

사. 넓적다리 부분

넓적다리 부분에서 떼어낸 라운드 스테이크(Round Steak)가 있다.

아. 엉덩이 부분

① 런던브로일(London Broil)

런던브로일(London Broil)은 소의 옆구리살 또는 우둔을 커다란 조각으로 잘라서 마리네이드(Marinade)로 연하게 만든 다음에 브로일(Broil)하거나 그릴에 구워서 고기결과 반대방향으로 얇게 슬라이스한 프랭크 스테이크(Frank Steak)이다. 입안에서 녹

아버릴 듯한 부드러운 질감이 특징이다. 런던브로일 또는 서로인(Sirloin : 갈비 위쪽에 붙은 살)과 우둔살(Top Round)을 포함하는 여러 가지 두꺼운 고깃덩어리를 가리키는 용어이다.

② 럼프 스테이크(Rump Steak)

이 스테이크는 쇠고기 윗다리 살로서 근육을 많이 사용하는 부분에서 잘라낸 고기이므로 질기고 요리시간도 길다.

자. 허벅지 부분

라운드 스테이크(Round Steak)

차. 배부분

프랭크 스테이크(Flank Steak)가 있다.

▪ Steak 굽는 정도

① Rare(blue)

- 색깔만 살짝 내고 속은 따뜻하게 한 것으로 자르면 속에서 피가 난다.
- 조리시간 : 약 2~3분 정도, 고기 내부온도 46~52℃ 정도

② Medium Rare(saignant)

- Rare보다 조금 더 익힌 것으로 자르면 피가 보이도록 한다.
- 조리시간 : 약 3~4분 정도, 고기 내부온도 54~60℃ 정도

③ Medium(a point)

- 절반 정도 익힌 것으로 자르면 붉은색이 난다.
- 조리시간 : 약 5~6분 정도, 고기내부온도 60~66℃ 정도

④ Medium Well-done(cuit)

- 거의 다 익힌 것으로 자르면 가운데 부분에 약간 붉은색이 난다.
- 조리시간 : 약 8~9분 정도, 고기 내부온도 66~71℃ 정도

⑤ Well done(bien cuit)

- 속까지 완전히 익힌 것
- 소리시간 : 약 10~12분 정도 고기 내부온도 71℃ 정도

■ 고기 내부온도(Internal Temperature)

Cooked	Temperature	Description
Very rare	115~125°F(46~52°C)	Blood-red meat, soft, very juicy
Rare	125~130°F(52~54°C)	Red center, gray surface, soft, juicy
Medium rare	130~140°F(54~60°C)	Pink throughout, gray-brown surface, often remains juicy
Medium	140~150°F(60~66°C)	Pink center, becomes gray-brown towards surface
Medium well	150~160°F(66~71°C)	Thin line of pink, firm texture
Well-done	>160°F(>71°C)	Gray-brown throughout, tough texture

(2) 송아지(Veau, Veal)

송아지고기는, 생후 12주 미만으로 어미소 젖으로만 기른 송아지로, 조직이 무척 연하고 부드러우며 밝은 회색의 핑크빛을 띤다. 송아지고기는 우윳빛이 짙을수록 좋은 고기이다. 송아지고기는 아주 적은 지방층과 많은 양의 수분을 가지고 있어 매우 연한 맛이 있다.

송아지고기 요리에는 스캘로핀, 빌 커틀릿, 스위트브레드가 있다.

① 스캘로핀(Scaloppine)(Veal Chop)

스캘로핀은 송아지고기로 요리하는 대표적인 전통 이탈리안 요리로 송아지 다리부분에서 잘라낸 얇고 작은 고기를 소금, 후추로 양념한 다음 밀가루를 입혀 와인으로 맛을 내고 소테하여 토마토소스와 함께 제공된다.

② 빌 커틀릿(Veal Cutlet, Wiener Schnitzel)

뼈를 제거한 송아지고기를 얇게 저며 소금, 후추를 뿌리고 밀가루를 칠한다. 그 후 계란을 풀어 고기에 골고루 바른 다음 빵가루를 입혀 버터로 소테(Saute)한다. Fond de Veau sauce가 곁들여지기도 한다.

③ 스위트브레드(Sweetbread)

스위트브레드는 송아지의 췌장 또는 흉선을 말하는 것으로 전 세계 미식가들에게 인기 있는 식재료 중의 하나이다. 스위트브레드는 송아지의 목젖살로 만든 요리로, Sweetbread는 어린 송아지에만 있는 것으로 송아지가 성장하면서 없어진다.

(3) 양고기(Agneau, Lamb)

주로 미국이나 호주, 뉴질랜드 등에서 수입하고 새끼양(생후 12개월)의 갈비부위(Lamp Rib Rack)가 제일 연하고 맛있으며 양고기의 빛은 붉은빛이 나고 지방은 하얀 것이 최고급 상품이다. 영양은 소고기보다 부족하지만 값이 싸고 소화가 잘된다.

① 램 찹(Lamb Chop)

양갈비의 뼈가 붙어 있는 채로 잘라 양념하여 석쇠구이한 양고기 요리이다.

② 랙 오브 램(Rack of Lamb)

허리부분의 뼈 달린 부분을 잘라서 양념을 뿌려 소테(Saute)한 양고기 요리이다.

(4) 돼지고기(Dore, Pork)

돼지고기에는 갈고리촌충 등의 기생충이 있을 염려가 많으므로 날로 먹는 일은 피하고 반드시 충분히 익혀서 먹어야 한다.

① 폭찹(Babecued Pork Chop)

돼지고기의 갈비 부위를 칼집을 낸 후 소금, 후추를 뿌리고 밀가루를 묻혀 조리한 것이다.

② 포크커틀릿(Pork Cutlet)

돼지고기를 얇게 저민 다음 소금, 후추를 뿌린 후 밀가루, 계란, 빵가루를 묻혀 기름에 튀긴 것이다.

③ 햄 스테이크(Ham Steak)

뜨거운 팬(Pan)에 버터를 녹인 후 햄을 썰어 살짝 익히고 백포도주를 뿌린다. 이때 파인애플도 함께 곁들인다.

(5) 가금류 요리(Roast, Rotis)

가금류는 닭, 오리, 칠면조, 비둘기, 거위 등 집에서 사육하는 날짐승을 말한다. 영양이 풍부하고 지방이 많을 뿐만 아니라 철분과 인도 풍부하여 앙트레로 제공될 수 있다.

요리방법에는 브로일링, 로스팅, 프라잉이 있는데 단백질 등이 유실되지 않도록 적당한 온도에서 조리하는 것이 바람직하다. 특히 칠면조 고기는 크리스마스나 추수감사절 같은 명절에 축하음식으로 즐겨 먹는다.

사슴, 멧돼지, 산토끼, 메추리, 꿩, 비둘기 등이 있다. 여기서 사슴요리는 로스팅과 레어로 익히는 것이 좋고 멧돼지는 로스팅과 스테이크로 많이 사용한다. 조류에는 철분과 인이 많이 함유되어 있어 다른 육류와 마찬가지로 많은 영양을 함유하고 있다. 조류를 요리할 때는 단백질이 유실되지 않도록 적당한 온도에서 Broiling, Frying, Roasting 등의 방법으로 하며 Roast 요리는 Roast할 때 생긴 즙을 그 요리의 기본소스로 그대로 사용한다. 콜드미트(Cold Meat)같은 Roast는 신선한 야채와 함께 제공된다.

① 오리구이(Roast Duck)

16주 이하의 연한 오리구이를 사용하고 향신료 Sage와 양파를 곁들여 요리하며 Apple Sauce와 함께 제공된다.

② 거위구이(Roast Goose)

거위는 많은 지방질을 함유하고 있으며 영양가가 좋다. Thyme, Parsley, Sage, Lemons, Limes, Apple Sauce, Roast Gravy(로스트 그레이비 : 고기를 철판에 익힐 때 나온 육즙에 밀가루 등을 넣어 만든 소스)와 곁들인다.

③ 칠면조구이(Roast Turkey)

추수감사절과 크리스마스 등 전통적인 축제에 사용된다. 꼬챙이로 꽂아 기름종이를 깔아 서브되고 Savoury향, 밤(Chestnuts), Cranberry Sauce와 곁들인다.

④ 닭구이(Toast Chicken)

생후 2개월의 영계를 푸생(Poussin), 생후 3~5개월은 풀레(Poulet)라 하며 고기로 쓰기 위해 키운 닭은 풀라르드(Poularde)라 한다.

(6) 육류 및 가금류 조리방법

스테이크의 조리법으로는 고기를 석쇠에 올려놓고 직접 불에서 굽는 브로일드 스테이크(Broiled Steak), 두꺼운 철판이나 프라이팬에서 굽는 팬브로일드 스테이크(Pan-Broiled Steak), 브로일링한 스테이크를 오븐 속에서 데운 사기접시나 금속제 접시에 담은 후 버터를 바르고 소금과 후춧가루를 뿌려 대접하는 플랭크트 스테이크(Planked Steak), 고기 두께를 1.3cm 정도로 얇게 저민 미니트 스테이크(Minute Steak), 간 고기를 반을 지어(얇게 펴서 다듬어 둥근 조각을 만들어) 구운 햄버거 스테이크(Hamburger Steak), 라운드 스테이크같이 약간 질긴 부분의 고기를 칼등이나 두꺼운 접시로 두들

겨 고기를 연하게 한 후 프라이팬에 기름을 두르고 고기의 양쪽을 누렇게 구워 약간의 물을 붓고 약한 불로 뚜껑을 닫고 익힌 스위스 스테이크(Swiss Steak) 등이 있다.

① 소테(Sauté ; sautéed)

팬(Pan)에 버터나 기름을 넣고 높은 열로 볶아 익힌다. 재빨리 볶다. Sautéing(소테잉)

② 로티(Rôti)

주로 큰 덩어리를 익히는 방법으로 기름과 즙을 끼얹으면서 오븐에서 굽는다. Roast (로스트)

③ 그리예(Griller)

석쇠를 이용하여 불로 직접 굽는다. Grilled(그릴드)

④ 브레제(Braiser)

질긴 육류를 익히는 방법으로 팬(Pan)에 Mirepoix(당근, 셀러리, 양파)를 넣고 소스나 즙을 이용하여 오랜 시간 오븐에서 천천히 익힌다. Braised(브레이즈드)

⑤ 에튀베(Etuver)

색이 변하지 않게 천천히 찌거나 굽는다. Steaming(스티밍)

⑥ 그라티네(Gratiner)

(석쇠, 그릴, 숯불에) 직접 굽는다. Broiled(브로일드 : Barbecue, Grill)

⑦ 푸알레(Poêler)

프라이팬(Fry Pan)으로 볶거나 굽는다. Pan- fried(팬-프라이드)

⑧ 글라세(Glacer)

설탕이나 버터에 입혀 광택이 나게 하는 요리법

⑨ 브랑시르(Blanchir)

재료를 끓는 물에 넣어 살짝 익힌 후 건져놓거나 찬물에 식히는 방법으로 야채의 쓴맛, 떫은맛을 빼거나 장기간 보존하기 위해 살짝 데친다. Blanch(블랜치)

⑩ 바푀르(Vapeur)

수증기로 찐다. Steamed(스팀드)

⑪ **포셰(Pocher)**

육즙이나 생선즙, 포도주로 천천히 끓여 익힌다. Paoched(포치드)

⑫ **프리르(Frire)**

기름에 뒤겨낸다. Fried(후라이드)

⑬ **부이르(Bouillir)**

끓이는 방법이다.

⑭ **그라티네(Gratiné)**

'그라탱'이라고도 말한다. 표면에 치즈, 버터, 빵가루 등을 뿌려 노랗게 착색될 때까지 오븐에 굽는 방법이다. Grätinated(그라티네이티드)

7) 사이드 디시(Side Dish)

앙트레를 제공할 때 요리에 곁들여 장식, 맛, 영양, 조화를 위하여 야채를 비롯하여 메인디시와 같이 서브해야 하는 사이드 디시는 브레드 플레이트 위측에 놓아주고 적당한 시기에 치운다.

더운 야채는 주요리가 생선이나 고기일 때 식품의 성질이 산성이므로 알칼리성인 야채를 곁들여서 영양의 균형을 조절할 수 있다.

① 베이크트 포테이토(Baked Potato) : 감자를 쿠킹호일에 감싸고 구운 요리인데 윗부분을 열십자로 크게 홈을 내어 제공할 때에는 샤워크림이나 파 등과 같이 제공한다.

② 해시드 브라운 포테이토(Hashed Brown Potatoes) : 주로 조식으로 많이 제공되는 요리로 감자를 삶아 으깬 다음 일정량과 모양으로 빚어서 팬에 구운 감자요리이다.

③ 베르니 감자(Berny Potato) : 크로켓감자 반죽을 지름 3cm 정도로 둥글게 만들어 계란과 아몬드를 입혀 기름에 튀긴 감자를 말한다.

④ 윌리엄 포테이토(Williams Potatoes) : 약 40g 크기의 꼭지모양으로 크로켓감자를 만든다. 꼭지 끝에 버미셀리국수를 5cm 길이로 꽂아 냉장고에서 30분 이상 굳힌 후 200℃ 기름에서 갈색이 되게 튀겨 만든다.

⑤ 샤토 포테이토(Chateau Potato) : 감자를 길이 약 5cm, 굵기 1.5~2cm 정도 크기의 럭비볼 모양으로 만들어 삶아 튀기거나 정제버터에 볶아 주로 육류요리에 사용한다.

⑥ 폼므 안나(Pomme Anna) : 감자를 만돌린을 이용해서 2mm 정도 두께로 아주 얇게 슬라이스한다. 지름 15cm, 높이 3cm 정도의 둥근 틀에 감자를 겹쳐가며, 차곡차곡 쌓아 소금, 후추로 간을 한 후 버터를 바르고 오븐에 20분 정도 구워낸다.

8) 소스(Sauce)

프랑스의 요리가 세계적으로 유명한 것은 각종 요리에 곁들이는 소스의 종류가 약 700종에 이르기 때문이다. 소스는 식탁용과 조리용으로 크게 나누어진다. 식탁용 소스에는 ① 우스터소스(보통의 소스), ② 포크커틀릿소스(우스터소스와 비슷하나 삶은 사과, 토마토퓌레를 많이 사용한다), ③ 멸치소스, ④ 칠리소스(Chili Sauce : 토마토 씨와 고추를 넣은 매운 소스), ⑤ 타바스코소스(Tabasco Sauce : 붉은 고추로 만들어 숙성시킨 매운 소스), ⑥ 기타(토마토케첩, 마요네즈소스, 드레싱) 등이 있다. 이들은 공업적으로 생산(Production)되어 병조림형태로 판매된다. 조리용 소스는 요리에 임할 때마다 조리사가 만드는 것인데 재료와 만드는 법에 따라 기본 소스 · 응용 소스 · 기타 소스로 크게 나뉜다. 기본 소스에는 ① 벨루테소스(Velouté Sauce : 백색 소스의 기본이 되는 것으로 부재료에 따라 고기요리 · 생선요리에 알맞다), ② 아몬드소스(Almond Sauce : 삶은 요리 특히 채소요리에 알맞은 백색 소스), ③ 슈프림소스(Supreme Sauce : 닭고기요리에 사용된다), ④ 베샤멜소스(Béchamel Sauce : 백색 소스로서 채소 · 달걀 · 생선 · 새우 요리에 사용되고 크로켓의 재료가 된다), ⑤ 토마토소스(Tomato Sauce : 적갈색의 소스로 생선튀김 · 국수요리 등에 널리 이용된다), ⑥ 에스파뇰소스(Espagnole Sauce : 에스파냐식 갈색의 소스로 농후한 맛의 요리에 사용된다) 등이 있다.

(1) 루(Roux)

서양요리에서 소스나 수프를 걸쭉하게 하기 위해 밀가루를 버터로 볶은 것

(2) 소스(Sauce)의 분류

Emulsion에 의한 Sauce의 분류

구분	Basic Elements	Keeping	Accessory Elements	Utilization
Cold Mayo-nnaise	- Salt - White Pepper - Mustard - Vinegar - Oil	뚜껑을 덮어 찬 곳에 보관	+Tomatoes Fondue Crushed · Pepper	Andalouse
			+Whipped Cream	Chantilly
			+Caper, Pickles, Onions, Herbs, Boiled Egg(all chop)	Tartare
			+Parsley, Chervil, Taragon, Spinach Water Cress(all chop)	Verte
			+Caper, Pepper Corn, Onion Chop	House Dressing
Hot Hollan-daise	Reduce - Water - Vinegar - Pepper - Shallot - Bay Leaves - White Wine - Egg - Water - Clear Butter	얇은 천을 덮어 따뜻한 곳에 보관 Bain Maris	+Cream of Whipped	Mousseline
			+Orange Juice Orange Zest Blanch	Maltaise Mikado
			+Mustard Seed Blanch	Moutarde
			+Tomatoes Concasse Saute Anchovy	Arlesienne
			+Taragon, Tomato Puree	Choron
			+Glace de Viande	Foyot
			+Butter+Oil+Tomato Puree	Tyrolienne
			+Parsley Chop, Taragon Chop	Bearnaise

자료 : 대생기업 매뉴얼

(3) 소스의 종류

① 그레이비소스(Gravy Sauce)

쇠고기나 닭고기의 로스트에 곁들이는 소스이다. 육류를 철판에 구울 때 생겨난 국물을 이용하는 것으로 수프스톡을 적당히 넣고 가열한다. 이때 후춧가루 · 소금 · 캐러멜을 넣고 밑바닥에 눌어붙지 않게 잘 저으면서 끓여 헝겊으로 거르고, 떠 있는 지방을 숟가락으로 떠낸다.

② **베샤멜소스(Béchamel Sauce)**

프랑스 요리용 소스이다. 베샤멜소스의 명칭은 창시자의 이름을 딴 것으로 알려졌다. 모든 백색 소스의 기본이 된다. 백색 루(밀가루와 버터를 살짝 하얗게 볶은 것)를 데운 우유에 넣고 걸쭉하게 되끓인 다음 소금 · 후춧가루 · 너트메그로 양념한 것이다. 이것에 수프스톡 · 생크림을 가한 것이 백색 소스이다. 여과용도의 천에 거른 다음 중탕냄비에 넣어 따뜻하게 데워서 사용한다. 베샤멜소스는 대부분 채소 · 생선 · 수조육류의 요리에 사용되며 농도에 따라서는 그라탱, 크로켓에도 사용된다. 생크림과 달걀 노른자를 가한 크림소스, 치즈를 가한 모르네이(모네)소스 등에도 흔히 이용된다.

③ **크림소스(Cream Sauce)**

베샤멜소스에 생크림을 섞어 만든 희고 걸쭉하며 맛이 진한 소스이다. 닭고기 · 생선 · 달걀 · 채소(아스파라거스, 콜리플라워, 그린피스, 셀러리, 당근, 순무 등) 등을 찌거나 삶아서 무칠 때나 그릇에 담은 후 끼얹는 소스로 쓴다. 베샤멜소스에 1/2 또는 같은 양의 생크림을 섞어 저으면서 가열한 후 소금 · 후춧가루 · 너트메그로 간을 맞추고 레몬즙 몇 방울 또는 달걀 노른자 약간을 생크림에 개어서 넣으면 맛이 더 좋아진다.

④ **모네소스(Mornay Sauce, 모르네이 소스)**

베샤멜 소스와 그뤼에르 치즈로 만든 소스이다. 모네소스(Mornay Sauce)는 베샤멜소스(Bechamel Sauce)와 그뤼에르 치즈(Gruyere Cheese)로 만든 소스로서 베샤멜소스의 파생소스이다. 간혹 생선이나 닭고기 스톡 또는 크림이나 달걀 노른자를 첨가하기도 한다. 모네소스는 달걀, 생선, 갑각류, 닭고기, 채소 등의 요리에 곁들여 낸다.

⑤ **토마토소스(Tomate Sauce)**

모든 요리에 많이 사용되는 소스로서 버터를 녹인 후 당근, 양파, 고기조각에 밀가루를 뿌린 다음 오븐 속에서 익혀 토마토케첩, 마늘, 소금, 후추, 설탕을 넣고 끓여 사용한다.

⑥ **에뮐시온 소스(Émulsionnée Sauce)**

기름을 사용하여 만든 소스이다.

- 마요네스(Mayonnasie)
  - 샐러드, 샌드위치에 사용되는 소스로서 달걀 노른자에 겨자, 소금, 후추, 식초

를 섞은 다음 식용유를 넣어 사용하며 냉장고에 넣지 않고 서늘한 곳에 보관한다.

- 홀랜다이즈(Hollandaise)
  - 생선찜이나 조림에 사용되는 소스로서 달걀 노른자를 거품기로 휘저으며 크림의 상태가 될 때까지 열을 가한 다음 버터, 소금, 후추를 넣고 사용 전에는 레몬즙을 첨가한다.
- 베어네이즈(Béarnaise)
  - 스테이크나 생선에 사용되는 소스로서 통후추, Echalotes(샬롯), 타라곤, 타라곤줄기, 식초를 넣어 거의 건조될 때까지 조려준다. 다음에 달걀 노른자, 버터를 첨가한다. 매우 미지근한 온도로 보관하는 것이 좋다.
- 비네그레트(Vinaigrette)
  - 샐러드, 날음식, 양념의 기초가 되는 소스로서 소금, 흰 후추, 식초를 섞은 후 식용유를 넣고 거품기로 뒤섞은 후 사용한다.

9) 야채요리(Salad : Vegetable)

야채는 계절적으로 많은 종류가 있고 저장방법에 따라 생야채(Fresh Vegetable), 냉야채(Frozen Vegetable), 통조림 야채(Canned Vegetable), 건야채(Dried Vegetable)가 있으며 원래 라틴어의 'Salt(소금)'에서 비롯된 것으로 주재료인 야채에 소금을 가미해서 만든 것이다.

야채에는 비타민 A와 비타민 C의 함유량이 많아 육류를 먹을 때 야채를 곁들이면 육류의 산성과 야채의 알칼리성이 중화작용을 하여 소화를 촉진시킨다.

(1) 샐러드의 유형(Types of Salad)

Salads that Include Ingredients other than Fresh Vegetables are:

- Bean salad
- Caprese salad
- Chef salad
- Chicken salad
- Chinese chicken salad

- Coleslaw
- Egg salad
- Ham salad
- Pasta salad
- Potato salad
- Russian salad
- Tuna salad
- Waldorf salad

(2) 샐러드 드레싱(Salad Dressing)

샐러드에서 중요한 것은 드레싱인데 그 이유는 드레싱에 따라 샐러드의 맛이 수없이 변하기 때문이다. 여성의 'Dress'에서 유래한 것으로 샐러드 위에 드레싱을 얹었을 때 흘러내리는 모양이 여성이 드레스를 벗는 모습과 흡사하다 하여 붙여지게 되었다 한다.

① 프렌치 드레싱(French Dressing)

소금, 후추, 식초, 식용유, 프렌치 머스터드, 레몬즙, 계란 노른자, 다진 양파 등으로 만든 비니거(Vinegar)성 드레싱

② 잉글리시 드레싱(English Dressing)

소금, 후추, 식초, 식용유, 잉글리시 머스터드, 설탕

③ 아메리칸 드레싱(American Dressing)

후추, 식초, 식용유, 설탕, 겨자, 계란 노른자로 만드는 것으로 English Dressing과 비슷

④ 이탈리안 드레싱(Italian Dressing)

주로 야채 샐러드에 사용하는 드레싱이다. 식초 1, 올리브유 2의 비율로 섞는다. 올리브유 대신 다른 식물성 기름을 사용해도 된다. 여기에 다진 토마토를 약간 넣는다. 소금 · 후추 · 양파즙 · 레몬즙 등으로 간을 맞춘다. 바질, 로즈메리 등의 허브나 다진 오이, 피클 등을 첨가하기도 한다. 기호에 따라 설탕을 넣을 수도 있다.

⑤ 파프리카 드레싱(Paprika Dressing)

Italian Dressing에다 소금, 후추, 파프리카, 토마토케첩, 타바스코를 넣어 만든 것

⑥ 사우전드아일랜드드레싱(Thousand Island Dressing)

고소한 맛, 신맛, 단맛이 어우러시고 씹히는 낫이 있어 상추샐러드 등 야채를 수재료로 만든 샐러드와 잘 어울린다.

마요네즈, 토마토케첩, 올리브유, 토마토 페이스트, 다진 양파, 다진 피클, 다진 셀러리, 레몬주스, 검은 올리브, 초록 올리브, 백포도주, 파프리카 약간, 빨간 피망, 삶은 달걀, 피클, 양파, 피망, 식초, 흰 후추와 소금, 후추 약간을 준비한다. 재료는 만드는 사람의 취향에 따라 넣고 뺀다. 상추샐러드에 얹으면 피클 · 양파 등이 섬처럼 보인다 하여 1,000개의 섬이 있는 소스라고도 한다.

⑦ 오일 앤 비니거 드레싱(Oil & Vinegar Dressing)

올리브오일, 식용유, 식초, 소금, 후추, 적포도주

⑧ 로크포르 치즈 드레싱(Roquefort & Cheese Dressing)

French Dressing에 로크포르 치즈를 추가

10) 치즈(Cheese)

전유, 탈지유, 크림, 버터 밀크 등의 원료 우유를 유산균에 의해 발효시키고 응유 효소를 가하여 응고시킨 후 유청을 제거한 다음 가열 또는 가압 등의 처리에 의해 만들어진 신선한 응고물 또는 숙성시킨 식품을 말한다. 가공치즈는 이렇게 만들어진 자연치즈에 유제품을 혼합하고 첨가물을 가하여 유화한 것을 말한다.

치즈의 종류(Genre du Fromage)는 다음과 같다.

(1) 제조상태에 따른 분류

① 천연치즈(Natural Cheese)

우유의 단백질을 효소와 젖산균으로 굳혀서 숙성시켜 만든 치즈. 치즈를 숙성시킨 미생물이 온도와 습도의 영향으로 숙성을 계속하게 되므로 같은 종류의 치즈라도 먹는 시기에 따라 독특한 맛이나 향취가 달라진다. 체더(Cheddar)치즈, 고다(Gouda)치즈 등 따위가 있다. 유통되는 대부분의 치즈는 천연치즈(Natural Cheese)이다.

② **프로세스치즈(Process Cheese, 가공치즈)**

두 가지 이상의 천연치즈를 녹여서 향신료 따위를 넣고 다시 제조한 가공치즈. 가공치즈는 천연치즈를 우리의 기호에 맞게 가공한 것으로 강하게 느껴지는 치즈 특유의 향취를 약하게 유화시킨 것이다. 가공치즈는 품질이 안정되어 있기 때문에 보존성이 높다.

(2) 강도에 따른 분류

① **연질치즈(軟質—, Soft Cheese)**

치즈를 굳기에 따라 분류할 때 연한 편에 속하는 치즈의 총칭

연질치즈의 종류에는 모차렐라(Mozzarella), 카망베르(Camembert), 브리(Brie), 코타지(Cottage), 크림치즈(Cream Cheese), 림버거(Limburger) 등이 있다. 제품의 저장성이 낮다.

② **반경질치즈(Semi Hard Cheese)**

반경질치즈는 수분함량이 40~60% 내외로 수분의 함량이 적으며 응유를 익히지 않고 압착하여 만든다. 경질치즈나 블루치즈보다 숙성하는 기간이 길며 오래 저장할 수 있다. 반경질치즈의 종류에는 던롭(Dunlop), 그뤼에르(Gruyere), 로크포르(Roquefort), 체더치즈(Chedda Cheese), 블루치즈(Blue Cheese), 브릭치즈(Brick Cheese) 등이 있다.

③ **경질치즈(Hard Cheese)**

산악지역에서 생산(Production)되며 세균에 의한 숙성치즈로 수분함량이 30~40% 내외이다. 단단하며 운반과 저장이 용이하다.

에담(Edam Cheese), 에멘탈(Emmental Cheese), 아메리칸치즈(American Cheese), 체더(Cheddar Cheese) 등이 있다.

제7장

연회부

제7장

연회부

제1절 연회(Banquet)의 의의

1. 연회의 정의

연회(Banquet)란 호텔 또는 식음료를 판매하는 시설을 갖춘 구별된 장소에서 2인 이상의 단체고객에게 식음료와 기타 회의장 시설 대여 등의 부대사항을 판매하여 각종 행사의 목적을 달성할 수 있도록 서비스를 해주고 그 대가를 수수하는 것을 말한다.

그랜드 워커힐 서울호텔 연회장

2. 연회서비스의 개념

연회서비스란 연회장 및 제반 대 · 소형 미팅장소에서 이루어지는 각종 연회행사를 개최힘에 따르는 모든 시비스를 말힌다.

3. 연회의 특성

① 식음료 원가가 절감된다.
② 비수기 타개책 역할
③ 관련부서 간 긴밀한 협조관계가 필요하다.
④ 호텔 내의 커피숍 등 다른 영업장의 매출증대에 기여
⑤ 매출이 탄력성을 가질 수 있어 전체 매출에 기여도가 크다.
⑥ 출장, 즉 출장연회를 통해 외부에 판매가 가능하다
⑦ 자호텔의 홍보효과가 크다.
⑧ 예약된 메뉴만 취급한다.
⑨ 예약을 통해서 준비되고 개최된다.
⑩ 행사가 있을 때만 영업이 이루어진다.
⑪ 미리 예약하면 대량의 메뉴와 서비스 제공이 가능하다.

제2절 연회의 분류

1. 연회의 분류

1) 기능별 분류

① 식사판매를 목적으로 한 것

- Breakfast, Lunchoen, Dinner, Buffet, Cocktalil Party, Tea Party

② **장소판매를 목적으로 한 것**

- Exhibition, Fashion Show, Seminar, Meeting, Press Meeting, Conference, 강연회, 간담회, 연주회, 신제품 발표회

2) 장소별 분류

① 호텔 내의 파티 : 연회장 파티

② 출장파티 : 아웃사이드 케이터링 파티 또는 딜리버리 푸드

③ 가든 파티 : 자택이나 잘 알려진 정원에서 개최하는 연회

④ 테이크 아웃 : Take Away(영국)라고도 함. 특별 주문 도시락 및 음료를 연회장에 주문하고 Take Out하는 경우이다. 보통 수백 명 분량의 주문이 이루어진다.

3) 목적별 분류

① 가족모임 : 결혼식(웨딩), 약혼식, 피로연, 회갑연, 고희연, 생일파티, 돌잔치, 결혼기념 파티

그랜드 워커힐 서울호텔 연회장 웨딩홀

② 학교관계 파티 : 입학 · 졸업 파티, 사은회, 동창회, 동문회

③ 정부행사 : 청와대 출장파티(국빈행사), 외교관계, 기타

④ 협회 : 국제회의, 심포지엄, 정기총회, 이사회

4) 요리별 분류

① 양식파티(Western-Style Party)

② 중국식파티(Chinese-Style Party)

③ 한식파티(Korean-Style Party)

④ 일식파티(Japanese-Style Party)

⑤ 다과회파티(Tea Party)

⑥ 뷔페파티(Buffet Party)

⑦ 칵테일파티(Cocktail Party)

⑧ 바비큐파티(Barbecue Party)

5) 시간별 분류

① Breakfast Party : 06:00~10:00

② Brunch Party : 10:00~12:00

③ Lunch Party : 12:00~15:00

④ Afternoon Tea Party : 15:00~17:00

⑤ Dinner Party : 18:00~22:00

⑥ Supper Party : 22:00~24:00

제3절 연회행사의 종류

1. 테이블서비스 파티(디너파티, Dinner Party)

연회행사 중 가장 격식을 갖춘 의식적인 연회로서 사교상 목적이 있을 때 개최. 초대장에 복장에 대한 명시를 해야 하며, 명시가 없으면 정장을 하는 것이며 유럽에서의 디너파티는 으레 예복을 입고 참석한다.

연회장 입구에 테이블 플랜(좌석배치도)을 놓아 참석자의 편의를 도모한다.

요리의 코스 후반 디저트 코스가 들어오면 주빈은 일어서서 간략하게 인사말을 한다. 통상 Room의 입구에서 가장 먼 안쪽이 상석이다.

테이블서비스 파티(디너파티)

2. 칵테일 파티(Cocktail Party)

칵테일 파티는 여러 가지 주류와 음료를 주제로 하고 오르되브르(Hore-D'oeuvre)를 곁들이면서 스탠딩 형식으로 행해지는 연회를 말한다. 자유로이 이동하면서 자연스레 담소할 수 있고 참석자의 복장에 별로 제약이 없어 매우 편리한 사교모임 파티이다. 오후 저녁식사 전에 이루어진다.

3. 뷔페파티(Buffet Party)

1) 스탠딩 뷔페파티(Standing Buffet Party)

칵테일 파티에 식사 순서가 가미된 요리중심의 식단이 작성되며 여기에 스탠딩 뷔페는 양식, 이태리식, 중식, 일식, 한식요리 등이 함께 제공한다. 필요시 연회장 사이드 쪽으로 소량의 의자를 배열해 몸이 불편한 고객에게 편의를 제공하기도 한다.

2) 착석 뷔페파티(Seating Buffet Party)

먼저 고객이 모두 앉을 만한 테이블과 의자를 배치하고 접시와 잔, 포크, 나이프, 냅킨 등을 구비하여 테이블에 Setting한다. 또한 뷔페요리를 뷔페테이블에 고객이 드시기 편하게 보기 좋게 진열해 놓는다. 즉시 모자란 음식을 그때그때 서브할 수 있는 주방 요원을 확보해 음식이 부족함 없이 제공됨이 주요 관건이다.

3) 조식 뷔페파티(Breakfast Buffet Party)

조식뷔페를 준비하는 경우, 대개 버터와 치즈류, 잼, 마멀레이드와 함께 Bread류를 내며 찬 시리얼류와 찬 우유, 계란요리, 햄, 소시지, 베이컨, 밥, 된장국, 김, 김치, 김밥, 소바, 비르허뮤슬리(스위스식 건강시리얼), 과일주스, 신선한 과일과 스튜한 과일 등의 음식을 낸다.

4) 핑거 뷔페파티(Finger Buffet Party)

스탠딩 뷔페같이 고객에게 교제의 기회를 제공하고자 할 때 적합하다. 이 파티는 고객들이 그다지 풍부한 양의 음식을 기대하지 않는 낮시간에 주로 하는 간이식사로서 포크나 나이프 없이도 먹을 수 있는 한입거리 크기의 음식으로 준비한다.

5) 테이블 뷔페파티(Table Buffet Party)

뷔페파티는 행사인원이 많아질 경우 고객들이 뷔페라인에서 장시간 줄을 서서 기다리는 불편을 감수하게 된다. 그와 같은 단점을 보완하기 위해 고안한 것이 테이블 뷔페파티이다.

테이블 뷔페파티는 뷔페음식 테이블을 별도로 배치하지 않고 메뉴에 따른 적정량의 음식을 실버 플래터(Silver Platter) 등을 사용하여 고객용 라운드 테이블 위에 직접 Set-up해 주는 것이다. 고객들은 대화 중 일어서서 음식을 가지러 갈 필요 없이 앉은 자리에서 식사할 수 있다.

6) 가정에서의 뷔페(Buffet in the House)

가정에서의 뷔페는 음식을 가정에서 조리하거나 출장연회를 주문하여 특정한 방에 식탁테이블을 꾸미고 다른 방에는 좌석을 준비하여 식사할 수 있도록 한다.

4. 리셉션 파티(Reception Party)

리셉션은 중식과 석식으로 들어가기 전의 식사의 준비단계 성격의 리셉션과 그 자체가 한 목적인 리셉션으로 나눠진다.

1) 식사 전 리셉션(Pre-meal Reception)

식사에 앞서 리셉션을 가지는 목적은 식사 전까지 손님들이 서로 모여서 교제할 수 있도록 하는 데 있다. 한입에 먹을 수 있는 크기의 간단한 오르되브르용 카나페 음식을 제공하는 것이 상례이다. 음료는 캄파리소다, 마티니, 맨해튼, 버번콕, 위스키소다, 진토닉, 보드카, 다크럼, 드라이&스위트 버무스, 그리고 과일주스 등이 통상적으로 사용된다. 리셉션 장소는 고객들이 서로 대화하며 자연스레 통행할 수 있는 충분한 공간을 요한다. 식사 전 리셉션은 보통 30분 동안 베풀어진다. 칵테일 소비를 촉진시켜 컨섬션차지(Consumption Charge)를 증대시키는 것이 관건이다.

2) 풀 리셉션(Full Reception)

풀 리셉션은 문구 그대로 리셉션만 목적으로 하는 행사이다. 한번 제공된 음식들로만 채워지고 더 추가되는 음식이나 주류는 없으며 보통 2시간 정도 진행된다. 제공되는 음식은 대체로 카나페(Canape), 샌드위치(Sandwich), Cold dish, Hot dish, 퐁뒤(Fondue) 등의 한입거리 음식으로 준비하며 식사 전 리셉션의 음식보다는 질과 양 부분에서 충분해야 한다.

5. 티 파티(Tea Party)

일반적으로 Break Time에 간단하게 개최되는 파티를 말한다. 칵테일 파티와 마찬가지로 입식으로 커피와 티를 겸한 음료와 과일, 샌드위치, 디저트류, 케이크류, 쿠키류 등을 제공한다. 보통 회의 시 좌담회, 간담회, 발표회 등에서 많이 하는 파티의 일종이다. 또한 자녀 중심의 입학, 졸업축하, 여성의 동창회, 생일파티 등의 간단한 파티에 적용되며 음식은 다과를 세트로 차려놓고 자유롭게 먹는다.

6. 특정 목적의 파티

1) 모금파티(Party for Raising)

미국, 유럽 등 선진국에서 수지사 등 각종 선거가 가까워 오년 특정 후보를 위하여 자금을 모금하기 위해 개최하는 파티로 정당주최, 개인주최 등으로 다양하다. 회비는 일인당 100달러에서 1,000달러까지 있다. 민간단체에서도 화이트 엘리펀트 세일이라고 부르는 파티가 있다. 화이트 엘리펀트는 흰 코끼리라는 뜻으로, 이를 유지하는데 비용이 많이 드는 무용의 거물이라는 뜻이다.

2) 포트럭 디너(Potluck Dinner)

각자 일품식사를 지참하여 한자리에 모여 다 같이 즐기는 파티로서 이를 코퍼레이팅 파티라고도 한다. 주최자가 음식목록을 작성하여 주요리, 샐러드, 디저트로 분류하고 참석자들에게 그중 한 가지의 음식을 지참케 하는 것이다. 미국인들이 고안한 파티이다.

3) 무도회와 댄스파티(Ball and Dance Party)

우리나라에서는 무도회와 댄스파티를 분명히 구별하지 않는 경향이 있으나 영어로는 이 양자를 구별한다. 즉 댄스파티는 보통 일정한 연령에 달한 사람을 초대하지만 무도회는 연령에 관계없이 여주인과 친한 관계의 사람은 누구나 초대될 수 있는 것이다. 다시 말하면 무도회는 댄스파티보다 많은 사람이 참석하는 큰 규모의 댄스파티를 의미한다.

4) 샤워 파티(Shower Party)

이는 선진국에서 시작된 극히 퍼스널라이즈한 파티인데 주로 여성들이 중심이 되어 개최하는 파티이다. 최근 우리나라 특급호텔에서 매출증대를 위에서 특별상품으로 내놓고 비수기에 여성고객 유치를 통한 매출증대를 꾀하고 있다.

친한 친구끼리 선물을 지참하고 모여 축하받을 사람을 중심으로 그에 대한 환담으로 화제를 유도하며 참석자 전원이 선물을 하는 파티이다. 즉 우정이 비와 같이 쏟아진다는 '샤워'의 의미를 붙인 것이다.

7. 출장연회(Outside Catering)

향후 연회사업 중 가장 각광받고 번창하는 분야가 바로 출장연회 부문이다. 아직은 전문화된 회사가 많지는 않으나 날로 늘어날 전망이다.

개인 가정집의 돌잔치, 생일파티 등의 소규모 파티와 결혼 피로연, 고희연, 기타 가족모임 및 기업체의 대 · 소 행사 등의 대형 출장연회 등이 있다.

8. 옥외파티(Entertaining in the Open Air)

전원생활에 대한 향수, 일상의 스트레스 해소책으로 인해 행하는 옥외에서의 파티를 말한다. 바비큐파티, 피크닉파티, 가든파티 등이 있다.

9. 임대연회(Rental)

연회장 및 기타 설비의 임대가격을 동종 호텔에서 사전에 조사하여 목록을 준비해 두고 이를 필요로 하는 고객에게 제공하는 것을 말한다.

1) 전시회(Exhibition)

무역, 의료, 식품, 웨딩, 교육분야 혹은 서비스 판매업자들의 대규모 상품진열을 의미하는 것으로서 회의를 수반하는 경우도 있다. 전시회, 트레이드쇼라고도 하며 유럽에서는 주로 트레이드 페어(Trade Fair)라는 용어를 사용한다.

2) 국제회의(Convention)

국제회의 분야에서 가장 일반적으로 쓰이는 용어로서 정보전달을 주목적으로 하는 정기집회에 많이 사용된다.

3) 기타

문화, 예술, 공연, 체육행사, 패션쇼, 연예인 콘서트 등

제4절 연회예약

1. 연회예약의 의의

호텔 내의 연회예약부서는 주로 워킹고객이나 전화문의고객의 행사를 예약하고 판촉부에서는 행사를 외부의 기업체, 협회, 정부기관, 미군부대, 대사관 등의 방문을 통한 판촉활동을 통해 각자의 매출액 할당을 주어 행사를 유치한다.

고객의 다양한 요구를 만족시키기 위한 전문적이고 고도의 숙련된 기술, 긍정적인 마인드, 충분한 경험 등을 가진 예약직원 확보는 매우 중요하다. 예약부서에서 접수한 모든 설문과 제안사항은 연회서비스부(현장), 필요시에는 연회예약 코디네이터와 같이 조정한다.

2. 연회예약 시의 연회접수 및 진행과정

1) 순서

- 예약 접수 : 편지, 전보, 전화, 텔렉스, 판촉, 직접방문, 직원 소개
- Control Chart 확인 : 사용 가능한 연회장 유무 확인
- 예약 전표 작성
- Control Chart Booking : 연회예약 대장
- 견적서 및 메뉴 작성
- Event Order 작성 : 연회행사 통보서
- Event Order 결재 : 식음료부 결재
- Event Order 배포 : 각 관련 부서
- 외부업무 발주 : 현수막, 차량, 무대장치, 메뉴 인쇄, 사진 및 VTR, 상차림
- Chart실 준비사항 점검 : Sign Board, Menu, Name Tag, Seating Arrangement, Place Card
- 행사전일 : Daily Event Order, V.I.P Report 작성 및 배부
- 연회준비 및 행사 진행
  - 현장 : 행사장 준비 및 서비스 진행

- 조리 : 음식 준비
- 방송실 : 조명 및 음향관계 설치
- 음료 : Bar 설치
- ART : Ice Carving 제작 및 설치
- 꽃방 : 꽃장식
- 고객 영접 및 환송

예약이 결정되면 주최자와의 충분한 협의를 통하여 행사의 내용을 어떻게 구성해 갈 것인가에 대하여 전문가로서의 기능을 발휘해야 한다. 파티 구성과 부대시설에 대한 제원 확보 및 전문가 지식을 습득하여 연회의 전 과정을 구성할 수 있어야 한다.

연회 구성이란 요금이 정해진 상품을 판매하는 것이 아니라 연회라는 상품을 창조 판매하는 것이라고 생각해야 한다. 다음과 같이 연회가 구성된다.

- 견적서 제출(Agreement : 동의)
- 접수확인서 발송
- 요리와 음료관계
- 좌석배치 및 안내문 준비
- Flower 및 Deco류
- V.I.P 참석 여부 현황

2) 연회예약 접수 시 고려해야 할 사항

연회에 필요한 모든 서류는 행사를 차질 없이 준비하기 위해 여러 번에 걸쳐 재검토되어야 하며 예약대장에는 반드시 행사장소가 기록되어 있어야 한다.

(1) 테이블 계획 및 배치도

연회장의 배치는 테이블 계획과 좌석배치도로 구별되는데 테이블 계획은 행사성격에 따라 주최측과 협의 후 계획하여야 하며, 좌석배치는 의전상 서열순서에 따라 주최측과 충분한 협의를 거쳐 확정될 수 있도록 하여야 한다. 마지막으로 모든 테이블 계획이 확정되면 정확하게 연회서비스 Manager에게 전달한다.

(2) 전화응대

호텔에서 개최되는 연회행사는 전화로부터 시작된다. 올바르고 효과적인 전화응대법을 매뉴얼로 만들어놓고 이를 숙지하여 고객서비스에 만전을 기한다.

(3) 연회장 쇼잉에 대비한 모든 연회룸의 정리정돈

연회예약을 위해 사전답사를 하러 온 고객에게 자호텔의 연회장을 보여주면서 연회장의 설비와 행사에 필요한 중요한 사항들을 설명하는 것은 매우 중요한 일이다. 모든 뱅킷룸과 컨벤션룸은 항상 최상의 상태로 정리정돈되어 있어야 한다. 연회예약실에는 연회장의 시설과 설비에 대한 홍보용 슬라이드 필름, 식탁배열도, 얼음조각과 케이크의 유형, 연회장 전경사진 등을 비치한다.

(4) 네임카드(Name Card)

주최측에서 네임카드를 요구할 경우에는 미리 정확한 명단을 입수하여 행사 이전까지 네임카드 작성을 완료하여 행사장 입구의 안내 데스크에 비치할 수 있도록 조치한다.

(5) 헤드테이블과 강단(Head Table & Platform)

헤드테이블과 강단을 배치할 때에는 위치와 앉을 인원수 그리고 강단의 높이 등을 미리 주최측과 협의한다.

1인당 70cm의 좌석공간을 계산하여 강단을 세우고 연단과 마이크 등 기타의 간격을 가산한다. 테이블클로스와 초록색 펠트가 강단 위까지 내려오게 테이블을 둘러싸야 한다. 강단을 세팅할 때 주의사항은 안전을 위해 직원 두 명 이상이 조심스럽게 다루어야 하며 뒷부분은 벽으로부터 5cm 이상 떨어져서는 안 된다. 바닥 연결부분을 잘 이어서 높이가 같도록 주의를 기울여야 한다.

(6) 전시 및 진열

전시나 진열은 표준이 없다. 장식가는 주최측과 협의하여 주최측이 요구하는 바를 충분히 인지하고, 호텔연회장 상황을 고려한 후 호텔 측에서 제공 가능한 것들은 모두 제공하여 전시 및 진열대를 설치해야 한다. 전시나 진열을 할 경우에는 행사가 시작되기 이전에 그 지역이 완전히 정돈되었는지 확인하고 전시기간 동안 청결을 유지하도록 조치하여야 한다.

(7) 등록 및 접수대(Registration Desk)

등록 및 접수대는 행사 주최측과 합의하여 설치하게 되는데, Folding Table을 사용하여 그린펠트로 테이블을 잘 세팅해야 한다. 주최측의 요청에 의해 휴지통, 재떨이, 분필, 칠판, 방명록, 네임카드 등도 함께 배치한다.

(8) 통제 및 지시사항(Control)

연회서비스 Manager에게 행사가 차질 없이 진행될 수 있도록 예약사항에 대한 모든 사항을 빠짐없이 전달하여야 한다. 연회행사 후에도 계산서를 점검하고 서비스현장 직원에게 지시하여야 할 고객의 제안사항 또는 불평사항이 있으면 이를 전 직원 미팅 시 전달하여야 하며, 추후 충분히 개선될 때까지 교육을 실시하여야 한다.

(9) 행사장 장식(Decoration)

행사와 관련된 특별한 장식을 요구할 경우 호텔 측 제공 가능 여부를 주최측에 즉시 통보하여야 하며, 협조가 가능한 사항은 차질 없이 준비할 수 있도록 해야 한다.

플래카드, 꽃꽂이, 얼음조각(Ice Carving), 실내정원, 테이블장식 등이 호텔 측에서 제공 가능한 장식이다.

(10) 와인(Wine)

오찬(午餐)이나 만찬(晩餐) 행사 시 와인을 요청하면 즉시 음료 지배인에게 협조를 구하며, 음료창고에는 항상 어떠한 와인들이 준비되어 있고 저온 공급할 수 있는지 목록표를 작성하여 확인할 수 있어야 한다.

(11) 계산(Billing)

행사 종료 후 계산관계가 아무런 문제없이 이루어질 수 있도록 사전에 행사 요금계산과 관련되는 정보를 주최측으로부터 충분히 알아두어야 한다. 지불능력에 대한 정보는 호텔 여신과에 확인하면 되지만, 회사명 및 주소, 개인 신상에 대한 정보가 있어야 한다.

어떤 행사든지 지불관계는 명백해야 한다. 누가, 언제, 어떤 방법으로 지불할 것인가에 대해서는 주최측으로부터 행사계약서 작성 시에 명확히 확인받아 두어야 한다. (예) "계약서 작성자가 현금으로 행사 후 즉시 계산한다", "행사 후 회사카드로 결제한다."

(12) 행사장 청결 및 정리정돈

행사장의 청결상태를 확인하고, 테이블클로스 및 스커트의 세탁상태를 점검하며, V.I.P행사 전에 대기장소의 정리정돈상태 등을 철저히 확인한다.

(13) 행사장소 변경이나 취소

① 행사장소의 변경(Adjustment)

- 관련되는 모든 부서에 행사장소의 변경을 통보, 필요한 조치가 수행되었는지를 확인하고 Event Adjustment Sheet를 작성하여 배포한다.
- 호텔 사정으로 인하여 행사장소를 부득이하게 변경해야 할 경우에는 행사 주최측에 양해를 구한 뒤 변경된 장소를 알려주어야 한다.

② 행사 취소 시(Cancellation)

- 행사가 취소되었으면 즉시 관련부서에 통지하고 Event Adjustment Sheet를 모든 관련부서에 배포한다.
- 행사가 24시간 전에 취소되면 총 음식가격의 50%를 계산해야 한다.
- 예약금은 호텔에 귀속시킨다.

(14) 예약금 영수증(Advance Banquet Deposit Record)

모든 행사는 반드시 총 견적금액의 50% 예약금을 받아야 하며, 예약금을 받으면 영수증을 발부하여 고객에게 주고 예약금을 사본과 함께 여신과에 송부한다. 여신과에서는 사본 중 1장을 반드시 연회예약과 지배인 앞으로 보내야 하며 연회예약과 지배인은 그 사본을 보관해야 한다.

(15) 음료정책(Corkage Charge)

행사 시의 음료매출 비율이 상당히 크므로 행사 주최측이 반입을 원하면 행사 취소 등 강경자세라도 잘 설득하여 될 수 있는 한 음료의 반입을 지양한다. 정 부득이하게 음료를 반입해야 하는 경우는 연회부장의 결재를 얻어 허용하되 Corkage Charge를 부과시킨다. Corkage Charge는 통상 동급 반입음료에 대한 호텔 판매요금의 30% 정도이다.

(16) 행사장 사용료

연회행사의 성수기인 3~5월과 9~12월 사이에는 매출액이 상대적으로 적은 임대사용 행사는 될 수 있는 한 피한다. 식음료 주문 없이 연회행사장만 사용할 경우에는 자호텔에서 정한 행사장 임대사용료를 부과한다.

(17) 컨벤션 및 뱅킷메뉴, 웨딩메뉴

연회행사에 대한 연회메뉴의 가격은 정해져 있으나 특별한 경우에는 책임자와 상의하여 특별메뉴에 대한 계약을 체결할 수 있다.

(18) 메뉴 프린팅

통상 고객관리차원에서 무료로 제공한다. 단 특별 고급사양을 고객이 요구하면 거래처를 추천만 해주고 관여하지 않는 것이 좋다.(연회예약실의 불필요한 시간낭비 절약)

(19) V.I.P보고서 작성

행사가 이루어지면 주최측으로부터 V.I.P 참석여부를 확인하여야 한다. V.I.P의 참석이 확인되면 연회예약지배인은 V.I.P보고서를 작성하여 연회부장 및 총지배인, 객실부장, 당직지배인 등 관련 부서장에게 예약접수와 동시에 긴급 메시지 서식을 통해 보고하여야 한다.

(20) 시설사항

연회장의 모든 음향기기 및 동시 통역시설 등은 특별한 엔지니어링 기술을 요하는 품목이기 때문에 특별한 연회나 국제회의, 디너쇼, 패션쇼 등 중요한 비중의 행사가 있을 때에는 사전에 시설부에 짧게 협의를 거친다. 자체해결이 안 되는 시설 등은 오전 부서장 회의를 통해 해결방안을 강구한다.

(21) 여흥관계

적어도 1주일 전에 예약이 완료되어야 하며, 예능관계부서 혹은 여흥관련 외부업체와 사전에 협의 조정한다.

(22) 주차장(Parking)

행사에 참석하는 고객들이 차량을 이용할 경우 차종에 따라 주차지역을 미리 배정하여 확보해 두어야 한다. 주차지역이 배정되면 주차장의 안전을 위하여 해당부서와 긴밀히게 협조한다.

(23) 안내문(Lobby Information Posting)

연회예약 코디네이터는 큰 행사나 연회 혹은 국제회의 시 참석자들이 행사장소를 쉽게 찾을 수 있도록 하고, Today's Event에 안내일시, 장소 등이 잘못된 것이 없는지 항상 점검한다.

(24) 음식 및 행사장 준비절차

① 음식 준비절차

- 연회주방장은 보증인원에 따라 식사를 준비한다.
- 만일 추가가 있다면 10% 이내여야 하지만, 더 이상의 추가메뉴는 연회서비스 과장과 주방장이 상의 후 결정한다.
- 부가적인 요리준비는 협의가 완료되면 즉각 준비되어야 한다.

② 행사장 준비절차

- 세트메뉴일 경우에는 보증인원보다 10% 정도 많게 좌석배열을 하되, 음식요금은 추가분만큼 더 받는다.
- 뷔페일 경우에는 보증인원의 10%까지는 좌석을 더 배열하고 추가분의 음식요금을 부과하지 않는 것이 일반적이다.
- 계약 시 확정된 보증인원은 반드시 연회 행사지시서에 정확히 명기한다.

(25) 행사 후 계산방법

행사가 끝날 무렵 행사지시서에 의한 실질계산은 뱅킷 캡틴이 하고 연회지배인에게 최종 확인한다.

- 행사주최자와 함께 계산서의 항목을 확인하고 계산한다.
- 현금이나 수표로 지불하면 캐셔는 고객에게 영수증을 발급하며, 후불일 경우에는 지불능력이나 신용도를 여신과에 문의한 후 그들의 승인 시 결정한다. 또한 연락처, 명함 등을 명확히 기재 및 자료 첨부를 하여 여신과에 관련 계산서를 넘긴다.

(26) 연회예약실 점검표

- 연회계약서
- 각종 행사의 연도별 기록보관 파일

- 연회메뉴가격표
- 각 행사장의 평당 연회유형별 수용인원 환산 Lay Out
- 장비와 설비에 대한 리스트와 사진
- 연회행사진행 사례 사진
- 얼음조각, 기타 연회행사장의 데커레이션 사진
- Thanks Letter of Guest
- 공휴일 및 오후 퇴근시간 이후의 당직 근무 스케줄

(27) 감사의 편지

행사가 끝난 후 1주일 이내에 행사를 주최한 고객에게 감사하다는 편지를 발송해야 한다.

(28) 일일 연회예약 현황보고서

- 보고서는 매일 코디네이터가 내일부터 1주일간의 행사지시서와 예약대장에 의거해서 작성해야 한다. 매일 업데이트 작성한다.
- 각 영업장 피존박스(Pigeon Box) 및 조리부, 시설부, 당직지배인, 객실부, 플라워숍 등 관련부서에 배포한다.
- 관련부서는 연회예약 일일보고서를 보고 그날의 행사장을 다시 체크해야 하며, 각 영업부서는 그날의 행사를 숙지하여 행사에 대해 고객들에게 자세히 안내해 주어야 한다.

제5절 연회부의 조직과 직무

1. 연회예약부서 구성원의 직무

1) 연회예약 지배인의 직무

연회행사를 판매하며, 각종 연회행사, 컨벤션, 미팅, 기타 행사를 조정하는 업무를 담당한다. 그리고 행사예약장부의 컨트롤에 대한 최종 책임자이다.

- 연회예약과 관련된 모든 업무에 대한 총괄적인 지휘, 감독, 관리업무
- 타 부서와의 협조관계
- 연회예약의 메뉴 및 가격결정
- 연회예약접수에 따른 관리 및 결재
- 연회예약대장의 관리
- 직원의 교육 및 근태관리 등 기타 업무

2) 연회예약 부지배인의 직무

연회행사의 판매 컨벤션, 미팅, 기타 행사의 조정판매와 문의에 대한 사내 판매의 부대표자로서 연회과장과 연회예약지배인의 업무보조, 행사 예약장부의 컨트롤 및 모든 연회장 준비에 대한 조정을 담당한다.

- 연회회의 및 객실예약에 관한 개인 또는 단체고객을 면담한다.
- 연회장 내의 모든 연회, 회의, 기타 행사를 고객과 직접 계획한다.
- 시청각 기자재를 준비하고 관리한다.
- 컨벤션, 회의, 연회에 관한 서류를 유지, 관리한다.
- 예약접수내용 관리 및 연회예약 대장을 기록, 유지한다.
- 견적서를 작성한다.
- 행사명령서를 작성한다.
- 행사장 배치도를 기록하고 관리한다.
- 연회장에 대한 각종 안내문을 준비하고 점검, 확인한다.
- 통합판매체제의 증진을 위해 연회과장, 연회예약지배인, 판촉부서와 긴밀히 협력한다.
- 기타 공통된 업무와 직무를 수행한다.

3) 연회예약사무원의 직무

- 각종 서식 및 메뉴 비품관리
- 구매요구서 발송
- 우편물 접수 및 발송
- 인쇄물 의뢰 및 수령

- 각종 타이핑 및 메뉴 프린팅
- 연회 시트(Sheet)의 배포
- 예약금 관리

4) 연회예약담당의 조건

연회유치 경쟁은 고객확보를 위한 전략이다. 따라서 연회요원은 연회유치를 위하여 연회상품지식은 물론 호텔상품에 대해서도 풍부한 지식을 습득하여야 한다.

- 좋은 연회시설
- 맛있는 요리
- 좋은 인적 서비스
- 풍부한 상품지식
- 고객에게 신뢰받을 수 있는 용모, 태도 확립

2. 예약담당의 업무

- 고객예약을 수주하는 리셉션업무와 관계부서에 발주하는 발주업무로 대별할 수 있다.
- 내방객이 연회접수 및 연회장 안내
- 전화의 응답, 전보, 텔렉스에 의한 연회접수
- 메뉴, 견적서, 도면 작성
- 조리부에 메뉴제출의뢰서 발송
- 행사 전일 행사 전반에 대한 확인
- 정보입수 시에 판촉사원 대신 회사방문 연회접수
- 연회관련정보 접수 시 판촉사원에게 정보 제공
- 대형 연회 시 팔로 업 서비스
- Control Chart(컨트롤 차트) 관리
- 패밀리 파티 실적 집계 및 홍보
- 전 사원 캠페인 교육 및 실적 집계
- 판촉사원과 동행 판촉활동 실시

- 예약취소, 변경 시에 관계부서 통보
- 고객관리카드 작성유지
- 예약금 취급 및 관리
- 연회시트 작성

3. 예약업무에 필요한 각종 서식류

- 연회예약현황 장부
- 견적서
- 연회예약접수명세서
- 연회행사 통보서
- 금일 연회행사 통보서
- 주간행사 통보서
- 월간행사 통보서
- 금일 V.I.P방문 통보서
- 가격메뉴표
- 가격안내표
- 각종 연회장 도면
- 연회장 도면
- 각종 모임안내 용지
- 정정통보

4. 연회장의 조직

1) 연회장 지배인(Banquet Manager)

- Banquet Manager는 금일 연회행사 예약현황 및 연회 예약현황 장부(Control Chart)의 관리를 철저히 하여야 한다.
- 연회장의 서비스교육계획을 수립하여야 한다.
- 주방장과 음료부서장과의 정기적인 회의를 통해 각종 식음료의 메뉴와 가격을 결정한다.

- 연회 주최자에게 업장의 상세한 내용을 설명할 수 있는 각종 판촉물을 제공한다.
- 연회장의 제공음식, 출장음식, 각종 임대료, 음식요금책정에 책임을 진다.
- 예정된 연회에서는 업장을 직접 진두지휘하고 서비스 제공에 만전을 기한다.
- 연회주최자의 요금수납관계를 정확히 파악하여 악성미수금이 발생하지 않도록 한다.
- 연회 주최자 및 고객과 긴밀한 유대관계를 유지하고 연회서비스에 대한 광범위한 지식을 가져야 한다.
- 기타 직무
  - 직원의 근무시간표 작성
  - 직원의 교육훈련 담당
  - 직원의 일상 직무할당 및 지시
  - 적정인원의 확부
  - 연회장의 수리 및 보수유지
  - V.I.P 직접환대 영접
  - Daily Meeting 주관
  - 업무일지 및 Daily Sales Report 작성

2) 연회장 캡틴(Banquet Captain)

- Banquet Captain의 직무는 특별한 행사를 취급하는 데 있어서 연회지배인을 돕고, 서비스 직원들을 감독하고 협조한다.
- 특정행사가 주어졌을 때 필요한 기물들을 준비한다.
- 행사 후의 뒷정리와 청소를 지휘 감독한다.
- Banquet Manager를 도와 주방, 바, 기타 관련부서와 협조하여 필요한 준비와 서비스를 원활히 수행하도록 한다.

3) 연회장 웨이터(Banquet Waiter)

- 고객 서비스를 위해서 청구된 기물과 소모품들을 수령하여 온다.
- 파티 룸을 정돈하고 테이블을 셋업한다.
- 행사준비를 위하여 홀을 정리하고 테이블 배열을 한다.

- 각 코스가 끝나면 접시류를 치운다.
- 리넨 수거요령에 따라 사용된 리넨을 리넨룸으로 반납한다.
- 사용 후 기물과 기기들을 관련부서에 반납한다.
- 필요에 따라서는 뱅킷 캡틴의 임무도 수행할 수 있다.

5. 연회 진행절차

연회행사통보서가 현장에 도착하면 사전에 반드시 다음과 같은 사항을 철저히 점검하고 준비하여 행사 진행에 차질이 없도록 만전을 기해야 한다.

① **연회서비스 계획**

- 연회행사에 따른 적절한 종사원의 확보
- 확보된 종사원의 서비스 테이블의 배정
- 연회행사 설명 및 메뉴교육
- 정해진 메뉴에 의한 서비스 순서의 교육
- 기타 행사에 필요한 제반사항에 대한 교육
- 사전 서비스요원 모두 집합 리허설을 실시하여 시행착오 사전 제거

테이블 세팅 Standard(그랜드 워커힐 서울호텔)

제 8 장

음료과

제8장

음료과

제1절 음료(Beverage)과의 직무 및 형태

1. 바(Bar)의 개념

바의 어원은 불어의 'Bariere(바리에)'에서 유래된 말로서 고객과 바맨(Bar Man) 사이에 가로질러진 널판을 바(Bar)라고 하던 개념이 오늘날에는 술을 판매하는 주장을 총칭하고 있다. 이와 같은 주장들을 설계할 때는 ① 호텔의 성격에 부합되는 독특한 구조와 훌륭한 Bar의 업태에 걸맞는 디자인, ② 이용에 편리한 위치와 출입구, ③ 적절한 조명과 음악의 연출 등을 고려해야 한다.

주장(酒場)은 아늑한 분위기가 느껴지는 장소에서 바텐더가 고객에게 주로 음료를 판매하는 곳으로 고객의 일상생활에서 발생한 긴장감을 해소시켜 주며 대화를 나눌 수 있는 역할을 하는 공간이라고 할 수 있다. 호텔에서는 음료서비스를 제공하는 시설이 필수적으로 요구되는데 일반적으로 다음과 같은 종류가 있다.

- Main Bar : 호텔고객을 위주로 영업하며 식당이 취급하는 전 음료를 리스트에 표기하며 가격 표준가로서 판매하는 것이 일반적이다.
- Sky Lounge : 전망 좋은 곳에 위치하며 간단한 식사를 취급하거나 아니면 양식당으로 운영되기도 한다.
- Lobby Cocktail Lounge : 호텔의 1층 Lobby에 위치하며 음료, 주류, 안주류 등을 제공한다.

- Nightclub & Discotheque : 디스코텍은 레코드에 의해 춤추는 댄스홀이라는 점이 나이트클럽과 다르다. 음료, 주류, 안주류 등을 제공한다.
- Men's Bar : 여자의 출입을 규정으로 금지하는 형태의 업장
- Members Club Bar : 입회금과 연회비로써 운영되는 회원전용의 업장이다. 이 밖에 펍 바, 댄스 바, 가라오케 바 등이 있다.

2. 주장의 조직

주장 운영에 있어서 인사조직도는 지휘 계통과 업무의 책임 한계를 확립시켜 주는 것으로 체계적인 조직 및 직무관리가 요구된다.

일반적으로 주장에서 예상되는 효율적인 바(Bar)의 조직도는 다음과 같다.

■ 주장의 조직도

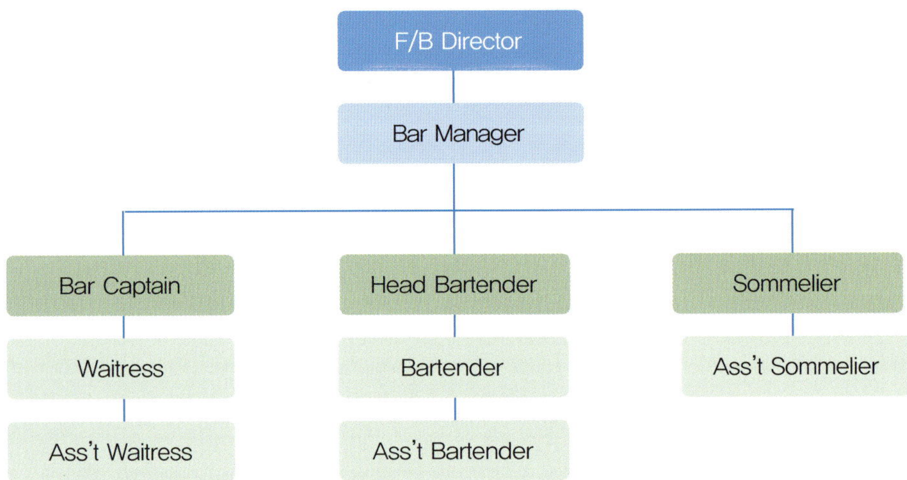

3. 직무분석(Job Description)

직무분석이란 해당직무를 수행하기 위해 요구되는 사항을 명시해 놓은 것을 말한다. 주요 직무를 요약하여 서술하면 다음과 같다.

1) 음료 지배인(Beverage Manager)

① 업장 ; Bar

② 보고자 ; 식음료부장

③ 근무시간 ; 식음료부장 결재에 의한 근무 스케줄에 따름

④ 직무

- 일정수준의 외국어 능력을 배양하여 고객영접과 안내를 총괄한다.
- 고객서비스를 철저히 지휘 감독하여 고객관리를 총괄한다.
- 음료의 양목표 관리와 재고관리를 감독한다.
- 필요시에는 접객서비스도 직접 담당한다.
- 영업종료 후 영업보고 및 재료 사용보고서를 작성 · 제출한다.
- 위생 점검을 매일 실시하고 기기와 기물 정상작동, 청결성 유지 감독을 한다. 주장 종사원들의 근무편성과 Bar 영업을 책임진다.
- 주류 전반 및 칵테일에 대한 풍부한 지식을 가지고 직원의 교육훈련을 담당한다.
- 표준 칵테일 Recipe를 각 Bar에 하달하고 이에 대한 교육을 담당한다.
- 가격 조정과 원가 계산, 월말 재고조사(Monthly Inventory)를 실시한다.

2) 헤드 바텐더(Head Bartender)

① 업장 ; Bar

② 보고자 ; Bar Manager

③ 근무시간 ; Bar Manager가 정한 근무시간

④ 직무

- 영업시작 전에 Bar의 서비스 준비사항과 직원들을 점검한다.
- Bar의 정돈상태와 준비상황을 점검한다.
- 접객서비스의 책임자로서 정확한 주문과 서비스 절차를 유지한다.
- 필요시 지배인의 업무를 대행한다.
- 메뉴의 상품지식, 시간, 순서들을 정확히 숙지해야 한다.
- Bar에서의 서비스와 연계된 모든 행사일정에 관해서 파악해야 한다.
- 식음료가 제공된 후 고객의 만족도를 주의 깊게 관찰한다.

- 테이블 Reset-Up이 자동적으로 실시되는지 체크한다.
- Bar의 음료서비스 매뉴얼, 긴급조치 절차 등을 숙지하고 교육한다.
- 신입사원 및 실습생의 교육을 담당하며 업장 내 행정업무, 지배인 보좌업무를 수행한다.

3) 소믈리에(Sommelier)

① 업장 ; Bar

② 보고자 ; Bar Manager

③ 근무시간 ; 근무 스케줄에 따름

④ 직무

- 포도주를 관리하고 고객에게 추천하여 판매하는 사람을 말한다. 영어로는 와인캡틴(Wine Captain) 또는 와인웨이터(Wine Waiter)라고 한다. 1800년대에 프랑스 파리의 한 음식점에서 와인을 전문으로 담당하는 사람이 생기면서 지금과 같은 형태로 발전하였다.
- 흰색 와이셔츠에 검은색 상 · 하의, 조끼, 넥타이와 앞치마를 두른다.
- 조끼 주머니에는 와인 병마개를 따는 와인스크루와 성냥을 항시 휴대해야 한다. 와인을 시음할 때 사용하는 시 · 음용 잔인 타스트뱅(Tastevin)을 목에 착용한다.
- 고객의 식사와 어울리는 와인을 추천한다.
- 각종 와인의 종류와 맛에 능통해야 한다. 이를 위해 포도의 품종, 숙성방법, 원산지, 수확연도 등 와인의 특징에 대한 풍부한 지식을 갖추고 있어야 한다.
- 재고를 파악하여 와인의 주문, 품목선정, 구매와 저장 및 전반 관리를 한다.

4) 바텐더(Bartender)

① 업장 ; Bar

② 보고자 ; Bar Manager 또는 헤드 바텐더

③ 근무시간 ; 근무 스케줄에 따름

④ 직무

- Glasses 및 칵테일용 기물을 세척 정돈한다.

- 칵테일 양목표(Recipe)에 준하여 지정된 계량기를 사용하고 지정된 글라스에 제공한다.
- 바텐더는 음료와 와인의 충분한 지식을 갖추고 있어야 한다.
- 영업개시 전에 영업준비를 완료한다.
- 영업 종료 후 재고조사(Inventory)를 하여 매니저에게 보고한다.
- 영업 종료 후 바 주위의 청소와 기물정리를 담당한다.
- Par Stock에 준하여 그날 영업에 사용할 주류와 장식자료들을 보급, 수령한다.
- Bar Counter, 작업대 진열장 등을 청소한다.
- 냉장고, 맥주저장고(Beer Cooler), 제빙기 등이 정상적으로 작동하는지 점검한다.
- 칵테일에 필요한 양념류와 장식물, 얼음류 등을 준비한다.
- Bar Waiter의 주문 및 카운터의 직접주문을 신속 정확하게 조주하여 제공 처리.
- 와인, 맥주, 청량음료 등의 모든 상품이 적정 온도가 유지되고 있는가? 점검하고 저장관리에 만전을 기한다.
- 영업 종료 후 재고조사를 하여 재료사용보고를 실시한다.

5) 어시스트 바텐더(Assist Bartender)

① 업장 ; Bar

② 보고자 ; Bar Manager

③ 근무시간 ; 근무 스케줄에 따름

④ 직무

- 칵테일 장식 과일류를 슬라이스(Slice) 즉시 사용 가능하게 지정된 자리에 준비
- 바에 있는 비품들을 위생적으로 닦고 카운터 위와 바닥의 청결을 항상 유지
- 파티가 있을 시에는 바텐더의 헬퍼(Helper)를 한다.
- 맥주 쿨러(Beer Cooler)에 항상 충분한 맥주를 미리 냉장하여 적당한 온도로 제공
- 간단한 믹스 드링크(Mixed Drink)와 병은 바텐더의 감독하에 제공하도록 한다.
- 각종 소모품과 주류, 과일, 리넨류 등 바에서 필요한 모든 물품을 창고로부터 수령한다.

- 칵테일 장식에 필요한 과일류를 예상고객 수보다 적게 슬라이스하여 놓는다.
- Ice Bin(얼음 저장통)에다 각얼음, 프라페를 위한 가루얼음 등을 미리 준비한다.
- 싱크대에서 글라스류, 은기류, 접시류를 닦아 재사용할 수 있도록 준비한다.
- Bar 내부의 청결을 유지한다. 쓰레기통은 반드시 뚜껑이 있는 것으로 준비한다.
- 맥주창고는 Par Stock에 맞추어 다시 채워 항상 일정 수준을 유지한다.

6) Waiter & Waitress

① 업장 ; Bar

② 보고자 ; Bar Manager

③ 근무시간 ; 근무 스케줄에 따름

④ 직무

- 담당 Table과 그 주위를 항상 정리정돈하고 청결하게 유지해야 한다.
- 고객으로부터 주문한 칵테일이나 술의 명칭 수량을 정확하게 주문서에 기재한다.
- 바텐더에게 주문서를 전달하고 조주된 칵테일을 Tray로 운반 고객에게 제공한다.
- 경우에 따라 Cashier로부터 받은 영수증과 잔돈을 영수증 쟁반 위에 놓아 제공한다.
- 고객이 주문할 때 즉시 응할 수 있도록 준비상태로 대기하고 있어야 한다.
- 파티가 있을 경우에는 손님들(특히 여성고객들) 사이로 다니면서 음료 및 렐리시, 오르되브르, 카나페 등을 Serving한다.
- 고객이 돌아가고 난 후 빈 글라스와 기타 테이블 기물을 치우고 테이블을 청소한다. 재떨이는 항상 깨끗한 것으로 교환하여 놓는다.
- 주류에 대한 충분한 지식과 칵테일에 들어가는 내용물도 숙지하고 있어야 한다.
- 와인에 대한 기능과 지식을 지속적으로 습득한다.

제2절 음료(Beverage)의 분류

호텔에서 취급하는 음료(Beverage)는 다음과 같이 분류할 수 있다.

1. 알코올성 음료

1) 양조주

양조주는 각종 과일이나 곡류 및 기타 원료에 들어 있는 당분이나 전분을 곰팡이와 효모의 작용에 의해 발효시켜 만든 술이다. 이 술은 알코올 함량이 비교적 낮아(2~20%) 변질되기 쉬운 단점이 있으나 원료성분에서 나오는 특유의 향기와 부드러운 맛이 있다.

① 막걸리

알코올 성분이 적은 6~7%의 술이다. 쌀이나 보리, 밀 등을 원료로 누룩으로 발효시킨 후 걸러내어 만든다.

② 청주(sake)

쌀 · 누룩 · 물을 원료로 하여 빚어서 걸러낸 맑은 술. 15~16%

③ 혼성주

엿기름 및 기타 전분질 원료를 일단 당화시킨 후 발효시켜 탄산가스가 용해되도록 하여 제조

④ Wine(포도주) 13%

- Still Wine : 비발포성(레귤러 와인), None Sparkling Wine
- Sparkling : Champagne, Sparkling Wine(프랑스의 Champagne 지방 이외의 곳에서 생산한 발포성 와인/탄산가스 첨가)
- Fortified : Sherry, Port Wine
- Aromatized : Vermouth, Aperitif

⑤ Fruits Wine

- Cider(사이다) : 서양의 사과주(Apple Wine)로 알코올 성분이 1~6% 정도이다.

- Perry(페리) : 배즙으로 빚은 술로 알코올 성분이 1~6% 정도이다.

⑥ **Mead(미드)**

꿀에 맥아, Yeast, 향료, 물을 넣어 발효시킨 '리큐어'로 '꿀술'이다. 알코올 40%

⑦ **Beer(맥주)**

Lager, Draft, Ale 3~4.5%

⑧ **Pulque(풀케)**

용설란(선인장)을 발효. 40~52%

2) 증류주

증류주는 발효된 술(양조주)을 다시 증류하여 얻는 술이다. 알코올 농도가 비교적 높으며(20~98%), 증류방법에 따라 불순물의 일부 또는 대부분의 제거가 가능하다.

① **주정**

당밀이나 전분질(고구마, 보리, 감자 등)을 발효시켜 증류하여 제조. 각종 알코올 음료 속에 함유되어 있으며 에틸알코올이라고도 한다. 알코올, 에탄올을 '주정'이라 하며 청주는 15~16%, 포도주는 7~14%, 맥주는 3~4%, 위스키나 브랜디 등의 증류주는 35~55%의 주정(Ethyl Alcohol, Ethanol)을 함유한다.

② **소주**

증류식 소주와 우리나라에서 많이 음용되는 희석식 소주 2종류

③ **증류식 소주**

과실을 제외한 전분 또는 당분을 함유하는 물료를 발효시켜 증류하여 제조. 17~20%

④ **희석식 소주**

주정에 물을 가하여 희석하여 제조. 20%

⑤ **고량주**

수수, 옥수수 등을 발효시켜 증자작업과 동시에 증류하여 제조. 40~63%

⑥ **럼(Rum)**

사탕수수, 사탕무, 설탕, 당밀 등을 발효시켜 증류하여 제조. 40~44%

⑦ **진(Gin)**

소맥 등 곡류, 증류, 노간주나무열매, 향미식물 등을 첨가하고 증류하여 제조. 40%

⑧ **보드카(Vodka)**

보리, 밀, 호밀, 옥수수 등의 곡물 또는 감자, 고구마 등을 당화 발효시켜 연속증류 후 자작나무숯으로 여과 정제, 냄새, 맛을 제거 후 모래층을 통과시켜 무색, 무미, 무취의 술을 제조. 45~50%

⑨ **테킬라(Tequila)**

용설란주, 당분 함유물인 용설란을 발효 증류하여 제조. 40%

⑩ **위스키(Whisky)**

밀, 옥수수, 맥아(엿기름)를 원료로 발효시켜 증류한 후 나무통에 저장한 것. Scotch, Irish, American, Canadian, 40%

⑪ **브랜디(Brandy)**

브랜디, 포도, 사과 등과 같은 과실을 원료로 발효시켜 증류한 후 오크통에 저장한 것. Cognac(코냑 : 프랑스의 코냐크 지방에서 생산되는 브랜디), Calvados(칼바도스 : 사과주(Cider)를 증류하여 만든 프랑스 노르망디의 브랜디), Kirsch(키르슈 : 버찌로 만든 증류주. Kirschwasser(키르슈바서)), Silvowitz(슬리보비츠 : 서양살구(Blue Plum)로 만든 루마니아와 유고슬라비아 일부의 국민주), 35~40%

⑫ **아쿠아비트(Aquavit)**

아쿠아비트는 '생명의 물'이라는 뜻의 라틴어로 스웨덴, 덴마크, 노르웨이 등 스칸디나비아 지역의 사람들이 즐겨 먹는 술. 익혀서 으깬 감자를 발효시킨 후 맥아와 함께 증류해서 캐러웨이씨나 박하, 오렌지 껍질 등 여러 종류의 허브로 향을 내어 만든 술이다. 45%

⑬ **고량주**

수수로 제조. 배갈, 줄여서 고량이라고도 한다. 대만의 금문도나 마조도가 중요 산지이다. 40~63%

3) 혼성주

혼성주(재제주 : Compounded Liquor)는 양조주나 증류주에 과실, 향료, 감미료, 약초 등을 첨가하여 침출하거나 증류하여 만든 술로서 Liqueur(리큐르), Bitters(비터 : 약초에서 추출한 음료 또는 알코올 음료), 인삼주, 매실주, 오가피주 등이 있음

리큐르(Liqueur)는 식물약재, 과실, 유실 등을 증류주류에 담가서 우려내거나 증류하여 제조하는 것. 증류주류에 당분, 산분 등 첨가물을 첨가하여 제조. 15~45%

2. 비알코올성 음료

① **청량음료**

탄산음료(Carbonated), 무탄산음료(Non Carbonated)

② **영양음료**

주스류(Juice), 우유류(Milk)

③ **기호음료**

커피(Coffee), 홍차(Tea)

제3절 양조주(Fermented liquor) : 와인(Wine)

양조주는 가장 오래전부터 인간이 마셔온 술로서 당분이 함유된 원료 즉 곡류와 과실 등을 효모균에 의해 발효시켜 얻어지는 포도주와 사과주가 있고, 전분을 원료로 하여 그 전분을 당화시켜 발효공정을 거쳐 얻어내는 대표적인 것으로는 곡물 등 전분을 함유한 원료로 만들어지는 맥주(麥酒)와 우리나라의 청주(淸酒), 일본의 사케(Sake)가 있다. 양조주는 알코올 함유량이 3~18%이나 21%까지 강화된 것도 있다.

양조주는 곡류와 과실 등을 원료로 하여 양조한 술로서 효모의 활동에 의하여 발효하는 술과 일단 당화하고서 발효되게 하는 술로 나누어진다. 전자에는 포도주나 사이다 등이 있고 후자에는 맥주와 청주가 이에 속한다.

1. 와인의 정의

와인은 넓은 의미로 과실을 가지고 만든 술을 의미하나 포도를 발효시켜 만든 발효주를 와인이라 한다. 즉 와인은 포도를 발효시킨 주스이다. 발효란 포도당과 효모가 알코올, 이산화탄소 그리고 열을 생산(Production)하는 화학적 상호작용이다. 여기서 이산화탄소를 제거하면 Still Wine(비발포성 와인 : 알코올 성분 9~14%)을, 이산화탄소를 함유하면 탄산 와인인 Sparkling Wine(발포성 와인)을 얻을 수 있다. 와인은 기후, 토양, 포도품종에 따라 그 맛과 향이 달라진다.

2. 와인의 제조과정

1) 적포도주(Red Wine)

수확 → 줄기 제거 → 파쇄(Crushed, 껍질, 씨 포함) → 침용(Maceration) → 아황산 및 효모 첨가 → 1차 발효(Fermentation) → 압착(Pressing) → 2차 발효(Fermentation) → 래킹(Racking : 침전물 제거 · 공기접촉 목적으로 '다른 저장통'으로 옮김) → 1차 여과(Filtering, 앙금분리) → 블렌딩 → 숙성(Aging) → 2차 여과(Filtering) → 병입(Bottling) →마개(Capping) → 저장(Storing)

2) 백포도주(White Wine)

수확 → 줄기 제거 → 파쇄(Crushed, 백포도는 껍질 포함/적포도는 껍질, 씨 제거) → 압착(Pressing) → 침전물 분리(Settling) → 아황산 첨가 → 포도주스 → 효모 첨가 → 1차 발효(알코올 발효) → 찌꺼기 분리 → 2차 발효(젖산발효) → 래킹(Racking) → 숙성(Aging) → 블렌딩(생략가능) → 저장(Storing) → 여과(Filtering) → 병입(Bottling) → 저장(Storing)

3) 로제와인(Rose Wine, 분홍색)

수확 → 파쇄(Crushed) → 침용(Maceration 마세라시옹/ 짧게 몇 시간만 실시) → 발효(Fermentation 발효 도중에 껍질 제거) → 압착(Press) → 오크 숙성(Aging) → 정제 → 여과(Filtering) → 병입(Bottling) → 마개(Capping) → 저장(Storing)

3. 와인의 분류

1) 색에 의한 분류

(1) 적포도주(Red Wine, Vin Rouge)

- 원료 : 적포도 → 포도의 알맹이, 껍질, 씨까지 포함하여 즙을 낸 후 발효
- 색 : 적색(암적색~담적색) → 과피에서 우러나오는 색

(2) 백포도주(White Wine, Vin Blanc)

- 원료 : 백포도, 적포도 → 껍질을 제거한 후 포도즙만을 발효
- 색 : 황색(연한 녹색~황색)

(3) 로제와인(Rose Wine, Vin Rose)

- 원료 : 적포도
- 색 : 연한 핑크색

로제와인 만드는 방법에는 아래의 2가지가 있다.

① 적포도를 껍질과 함께 발효시키다가 어느 정도 색이 우러나오면 껍질을 제거하는 방법

② 레드와인과 화이트와인을 절반씩 혼합하여 만드는 방법

(4) 황색 포도주(Yellow Wine)

- 원료 : 백포도, 적포도
- 색 : 호박색

- 화이트와인이 오랫동안 Oak통 속에서 숙성되는 동안 술통에서 우러나오는 색
- 한번 사용한 술통을 다시 사용하였을 때 술통에서 우러난 색

2) 맛에 의한 분류

맛에 의한 프랑스어 분류는 다음과 같다. Dry는 '섹(Sec)'이라 하며 당분 1% 이하이다. Semi-Dry는 드미섹(Demi sec)이라 하며 당분 1~2%이다.

Sweet는 '두(Doux)'라 말하며 당도 2~3%이다. Very Sweet는 '리코뢰(Liquoreux)'라고 말하며 "술이 리쾨르성의, 달콤한"의 뜻이며, 와인 Tasting용어로 "당분이 많이 함유되어 감미로운"의 표현이다. 당도 3% 이상으로 구분한다.

(1) 스위트와인(Sweet Wine)

달콤한 맛을 내는 감미 와인

제조법

- 완전히 발효되지 못하고 당분이 남아 있는 상태에서 발효를 중지시킨 것
- 당분을 가당시킨 것. 식후 디저트와 함께 마심

(2) 드라이와인(Dry Wine, Vin Sec, 산미 포도주)

단맛이 없는 산미 와인. 완전히 발효를 시켜서 와인 속에 당분이 거의 남아 있지 않은 상태

(3) 미디엄 드라이와인(Medium Dry Wine)

스위트와인과 드라이와인의 중간 맛을 내는 와인으로 단맛을 약간 느낄 정도. 드미 드라이(Demi Dry) 혹은 세미 드라이(Semi Dry)

3) 탄산가스 유무에 의한 분류

(1) 발포성 와인(Sparkling Wine)

포도주 속에 탄산가스가 생기게 하거나 인위적으로 주입시킨 것으로 거품이 이는 와인을 말한다. 스파클링 와인(Sparkling Wine) 중 거품이 나는 이 와인을 대개 샴페인이라 부르는데 '샴페인(Champagne)'이란 원산지 호칭법상 정해진 이름으로, 프랑스의 샹파뉴 지방산으로 한정되는 명칭이고 정확한 이름은 '스파클링 와인'이다. 나라에 따라 프랑스는 Vin Mousseux(뱅 무스), 독일은 Sekt(젝트), 이탈리아는 Spumante(스푸만테), 미국은 Sparkling Wine(스파클링 와인)이라고 부른다. 파티용으로 많이 사용된다.

발포성 와인을 만드는 방법에는 아래의 3가지가 있다.

① 발효가 완료되지 않은 것을 병에 넣어 병내에서 발효시키는 방법(Champagne Method, 프랑스 Champagne)

② 탱크에서 탄산가스를 날려 보내지 않는 법(Tank Method, 독일 Sekt)

③ 탄산가스를 첨가시키는 방법

(2) 비발포성 와인(None Sparkling Wine, Still Wine ; 비발포성 와인)

거품이 없는 스틸와인 또는 레귤러 와인(Regular Wine)이라 부른다. 탄산가스가 없는 와인으로 Red Wine, White Wine, Rose Wine 등이 있다.

4) 알코올(Alcohol) 첨가 유무에 의한 분류

(1) 강화와인(Fortified Wine)

와인에 증류주를 첨가하여 알코올 도수를 높인 와인

- 종류 : 스페인의 셰리와인(Sherry Wine), 포르투갈의 포트와인(Port Wine),이탈리아의 베르무트(Vermouth), 마데이라(Madeira), 듀보네(Dubonnet)

(2) 비강화와인(Unfortified Wine)

증류주를 첨가하지 않고 순수한 포도만을 발효시켜서 만든 와인

5) 식사용도에 의한 분류

(1) 식전용 와인(Aperitif Wine) = 식전주(食前酒)

식사를 하기 전에 Appetizer(애피타이저)와 함께 마시는 와인, 입맛을 돋우기 위해 드라이한 것이 좋다.

- 종류 : 셰리와인(Sherry Wine), 드라이 베르무트(Dry Vermouth), 듀보네(Dubonnet), 캄파리 비터스(Campari Bitters), 마데이라(Madeira), 마르살라 와인(Marsala Wine)

(2) 테이블 와인(Table Wine) = 식중주(食中酒)

식사 중 또는 식사 외에 통상적으로 마시는 와인. 맛을 돋우기 위해 드라이한 것이 좋다.

① **음식에 어울리는 와인**

- 육류 : 레드와인
- 생선류나 어패류 : 화이트와인 · 스파클링 와인
- 앙트레(Entree)나 전채(Appetizer) : 드라이와인, 미디엄 드라이와인, 로제와인

② **종류**

- 레드와인 : 클라렛(Claret), 키안티(Chianti), 버건디 레드와인(Burgundy Wine)
- 화이트와인 : 보르도의 화이트와인(White Bordeaux), 샴페인(Champagne), 버건디 화이트와인(Burgundy White Wine)

③ **와인과 어울리지 않는 음식**

식초(Vinegar), 피클(Pickle), 겨자(Mustard), 커리(Curry)

④ **어느 음식과도 어울릴 수 있는 와인**

드라이 샴페인(Dry Champagne), 로제와인(Rose Wine)

(3) 식후용 와인(식후주(食後酒), Dessert Wine)

식후에 디저트와 함께 마시는 와인, 소화를 촉진시키기 위해 단맛의 와인이 좋다.

① 포트와인(Port Wine)

② 스위트와인(Sweet Wine)

③ 크림셰리(Cream Sherry)

④ 마르살라(Marsala)

⑤ 토카이(Tokay) ; 헝가리에서 생산(production)되는 스위트 화이트와인으로 프랑스의 소테른과 같이 곰팡이 낀 포도(Noble Rot)로 만든 대표적인 식후용 와인

6) 숙성연도에 의한 분류

(1) 영와인(Young Wine)

- 1~2년 저장한 와인
- 별도의 숙성기간을 거치지 않고, 장기간 보관이 안 되며 품질이 낮은 와인

(2) 에이지드 와인(Aged 또는 Old Wine)

- 5~10년 저장한 와인

• 몇 년 이상의 숙성기간을 거친 것으로 품질이 우수한 와인(A.O.C급)

(3) 그레이트 와인(Great Wine)

• 15~20년 저장할 수 있는 와인
• 품질이 최상급

7) 수확연도 표시 유무에 의한 분류

(1) 빈티지 와인(Vintage Wine)

• 풍년이 들어 수확이 좋은 해의 포도로 만든 포도주
• 라벨에 수확연도를 표시한 포도주

(2) 논 빈티지 와인(None Vintage Wine)

• 포도의 수확연도를 표시하지 않은 포도주

8) 가향 유무에 의한 분류

(1) Flavored Wine(Aromatized)

Natural Wine을 보강시키면서 아울러 여러 가지 향료로 향을 첨가한 포도주. 보통 포도(Grape)와 감귤와인(Citrus Wine), 설탕, 인공 향으로 만들어진다. 혼성와인(Aromatized Wine)은 내추럴 와인을 베이스로 여기에 약초, 색소, 알코올 등을 첨가한 향기로운 와인으로 이탈리아의 버무스(Vermouth), 듀보네(Dubonnet), 스페인의 '상그리아(Sangria)', 프랑스 '키르(Kir)'가 대표적이다.

(2) Natural Wine(Unflavored Wine)

향을 넣지 않은 원래 그대로의 와인. 내추럴와인(Natural Wine)은 다음과 같이 3가지로 구분된다.

① 화이트와인 ; 포도를 으깬 후 곧바로 즙을 짠다. 과즙만을 20일 이상 12~20도에서 발효시키면 타닌성분도 적고 풍미도 순해진다.

② 로제와인 ; 레드와인과 똑같이 으깬 것을 수 시간 담갔다가 과즙을 분리해 발효시킨다. 간혹 레드와인과 화이트와인을 섞는 경우도 있다. 맛으로 볼 때 화이트와인 쪽에 더 가깝다.

③ 레드와인 ; 포도알을 통째로 으깬 후 탱크에 넣어 7~10일간 발효시키면 색소와 타닌이 녹아 나와 그 포도의 독특한 색조 및 은근한 맛과 향이 생긴다.

9) 용어해석

(1) 크뤼(Cru)

① 포도경작지 또는 포도원을 나타내는 불어로 프랑스의 가장 뛰어난 와인 또는 와인경작지

② 대다수의 프랑스 와인보다 우수

(2) 네고시앙(Negociant) : 와인제조업자

(3) 샤토(Chateau)

① 프랑스 보르도(Bordeaux) 지방에서 생산하는 와인은 90% 이상이 샤토라는 명칭을 붙임

② 특정 포도원 : 보르도 지방에서 와인을 제조하는 와이너리 이름에 붙는 명칭이다.

③ 부르고뉴(Bourgogne) 지방에서는 사용하지 않음

(4) 도멘느(Domaine)

프랑스 버건디(부르고뉴) 지방에서 주로 사용하는 용어로 '포도원' 또는 '소유지'를 말함

제4절 양조주(Fermented Liquor) : 맥주(Beer)

1. 맥주(Beer)

1) 맥주의 원료

(1) 보리(Barley)

맥주 양조의 중요 원료로써 양조용 보리품종은 주로 유럽에서 육성되고 영국의 Archer(아처), 스칸디나비아의 Gold(골드), 독일의 Hanna(한나)가 대표적이며 좋은 양

조용 보리로는 다음과 같은 것을 선택한다.

- 껍질이 얇고, 담황색을 띠고 윤택이 있는 것
- 알맹이가 고르고 95% 이상의 발효율이 있는 것
- 수분함유량은 10% 내외로 잘 건조된 것
- 전분(澱粉) 함유량이 많은 것
- 단백질이 적은 것(많으면 맥주가 탁하고 맛이 나쁘다.)

(2) 홉(Hop)

홉(Hop)은 맥주에 특이한 쓴맛과 향기를 주며 보존성을 증가시키고 또한 맥아즙이 단백질을 제거하는 중요한 역할을 하는 불가결한 원료가 된다.

Hop은 봄에 싹이 트고 5~6m의 높이까지 성장하는 뽕과에 속하는 다년식물이며 자웅이주(雌雄異株)의 생식체제로 맥주에 사용되는 것은 암꽃나무에 생기는 아직 수분(受粉)하지 않은 처녀의 꽃에 한정된다. 초가을 꽃을 따 건조시킨 후 압착해서 사용되는데 이때 암꽃 안쪽에 붙어 있는 루풀린(Lupulin)이라는 금색가루가 맥주의 향과 쓴맛을 내며 주로 거품을 일게 한다. 제조공정에서 여분의 단백질이 제거되는 것도 이 루풀린(Lupulin)이 하는 작용이다. Hop이 자라기에 적합한 지역으로는 냉량지 및 건조지이며 원산지는 Europe이고 유명한 산지로는 체코슬로바키아의 Saaz(사츠) 지방과 독일의 Hallertau(할러타우) 지방이 있다. 우리나라에서는 강원도 지방에서 재배되고 있다.

(3) 물(Water)

맥주는 90%가 물이므로 수질이 좋은 것을 사용하지 않으면 맥주의 품질에 크게 영향을 받는다.

보통 산성(酸性)의 양조용수를 사용하고 최근에는 이온교환 수지(樹脂)의 발달로 이상적인 수질을 얻을 수 있기 때문에 좋은 맥주를 양조할 수 있다.

(4) 효모(Yeast)

맥주 양조에 사용되는 효모는 야생효모가 아니라 전적으로 배양효모를 사용하고 있으며, 대개의 맥주에는 단일 효모를 배양하여 사용하지만 2종 정도의 효모를 혼합사용하는 경우도 있다. 효모는 맥아즙 속의 당분을 분해하고 알코올과 탄산가스를 만드는 작용을 하는 미생물로 발효 후기 표면에 떠오르는 상면발효 효모와 일정 기간을 경과

하면 밑으로 가라앉는 하면발효 효모가 있다. 따라서 맥주를 양조할 때에는 어떤 효모를 사용하느냐에 따라 맥주의 질도 달라진다. 상면발효 효모는 영국, 미국의 일부, 캐나다, 벨기에 등지에서 많이 사용되고, 상면발효 효모는 독일, 덴마크, 체코슬로바키아, 우리나라에서 사용되고 있다.

(5) 기타

맥아의 전분을 보충하기 위해 쌀, 옥수수, 기타 잡곡 등이 사용된다.

2) 맥주의 분류 및 종류

(1) 하면발효 맥주

하면발효는 상온보다 낮은 온도에서 가장 활발한 발효작용을 하며, 발효 중에 바닥으로 가라앉아 발효를 진행하므로 하면발효라 한다. 독일을 비롯한 유럽 대륙지방에서 하면효모를 사용하여 5~10도의 저온에서 실시하는 발효법이기에 저온발효라고도 하며 낮은 온도에서 장기간 숙성시킨다.

① 필젠(Pilsen)맥주

연수 사용으로 맥아의 향이 약하고 쓴맛이 강하다.(체코, 프라하) 3~4%

② 뮌헨(Mnchen)맥주

맥아의 향이 짙고, 감미로운 맛이 나는 흑맥주이다. 4%

③ 도르트문트(Dortmund)맥주

향미가 산뜻하며 쓴맛이 적다. 3~4%

④ 보크(Bock)맥주

맥주는 우리가 흔히 말하는 'Beer'라는 것도 있지만, 그보다 좀 더 진하고, 강하고 , 독한 맛을 내는 정통 독일맥주가 'Bock(보크)'이다. 독일 라거맥주의 일종. 가을 추수시기에 보리와 홉의 양분상태가 가장 좋은 때이므로 이때 담근다. 보크맥주는 보통 알코올 도수가 높고 맥아가 많이 함유된 진한 맥주이다. 흥미 있는 사실은 보크맥주 제조방법인데 봄에 발효통을 청소할 때 나오는 바닥에 가라앉은 찌꺼기 효모를 모아두었다가 후에 효모로 쓰는 것이다. 이 보크맥주는 보통 알코올 도수가 높고 원맥즙의 농도가 16% 이상인 짙은 색의 맥주로 향미가 진하며 단맛을 띤 강한 맥주이다.

(2) 상면발효 맥주

고온에서 발효시킨 맥주로서 표면에 떠오르는 효모를 사용하였다. 사카로마이세스 세르비지에(Sacharomyces cervisiae)균이 상면발효를 일으키는 효모이다. 상면발효 맥주의 형태별 특징을 살펴보면 다음과 같다.

① 에일(Ale)맥주

쓴맛이 강하고 거품이 적다. 4~5%

② 포터(Porter)맥주

약간의 쓴맛과 검은색이 난다. 5%

③ 스타우트(Stout)맥주

향, 맛, 쓴맛이 강한 맥주로 색이 매우 검다. 5~6%

④ 알트(Alt)맥주

알트란 독일어로 'Old' 혹은 'Traditional'이란 뜻이며, Altbier란 상면발효방식의 고대 스타일의 맥주로 홉이 비교적 많이 첨가되고, 맥아의 향과 맛이 진한 맥주이다. 독일의 뒤셀도르프를 포함한 몇몇 북부독일에서 생산(Production)된다.

⑤ 람빅(Lambic) 맥주

벨기에의 브뤼셀에서 제조되는 맥주로서, 60%의 맥아와 40%의 밀을 원료로 하여 제조된다. 홉을 많이 사용하면서 야생효모, 젖산균 등의 균을 사용하여 자연발생적으로 발효시키며, 하나의 용기에서 발효시키고 저장하여 2~3년 이상 후 숙성시킨다.

에일맥주의 한 종류로서 벨기에의 브뤼셀에서 만들어지는 독특한 풍미의 맥주로, 발효 전 단계의 뜨거운 맥아즙을 외부 공기에 노출시켜, 야생효모, 젖산균 등의 균을 사용하여 자연발생적으로 발효시키며, 하나의 용기에서 발효시키고 저장하여 2~3년 이상 후 숙성시킨다.

(3) 맥아의 색에 의한 분류

맥주가 다른 주류 제품과 뚜렷이 구별될 수 있는 특성으로 크게 색깔과 맛, 거품을 들 수 있다. 맥주의 색깔은 사용하는 맥아에 의해 좌우된다. 대맥을 물에 담가 발아시킨 뒤 건조하는 과정에서 고온으로 오랫동안 건조시키면 색깔이 진해진다.

① 담색맥주(필스너 타입)

체코의 필스너(Pilsener)에서 유래된 타입으로 보통의 담색맥아를 사용해 맥아향이 약하고 색도 연하며 담백한 맛의 맥주로 오늘날 대부분의 맥주가 이 담색맥주이다. 담색맥주는 엷은 색이다.

② 농색맥주(뮌헨타입)

독일의 뮌헨에서 유래된 타입으로 흑맥아, 뮌헨맥아 등 짙은 맥아를 섞거나 캐러멜 등을 첨가하여 색깔을 진하게 해 향미와 색을 부여한 것으로 맥아향이 강하다. 농색맥주는 짙은 색이다.

③ 흑색 맥주

검은색이다. 흑맥주도 농색맥주의 일종이다.

(4) 알코올 농도와 품질에 의한 분류

① 저칼로리 맥주

발효 시의 당분을 최대한 알코올로 변화시킨다. 그렇게 맥주의 당도를 낮추어 상대적으로 알코올의 농도를 높임으로써 마실 때 단맛 대신 부드럽고 담백한 느낌을 강조한 저칼로리 드라이 타입의 맥주이다.

② 저알코올 맥주

원 맥즙의 당도를 낮추어 이제까지의 맥주보다 칼로리나 알코올 함량이 낮은 것으로 가볍고 부드러운 맛을 가진 라이트 타입의 맥주이다.

③ 라이트 맥주

일반적으로 라이트 맥주에는 저알코올 맥주와 저칼로리 맥주의 두 가지가 있으며 낮은 알코올의 맥주 선호현상에 힘입어 미국에서는 괄목할 만한 신장세를 보이고 있다. 알코올 함량은 대개 3%이며, 저탄수화물 맥주는 다이어트 맥주라고도 한다.

④ 프리미엄 맥주

양질의 원료를 사용한 고급 맥주로서 보통 일반 맥주보다 원료를 많이 쓰며, 알코올 함량도 5%로 높다. 비드와이지 맥주가 대표적이다.

⑤ **드라이 맥주**

당 분해능력이 강한 효모를 사용하거나 제조공정을 조작하여 잔당을 최소화하고 알코올 농도를 높임으로써 마실 때 단맛이 적고 담백하며 끝맛이 깨끗한 느낌을 갖도록 만든 것을 말한다.

(5) 살균처리에 따른 맥주

① **라거맥주**

라거란 '저장하다'란 의미의 독일어 lagen(라건)에서 나온 말로, 살균처리과정을 거쳐 저장할 수 있는 맥주라면 모두 라거맥주라 할 수 있다.

라거맥주는 하면발효 효모에 의하여 낮은 온도(3.5~5.0도)와 긴 발효기간(길게는 몇 개월)을 통해 발효 후 효모는 바닥으로 침전되는 발효방법의 맥주이다. 이런 발효과정을 라거링과정이라 하며 라거맥주의 양조방법은 맥주의 품질을 안정시키기 위하여 근세에 개발된 보다 우수한 정통맥주 양조방법으로 현재 전 세계 맥주시장을 주도하고 있다.

이 라거맥주는 상당기간의 보존을 위하여 저온살균과정을 거쳐 병입된 것이며 효모의 활동을 중지시킨 것이다.

② **생맥주(Draft Beer)**

라거맥주와는 달리 열처리를 하지 않아 효모가 살아 있기 때문에 맥주 고유의 맛과 향이 우수하다. 반면 살균하지 않은 것이므로 저온에서 운반 · 저장해야 하며 장기보존이 어렵다는 문제점이 있다. 3~4%

3) 맥주 서비스

병맥주(Lager Beer)나 캔맥주(Can Beer)는 살균된 상태이므로 실제 저장온도에 따라 성질이 유지된다.

장기간의 저장과 직사광선, 고온 등에 노출시키는 것은 맛의 변화를 주기 위한 것이다. 가장 좋은 저장방법은 5~20℃의 실내온도에서 통풍이 잘 되고 직사광선을 피할 수 있는 지하실의 건조한 장소에서 저장하는 것이다. 또 영하의 온도에서 맥주가 얼지 않도록 주의해야 하며 Beer Cooler에서 약 3~5℃로 보관하였다가 서브할 때 여름에는 7℃, 겨울에는 10℃ 정도의 온도로 하는 것이 이상적이다. 뚜껑을 열었을 때 맥주가 넘쳐 나오면 너무 차거나 오래되었다고 보아야 한다.

맥주는 병을 글라스에서 약 4~5cm 정도 들고 부어서 7부 정도로 채우고 거품이 일도록 하는 것이 가장 이상적이다. 거품 없이 따르면 이산화탄소가 맥주와 함께 넘어가므로 배가 빨리 불러온다. 맥주는 첨잔을 하게 되면 처음 따른 맥주가 공기에 닿아 산화된 상태이므로 새 맥주를 부으면 공기가 스며들어 더욱 산화를 재촉하게 된다. 그러므로 맥주는 단숨에 마시는 것이 이상적이다.

(1) 맥주의 유명상표

① 독일 - Becks, Krombacher, Warsteiner, König Pilsener, Veltins, Löwenbräu

② 덴마크 - Carlsberg, Tuborg

③ 네덜란드 - Henieken

④ 스웨덴 - Three Crown

⑤ 체코슬로바키아 - Pilsner(Pilsen)

⑥ 영국 - Guiness, Stout

⑦ 미국 - Budweiser, Miler

⑧ 일본 - 기린, 아사히

2. 기타 양조주

전분을 다량 함유한 쌀, 찹쌀, 수수, 조 등 곡물원료를 당화해 발효시켜 만든 술을 곡주라고 하며 우리나라의 청주, 탁주, 약주와 일본의 사케(Sake), 중국의 황주, 소홍주 등이 이에 속한다. 기타 유명한 양조주로는 멕시코의 아가베(Agave), 선인장을 발효시켜 만든 풀케(Pulque)가 있다.

제5절 증류주(Distilled Liquor)

양조주는 알코올을 만드는 데 작용하는 효모의 특성상 20%가 넘는 알코올을 얻기가 힘들다. 따라서 높은 도수의 알코올을 얻기 위해서는 먼저 원료를 발효시켜 알코올분을 생성시킨 다음 이것을 다시 증류해야 하는데 이렇게 증류해서 만든 술을 증류주라고 한다.

증류주는 원료 및 제법에 따라 매우 다양하며 그 대표적인 것으로는 위스키(Whisky), 진(Gin), 보드카(Vodka), 브랜디(Brandy), 테킬라(Tequila) 등이 있다.

1. 위스키(Whisky)

위스키의 원료는 품질을 결정하는 주요한 요소이며 보통 보리, 옥수수, 호밀, 기타 곡류 등이 원료로 사용된다.

1) 원료에 따라

① 몰트 위스키(Malt Whisky)

발아시킨 보리, 즉 맥아(Malted Barley : 보리의 엿기름, 엿기름은 밀, 보리 등에 물을 주어 싹을 내어 말린 것을 이용해서 만든 식용 당화분해효소이다)를 주원료로 건조시킨 Peat를 사용하고 Pot Still로 단식 증류시킨다.

② 그레인 위스키(Grain Whisky)

발아시키지 않은 보리, 호밀, 밀, 옥수수 등의 곡물을 보리 맥아로 당화시켜 발효한 후 Patent Still로 연속 증류시킨다. 몰트 위스키와 달리 맥아, 호밀, 밀, 옥수수 등 다양한 곡물이 혼합된 원료로 생산한다.

③ 콘 위스키(Corn Whisky)

미국 남부에서 생산되며 원료 중 옥수수의 비율이 80% 이상이다. Bourbon Whisky는 안쪽을 그을린 통에 저장하여 착색하는 데 반해 콘 위스키는 한번 사용한 그을리지 않은 통을 재사용하여 착색되지 않은 것이다. 버번위스키보다 부드러우며 향미가 약하고 경쾌하며 3년 이상 숙성시켜야만 한다.

④ 라이 위스키(Rye Whisky)

51% 이상 호밀(Rye)을 원료로 하여 만들며 색깔은 버번과 유사하지만 그 맛과 향이 다르다.

2) 증류방식에 따라

① 단식증류(Pot Still 포트 스틸) 위스키

투구형의 단식 증류기를 사용한다.

② 연속증류(Patent Still 패튼트 스틸) 위스키

신식의 연속식 증류기를 사용하여 중후한 맛을 내며 Blend용으로 쓰인다.

2. 진(Gin)

1) 진(Gin)의 원료

진(Gin)은 네덜란드 레이던(Leyden)대학의 화학 교수이며 의사인 Franciscus De La Boe(1614~1672)에 의해 1650년에 발명되었다. Gin의 원료는 알코올을 얻기 위한 전분질 원료로 옥수수, 보리, 호밀 등을 주원료로 하여 발효, 증류시킨 것이다. 향을 얻기 위한 향로로 Juniper Berry(주니퍼 베리)를 중심으로 각종 초근목피가 이용된다. 알코올의 도수는 40~45% 정도이다.

2) 진(Gin)의 종류

(1) 런던 드라이 진(London Dry Gin)

영국의 런던시 일대에서 생산(Production)되는 드라이진으로 "London Dry Gin"이란 표시는 세계 도처에서 나는 드라이진의 대명사처럼 사용되고 있다. 런던 드라이진은 주니퍼 베리 향이 진하지 않으면서 맛이 가볍고 산뜻하며 부드럽다. 알코올의 도수는 40% 정도이다. 유명상표는 비피터(Beefeater), 봄베이(Bombay), 길비(Gillbey's), 고든(Gordon), 시그램(Seagram's) 등이 있다.

(2) 더치 진(Dutch Gin)

홀랜드 진(Holland Gin), 제네바 진(Geneve Gin)으로도 불리며 런던 드라이진에 비해 몰트(Malt)의 향이 짙은 것이 특징이다. 알코올 도수는 45% 정도이다

(3) 아메리카 진(American Gin)

드라이하고 알코올 농도가 비교적 높은 편으로 칵테일의 기주(base)로 널리 이용된다. 유명상표로는 플라이슈만스(Fleishmann's), 하이럼워커(Hiram walker's), 스미노프

(Smirnoff) 등이 있다.

3. 보드카(Vodka)

보드카는 오래전부터 러시아를 비롯한 슬라브민족의 국민주로 애음되다가 최근 칵테일 보급과 함께 세계적으로 널리 소개 보급된 술이다. 보드카라는 말은 러시아어의 'voda'에서 파생되었는데 물(Water)이라는 의미이다. 최근에는 미국에서 가장 많은 양을 생산 판매하고 있으며, 러시아 제품보다 우수하다는 평가를 받고 있다.

1) 보드카의 원료

Vodka의 원료는 값이 비싸지 않은 보리, 밀, 호밀, 옥수수 등의 곡물과 때로는 감자, 고구마 등이 이용되고 이것을 당화 발효시킨 후 연속 증류기로 증류하여 95% 정도의 높은 주정을 만든 후 자작나무숯 등의 탄소 층에서 여러 차례 여과시켜 냄새 및 맛을 제거하고 모래층을 통과시켜 목탄의 냄새를 제거하여 무색, 무미, 무취의 보드카를 만든다. 일반적으로 보드카는 알코올 도수가 높은 것으로 알고 있지만 실제로는 위스키나 진과 같이 40~50% 정도이며 무색, 무미, 무취의 증류주이다.

2) Vodka의 종류

① Smirnoff(스미노프) Vodka(USA)

Vodka는 원료가 싸고 만들기도 쉬워 미국에서만도 200종이 넘는 Vodka가 생산되고 있다. 그중 세계적으로 최대의 판매량을 자랑하는 스미노프 Vodka는 미국을 대표하는 Vodka이다.

② Absolut(앱솔루트)(Sweden)

이 Vodka는 밀(Wheat)로 만들며 1879년 스웨덴에서 만들어졌다. Absolutely pure Vodka란 뜻이다.

③ Finlandia(핀란디아)(Finnland)

이 Vodka는 백야의 붉은 태양 아래 싸우는 두 마리의 사슴이 상표에 있고, 핀란드의 유명한 디자이너인 'Tipio Wirkkala'가 제작한 얼음조각을 붙인 병 모양으로도 유명하다.

④ **Stolichinaya(스톨리치나야)(Russia)**

1970년대 이후 알려지기 시작한 러시아의 대표적인 Vodka이다.

4. 럼(Rum)

1) Rum의 원료

Rum은 사탕수수(Sugarcane)로 만들어진다. 사탕수수는 인도가 원산지인데 다년생 풀로 줄기는 곧고 단단하며 3.5m까지 자란다. 사탕수수는 연평균기온이 20도 이상이다. 강우량이 많은 열대지방에서 잘 자란다. 알코올의 도수는 40~44% 정도이다.

2) Rum의 종류

① **라이트 럼(Light Rum)**

색이 없으므로 White Rum 또는 Siver Rum이라고도 한다. 단맛이 없고, 향이 약하며, 맛이 부드러워 Cocktail로 많이 이용한다.

② **미디엄 럼(Midium Rum)**

Midium Bodied Rum이며 사탕수수의 주스를 바로 이용해 만든다. 단식 증류기로 증류하며 Oak통 속에서 숙성시키므로 갈색이 나고 향이 풍부하다.

③ **헤비 럼(Heavy Rum)**

Oak통에서 5년 이상 숙성시켜 캐러멜로 착색하고 증류수로 알코올 도수를 조정하여 병입한다. 색깔이 진한 마호가니(Mahogany) 나무색이어서 Dark Rum이라고도 하며 단맛이 강한 Sweet Rum이다.

④ **아로마틱 럼(Aromatic Rum)**

인도네시아에서 생산(Production)되는 Dry Rum으로 그곳의 강물과 인도네시아산 붉은 쌀로 만든 누룩을 사용하므로 특유의 향이 난다. 대표적인 것으로는 Bataviia Arak이 있다.

3) 럼의 유명상표

마이어스(Myer's), 올드 자메이카 골든(Old Jamaica Golden), 바카디 골드(Bacardi

Gold), 올드 오크(Old Oak), 바카디 라이트(Barcadi Light), 올드 자메이카(Old Jamaica) 등이 있다.

5. 테킬라(Tequila)

테킬라(Tequila)는 멕시코에서 아가베(Agave)라는 용설란으로 만든다. Agave에는 Aguamiel(아구아미엘)이라는 전분을 함유한 수액이 들어 있는데 이 수액을 추출하여 발효시킨다. 이것은 하얗고 걸쭉한 '풀케'라는 탁주형태를 띄는데 이것을 증류한 것이며, 알코올 도수는 40% 정도이다.

6. 브랜디의 종류

(1) 코냑(Cognac)

프랑스 보르도 지방 북쪽에 위치한 '코냐크' 지역에서 포도주를 증류해 생산되는 브랜디의 일종으로 브랜디 중 가장 유명하다.

포도품종은 생테밀리옹으로 다른 곳에서는 위니블랑(Ugni Blanc)이라고 하는 품종을 주로 사용하며 콜롬바드(Colombard) 폴 블랑슈(Folle Blanche)로 만들어진 백포도주만을 사용하며 샤랑트(Charente)방법으로 증류기에서 연속으로 2번 증류를 거쳐 만든 것이 코냑이다.

① 주요 생산(Production)지역

- 그랑 샹파뉴(Grande Champagne)
- 프티트 샹파뉴(Petite Champagne)
- 보르드리(Borderies)
- 팽부아(Fins Bois)
- 봉부아(Bons Bois)
- 부아 오르디네르(Bois Ordinaires)

② 유명제품

까뮈(Camus), 쿠르보아(Courvoisier), 헤네시(Hennessy), 레미마르탱(Remy Martin), 마르텔(Martell), 오타르(Otard), 모와이에(Moyet)

③ **코냑 마시는 법**

코냑 글라스는 향을 오래 보존하고 극대화하기 위해 입구가 좁은 항아리 모양을 하고 있다. 크기는 9온스, 32온스, 자이언트 글라스 등 다양한 편이다.

코냑은 일반적으로 따뜻하게 해서 마신다. 글라스째로 살짝 알코올램프에 데우기도 한다. 향을 더욱 진하게 느끼기 위해서다. 마실 때는 글라스를 흔들어 코냑이 안에서 파도치게 한 후, 둘째와 셋째 손가락 사이에 글라스 다리를 끼우듯 들어 천천히 아주 조금씩 마신다. 손바닥으로 브랜디 글라스의 Bowl(볼) 부분을 감싸는 것은 코냑을 데우기 위해서다.

④ **코냑의 등급**

- ★ 3~4년
- ★★ 5~6년
- ★★★ 7~10년
- V.S.O.(Very Superior Old) 15년
- V.S.O.P.(Very Superior Old Pale) 25년
- Napoleon 30년
- X.O.(Extra Old) 45년
- X(Extra) 70년 이상

제6절 혼성주(Compounded Liquor)

1. 혼성주의 원료

양조주(Fermented Beverages)와 증류주를 제외한 모든 주류는 혼성주(Distilled Beverages)이다. 혼성주는 발효주 또는 증류주에 각종 과일이나 약초 등을 넣어 향과 색이 우러나게 한 것으로 그 종류는 셀 수 없이 많다. 칵테일은 여러 가지 주류에 부재료를 섞어 만드는 혼성주이다. 보통의 주류는 완제품상태로 되어 있으므로 완성음료라 하고 칵테일, 차, 커피 등은 미완성 음료라고도 한다.

2. 혼성주의 종류

1) 비터스류(Bitters)

Bitters는 쓴맛만 나는 것과 당분이 많이 함유되어 있어 단맛도 함께 나는 것이 있는데 버무스(Vermouth)와 같이 아페리티프(Aperitif)로 이용되는 것과 앙고스투라 비터스(Angostura Bitters)와 같이 칵테일이나 조리용으로 이용되는 것이 있다.

2) 리큐르(Liqueur)

리큐르(Liqueur)는 기주(base)에 각종 과실, 향초 등의 원료를 넣고 설탕 또는 다른 감미료로 단맛이 나게 만든 혼성주이다. Liqueur의 알코올 도수는 대개 17~35% 정도지만 55%가 넘는 것도 있다.

제 9 장

조리부

68-8

제9장

조리부

제1절 조리부(調理部)의 조직 및 직무

현대 호텔사업은 한국 관광산업의 일익을 담당하고 있으며, 호텔 전체 수익에 있어서 식음료부문이 차지하는 영역이 날로 확대되는 추세이다. 식음료업장의 경영성과가 호텔에 미치는 중요도로 볼 때 조리부가 차지하는 역할은 매우 커지고 있다.

조리(調理)란 음식을 만드는 것을 의미하는데 진정한 예술적 창조성과 영양적 과학성을 필요로 하는 부문이다. 호텔 조리부의 기능은 레스토랑, 룸서비스, 연회, 제과 등의 모든 부문에서 음식이라는 호텔상품을 생산(Production)하는 중요한 역할을 하는 곳이다. 따라서 조리사는 예술가라는 자부심을 가지고 요리의 황제인 '오귀스트 에스코피에(Auguste Escoffier)'의 정신과 연구노력을 이어받아 회사와 상호발전을 위해 음식을 만드는 데 있어서 맛, 모양의 예술적 창작성 등에 힘쓰고 효율적이고 과학적인 주방관리, 위생관리, 청결, 원가관리, 구매관리 등에 대한 노력을 한다면 매우 긍정적인 결과가 나올 것이라고 본다.

1. 조리부의 조직

호텔 조리부의 조직은 다음과 같다.

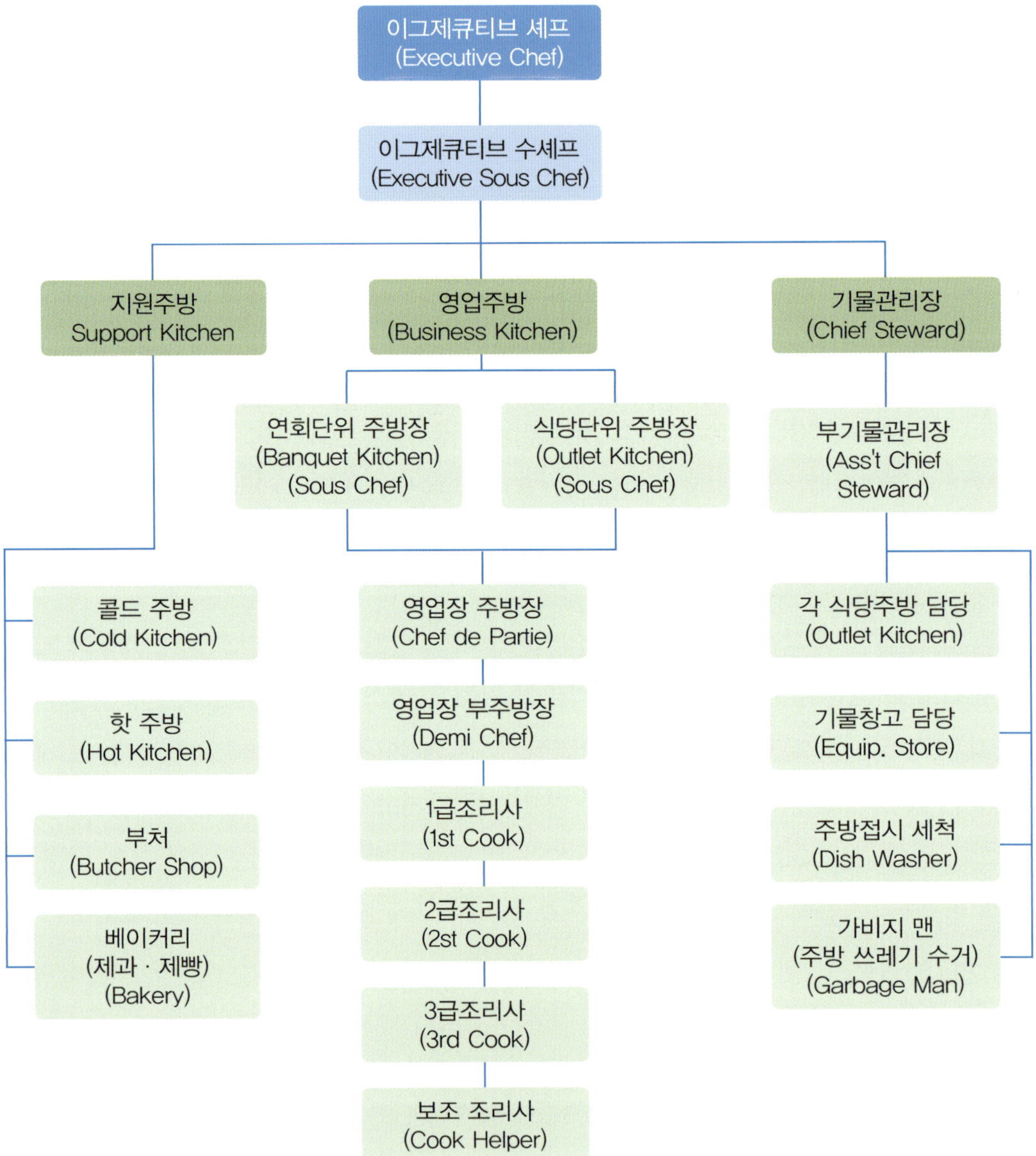

그림 9-1 호텔 조리부의 조직도

2. 조리부의 직무

요리사는 수련생(Helper, Apprentissage)으로 시작하여 3급 조리사(3rd Cook), 2급 조리사(2nd Cook), 1급 조리사(1st Cook), 영업장 부주방장(Section Chef, Demie Chef de Partie), 영업장 주방장(Chef de Partie), 단위 주방장(Sous Chef), 부총주방장(Executive Sous Chef), 총주방장(Executive Chef)이 된다.

1) 직급별 직무

(1) 이그제큐티브 셰프(Executive Chef, 총주방장)

① 임원급 직위에 해당(특급호텔의 경우)

총주방장은 조리부의 총괄 책임자로서 경영 전반에 걸쳐 호텔 정책결정에 참여하여 기획, 집행을 한다. 구매견적, 인사고과, 메뉴개발, 위생관리 등 총괄. 조리작업을 지휘·감독하고, 각 조리장의 근무스케줄을 관리한다. 이그제큐티브 셰프가 하는 일은 호텔 및 대형음식점에서 조리부 업무 총괄, 효율적인 음식 비용관리, 각 주방(Kitchen)에서 제공되는 음식의 질 및 생산(Production)량 관리, 음식 표준화 관리 및 요리기술

개발, 경쟁사의 음식 스타일 및 서비스 경향 파악 · 분석, 주방의 위생관리 및 식자재 질 관리, 주방 식자재 기물관리 및 주방시설 관리 등이다.

(2) 이그제큐티브 수셰프(Executive Sous Chef, 부총주방장)

① 부장급 직위에 해당(특급호텔의 경우)

총주방장을 보좌하며 조리부의 부책임자로서 조리작업을 지휘 · 감독하고, 각 조리장의 근무스케줄을 체크한다. 각 주방 조리제공 현장을 수시 점검하며, 메뉴분석 등을 통하여 신메뉴를 개발하고 각 주방 간의 의사소통, 교육훈련 등을 담당한다.

(3) 수셰프(Sous Chef, 단위 주방장)

① 차장급 직위에 해당(특급호텔의 경우)

총주방장과 부총주방장을 보좌하는 단위주방부서의 장으로서 조리와 인사에 관련된 제반책임을 지고 있으며 총주방장(부총주방장)과 각 영업장 조리장 간의 중간역할을 한다.

직속상관은 총주방장이나 부총주방장 등이며 주된 임무는 자기가 담당하고 있는 몇 개의 주방에 대하여 조리작업을 직접 지휘 · 감독하고 조리장의 근무스케줄을 체크한다. 그리고 주방의 냉장고 및 조리사의 위생상태도 점검한다.

(4) 셰프 드 파르티(Chef de Partie, 영업장 주방장)

조리장, 각 영업장(Outlet)의 주방장이며 과장급 직위에 해당(특급호텔의 경우)

- 셰프 드 파르티는 단위 외식사업장 또는 중규모 이하 호텔의 경우, 총주방장 부재 시에 그 역할을 대신하며 총주방장 또는 수셰프의 지시에 따라 실무적 일을 수행하며 주방업무 전반에 걸쳐 함께 의논하며 부하직원들의 고충을 수렴하여 해결하는 일을 한다.
- 셰프 드 파르티는 특급호텔의 경우, 자기가 맡은 단위 주방에서 만드는 요리를 직접 지휘 · 감독하고 부하직원의 근무스케줄을 작성한다. 또한 메뉴작성 · 식재료 주문 · 원가관리 및 위생교육에 대한 교육도 실시한다.

(5) 어시스트 셰프(Asst. Chef or Demi Chef, 영업장 부주방장)

조리장을 보좌하고 조리사를 지휘한다. 직접적으로 생산(Production)을 담당하며 리더십을 가지고 직원 간의 팀워크를 유지한다. 식자재 청구, 재고조사, 소모품 청구 등의 부수적 업무를 수행

(6) 퍼스트 쿡(1st Cook, 1급조리사)

요리가공에 있어 실제적으로 왕성한 생산(Production)활동을 한다. 기구의 사용, 화력조절, 중추적인 생산(Production)라인을 담당. 탁월한 조리기능과 노하우를 체득하고 있어야 한다.

(7) 세컨드 쿡(2st Cook, 2급조리사)

퍼스트 쿡과 함께 왕성한 생산(Production)활동을 한다. 퍼스트 쿡의 지시를 받아 팀워크를 이루어 상황대처능력을 키운다. 식자재 파악청구, 재고조사, 소모품청구 등의 부수적 업무를 수행

(8) 서드 쿡(3rd Cook, 조리사)

점차적으로 단순한 조리작업을 벗어나기 위해 조리기술과 지식을 수련하며 훈련을 하는 과정이다. 조리를 위한 제반 준비(preparation)를 책임지며 세컨드 쿡의 지시에 따라 부분요리를 한다. 또한 조리장의 청결 유지 및 기물을 체크한다.

(9) 쿡 헬퍼(Cook Helper, 보조 조리사)

조리에 대한 기술보다는 시작단계에서 단순작업을 행하며 식자재 수령과 운반, 조리기술 터득, 조리사의 보조역할 등을 하고 주방의 청소를 담당한다.

2) 주방의 구분

(1) 지원주방(Support Kitchen)

① 메인 주방(Main Kitchen)

메인 주방(Main Production Kitchen)

가) 핫 키친(Hote Kitchen)

더운 요리 주방으로 주방의 가장 핵심적인 공간이다. 각 주방에서 필요로 하는 소스와 더운 요리를 생산하여 공급하고 있다.

주방에서 개별 생산하는 것보다 시간과 공간, 재료의 낭비를 줄일 수 있어 이러한 시스템이 효율적이다. 야채, 수프, 생선, 육류 등의 더운 요리를 조리하여 각 주방으로 공급한다.

나) 콜드 키친(Cold Kitchen) (가르드망제 Garde-Manger)

더운 요리 주방은 열기구가 많아 야채의 적정온도를 유지하기 어려우므로 냉전채, 냉소스, 샐러드, 테린, 파테, 갤런틴 등을 생산해 각 주방에 공급하는 역할을 한다.

다) 부쳐(Butcher)

어육 가공 담당, 생선, 육류, 가금류를 크기별로 준비하여, 영업장 주방에서 주문하는 내용에 따라 모양, 크기, 양을 조절하여 제공해 주는 역할을 하는 주방이다.

② 베이커리(Bakery)

각종 제과 · 제빵 시설을 독립적으로 갖추고 각종 빵 및 케이크, 디저트류를 생산하여 각 주방 및 크고 작은 연회파티에 공급하며, 델리카트슨(Delicatessen)빵이 주식인 서양인들의 식사를 돕고 모든 연회의 마무리를 장식하는 꽃 역할을 하는 중요한 부문이다.

(2) 영업주방(Business Kitchen)

① 연회주방(Banquet Kitchen)

연회장의 행사를 담당하는 주방

② 각 식당주방(Outlet Kitchen)

커피숍 주방, 룸서비스 주방, 양식당 주방, 이태리식당 주방, 불란서식당 주방, 뷔페식당 주방, 룸서비스 주방, 한식당 주방, 일식당 주방, 중식당 주방, 카페 주방, 디스코텍 주방 등 호텔의 규모에 따라 차이가 있으나 영업장(Outlet)에 분리되어 설비된 주방에서 해당 식당의 음식을 전문성을 가지고 생산하는 주방이다.

(3) 스튜어드(Steward, 기물관리)

외국의 호텔에서 스튜어드는 재산을 관리하는 부서로 인식하여 주요 부서로 취급하고 있다. 각 주방과 영업장의 모든 기물을 보급, 보관, 광택, 보수, 세척 등을 하는 부서이다. 이 밖에 각 주방에 디시 워셔(Dish Washer, 세척원)를 파견하여 사용한 기물을 세척하기도 한다.

제2절 주방의 관리 및 운영

1. 주방의 관리

주방의 관리란 기대되는 시간 내에 고객이 주문한 바의 식음료를 서비스할 수 있도록 능률적인 설비 및 인력의 이용과 계획을 포함하여 예정된 수량의 식음료를 올바르게 생산하는 데 대한 전반적인 내용을 대상으로 한다. 효율적 관리를 통하여 과대 식료의 생산과 음식 조리 시 재료의 낭비를 최소화할 수 있을 것이며 요리의 품질을 규정된 수준으로 유지할 수 있는 것이다.

2. Recipe(레시피, 표준조리법) 수립과 이행

Recipe(레시피)를 수립하는 이유는 식료의 원가를 절감하려는 목적뿐만 아니라 식음료의 품질을 항상 일정수준으로 유지하기 위함이다. Recipe는 신입 조리사의 업무적응에도 큰 도움이 된다. Recipe는 원가계산을 위한 기초자료를 제공한다.

3. 판매 및 회계관리

마지막 단계의 활동으로서 식당경영 성과에 직접 계수적인 영향을 미치게 된다. 그러므로 협의의 식음료 원가계산이나 관리란 제3단계의 관리에 속하는 내용이라고 하겠다.

이상과 같은 3단계의 식재료 관리내용은 다음과 같이 요약된다.

① 고객예측 및 이에 따른 매출예측에 기초한 적정한 품질내용의 원재료를 적정량 구매하고 조리하는 것

② 과대한 원가의 발생을 피하기 위하여 개선된 기술적인 방법의 개발로 단위크기를 결정하고 몫을 나누는 것

③ 원재료의 구매에서 판매에 이르기까지의 시간적 경과 또는 지연에 의해 발생 가능한 모든 형태의 낭비 및 손실의 제거방안을 모색하는 것

제3절 주방의 안전관리

안전은 인간의 욕구충족 단계에서 가장 중요한 욕구이며, 주어진 환경을 극복하여 생존을 영위하고자 하는 기본 요건이다.

그러므로 각종 사고에 대한 불안감이나 두려움이 해소되었을 때, 호텔 레스토랑의 상품가치가 유지될 수 있다.

이미 발생한 사고에 대한 문제점과 대책을 강구함으로써 고객에 대하여 안전한 서비스를 강구함은 물론이거니와, 자신과 동료직원의 안전 그리고 재산상의 손실을 방지하는 데 그 목적이 있다고 할 수 있다.

1. 주의사항

① 안전을 위협하는 모든 요인을 수정하고 제거한다.

② 모든 사고를 기록한다.

③ 모든 장비, 기계, 기구의 구조나 표면이 잘 손질되어 있어야 한다.

④ 주방 바닥은 미끄럽지 않은 재질을 사용한다.

⑤ 출입구, 복도, 작업대의 재질이 적당해야 한다.

⑥ 전선은 잘 손질해 두고, 전선과 코드는 절연이 되어야 한다.

⑦ 전기장비는 접지(接地)시킨다.

⑧ 전등 스위치는 비상시에 쉽게 닿을 수 있는 곳에 위치해야 한다.
⑨ 소화장비는 정기검사로 관리하고, 눈에 잘 띄는 곳에 배치한다.

2. 화재 및 화상 예방

위험한 일들이 발생하지 않도록 해야 하지만, 만약 비상의 경우 다음과 같은 방법으로 조치하면 큰 사고를 예방할 수 있을 것이다.

① 뜨거운 팬이나 요리기구를 옮길 때는 마른 패드를 사용한다.
② 증기솥의 뚜껑을 열 때는 내용물을 저어준다.
③ 증기가 나오는 반대쪽에서 뚜껑을 연다.
④ 뜨거운 물과 증기가 튀어나오지 않도록 천천히 증기밸브를 연다.
⑤ 뜨거운 음식이나 물은 넘치지 않도록 한다.
⑥ 느슨한 소매나 앞치마 끈은 조리장비에 물려 들어가거나 불이 붙기 쉽다.
⑦ 뜨거운 기름에 물이 떨어지지 않도록 한다.
⑧ 스토브 위나 오븐 안에 불이 나면 그곳에 소금을 뿌린다.
⑨ 프라이팬에 불이 나면 베이킹 소다를 뿌린다.
⑩ 지정된 장소에서만 흡연을 하고 꽁초는 재떨이에 버린다.
⑪ 젖은 손이나 행주로 전기장비를 만지지 않는다.

3. 칼로 인한 사고 예방

① 칼을 사용하지 않을 때에는 안전함에 넣어두고, 떨어지는 칼은 잡지 않는다.(큰 사고 위험) 단지 물러서서 그냥 떨어지도록 한다.
② 칼은 도마에서 사용하고, 몸과 조금 떨어뜨려 사용한다.

4. 낙상 예방

① 커피 머신이나 휴대용 오븐의 뚜껑을 닫으려면, 안전 사다리를 이용한다.
② 물건을 운반할 때는 눈높이보다 높지 않는 Cart를 이용하도록 한다.

5. 응급처치

먼저 환자의 호흡과 맥박을 검사하고 필요한 조치를 취한다.

(1) 출혈

상처가 심장 높이보다 위로 올라가도록 환자의 위치를 잡아둔다. 상처는 깨끗한 압박붕대로 싸서 손바닥으로 눌러주고 압박분대 사용해서 직접 패드에 묶어둔다.

(2) 상처

노출된 상처는 깨끗한 압박붕대로 덮어주고 연고는 바르지 않는다. 상처의 감염은 다른 병으로 악화될 수 있으므로 세심한 주의가 필요하다. 감염된 상처부위가 홍조색을 띠거나 열과 오한, 고통, 상처에서 나온 적색 줄무늬 등 증상이 심해지면 의사의 치료를 받는다.

(3) 화상

1도 화상은 홍조색 혹은 탈수증세로 나타나며, 찬물에 화상부위를 담그고 있으면 고통을 줄일 수 있고, 깨끗한 마른 헝겊이나 거즈로 덮어둔다. 2도 화상은 물집의 형성, 3도 화상은 세포의 파괴로 이어지며, 병원 치료를 요하고 즉시 응급조치해야 한다.

2~3도 화상의 응급치료

- 의사의 도움을 청하고 소독된 헝겊으로 화상부위를 덮어둔다.
- 화상 입은 부위를 들어올린다.
- 얼굴에 화상을 입은 환자는 앉혀서 호흡을 관찰한다.

6. 가스 사용 시 주의사항

① 도시가스는 냄새가 있어 새는 것을 쉽게 알 수 있으며 공기보다 가벼운 가스이므로 사용 전 반드시 환기를 시키고, 콕과 연결부, 호스 등을 비눗물로 수시로 검사해 가스가 새는지 여부를 확인한다.

② 연소기기 부근에는 불 붙기 쉬운 가연성 물질을 두어선 안 되며, 가스 사용할 때 자리를 비우지 말고 끓어 넘쳐 불이 꺼지는가를 확인한다.

③ Gas가 나오면서 호스 배관 등에 화재가 났을 경우 먼저 가스 중간밸브를 차단하고 소화기로 불을 끈다.

7. 기타

1) 가스레인지 사용

- 가스레인지를 사용할 때에는, 가스밸브를 꼭 확인한다.
- 사용 후 가스밸브를 잠그지 않으면 가스가 새어나오기 때문에 잘못하면 불이 날 수 있음
- 정기적으로 가스밸브에 가스가 세지 않는지 비눗물로 확인한다.

2) 전자오븐 사용

- 무엇을 사용하든지 요리할 때는 절대 자리를 비우지 말 것
- 전자오븐은 타이머형식이기 때문에 요리가 다 되면 저절로 멈추게 됨
- 음식을 꺼낼 때는 손을 데지 않도록 조심
- 타이머형식이라도 옆에 꼭 붙어서 상황을 지켜볼 것

3) 전자레인지 사용

- 전자레인지를 사용할 때에는 설명문을 꼼꼼히 읽어보고 잘 사용하며, 설명문에 적힌 주의사항을 준수
- 스텐이나 쇠로 된 그릇에 음식물을 담아서 전자레인지에 돌리는 것은 위험한 일이니 하지 말 것

4) 조리도구 관리

- 음식을 조리하기 위해서는 그에 맞는 도구들이 있음
- 조그마한 충격에도 떨어지지 않는 곳에 잘 보관. 또한 칼을 사용한 후에 그냥 행주로 닦고 꽂아 놓지 말고 칼을 세척하는 방법을 준수
- 도마는 흐르는 물에 잘 씻어서 행주로 물기를 닦은 후 세워놓을 것

- 냄비요리할 때 옆에서 지켜보고, 사용 후에는 깨끗이 씻어서, 물기를 말린 후 선반에 넣어둘 것
- 최근 조리도구도 전문화되었다. 용도에 따라 종류도 여러 가지이며, 사용하는 방법도 다르다. 대표적인 주방도구인 칼만 해도 그렇다. 길이가 길거나 짧은 것이 있는가 하면, 칼날이 둥근 것, 직각인 것, 톱날처럼 생긴 것 등 다양하다. 조리할 때마다 어떤 것을 선택해 어떻게 사용하는지, 쓰고 나면 어떻게 손질하고 보관해야 하는지를 살펴보면 다음과 같다.

① 칼은 세트로 구입하는 것보다 한 개씩 낱개로 구입하는 것이 좋다. 적어도 4가지 칼을 구분해서 준비하는 것이 좋은데, 생선과 육류용 칼, 채소용 칼, 과일용 칼, 빵 칼 등이 그것이다. 또한 다소 무거운 느낌이 드는 칼이 좋다. 무거운 칼은 가벼운 것보다 쓰기가 더 용이하며 사용할 때 힘이 덜 든다.

② 칼의 안전한 사용을 위해 알아두어야 할 사항

- 예리하게 잘 길든 칼보다 무딘 칼을 그대로 사용할 때가 더 위험하다. 따라서 칼이 잘 들지 않을 때는 칼갈이를 사용해 올바른 방법으로 갈아야 한다.
- 칼은 항상 보이는 곳에 놓아두어 누구든지 칼임을 인식하고 조심할 수 있어야 한다.
- 용도에 맞는 적절한 종류의 칼을 사용해야 한다. 조그만 과일이나 채소를 다루면서 일반 식도를 사용한다면 그만큼 손에 위험이 가해지고 작업 중 무리가 따르게 마련이다.
- 칼은 세척 시 항상 다른 물건들과 구분하여 따로 세척한다. 흐르는 물에 부드러운 천으로 닦고, 기름기가 묻었을 경우에는 세제를 사용한 후 완전히 헹구어낸다.
- 칼날의 예리함을 알아보기 위해 손가락을 대보는 일은 없어야 하며, 이 경우 종이 등의 다른 재료를 이용해야 한다.

8. 냉장고 위생관리

- 냉장고에 불필요한 식자재가 있지는 않는지 냉장고 정리를 말끔히 해준다.
- 냉장고의 문을 자주 여닫지 말 것. 또한 냉장고는 벽면에서 10cm 떨어진 곳에 설치할 것

- 냉장고에 음식을 넣을 때는 음식물을 식혀서 넣을 것
- 냉장고의 문이 꼭 닫혔는지 잘 확인해야 하며, 유통기한이 지난 음식은 폐기처분 할 것

9. 음식물 쓰레기

- 음식물 쓰레기를 버릴 때에는 습관적으로 물기를 제거한 후에 버린다.
- 달걀 껍질이라든지, 닭뼈 등은 음식물 쓰레기에 속하지 않으니 주의한다.
- 채소류는 말려서 버리면 부피를 줄일 수 있다.
- 딱딱하게 굳은 빵(Bread)류는 탈취제로 사용한다.

제 10 장

구매부

제10장

구매부

1. 구매관리(Purchasing Management, 購買管理)의 중요성

1) 자재부문의 중요성

(1) 구매업무는 호텔이 개업 전 업무뿐만 아니라 호텔이 Open한 후에도 계속되는 업무로서 주방의 각종 고가의 장비, 가구류 등의 단순히 조달하는 차원을 넘어 이익의 창출을 하는 적극적인 구매자세가 요구된다.

(2) 특히 공사나 대형 연회행사와 관련된 자재의 조달은 무엇보다도 납기준수가 중요하다.

2) 구매업무의 내용

(1) 물품 매입작업

(2) 조달 사무관리

(3) 납품관리

(4) 보관 저장관리

2. 구매부서의 조직

호텔사업에 착수하여 정상적인 Open을 위한 자재 관리 및 구매업무 수행을 위해서는 업무진행 속도 등의 제반여건에 따라 업무진행에 각각 담당자의 증가가 필요하므로 일반적으로 필요한 인원의 증가 및 직무범위는 다음 〈표 10-1〉과 같다.

표 10-1 필요한 인원의 증가 및 직무범위

(객실 200실 기준)

직무명	직급	인원수	충원시기
자재 및 구매팀장	과장	1	개관일 25개월 전
수입자재, 수입자재 담당	대리	1	개관일 20개월 전
FF&E 및 주방, 식당 기물 담당	사원	1	개관일 13개월 전
리넨, 인쇄물, 소모품 담당	사원	1	개관일 10개월 전
구매업무 보조	사원	1	개관일 10개월 전
검수 및 창고관리 담당	사원	2	개관일 25개월 전
회계 및 Cost Control 담당	사원	1	개관일 25개월 전
합계		8	

구매관리는 호텔 전체조직의 경영 프로세스 및 관련 측면을 관리하는 것이다. 그러므로 구매 시스템 확보가 필요하다.

3. 적극적 원조

구매 관리부서는 한 명 이상의 직원이 조직하고 운영하는 경우라도 필요한 모든 식자재 및 필요물품, 소모품 및 재고가 주문되고 그 부서 재고가 유지되도록 보장하고 생산 및 일상업무에 차질이 없도록 적극 노력해야 한다.

구매부서뿐만 아니라 모든 직원이 구매와 관련된 재고수준 및 비용을 통제할 수 있도록 노력해야 한다.

4. '구매관리'란 무엇인가?

사전에서는 구매관리를 상품 및 서비스를 구매 또는 구매하는 행위로 정의하고 있다. 이 프로세스에는 수요의 준비 및 발주의 처리는 물론 최종 검수 및 지불 승인이 포함된다. 구매가격이 실제 제품을 판매할 때 발생하는 이익보다 많으면 그 호텔의 비즈니스는 생존할 수 없다.

5. 철저한 통제(Control)

구매관리에 대해 생각할 때 확대경을 통해 보듯 철저히 관찰하는 것이 가장 좋다. 호텔의 목표는 전반적인 비즈니스 경영성과를 향상시키기 위해 구매관리 기능과 연관되어야 한다. 그리고 구매가 회사의 많은 사람에 의해 처리되기 때문에 항상 오류의 여지가 있다. 이러한 이유로 구매관리기능이 비즈니스 수익성에 직접적인 영향을 미친다는 점에서 가장 중요하다고 생각하는 것이 중요하다.

6. 공개입찰을 통한 업자 선정

조달금액이 실제 식음료 제품을 생산하여 판매하는 이익보다 더 많은 경우 사업은 생존할 수 없다. 반드시 3개소 이상의 업체를 참여시킨 공개입찰을 통한 업자 선정을 해야 한다.

호텔에 최고의 이익을 제공하기 위해서는 상품을 최상의 저렴한 가격과 최상의 품질로 구매하는 것이 필수적이다. 구매 관리자는 강력한 기능 및 광범위한 구매절차를 마련해야 모든 직원이 이를 편하게 이해할 수 있다.

"구매는 간단한 먹거리 구매행위를 넘어선 경영활동이다. 여기에는 적절한 재료 및 출처 선택, 적시 납품을 보장하기 위한 후속조치, 수량 및 품질 보장, 친분을 통한 구매 통제, 구매와 관련된 매장 운영 및 회계업무 통제를 위한 연구 및 개발이 포함된다."

대부분의 호텔을 포함한 환대기업은 조달 프로세스가 프로젝트를 통해 항상 세심한 주의가 필요한 복잡한 작업이라는 사실을 간과한다. 자사의 이익이 자사의 비용 이상이라는 것을 아는 것만으로는 충분하지 않다. 이러한 용어로만 생각하면 많은 수익을 잃을 수 있다.

"다른 사업을 통해 더욱 구매관리를 방치함으로써 매년 더 많은 사업을 잃게 된다."

구매전략은 식음료 전반 기능의 내용을 잘 알고 전문적으로 경험이 있는 숙련된 직원에게 맡기는 것이 가장 좋다. 이들은 비용효과적인 결과를 보장하기 위해 적절히 이행되어야 하며 마감일 내에 우수한 품질의 제품을 제공하고 모든 구매가 결함이 없는지 확인함으로써 귀중한 공급업체를 선택할 수 있다.

제11장

원가관리과

제 11 장

원가관리과

제1절 원가관리(原價管理, Cost Control)의 개념

1. 원가관리의 정의

원가계산을 근거로 하여 경영활동 전반을 합리화하고, 원가절감을 도모하도록 하는 경영활동의 관리를 원가관리라고 정의할 수 있다. 이는 다음의 2가지로 크게 나눌 수 있다.

1) 원가절감을 목적으로 하는 원가계획

원가계획은 호텔의 구조적 변화까지를 전제로 다각적으로 검토하여 이익계획의 일환으로 시행하는데 우선 일에 대한 책임분담을 명확히 한 후, 그것에 대한 표준원가를 설정하게 된다.

2) 계획의 달성을 목적으로 하는 원가통제

원가통제는 원가계획에 의하여 결정된 구체안을 실천하는 과정에서 발생하는 관리기능으로, 일반적으로 계획에 의하여 원가의 표준치와 실제치를 비교하고 양자의 차이를 분석함으로써 수행된다.

원가통제의 방식은 다음과 같다.

① 원가관리 구분을 정하고 그것을 담당하는 원가관리 책임자를 둔다.

② 각 원가관리 책임자의 관점에서 관리가능비와 관리불능비를 엄밀히 구별하며, 관리가능비에 대하여 달성이 가능한 표준치를 표시한다.

③ 표준원가와 실제원가를 비교하여 문제점의 발견, 개선책 등을 검토한다. 원가책임 구분마다의 업적평가와 그것에 근거한 개선안을 수립하고, 다음의 목표원가를 세워 나간다.

이렇게 표준원가와 실제원가의 차이를 점차 줄여나가는 과정을 원가관리라고 한다.

호텔기업은 경영성과를 내기 위해서 효율적인 식음료 원가관리가 필수적으로 요구된다. 미국회계학회(A.A.A. ; American Accounting Association)에서 발표한 원가계산의 목적을 보면 다음의 세 가지가 있다.

① 계획 설정을 위한 원가수치 제공

② 재무제표 작성 및 기타 목적을 위한 원가수치 제공

③ 관리목적의 원가수치 제공 등

Cost Control을 하는 이유에는 다음의 두 가지가 있다.

① 바람직한 원가관리의 목표는 원가의 인하

② 원가를 통제함으로써 올바른 원가계산을 정확한 자료수치나 정보에 의해 계획의 기능을 강화하는 방향 등으로 관리의 목표를 두는 것이다.

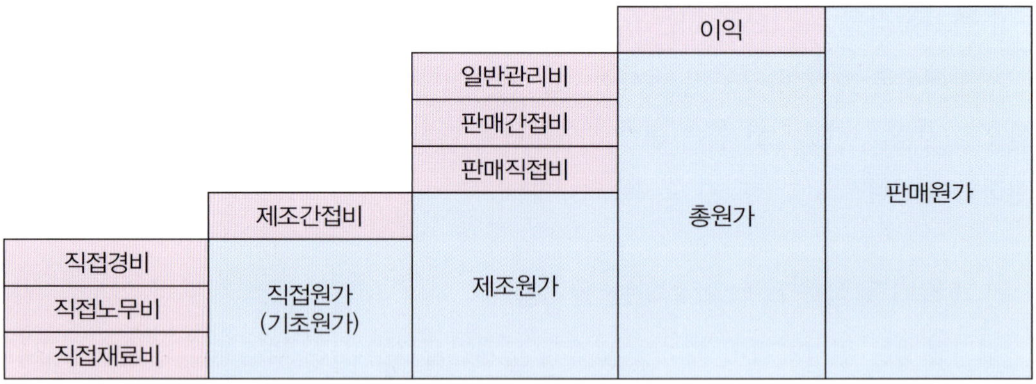

그림 11-1 원가의 구조

3) 원가구성 체계(Construction of Cost)

원가구성은 각 원가요소가 어떠한 범위까지 원가계산에 집계되는가의 관점에서 분류한 것이다. 일반적으로 다음의 4단계로 구분된다.

① 직접원가 또는 기초원가

② 제조원가 또는 공장원가

③ 총원가 또는 판매원가

④ 판매가격 또는 매가

4) 원가의 구성항목

① 재료비 : 직접재료비, 간접재료비

② 노무비 : 직접노무비, 간접노무비

③ 경비 : 지급임차료, 전력비, 수도광열비, 복리후생비, 직원퇴직공제부금비, 소모품비, 여비 · 교통 · 통신비, 세금과 공과, 지급수수료, 기계경비, 특허권사용료, 기술료, 연구개발비, 품질관리비, 가설비, 보험료, 보관비, 외주가공비, 산업안전보건관리비, 도서인쇄비, 보상비, 안전관리비, 폐기물처리비, 환경보전비, 운반비, 기타 법정경비

④ 일반관리비

⑤ 이윤

⑥ 부가가치세

2. 식음료 원가관리의 형태

과도한 원가로 표시되는 경우에는 그 원인이 구매, 검수, 판매, Standard Portion Size 표준분량(標準分量 ; 과대한 할 몫 크기), 조리 도중의 손실, 도난, 과다 구매로 인한 손실 또는 기타 요인 등 가운데 어디에 있는가를 찾아내야 한다.

1) 상품군별 원가관리

당일의 구매와 호텔 내의 저장창고로부터의 재고 불출분을 육류(Meat), 생선류(Fish), 해산물류(Seafood), 과실류(Fruits), 야채류(Vegetables), 식료품 및 잡화류(Groceries) 등의 각 그룹별로 구분하여 기록하는 것이다. 이것을 기초로 각 그룹별 원가와 전체의 합계식료원가(Grand Total of All Food Cost)를 계산하여 매일 보고해야 한다. 이는 각 식료품군별 원가의 변동을 관찰함으로써 그 변화가 과다한 품목에 대해

서 특별히 집중적으로 관리하는 것이다. 단점은 많은 비용과 시간, 노력 등이 필요하다는 점이다.

2) 표준원가관리(Standard Cost Control)제도

사전에 재료비를 결정하여 사전원가를 계산하고 이것을 목표로 실제원가와 비교함으로써 원가를 관리하려는 방법이다.

3) 판매분석(Sales Analysis)에 의한 방법

예상 판매수량(Number of Sales)을 실제의 판매수량과 비교하여 그 적정여부를 분석하여 적합 여부를 판단, 관리하고 향후 새로운 예측을 위한 기초자료를 제공한다. 또한 판매분석은 판매된 각각의 메뉴품목별로 매출과 원가를 비교할 수 있게 해준다.

4) 비율에 의한 원가관리제도 VS(←Versus) 표준원가관리제도

표준원가관리제도(Standard Cost System)에서는 매출을 고려하지 않고 이상원가와 실제원가만을 비교하여 이상적 조건 아래서 어느 정도 원가의 절감을 기할 수 있는가 하는 것을 알려준다. 사전원가 및 사후원가 계산의 정확성과 포션사이즈(Portion Size)의 정확성이 보장될 때만 이 제도의 효율성이 고려된다. 매출(Sales)에 대한 원가(Cost)의 비율(Ratio)이다. 이 비율이 적정한계를 초과하면 식음료원가가 너무 높음을 의미하는데 그 비율은 메뉴의 품목과 그 가격결정 여하에 영향을 받는다.

5) 단위원가의 관리

낮은 원가 식료품목에 의한 이윤을 침식(侵蝕)하는 높은 원가품목으로 인하여 야기되는 문제를 해소하기 위해서 식료 상품그룹 중에서 높은 원가품목을 파악하는 데 이용되는 관리방안으로 단위원가의 분석에 의거한다.

전체 메뉴품목 중에서 가장 높은 원가를 발생시키는 품목을 알아낼 수 있어 비교적 정확한 식료원가관리제도이다.

6) 비율에 의한 식료의 원가관리제도

이것은 식료의 매출원가를 매출(매출원가/매출액×100＝원가율)로 나눔으로써 계산되는 식료의 원가율을 기초로 하는 것이다. 식료원가가 매출의 일정범위 내에 있도록 관리하려는 통제적 개념하에서 정립된다. 비율에 의하여 원가의 관리를 도모하는 것이므로 메뉴의 판매가격이나 원가변동에 무관하게 그 비교가 가능할 뿐만 아니라 높은 식료원가 여부를 밝히는 데 매우 효과적이다. 그러나 단점은 메뉴품목의 어디에서 혹은 어떤 품목이 과대한 원가를 발생시키는지에 대해서는 밝혀지지 않는다는 점이다.

제2절 표준원가관리의 의의 및 목적

1. 표준원가의 의의

첫째, 표준원가는 불경제성, 우연성 등을 배제한 정상적인 원가여야 한다. 과학적 방법에 의해 회피 가능한 비생산적인 노동 및 재료낭비, 설비의 가동방치 등에 의한 낭비요소를 제거, 시장물가 면에서 일반적으로 받아들여질 수 있는 여건을 기초로 하여야 한다는 것이다.

둘째, 표준원가는 정밀한 분석에 의하여 설정되어야 한다는 것이다. 과거 경험 및 통제된 실험에 의하여 과학적 사실조사방법으로 결정되어야 한다. 즉 상품에 알맞은 재료의 선택, 작업시간과 동작관리(Time and Motion Study), 기계장비 및 기타의 생산에 관한 기술적인 연구를 거쳐서 설정될 문제이다.

호텔의 식음료사업에 있어서 표준원가란 표준조리법에 의한 재료의 소요량과 그 성분재료의 가격을 사용함으로써 결정되는 각 메뉴품목별 원가를 말하는 것이며 그 계산을 위해서는 다음의 4가지 표준이 필요하게 된다.

1) 1인분 몫의 단위표준 크기(Standard Portion Size)

1인분에 대한 단위 크기, 수량, 무게 등을 나타낸다. 그러므로 단위표준의 크기는 어떠한 메뉴품목에 대해서도 모두 정한다.

1인분 몫의 단위표준 크기가 중요한 것은 고객에게 서비스할 정확한 식료의 양을 결정하고 레스토랑 고객에게 적량의 식음료를 제공함으로써 고객의 권익을 보호하려는 것이다. 식당의 경영관리 측면에서 결정된 표준크기가 정확히 준수되는 가운데 식음료가 제공되도록 관리하려는 것이다.

적당한 단위크기는 레스토랑의 수준, 재료와 서비스 원가 및 상품 생산의 문제 등을 고려하여 결정하게 된다. 대개의 품목은 업계에서 통용되는 크기로 결정되나 어떤 것은 호텔식당별로 단독적인 결정에 의한 것도 있다.

2) 표준조리법(Standard Recipes)

메뉴품목에 대해서 기대되는 일정 품질이나 양에 맞추어 식료를 준비하고 조리할 수 있도록 조리법, 접시 등 그릇에 담는 방법 및 서비스 방법에 대하여 기술해 놓은 것으로 사진을 곁들여 놓는다. 표준조리법에서는 그 요리를 만드는 데 사용되는 각 재료의 종류별로 정확한 소요량과 그 가격이 기재되어 있는 재료명세서이며 그 요리방법 및 과정이 기술되어 있다. 그 이점(利點)은 다음과 같다.

① 식료의 생산에 있어 품질관리에 기여한다. 표준조리법에 의하면 동일한 방법과 내용으로 식료를 제조, 이를 정확히 준수했을 경우 품질은 균일해지기 때문이다.

② 표준조리법에 나타나 있는 재료 소요량 자체가 기대되는 일정 능률하에서 결정된 표준재료 소요량이므로 표준식료원가의 결정에도 기여한다.

③ 표준조리법에 의하여 특정 메뉴품목을 요리했을 경우 그 제조원가의 산정이 쉬워서 적정한 판매가격에 기여한다.

3) 표준구매명세서(Standard Purchase Specifications)

소요품 요건을 기술해 놓은 것이다. 품목(Item)의 질(Quality), 크기(Size), 등급(Grade)을 표준화하여 그 내력을 기록하는 것인데 주로 육류, 생선류, 야채류, 과일류 등에 많이 쓰인다.

구매하고자 하는 소요품목에 대한 상세 기술서이다. 어떤 품목의 식음료 원재료가 필요하다는 것을 알게 되면 관련된 모든 부서에서 물품을 보지 않아도 전화로 원하는 아이템의 주문이 가능하다. 그 내용요건을 정확히 파악할 수 있도록 상세하게 기술해야 할 것이다. 표준구매명세서란 불편과 비능률을 없애고 그 실무적 이용도를 높이기 위해 지나치게 상세하고 장황한 기술을 회피하고 식료품목에 대한 표준을 결정하여 가장 간략하게 작성된 구매명세서(Purchase Specification '구매스펙')이다.

표준구매명세서는 구매목적을 위해서는 적어도 구매담당자, 납품업자, 주방 및 홀의 검수관리자에게 배부되어야 하며 관리목적을 위해서는 그 외의 관계자에게 이용될 수 있도록 하여야 한다. 그 이점(利點)은 다음과 같다.

① 구매업무를 신속 정확하게 한다.

② 이것으로 원가의 관리와 비교에 용이하게 이용한다.

③ 메뉴의 질을 계속 유지할 수 있다.

④ 주문상에 생기는 오해와 실수를 줄여 정확한 견적을 받을 수 있게 한다.

⑤ 물품을 보지 않아도 전화로 원하는 품목의 주문이 가능하다.

4) 표준산출고(Standard Yields)

산출고(Yields)란 구매됐거나 저장고에서 인출해 온 일정 중량이나 수량의 원재료를 가지고 조리하여 판매할 수 있는 완제품의 상태로 만들었을 때의 수량이나 중량을 지칭하는데 높은 산출고를 위해서는 무엇보다도 양질의 재료와 숙련된 노동력 및 제조상의 전문적인 기능관리 등이 요청된다. 생산관리의 능률 여하에 따라 상당히 달라질 수 있기 때문이다. 조리된 식료와 원재료 상태였을 때의 식료의 수량이나 중량 차이는 곧 조리에 의한 손실(Loss)인 것이다.

원재료를 조리하는 동안, 자르거나 조리로 인하여 발생한 정상적인 감손(Shrinkage or Shrinkage Loss)이나 파손품(Spoilage or Spoilage Work)은 당연히 제품원가에 포함되어야 한다.

이것은 수립된 표준, 예비조리(Pre-Preparation Procedure) 및 표준조리방법과 자르는 방법(Portioning or Carving)이 모두 그대로 지켜졌을 경우에 산출될 수 있는 식료의 수량표준을 의미한다.

2. 표준원가의 목적

1) 인건비(노무비) 절약의 목적

표준원가는 영업활동의 이전에 산정되는 원가이므로 예산원가(Budgeted Cost)를 산출한다는 것은 매우 간단하고 용이하다. 생산량×표준원가＝예산원가이다. 여기서 예산원가는 표준원가가 단위개념을 나타내는 데 비해 총예산의 개념을 뜻하므로 계산상의 노무비 절약 외에도 용이한 예산편성이나 사전관리의 효과를 기대할 수 있게 해준다.

비능률이나 불확실한 장래의 손실발생 가능성에 대비하고 계획에 대한 차질을 방지, 수정과 제거를 할 수 있게 해준다.

호텔 식음료사업에 있어서의 낮은 이폭(Profit Margin)은 그와 같은 손실 등을 상쇄시킬 만한 능력이 없기 때문에 철저한 계수관리로 경영활동에 게재하지 않으면 안 되므로 표준원가관리는 효과적인 한 방안이 될 수 있는 것이다. 그 밖에 보고서의 작성이 편리하고 쉬워서 시간 및 인건비의 절약이라는 효과를 가져다 준다.

2) 의사결정의 목적

식료의 재료비, 노무비, 경비 등 모든 원가요소에 부가해서 영업비에 대한 표준이 일단 설정되면 총원가를 계산해 낼 수 있다. 그러한 결정에 따라서 각 메뉴품목별 판매가격을 결정할 수 있다.

3) 경영관리의 목적

표준원가는 시간적인 관점에서 볼 때 사전원가(Estimated Cost)이며 추산원가와도 상통하는 바가 있다. 그러나 추산원가는 원가요소별로 예정한, 과거의 실제소비량에 기초한 원가인 데 반하여 표준원가(Standard Cost)는 원가요소의 표준이나 표준소비량을 예정함으로써 계산되는 원가이다.

① 사전원가의 목적은 실제원가가 얼마가 될 것인가를 계산하는 것
② 추산원가는 실제원가가 얼마가 되어야만 한다는 목표를 결정하는 데 목적을 두는 것

추산원가에 비해 사전원가는 과학성이 결여된다.

표준원가는 달성 가능한 원가표준을 과학적인 방법으로 설정해 놓은 것이므로 업적의 관리에 있어 모든 요리사 및 식당 종사원들의 원가의식과 책임감을 높여줌으로써 호텔경영관리의 목적을 다하는 데 기여하게 된다.

제3절 원가요소 및 표준원가의 종류

1. 원가요소란(Elements of Cost)

'원가요소'란 원가구성요소의 약어로서 원가를 구성하는 각종의 경제가치를 말한다. 일반적으로 재료비, 노무비, 경비 등을 원가의 3요소(Three Main Elements of Cost)라 한다.

호텔(식당)의 유니폼 시스템 어카운팅(Uniform System of Accounting)에 의하면 노무비의 내역은 임금 및 봉급(Wages and Salaries), 휴일 및 휴가급(Holiday-Pay and Vacation-Pay), 병가급(Sick-pay), 기타 급료, 종업원 급식비, 종사원에 대한 복리후생비, Payroll Tax 등으로 되어 있다.

기타 경비(Other Expense)로는 식당에서 필요로 하는 기자재, 고객용품(Guest Supplies), 메뉴나 음료, 주류의 리스트, 식당에서의 비용, 식당경비, 청소용품, 커미션, 주방용품, 장식품, 주차, 종사원용품, 무료로 나간 식료, 주방에서 사용하는 연료, 드라이클리닝과 세탁비, 리넨(Linen Rental), 기타 음악이나 오락에 소요되는 경비 등이 있다.

재료비는 Appetizer(전채), Soup(수프), Fish(생선요리), Entree(주요리), Roast(가금류요리), Salad(찬 야채), Dessert(후식) 등의 모든 코스에 사용되는 경제적 가치를 말한다.

2. 표준원가의 종류

표준원가는 크게 당좌표준원가(Current Standard Cost)와 기준표준원가(Basic Standard Cost)로 구분된다.

1) 당좌표준원가(Current Standard Cost)

단기적 경영활동 목표를 표시해 주는 표준원가로 현재의 모든 여건을 반영함으로써 그것을 기초로 설정되며 비교적 단기간에 걸쳐 사용된다.

(1) 정상표준원가(Normal Standard Cost)

과거의 정상적인 조업상태인 실제 조업도의 평균에 장래 예측치를 고려하여 결정한 조업상태하에서의 표준원가이다.

(2) 달성가능표준원가(Attainable Standard Cost)

실제로 발생될 조업도를 예상하고 이에 준해서 실제로 달성할 수 있는 여건과 수준에서 결정되는 표준원가이다. 이것을 이상표준원가와의 관계하에서 파악하면, 달성가능표준원가=이상표준원가+여유(Tolerance)로 표시된다.

여유(Tolerance)의 계산은 불가피한 낭비나 비능률 등에 의한 아이들 코스트(Idle Cost)의 발생을 인정하는 것으로 정상적인 재료의 감소(Normal Shrinkage), 낭비, 주방기계장비나 설비의 일반적인 고장이나 종업원들의 신체적 요인 등이 고려된다. 일반적으로 식음료 원가관리는 당좌표준원가이며, 달성가능표준원가이다.

(3) 이상표준원가(Ideal Standard Cost or Pure Standard Cost)

이상적인 활동에서만 가능한 표준원가이다. 이것은 모든 여건이 완벽한 이상적인 상태, 즉 낭비나 축소, 폐기 등이 전혀 없고(There Were No Waste, No Shrinkage, Spoilage), 최적의 능률이 보장되며(There Were Optimum Efficiency), 설정된 모든 보조적 표준이 준수되었을(All Supporting Standards Were Followed) 경우에만 실현될 수 있는 원가이다. 오늘날에는 이상표준원가보다는 달성 가능한 원가를 많은 식당과 주장에서 도입하였다.

2) 기준표준원가(Basic Standard Cost)

실제원가의 변동 측정을 목적으로 장기간에 걸친 조업도, 가격 및 능률 등을 전제로 하는 비교적 장기에 걸쳐 수정되지 않는 원가로 제품의 종류나 현재의 제조방법 등을 변경할 때의 특수한 조건하에서만 작성, 계획되거나 혹은 다시 결정되는 원가이다.

제4절 실제원가의 계산

소비된 재료가액을 계산하는 방법에는 대체로 재고조사법, 계속기록법, 역계산법 등이 있다. 각 메뉴품목의 준비나 조리를 위해서는 중복되어 사용되는 재료도 많아서 요리품목별로 그 소비량을 계속 기록한다는 것은 그리 용이하지 않은 일이다.

식료원가계산에 있어 흔히 이용되는 소비재료액의 결정방법은 재고법으로서 월단위로 해서 기초재고액에 당기매입액을 가산한 데서 기말재고액을 차감함으로써 산출한다. 기초재고(Beginning Inventory)+당기매입(Purchases)−기말재고(Ending Inventory)=식료재료 소비(Cost to Food Consumed)이다. 위의 식에서 기초재고=기말재고이면 당기매입=당기소비임을 알 수 있다.

판매된 식료에 대한 매출원가는 소비재료액을 기초로 모든 비용을 더하고 기타 직원 급식(Feeding), 주장에서 사용한 식료나 주방에서 사용한 음료 등의 금액 등을 가감함으로써 산출된다. 재료소비가액−종업원 급식−주장에서 사용한 식료+주방에서 사용한 음료=식료의 매출원가이다.

실제원가를 표준원가와 비교함으로써 현재의 원가가 적정선에 있는가의 여부를 평가하려는 데 실제원가 계산의 목적이 있다.

제5절 소비재료의 가치 계산

시장가격 변동에 의해 최초 구매할 당시의 구입가격과 사용하는 시점에서의 가격은 차이를 보이므로 계산의 복잡성을 더한다.

소비된 재료의 가치계산 방법은 시장가격법, 원가법, 예정가격법 및 표준가격법 등이 있으나 식료재료의 소비가격 결정에 있어서는 원가법이 주로 이용되고 있다. 원가법은 구입재료는 구입원가로써 그리고 자가생산재료는 그 제조원가로써 재료의 소비가격을 계산하는 방법이며 다음과 같은 여러 가지 방법이 있다.

1. 개별법(Lot Method)

재료를 구입원가별로 구별하여 보관했다가 출고할 때는 그 물품이 어떤 가격의 재료였는지를 확인하여 당해 구입원가를 그 재료의 소비가격으로 하는 방법으로 동일한 품목의 재료일지라도 가격별로 구분하고 있다. 실제의 구입원가를 반영한다는 장점이 있기는 하나 실무상 수많은 종류의 식료품목을 저장 관리해야 하는 레스토랑 사업에 있어서는 실현성이 없다. 특히 식료재료는 부패성이 강하여 저장조건이 까다롭고 그 관리비도 상당히 높은 까닭에 이를 실행하기란 극히 곤란하다.

2. 선입선출법(FIFO : First-In First-Out Method)

선입선출법을 일명 매입순법(買入順法)이라고도 한다. 구입원가별 분류를 주시하고 어느 재료가 사용되던 간에 먼저 구입한 것을 먼저 사용한다는 가정하에 장부상의 구입원가에 의하여 매입순위가 빠른 재료가 전량 출고될 때까지는 그 단가를 원가계산의 대상가격으로 하는 방법이다. 개별법이 갖는 구입원가별 재료의 분리보관의 필요성이 없을 뿐만 아니라 계산도 비교적 간단하다는 장점이 있으나 LIFO방법과 함께 동일시점에서 생산된 메뉴일지라도 그 재료가격이 각기 다른 원가로 표시될 수 있는 단점이 있다.

3. 후입선출법(LIFO : Last-In First-Out Method)

FIFO와는 반대되는 방법으로 어떤 가격에 구매된 재료인가를 불문하고 최근에 구입한 것부터 순차적으로 출고하여 이용하는 것으로 최근 매입량이 모두 없어질 때까지 그 가격으로 계산한다.

가격변동이 심할 때 특히 가격이 상승할 때 FIFO에 의해 계산된 식료원가는 실제보다 과소하게 표시되어 상대적으로 이익이 과대하게 표시되는 결점이 있으나 LIFO에 의하면 그러한 결점을 커버할 수 있으므로 적합하다고 하겠다.

4. 평균원가법(Average Cost Method)

구입원가가 각기 다른 재료를 보유하고 있을 때, 그달의 평균 구입단가를 소비가격으로 간주하여 평균단가를 산출하는 방법으로 다음의 것들이 있다.

1) 산술평균법

단순평균이라고도 하며 구입한 재료수량을 고려하지 않은 채 매번 구입한 단가만을 산술평균하는 방법으로 계산은 용이하나 매회의 구매수량에 현저한 차이가 있는 경우에는 정확한 구입단가의 계산이 불가능한 단점이 있다.

2) 총평균법

일정기간의 매입가격의 합계액을 동일기간의 매입수량계로 나누어 단가를 산출하는 방법이다. 장고에서 재료를 인출할 때 매번 그 소비가치를 계산하지 않고 원가계산 기말에 구한 평균단가를 그 기간의 전체 재료출고량에 적용시키는 것이다.

즉, 총평균단가=(전기이월액+당기매입액)÷(전기이월수량+당기매입수량)=입고액÷입고량이다.

마감한 이후에 인수의 금액과 수량에 의하여 단가를 구하여 인도와 잔액의 단가 및 금액을 구한다.

3) 이동평균법

가중평균법이라고도 한다. 재료의 매입 때마다 그 수량과 금액을 전의 원장잔액에 가산하여 새로운 가중평균단가를 구하고 이것으로써 출고된 재고의 단가를 기장하는 방법이다.

선입선출법, 이동평균법, 총평균법, 후입선출법 등의 4가지를 살펴보면 다음과 같은 결론을 얻을 수 있다. 부채와 자본이 일정하다고 가정할 경우에 선입선출법은 세금은 많이 내고 기말재고액이 많다. 후입선출법은 절세효과는 있는데 이것은 총이익이 적기 때문이다.

인플레이션일 경우로 가정할 때, 매출원가가 커지면 매출총이익은 작아지고, 기말재고액이 커지면 매출총이익은 커지고, 호텔에서 자산을 과대평가하면 당기순이익은 커지고, 호텔에서 비용을 과대계상하면 당기순이익은 작아진다.

제6절 원가차이의 분석

표준원가는 실제원가를 통제하기 위한 목적으로 산출되었으므로 계산된 실제원가를 표준원가와 비교함으로써 경영성과를 분석한다. 표준원가 차이는 물론 직접재료비에 대한 것이므로 표준직접재료비와 실제직접재료비의 차이를 의미하는데 원가관리의 자료로써 중요하다.

일반적으로 원가차이는 실제원가가 표준에 미달되는 유리한 차이보다는 표준을 초과하는 차이인 불리한 차이가 나타나는 경우가 대부분이다. 이는 다음 2가지로 구분될 수 있다.

1. 재료가격의 차이

이것은 계산시점을 달리함으로써 나타날 수 있으며 표준재료가격과 실제재료가격과의 차액을 말한다. 즉 (실제소비량×실제가격)−(실제소비량×표준가격)=가격차이의 등식이 성립되는데 계산실무상 가격차이를 계산하는 데는 구매 시의 표준가격 혹은 출고 시의 표준가격을 적용하는 2가지 방법이 있다.

가격 차이를 발생시키는 원인은 대체로 식자재사업에 있어서는 특히 대량구매가 어려운 여건이므로 이러한 차이발생의 가능성이 그만큼 크다고 하겠다. 예를 들면 시장의 변동에 의하거나, 예정가격 자체가 잘못 선정되었을 경우, 구매량, 구입거래처, 구입방법 등이 불리한 구매의 원인이다.

2. 수량의 차이

재료의 실제소비량과 표준소비량의 차이인데 실제로 원가차이라는 점에서 가격차이나 수량차이 모두가 화폐가치로 표시되므로 그 구분은 원인의 분류라는 점 외에는 의미가 없다.

수량차이=(실제소비량×표준가격)−(표준소비량×표준가격)으로 표시되는데 이러한 수량차이를 발생시키는 원인에는 다음과 같은 것들이 있다.

- 과대한 단위크기(Portion Size)나 제품구입 등의 차이

- 도난 분실
- 비능률적인 구매 및 검수
- 부적당한 표준조리법으로 표준소비량이 잘못 설정
- 부적절 방법에 의한 나머지 식료의 이용
- 부적절한 보관에 의한 부패
- 불량재료의 사용
- 부적당한 Butchering, 부적당한 조리, 잘못된 Carving 절차
- 조리 실패로 버려야 하는 것
- 조리 및 준비의 기기, 설비 및 기계의 변경
- 작업능률 저하
- 작업방법 변경

3. 원가차이의 처리

표준 자체가 부정확하게 설정됨으로써 발생된 원가의 불리한 차이 금액은 식료재고, 제공품목, 매출원가 등에 추가적으로 배분한다. 재료의 가격 차이는 주로 시장변동에 의하는데 재료가격과 수량에 비례하여 재고, 제공품 및 매출원가에 추가로 배분한다. 만약에 유리한 차액이 발생한다면 그만큼을 공제하게 된다.

이때에는 모든 식료를 동일군별로 상품을 구분하여 조사하는 것이 매우 편리하다. 즉 해산물, 쇠고기, 돼지고기, 가금류, 야채 및 기타 식료 등으로 나누어 조사하는 것을 말한다. 전체 재료재고에 차이가 발생된 때에는 모든 식료품목별 재고를 철저히 조사하여 원가차이를 만든 원인이 어떤 품목의 구매에 있는지를 찾아내야만 한다.

제 12 장

인사부

제 12 장

인사부

제1절 인사관리(Personnel Management)의 개념

'인사관리(人事管理, Personnel Management)'란 회사에 경쟁을 통해 입사한 우수한 인적 자원들을 여러 가지 교육훈련 및 업무환경 개선 등의 노력을 통해 그들에게 동기부여를 해줌과 동시에 공정한 인사 평정을 통해 그들이 가지고 있는 잠재능력을 최대한으로 발휘하게 하여 직원의 자기개발과 회사의 발전을 꾀하는 시스템적인 관리활동을 말한다. 즉 '인사관리'란 직원들이 각자 자기의 능력을 최대한 발휘하여 좋은 성과를 거두도록 관리하여 조직의 인적 자원 효율성의 극대화를 위한 계획과 시스템적 통제(Control)를 뜻한다. 인사관리는 '노무관리'라는 뜻으로 해석하는 견해 등이 있고, 회사에 따라서는 이 부문의 스태프로 '인사부'와 '노무부'를 분리해서 두고 있기도 하다. 비슷한 말로서 '노무관리'가 있는데, 양자를 포괄하여 넓은 뜻의 '노무관리'로 보는 설이 많다. '인사관리'를 인적 자원 관리 내지 노동력 관리로 보고, 이것과 병립하는 좁은 뜻의 '노무관리'에서는 인적자원 이외의 인간적인 '사회적 존재, 생활인, 주체적 존재로서의 인간의 여러 가지 측면'을 문제로 삼는 복리후생 · 인간관계 등을 다룬다. '인사관리'의 내용은 '채용 · 배치 · 교육훈련 · 승진 · 퇴직 · 임금 · 안전 · 위생 · 근로시간 등' 여러 분야에 미친다.

1. 인사관리의 정의

가사적 경영형태를 벗어나 회사규모가 커지고 직원 수가 늘어나면서 상하 간의 불만 증가, 노사 간의 갈등이 고조되었다. 급여 및 후생복지가 좋은 대기업인데도 불구하고 직원들의 이직률 증가 등의 여러 가지 문제가 생기게 됨에 따라 동기부여와 리더십 개발 및 공정성 있는 직원평가 시스템 등의 정립이 절실히 요구되었다. 그러므로 오늘날의 인사관리는, ① 기업의 생산적 목적의 달성, ② 조직 내 노사 간 갈등의 조정, ③ 직원 동기부여 등을 효과적으로 개선 관리하여 궁극적으로는 조직 유효성 달성을 이루려는 체계이다.

'인사관리'는 "기업목적을 달성하기 위해 적합한 인재를 채용하고, 교육, 유지하는 동시에 협동 시스템을 확립하여 개개인의 능력을 최대한으로 발휘시키는 일련의 과정이며, 직원들이 자발적으로 조직의 목적 달성에 적극적으로 기여하도록 함으로써 회사의 발전과 개인의 발전 및 지속적인 성장을 꾀하는 것"이라고 정의할 수 있다.

인사관리는 직원 개개인의 노동력의 증대로서의 행동관리에 그치는 것이 아닌, 인간의 감성을 긍정적 방향으로 터치하는 인사담당자의 노력이 절실히 요구된다.

제2절 호텔 인사관리의 기초

1. 인사관리의 정의

인사관리는 회사의 조직을 구조화하는 데서 시작된다. 이후 부서별로 조직의 직급별 직무를 분석하는 것으로부터 시작한다. 이것을 토대로 적합한 직원의 면접 · 채용 · 선발 · 훈련 · 감독 · 위탁 · 보상 · 이동 · 승진 · 해고나 퇴직 등의 관리활동을 말한다.

오늘날에는 인사 또는 노사관계 부서에 할당된 책임의 범위가 폭넓게 변화하고 있다. 인사부서의 중요한 책임 영역은 다음과 같다.

① 조직도 고안

② 인력관리 정책과 프로그램 개발

③ 인원계획

④ 인원배치 : 직무분석, 신규 채용, 선발, 인원배치, 이동, 강등, 승진 등을 통해 요구되는 시기와 부서에 자질 있는 인력을 보충하는 것

⑤ 교육훈련개발 프로그램 개발 및 교육훈련 실시

⑥ 직원 보상

⑦ 노사 간의 단체협약

⑧ 성과 평가 시스템 구축

⑨ 리더십 개발

인사부서장은 인사정책을 만들고 중요한 의사결정을 하며, 정책을 연구하고 개발하며 적절한 프로그램을 만들고 감독한다. 그리고 인사부서장은 제반 인사관리정책에 대한 지도력과 책임감, 노사관계 협상능력, 모든 부서장과의 의사소통능력, 권고, 감사 등에 대한 능력이 요구된다.

2. 인사관리의 목표

인적 자원관리란 조직목적을 달성하기 위한 관리활동이다. 호텔기업을 경영하기 위해서는 '자본(Money), 물자(Material), 인력(Manpower)', 즉 '3M'이 필요한데, 이 중 인력을 대상으로 하는 관리가 인사관리이다. 그리고 자금, 물자, 인력 등의 기업은 목적을 달성하기 위한 자원을 유효하게 배분하기 위한 경영관리를 하는 것이다.

인사관리의 목표는 다음과 같다.

① 인재의 확충(擴充) : 각 부서에 적합한 훌륭한 자질을 갖춘 인재를 확보해야 한다. 우수한 인재를 위해 다른 기업과 경쟁하여야 한다.

② 교육훈련을 통한 인재의 육성 : 많은 비용과 시간 및 발굴 노력을 투자하고 엄격한 선발절차를 통해 채용한 신입사원이 회사 및 해당부서에서 필요한 인재로 성장하느냐의 여부는 채용 후의 교육훈련에 의해 좌우된다.

③ 근로조건의 정비 : 임금은 직원의 헌신을 유인하는 데 중요한 요인 중 하나이다. 또 다른 요인들은 근로시간, 작업환경, 승진, 복리후생제도 등으로 이러한 근로

조건이나 근무환경이 직원을 오랫동안 근무하게 할 뿐 아니라 사기를 높이는 다른 요인이다.

④ 적재적소 배치 및 순환근무 : 인원의 적재적소 배치는 잠재되어 있는 능력 이상의 효과를 얻을 수 있다는 장점이 있다. 또한 순환근무는 직원의 잠재적인 능력을 발휘할 수 있는 기회를 제공하고 새로운 업무습득으로 사기를 향상시켜 불평불만의 해소와 이직률을 감소시키는 효과를 얻을 수 있다.

⑤ 개별적 관리 : 호텔을 포함한 기업 대부분의 인사관리제도는 동일한 원리(原理)와 획일화된 평가척도(評價尺度)로써 적용하하는 경향이 많다. 인간은 각각 '가치에 대한 관점', '인간이 자기를 포함한 세계나 그 속의 사상(事象)에 대하여 가지는 평가의 근본적 태도'인 '가치관(價値觀)'이 다른 존재이다. 적용하려고 하는 원리와 평가척도가 객관적이고 합리적이라 해도 인간이 감성과 개성을 지니고 있고 각 부문별로도 각각 요구되는 직원 개개인의 태도와 근무 마인드((Mind : 어떤 개념에 대한 심적인 의욕이나 경향. 또는 그것에 대한 주의력이나 인지도(認知度))가 각기 다르므로, 동일한 제도를 적용하는 것은 한계가 있어 부문별 및 개별적인 대응책이 매우 필요하다.

3. 인재교육의 중요성

호텔기업은 사람경영이다. 여타 산업에 비해 고객을 프런트나 각 영업장 현장에서 친절하게 직접 응대하고 개성이 다른 각각의 고객들에게 말과 행동으로 맞닥뜨려 직접 서비스를 해야 하는 환대산업이므로 인재의 중요성을 강조한 것이다.

호텔 개관 시에 기초 교육훈련과정, 개업 후 중장기 교육훈련과정, 상시 외국어교육과정 등을 계획해야 한다. 교육 커리큘럼 정비, 교육시설 구비, 교재와 교육용 각종 기자재 개발, 우수한 교육요원의 확보, 호텔 정책(政策, Hotel policy)의 변경 시 교육훈련 등도 매우 중요하다.

4. 인사관리 사이클(순환과정) 요약

1) 인사관리 사이클

다음과 같이 8단계로 요약할 수 있다.

① 모집(리크루팅, Recruiting)

인원 채용활동, 구인활동(기업에 필요한 인재를 구하려고 광고 · 권유 · 모집 · 선발하는 것)

- 모집광고를 낸다. 인터넷, 대학, 직업훈련전문학교, 신문 및 라디오 광고, 잡지 등

② 선택(Selection)

- 지원(서류심사) ; 지원동기, 특기, 취미, 입사 후 포부
- 면접(面接, Interview) ; 태도, 외모, 성격, 면접은 1대1로 15분 이내
- 실기시험(조리부 경력사원, 디자인실, 전산실, 시설부 등)

③ 채용(Hiring) ; 경력사원 신원조회, 신체검사

④ 교육훈련(Education and Training)

종업원 훈련을 실시한 후 장단점은 다음과 같다.

가) 장점(長點)

- 원가 절감(일을 재빨리 처리할 수 있는 능력이 생김)
- 고객의 만족
- 효율성(效率性)
- 스트레스 낮아짐. 이직률, 결석률 낮아짐
- 진급시킬 때 동료들과의 관계

나) 단점(短點)

- 인금 인상 요구, 지나친 자부심
- 매니저들이 직원 다루기 힘들어짐
- 쉽게 이직할 수 있음

다) 훈련시기

- 새 메뉴를 개발했을 때
- 시스템이 바뀔 때
- 새 기계를 도입했을 때
- 새 기술을 도입했을 때
- 새 종업원을 채용했을 때

라) 훈련이 필요할 때 나타나는 현상

- 일처리했을 때
- 사기가 저하되고 생산성이 낮아질 때
- 재료낭비와 판매가 감소했을 때
- 위생 안전관리가 수시로 문제가 될 때
- 고객들의 불만이 자주 일어날 때
- 종업원들의 불만과 이직이 높아질 때
- 메뉴의 판매량이 떨어질 때

마) 훈련방법

- 롤 플레잉(Role Playing) 상태에서 훈련받는 방법
- 경험자를 따라다니면서 관찰하는 방법
- 일을 도와주면서 훈련받는 방법
- 미리 짜인 교재로 훈련받는 방법 ; 교육수준이 낮은 직원

⑤ 감독(Supervising)

기구의 목적을 달성하기 위해서 직원들의 작업을 서로 연결시켜 주고 잘 이루어 나가도록 지도한다.

- 관찰(용모 단정 및 위생상태, 근태(출근과 결근을 관리 : 근태관리), 대고객서비스 등)
- 일에 대한 양과 질
- 적정수준 미달 시 교육

⑥ 평가(Evaluation)

- 자기의 업무에 대해 자부심을 갖는지 여부

• 신뢰성, 정직성, 판단력, 협동력(부서 동료들과의 팀워크) 등의 다면평가
• 작업에 대한 평가 : 업무량과 질, 지식 및 기능 등의 업무능력

⑦ 진급(進級, Promotion)

⑧ 해고(解雇 : Dismissal, Discharge, Removal)

• 해고 시 신중하고 철저한 검토로 추후 법적 문제 예방
• 3번의 경고를 거친 후에 해고한다.

2) 인사관리의 세 가지 요건

① 조직도(Organization Chart) 고안

② 업무분장(Job Description)

③ 직무명세서(Job Specification, 職務明細書)

• 직무명세서 작성 시 다루어야 할 내용

가) 업체의 목표가 무엇인지 알아야 함

나) 필요한 직업이 무엇인가

다) 작업의 수준

라) 종업원의 타입

마) 어떠한 기기나 도구, 가공식품이 얼만큼 영향을 주는가?

제3절 직원의 직무만족

호텔은 판매하는 상품이 재화가 아닌 '인적 서비스'라는 점이 "제조품(製造品)을 공장에서 제조해서 판매하는 여타(餘他, 기타) 기업과 크게 다르다. '서비스(Service)'상품은 서비스를 제공받는 주체(관광객)와 제공하는 매체(관광사업체, 공급업자) 사이의 직접적인 대면접촉과정에서 성립한다. 그러므로 호텔산업은 타 산업에 비하여 노동집약적 산업으로 '인적 서비스'를 중요한 영업요소로 하는 인적 의존도가 높은 산업이다.

또한 호텔의 서비스는 여타 산업과 달리 생산과 소비가 동시에 이루어지며, 성수기, 비수기, 제공시간 등에 따라 서비스품질이 달라지므로 표준화가 힘들다. 따라서 서비스의 질은 종업원의 마음가짐이 하나의 중요한 결정요인이 된다고 볼 수 있는데 이와 같이 질 좋은 서비스를 제공하기 위해서는 직원에게 직무에 대한 만족도를 부여해 주어야 하며, 이는 양질의 서비스 창출로 단골고객을 통한 매출액 달성에 가장 중요한 요소이다.

그러므로 직원의 직무만족에 실질적인 영향을 미치는 요인 및 직무만족과 관련된 활동들을 파악하는 것은 직원의 직무 만족 향상을 기함으로써 직원 개인의 발전은 물론 효율적 인사관리를 통한 호텔 성장을 도모하는 의미가 있다고 할 수 있다.

직무만족은 직원 개개인 입장에서 보면 가치판단적 측면, 정신 및 신체 건강적 측면에서 매우 중요한 요인이며, 조직차원에서 보면 직무만족은 조직 유효성에 중요한 영향을 미치는 요인이라고 할 수 있다. 다시 말하면 직무만족도의 고저에 따라 생산성, 이직률 간에 상관관계가 있다.

제4절 인사고과(人事考課, Personnel Rating, Performance Appraisal)

'인사고과'는 인원배치, 교육훈련, 임금책정 등을 위하여 직원의 지식, 기능, 태도 등을 종합적으로 평가하는 것을 말한다. 조직의 관리자가 일정한 기준에 따라 종업원의 업무실적 · 수행능력 · 근무태도 등을 종합적으로 평가하는 일 또는 그 제도이며 일명 근무평정 · 종업원평정 · 능률평정이라고도 한다. 인사고과란 조직의 관리자가 인사관리의 합리화 · 능률화 · 공정화를 기하기 위해, 즉 직원들에 대해 인사이동 · 급여책정 · 능력개발 등을 행하기 위해 직원 개개인의 업무실적 · 수행능력 · 근무태도 등을 평가하는 것을 말한다.

1. 승진(昇進)

현재 담당하는 직무보다 책임과 권한이 한층 무거운 상위의 직위로 이동하는 것을 말한다.

승진이란, 조직에 있어 관리 · 감독권한이나 지휘 · 명령권한의 상하관계에 있는 직책(관리 · 감독직)으로의 상승을 의미한다. 우리나라의 장기고용제도에 있어서 승진은 전형적으로는 근속연수를 기본 기준으로 하여 직원 개개인의 관리자로서의 능력 · 적성을 충분히 고려해 행해진다. 그리고 관리자로서의 능력 · 적성은 당해 근로자의 근무기간을 통하여 근무경력에 이른 장기적인 평가를 하는 것이 통례이다. 승진인사는 당해 직원의 관리직으로서의 능력적성을 종합적으로 평가해서 행하게 되는 재량적 판단이다. 또 기업의 업적을 좌우하는 중요한 결정이다. 따라서 승진인사는 기본적으로 기업의 재량적 판단(인사권)을 존중해야 한다.

2. 근무평정(Service Rating, 勤務評定)

직장의 감독자가 일정한 기준에 따라 종업원의 근무성적을 분석적으로 평정하는 것을 말한다.

인사고과(人事考課) · 성적평정(成績評定) · 업적평정(業績評定) · 종업원평정(從業員評定) 등과 같이 표현한다.

이것은 직원의 현재적(顯在的 : 겉으로 나타나 있는. 또는 그런 것)인 업무수행업적과 업무태도 및 이를 통한 미래의 잠재적 능력과 성격을 상급자가 측정 · 평가하도록 하는 제도이다. 종업원의 실무능력 · 태도 · 성격 · 적성 · 장래성 등이 평가된다. 이는 임금률 조정, 순환배치, 적재적소 배치, 직원의 특성 및 결함 파악, 이에 대한 적절한 지도 · 교육 등을 통하여 인사관리의 능률화 · 합리화를 꾀하는 데 목적이 있다.

그러나 근무평정을 실제로 행하는 경우 객관적 평가가 행해지기 어려운 점과 평정자가 전단적(專斷的)이 되지 않도록 배려할 필요가 있으므로 평가목적달성을 위해서는 평정방법의 객관성, 평정자의 신뢰성 구축 및 평가과정의 합리화 및 공정화(公正化)가 요구된다. 평정방법은 성적순위법(成績順位法) · 표준기록법(標準記錄法) · 대인비교법(對人比較法) · 인물명세표법(人物明細表法) · 강제배분법(强制配分法) 등이 있다.

제5절 직무관리

1. 직무분석의 정의

직무분석은 일정한 직무의 성질과 내용, 구체적으로는 그 직무를 수행하는 데 있어서 지식, 능력, 숙련, 책임과 같은 직무요건을 결정하고 분석, 기술하는 인적 자원관리의 기법이라 정의할 수 있다.

- 직무분석은 조직에서의 특정 직무에 관한 정보를 체계적으로 수집하는 방법
- 직무에 관한 여러 사실을 발견하여 기술하는 절차
- 특정 직무가 갖는 기본요건을 조사하는 방법
- 직무의 성격에 관련된 중요한 정보를 수집하고 분석하여 이들 정보를 관리목적에 적합하도록 정리하는 체계적 과정

2. 직무분석의 과정

직무분석의 목적은 직무기술서와 직무명세서의 작성과 동시에 인간의 노동력을 과학적이고 합리적으로 관리하기 위한 기초작업이다.

구체적인 목적의 예는, ① 직무평가, ② 채용, 배치, 이동, 승진, ③ 책임, 권한 명확화, ④ 교육훈련, ⑤ 작업방법 개선, ⑥ 인사고과, ⑦ 적정인원관리, ⑧ 사고와 재해의 예방, ⑨ 고충처리로 볼 수 있다.

(1) 직무기술서

직무의 성격 · 내용 · 수행방법 등을 간략하게 정리하여 기록한 문서

여러 사람이 동일한 직무를 수행하는 경우 각 개인에 대해서가 아니고 하나의 직무를 분석한 다음에 작성한다. 그러므로 직무기술서는 직무분석의 결과이며, 목적이 된다고 할 수 있다.

(2) 직무기술서의 내용

직무의 성격과 직무에 관한 인적 요소로 분류할 수 있음

(3) 직무의 성격에 관한 기재사항

- 직무명
- 직무분류번호
- 해당직무의 개괄적인 기술
- 직무의 수행에 사용되는 공구 · 기계 및 특수한 장치 등에 관한 개요
- 기기, 도구, 가공식품 등이 작업에 미치는 영향의 정도
- 직원의 자세
- 사용되는 원재료
- 협동관계에 있는 다른 직무와의 관계
- 어떠한 직무에 경험이 있는 종업원이 해당직무에서 승진할 수 있는가
- 직무의 수행상 필요로 하는 훈련
- 취업시간
- 온도 · 습도 · 조명 · 환기 등의 작업조건 등
- 임금 내지 급여액의 종류

(4) 직무명세서

직무분석의 결과에 의거하여 직무수행에 필요한 종업원의 행동, 기능, 지식 등을 일정한 양식에 기록한 문서

- 각 직무에 필요한 자격요건을 직무기술서에서 찾아내어 더욱 상세하게 기재한 것
- 직무명세서는 직무확인사항, 직무개요, 인적 요건의 부문으로 구성됨

① 분석대상 직무의 선정

② 직무정보의 결정

③ 정보획득방법

ㄱ. 관찰법 : 직무분석자가 종업원이 직무를 수행하는 작업, 동작을 관찰함으로써 그 직무의 내용, 성질을 기록하는 방법

ㄴ. 면접법 : 직무분석자가 종업원 또는 감독자와 직접 면담하여 작업의 내용, 성질 기타의 필요한 모든 사항을 정취, 기록하는 방법

ㄷ. 설문지법 : 직원들로 하여금 미리 척도화된 설문지에 관련된 항목에 체크하거나 평가하도록 하는 방법

ㄹ. 중요사건법 : 직무행동 가운데 보다 중요한 혹은 가치 있는 면에 대한 정보를 수집하는 것

ㅁ. 인사고과 : 직무분석정보를 수집하는 것

ㅂ. 업무일지 : 직원에게 정해진 기간 동안의 활동에 대해 업무일지를 작성하게 하는 것

ㅅ. 자기고과 : 직원 스스로 자신의 업무수행, 실적 등을 평가하도록 하는 '자기평가표'에 작성하게 하는 것

④ 정보수집가

⑤ 정보의 처리

⑥ 직무기술서 작성

⑦ 직무명세서 작성

3. 직무설계(Job Design)

직무설계(Job Design : 직무를 구성하는 과업 · 책임 · 조직 내 관계 등을 생산성과 직무만족도를 함께 추구하면서 결정 또는 변경하는 것 ; 직무재설계(Job Redesign)라고도 함)는 조직적 · 기술적 · 인간적인 욕구를 충족시키기 위해 필요한 직무내용, 방법, 관계를 구체화하는 것이다. 이는 호텔의 조직목표 달성을 위해 직원 동기부여를 위한 전략으로서 이를 효과적으로 수행하게 되면 여러 가지 효과가 나타난다. 직무만족의 증대 또는 불만족의 감소, 작업 생산성의 향상, 이직 및 결근율의 감소, 제품의 품질 개선, 상하관계의 개선 등이다.

(1) 직무순환

직무는 조직목적의 달성을 위해 설계되지만, 설계 못지않게 중요한 것이 운영의 묘를 살리는 일이다. 이를 해결해 주는 좋은 방법이 직무순환이다.

(2) 인사이동

인사이동이란 조직에서 직위의 위치를 변경시키는 것이다.

제6절 채용관리

호텔기업을 포함한 환대기업의 서비스 생산에서 직원은 대단히 중요한 역할을 한다. 따라서 직원의 채용과 그들에게 동기를 부여하는 프로그램의 개발과 교육은 기본이 된다.

1. 채용

오늘날 환대기업의 경영활동은 급격한 내외환경의 변화로 그 어느 때보다 어려운 상황에 직면해 있다. 따라서 이러한 어려움을 극복하고 환대기업 본래의 목적을 달성하기 위해서는 무엇보다도 유능한 인적 자원의 확보와 그 효율적 활용방안이 강구되지 않으면 안 된다. 이를 위해서 채용계획의 수립은 환대기업의 현실성과 장래의 발전을 감안하여 과업의 양과 질을 명확히 한 다음 채용인원을 확정하고 자격요건을 결정하여 인력확보계획을 마련해야 한다. 인력확보계획이 마련되면 구체적으로 채용실시계획을 수립하여야 한다.

환대기업이 필요로 하는 적합한 인재를 확보하기 위해서는 무엇보다도 필요한 것이 노동력의 질적 기준을 설정하는 것이다. 질적 기준으로는 신체적 · 생리적 능력의 측면에서 건강도, 체격, 인물, 체력, 서비스 감각, 기능 정도 등을 들 수 있으며 성격상으로는 내향성, 외향성, 적응성, 흥미 등이 있고 소질로서의 지적 활동의 능력(지능)으로 일반지식과 특수지식이 있다.

신규직원의 채용경로는 다양하지만 가장 확실한 창구는 현재 업무를 수행하고 있는 직원이다. 신규직원이 계약기간 동안 지속적으로 일해 준다면 환대기업은 그를 안내한 종사자에게 추가임금(Additional Payments)을 지급할 수 있을 것이다. 현재의 직원이 신규직원을 추천하는 방법은 호텔과 같은 환대기업에 매우 바람직한 채용방법이다. “호텔의 객실 수, 식음료부문의 영업장 규모, 기타 부문의 규모 등에 대비하여 운영할 수 있는 인력을 산출해 채용하는 방법은 바람직한 자원관리에 저해되므로 바람직하지 않다. 마케팅 프로그램이 의도하는 제품의 질적 목표에 부합되게 하려면 전략적인 채용계획이 입안되어야 한다.

환대기업이 채용을 시작하기 위해서는 다음과 같은 예비요건이 충족되어야 한다.

첫째, 각 부문 판매량의 추정에서 오는 노동의 양과 노동력을 분석해서 채용을 요청할 수 있는 채용권이 있어야 하고

둘째, 직무기술서에 의해 채용예상 직원과 비교할 수 있는 인사표준이 있어야 하며

셋째, 채용계획서와 구직희망자(求職希望者)가 있어야 할 것이다.

환대기업의 채용절차는 채용관리를 효율적으로 하기 위한 일련의 과정으로서 지원자로부터 정확한 정보를 얻어내는 데 있다. 따라서 채용절차(採用節次)가 각 단계별로 체계적으로 진행될수록 응모자의 자질에 대한 정보는 환대기업의 채용기준인 자격요건과 잘 비교될 수 있다.

이러한 절차에 관해 일반적으로 환대기업에서 행해지는 채용시험은 서류전형→필기시험→면접→적성 · 인성검사 및 신체검사→신원조사의 순으로 진행된다. 그러나 이들의 실시에서 어느 것이 바람직한가 하는 문제는 그 채용프로그램이 환대기업의 실정에 맞게 직무수행에 적절한 적임자를 선발하고 있는가 하는 문제를 신중하게 고려해야만 해결될 수 있다. 환대기업의 방침, 직무의 특성, 비용, 응모자의 수 등에 따라 추가 또는 생략될 수도 있으며 순서도 바뀔 수 있다.

2. 모집관리

1) 모집관리의 의의

모든 조직은 기업의 가장 기본적인 자격요건을 갖춘 인적 자원 확보의 경쟁 속에 있다.(드러커, P. Drucker) 모집의 목적은 호텔기업이 원하는 인재를 찾는 것이며 모집기능이 중요하다.

- 공급은 직원의 수, 수요는 일자리의 수

2) 수요의 예측

'수요(일자리의 수)의 예측' 목적은 공급 가능한 인적 자원에 대한 정확한 수요를 예측하는 것이다.

(1) 상향예측법

호텔 매니저가 미래 인적 자원의 수요를 예측하는 방법이다.

(2) 하향예측법

통계적인 접근방법의 예측기법이다.

예) 전문가 예측법, 델파이기법, 모형분석 방법 등

(3) 경향분석법

가장 정확하게 수요를 예측할 수 있는 하나의 요인을 선택하여 예측하는 기법이다.

① 전문가 예측법

인적 자원관리에 전문적인 지식을 가진 전문가가 자신의 경험이나 직관 및 판단에 의존하여 조직이 필요로 하는 인적 자원의 수요를 예측하는 방법. 예) 작은 회사

② 델파이기법

집단토론을 거치지 않고 전문가의 의견을 개별적으로 종합하여 미래의 상황을 예측하는 방법. 이 기법은 시간과 비용이 많이 들고 참여자의 행동에 대한 통제력이 약한 단점이 있음

③ 시계열분석

일정기간에 걸쳐서 나타나는 특정현상의 변동상황을 관찰하고 이 결과를 통계적으로 처리한 것. 이 변동은 추세변동, 계절적 변동, 순환변동, 불규칙변동으로 분류함. 이 중에서 추세변동을 가장 많이 이용한다.

④ 회귀분석

조직에 있어서 인적 자원의 변동은 그 조직의 생산량 · 판매량 및 예산 등의 변화와 밀접한 관계가 있다.

이러한 변수들 중의 하나 또는 그 이상의 변수들이 인적 자원수요에 어떠한 영향을 미치는가를 통계적으로 분석하고 그 결과를 이용하여 인적 자원의 수요를 예측한다.

3) 공급(직원의 수)의 예측

(1) 기업 내부의 공급(직원의 수)

업무수행능력, 승진, 휴직, 퇴직을 예측하고 직무순환 및 업무의 인수인계까지 계획하여 내부 인적 자원의 공급을 예측해야 한다.

(2) 기업 외부의 공급

기업이 필요로 하는 인력을 외부의 노동시장에서 모집하는 것

4) 모집방법

(1) 기업 내부모집

기업의 내부에서 필요한 인력을 모집하는 방법

내부모집방법에는 직무명세서를 활용하는 방법, 현존 종업원의 추천, 사내 공개모집제도 등이 있음

① 내부모집의 장단점

가) 장점

- 외부모집보다 간편하다. 따라서 모집시간과 비용을 절감할 수 있다.
- 기존직원의 고과기록을 보유하고 있으므로 정확한 능력평가를 할 수 있다.
- 직원의 사기앙양과 동기를 유발할 수 있다.
- 능력개발을 촉진시킬 수 있다.

나) 단점

- 모집범위가 제한되어 있어 유능한 인재를 확보하기 곤란하다.
- 인력공급의 불충분으로 인하여 조직의 경직과 침체를 가져올 위험이 있다.
- 승진을 위한 경쟁으로 불편한 인간관계를 조성할 우려가 있다.
- 연고주의를 지향할 경우 파벌주의를 형성할 수 있다.

(2) 기업 외부모집

- 조직의 외부에서 인적 자원을 모집하는 방법
- 신입사원을 모집할 때 이용되는 가장 쉬운 방법
- 외부모집방법에는 공공직업소개소의 이용, 교육기관과의 연락, 광고, 인턴제도(재학 중인 학생들을 일시적으로 고용), 연고모집, 모집요원, 자발적 지원, 노동조합, 리스계약고용(단기적으로 인력이 필요한 경우에 모집. 예 : 임시사무직), 게시광고(회사 내의 일정한 장소에 모집에 관한 게시를 하는 방법) 등이 있다.

① **외부모집의 장단점**

가) 장점

- 모집범위가 넓기 때문에 유능한 인력을 선택 · 확보할 수 있다.
- 새로운 인재를 확보함으로써 새로운 지식과 정보를 제공할 수 있다.
- 새로운 조직분위기의 형성으로 조직을 활성화할 수 있다.
- 인력개발을 위한 비용을 절감할 수 있다.

나) 단점

- 모집과 인력 확보를 위한 비용이 소요된다.
- 업무에 적응할 때까지 시간과 노력이 필요하다.
- 부적격자를 채용할 가능성이 있다.
- 승진기회 등의 상실과 희박으로 내부인력의 사기를 저하시킬 수 있다.
- 기존 직원과의 갈등이 발생될 우려가 있다.

3. 선발관리

1) 선발의 의의

조직이 입사지원자 중에서 현재의 환경적인 상황들을 고려하여 특정 직위에 대한 선발기준을 가장 잘 충족시키는 지원자를 선택하는 과정

- 선발과정에서 가장 중요한 것은 직무기술서와 직무명세서이다.

2) 선발의 단계

① **예비면접**

② **지원서 제출**

- 교육적 배경, 직업경력, 자격 및 면허사항 등을 기재
- 우리의 기업에서는 이력서, 자기소개서, 추천서, 성적증명서 등

③ **선발시험**

- 다중지능검사, 미네소타 다면인성검사, MBTI검사, 로르샤흐(Rorschach)검사, 적성검사, 흥미검사, 성격검사 등의 각종 심리검사를 병행하여 실시하고 있다.

④ **면접**

- 면접자가 지원자를 상대로 대화를 통해서 인물을 평정하는 것

⑤ **전력검사**

- 미래의 직원으로서 가능성이 있다고 보여지는 지원자가 대상

⑥ **신체검사**

- 지원자가 직무를 수행하는 데 필요한 신체적 조건을 갖추고 있는지의 여부를 확인하는 과정

3) 선발의 도구

여러 지원자를 실제의 업무를 수행하도록 하였을 때 보다 나은 성과를 올릴 수 있는 사람을 선별하는 데 활용되는 것이므로 미래의 성과를 예측하는 측정도구이다.

① **선발기법에는 지원서 작성, 면접, 신용조회 등이 있다.**

- 선발도구에 대한 평가기준은 신뢰도와 타당도 분석이 있다.

② **선발도구의 종류**

가) 입사지원서

지원자의 경력을 확인하기 위한 것

나) 선발테스트

- 필기시험
- 정직성 테스트
- 육체적 능력테스트
- 약물검사
- 직무테스트

다) 면접

면접은 지원자의 교육 정도, 근무경력, 지식과 기술에 대한 정보, 대화능력, 인성과 동기에 대하여 파악하고, 직무와 회사에 대하여 자세히 전달하기 위해 실시한다.

〈면접의 유형〉

① 구조화 정도에 따른 유형

가) 구조적 면접

질문을 미리 준비하고 이 질문에 따라 면접을 실시하는 방법

나) 반구조적 면접

면접자가 면접의 주제를 미리 계획하고 면접을 실시하되 융통성을 가지고 실시하는 면접의 형태

다) 비구조적 면접

질문의 내용이 공식화된 것이 아니고 피면접인 지원자에게 의시표시의 자유를 최대한으로 주어 대화를 하는 가운데서 지원자에 관한 정보를 얻고 자격의 적정 여부를 결정하기 위한 면접방법

〈참가자의 수에 따른 유형〉

① 개별면접

면접자와 지원자 간에 일대일로 행해지는 방법

② 집단면접

복수의 피면접자를 대상으로 집단별로 특정한 문제에 대해 자유토론을 할 수 있는 기회를 부여하고 토론과정에서 개별적으로 적격 여부를 심사 · 평가하는 것

③ 패널면접

다수의 면접자가 한 사람의 피면접자를 대상으로 집단적인 면접을 하면서 그 사람이 갖고 있는 자질이나 특징을 평가하는 방법. 예) 전문직이나 관리계층의 직원을 선발할 때

〈기타 면접방법〉

① 스트레스 면접(전략정보요원을 선발할 때)

피면접자의 감정이 매우 고조된 상황에서 그가 어떻게 행동하느냐를 판단하고 조사하기 위해서 사용하는 면접방법

② **무자료 면접**

백지면접이라고도 하며, 면접자가 피면접자의 출생지, 출신학교, 가정환경 등의 개인정보에 대한 아무런 기초자료 없이 면접에 임하는 방법

이상의 시험방법들은 모두가 선발 및 배치를 위해서만 사용되는 것이 아니라 때로는 전직과 승진에 사용되기도 하고 교육훈련을 위해 사용하기도 한다.

이러한 방법들이 상당한 신뢰성과 타당성을 갖고 있기 때문에 널리 이용되고 있음

〈면접 시 유의사항〉

① **면접자의 유의사항**

- 면접자는 피면접자의 개인적 성격과 더불어 개인은 가치가 있고 존중받고 윤리적인 대우를 받을 권리를 타고났음을 즉 각자의 존엄성을 존중하여야 한다.
- 면접 시 피면접자에게 제시할 면접의 내용들을 사전에 명확하게 준비하여야 한다.
- 면접의 질문내용은 피면접자가 쉽게 이해할 수 있도록 간단명료하고 정확한 언어를 구사해야 한다.
- 피면접자를 안심시키고 격려함으로써 진실을 말하도록 유도하여야 한다.
- 면접의 내용은 개인적 경험과 지식에 의거 체계적이고 논리적이어야 한다.
- 개인적인 결점을 크게 지적하거나 비판해서는 안 된다.
- 면접자는 피면접자와의 대화에서 개인의 자존심을 상하지 않도록 유의해야 한다.
- 면접내용은 당사자 간에 비밀이 유지되어야 하며 어떠한 경우이든 채용 이외의 다른 목적에 이용되어서는 안 된다.
- 단 한번의 짧은 시간의 만남에서 개인의 성격이나 장래성에 대해 완전한 평가를 할 수 있다고 생각해서는 안 된다.
- 면접자는 기업에 대한 호감을 갖도록 노력해야 한다.

면접자의 태도는 지원자의 인생에 대한 사고와 다른 기업에 대한 태도에 큰 영향을 미치는 것이다.

② **피면접자의 유의사항**

- 면접시간을 준수한다.
- 복장을 단정히 한다.

- 면접자에게 좋은 인상을 갖게 한다.
- 예의바른 언행을 한다.
- 답변은 간단명료하게 한다.
- 아는 것과 모르는 것을 분명하게 한다.
- 어렵고 난처한 질문에 당황하지 말고 의젓하게 답한다.
- 자신감을 보여야 한다.
- 적극적이고 협조적인 인상을 주어야 한다.
- 자기의 주장을 분명히 하고 창의성을 나타내도록 한다.

4) 신원조회 및 신체검사

객관적으로 지원자의 인격과 적성을 파악하기 위함

5) 선발결정

◎ **선별면접의 단계**

단계	면접자	지원자
1. 사전단계	• 이력서 검토 • 면접지침 검토 • 질문사항 준비	• 면접현장에 30분 전 도착 • 용모복장 검토 • 대기 중 면접준비물 검토
2. 브레이크 디아이스(Break the Ice)	• 인사 • 착석요청 • 적절한 화제로 분위기 조성	• 인사 • 요청 시 착석 • 밝은 미소의 좋은 인상
3. 직무관련 질문	• 교육배경 요청 • 근무경험에 대한 관련된 세부사항 요청 • 특수한 스킬과 능력 논의 • 지원자의 근무동기 파악	• 교육배경 제시 • 작업경험 제시 • 개인적 스킬과 능력 설명 • 직무에 대한 적절한 동기 제공
4. 지원자 질문에 대한 답변	• 조직입장에서 지원자 질문 응답 • 조직에 대한 긍정적 인상을 주기 위한 시도	• 급여 및 복지후생 질문 • 승진기회 및 조직문화 등 질문
5. 마무리	• 면접이 거의 끝났다는 것을 보여줌 • 다음 단계는 무엇인지 설명함 • 일어서서 인사	• 면접자로부터 끝났다는 신호를 기다림 • 다음 단계 논의

제7절 교육훈련

1. 교육훈련(教育訓練, Education-Training)의 정의

교육훈련은 조직이 목표를 보다 효율적으로 달성하기 위하여 조직구성원으로 하여금 직무수행에 필요한 지식과 기술을 연마케 하는 한편 가치관 · 태도 등의 바람직한 방향으로의 변화를 촉진케 하는 활동이라 정의할 수 있다. 흔히 'Training(훈련)'이라고 한다.

교육훈련은 인재육성의 지름길이며 인적 서비스가 매우 중요시되는 호텔의 경영 면에서 볼 때 직원들에게 지식, 기능, 태도 등의 습득을 가능하게 한다.

또한 교육훈련은 직원들에게 동기부여를 부여하고, 해당부서는 서비스 질이 향상되어 고객만족, 호텔기업의 매출증대를 꾀할 수 있다.

1) 교육훈련의 목적

(1) 교육훈련의 목적

직원의 지식(Knowledge) · 기능(Skill) · 태도(Attitude)를 향상시킴으로써 기업이 필요로 하는 인재를 확보 · 육성하고 직원 개개인의 직무만족을 꾀하고 동기부여로 업무능력의 향상 및 강화를 구현하는 데 있다.

- 새로운 직원에게 조직과 직무에 대한 이해를 돕는다.
- 직원들이 직무를 잘 수행하도록 돕는다.
- 직원들이 직무에 대한 자부심을 갖고 개인적인 발전의 기회를 갖도록 한다.
- 직원들에게 조직의 변화에 대한 정보를 제공한다.
- 호텔 내 해당부서의 서비스 향상으로 고객만족, 매출증대를 꾀한다.

(2) 교육훈련의 효과

- 품질의 개선
- 불평의 감소
- 감독자의 부담 감소
- 낭비와 불량품의 감소
- 작업방법의 개선

- 결근율과 노동이동률의 감소
- 초과시간노임의 감소
- 습득기간의 단축
- 기계유지비의 감소
- 승진에 대한 자극
- 안전사고율의 감소
- 의사소통의 개선
- 직원 개개인의 사기 향상

(3) 교육훈련의 필요성

- 매출액, 생산성의 저하
- 고객의 불평건수 증가
- 생산원가의 증가
- 직원의 안전사고 증가
- 결근율의 증가
- 직원의 사기저하
- 이직률의 증가

2) 교육훈련의 필요성 분석

(1) 조직분석

조직 전체의 기업전략 측면에서 인력개발의 필요성을 분석하는 방법

즉, 조직의 목표, 외부환경자원, 조직의 현재능력, 경영성과 등을 검토하여 훈련의 필요성을 분석하는 것을 말한다.

(2) 직무분석

직무의 성질과 내용을 분석하고 직무를 효율적으로 수행하는 데 필요한 자격요건, 즉 지식, 기능, 숙련, 책임 등을 명확화하고 직무수행에 필요한 정보와 자료를 제공하려는 것이다. 과업분석이라고도 한다.

(3) 개인별 직무능력 수준(Level)

일정한 직무를 담당할 사람이 갖추어야 할 자격요건을 파악하여 교육훈련을 필요로 하는 특정 개인의 자질을 확인하는 것

3) 교육훈련 필요성 분석방법

(1) 관찰법

- 구조화된 관찰법 : 상사가 사전에 관찰대상과 내용을 검토한 후 직원들이 작업하는 것
- 비구조화된 관찰법 : 상사가 사전에 특별한 계획 없이 일상 작업생활에서 관찰한 것으로부터 교육훈련의 필요성을 발견하는 방법

(2) 간행물 조사법

해당기업이 속한 업종과 관련되는 전문잡지, 정기간행물 등에서는 기술변화와 관련되는 사항

(3) 자료조사법

해당기업이 보유하고 있는 여러 기록들을 검토하여 교육훈련의 필요성을 밝혀내는 기법 예) 인사고과, 직원 업적기록, 결근율, 이직률 등

(4) 작업표본법

일선 작업장에서 직원이 수행한 작업결과의 일부를 검토하여 해당작업자 혹은 작업집단에 대한 교육훈련의 필요성 여부를 판단하는 기법

(5) 질문지법

직원을 대상으로 질문지를 통해 태도조사, 문제점 조사 등을 실시하여 교육훈련의 필요성을 파악하는 것

(6) 전문가 자문법

기업의 내부 및 외부에서 교육훈련 전문가에게 해당기업 교육훈련의 필요성을 파악하도록 의뢰하는 것

(7) 면접법

교육훈련 담당자가 필요하다고 판단하는 직원을 개인 혹은 집단으로 면접함으로써 교육훈련의 필요성에 관한 정보를 획득하는 기법

2. 교육훈련의 과정

1) 필요성 평가 및 문제인식

2) 교육목표의 설정

① 4가지 범주로 구분

ㄱ. 반응지향적 목표 : 피교육자가 교육 후에 어떤 궁극적인 결과를 지향하는 것이 아니라 교육의 과정을 통해 조직이나 개인에게 어느 정도의 기여를 목표로 하는 것. 예) 여성근로자들에게 화장하는 방법을 교육하는 것, 서비스 정신교육을 하는 것, 금연교육을 실시하는 것

ㄴ. 습득된 학습목표 : 교육프로그램을 통해 무엇인가를 학습하도록 하는 목표를 의미하는 것

ㄷ. 직무수행과 관련된 목표 : 교육목표 중 가장 일반적인 목표. 예) 신입 연회판촉직원에게 연회견적서 작성방법을 교육하는 것

ㄹ. 결과지향적 목표 : 직무수행과 관련이 깊은 목표로서 고객을 몇 분내에 체크인시킨다든지 등을 교육시키는 것

3) 교육기준의 설정

교육기준은 교육목표를 달성하기 위한 보다 구체적인 교육성과 측정을 위한 가이드라인

4) 교육참가자의 선정

대상은 개인 혹은 부서일 수도 있고, 계층별로 신입사원, 중간관리자, 최고경영층으로 구분할 수 있고, 직능별로 관리직, 영업직, 기능직 등으로 구분하여 그 대상을 결정할 수 있다.

5) 참가자 예비테스트

우선 두 가지의 서로 상이한 그룹으로 설정해서 테스트하는 것이 이상적임 예) 교육받은 그룹과 교육받지 않은 그룹을 비교 · 평가함

6) 교육방법의 선정

(1) 교육훈련 담당자에 따른 유형

① **사내교육**

이 교육은 교육장소와 대상자를 직장 내에 한정하고 시기와 내용을 정한 다음 작업과정에서 상사가 직접 직원을 개별적으로 교육시키는 방법

② **사외교육**

교육을 담당하는 전문가의 책임하에 이루어지는 것으로서 사내교육 이외의 모든 교육을 말한다.

③ **자기개발법**

자기성장과 향상의 의욕을 가지고 자신의 책임하에서 자주적으로 자기훈련하는 방법. 즉, 자기성장의 과정이며 개별적인 자기이상을 실현하기 위한 인간완성의 방법

가) 자기개발의 과정

- 문제의식 : 목표설정
- 해결하고자 하는 의욕의 신장
- 부족한 능력의 개발
- 문제의 해결

(2) 교육훈련대상에 따른 방법

① **신입사원**

가) 멘토시스템(조직에서의 3가지 기능)

- 지도활동
- 심리적 상담 및 개인적 지원활동
- 조직적 개입활동

나) 멘토의 유형

- 공식적 멘토 : 신입사원에게 특정 기존 조직구성원을 기업이 공개적으로 정해주는 것
- 비공식적 멘토 : 조직과 상관없이 신입사원과 비공개된 관계를 맺는 것

◎ **공식적 및 비공식적 멘토시스템의 특징**

비공식적 멘토관계	공식적 멘토관계
• 자연발생 • 멘토의 질적 통제가 어려움 • 신입사원의 학습내용이 비정형화됨 • 멘토-신입사원 간의 심리적 연대감 및 일체감 정도가 높음 • 관리상의 비용이 발생하지 않음 • 멘토관계의 효과에 대한 파악이 곤란	• 인위적 발생 • 멘토의 질적 통제가 쉬움 • 신입사원의 학습내용이 정형화됨 • 멘토-신입사원 간의 심리적 연대감 및 일체감 정도가 낮음 • 관리상의 비용 발생 • 멘토관계의 효과에 대한 파악 용이

다) 강의법

교육훈련 실시자가 주로 지식이나 어떤 문제를 해결하는 과정 및 방법 등을 커뮤니케이션을 통해 전달하는 것

② **작업층 교육훈련**

작업층은 상사로부터 지시를 받아 주어진 직무를 수행하는 직원으로서 미숙련작업자, 준숙련작업자, 숙련작업자로 구분.

여기에는 다음과 같은 교육훈련기법이 있다.

- 실습실 훈련 : 기업 내 작업장과 별도의 공간에 설비를 갖추어 교육대상자에게 주로 기능을 전수시키는 훈련기법
- 도제제 : 직장 내 훈련과 직장 외 훈련을 혼합한 기법. 예) 조리, 제과 등
- 직업전문학교 훈련 : 이 기법은 교육대상자를 직업학교에서 수학하게 하는 것. 즉, 학교파견 교육훈련이라고도 함
- 프로그램 학습법(심리학자들에 의해 개발) : 교육대상자에게 특정 주제에 대한 질문과 답이 제시된 학습자료를 제공하고 이를 교육대상자가 스스로 진행 · 처리하게 하는 기법

③ 관리층 교육훈련

- 관리층은 관리활동인 계획 · 조직화 · 지휘 · 조정 · 통제활동을 수행하는 것이다.
- 최고경영층은 전략수립 및 의사결정능력을, 중간관리층은 인간관계능력 즉, 리더십 및 동기부여 등을, 하위관리층은 업무내용에 대한 지식을 요구하고 있음
- 여기에는 다음과 같은 교육기법이 있다.

가) 인 바스켓 훈련

교육훈련의 내용을 피교육자가 일상적으로 수행하는 실제직무와 비슷한 가상적 상황을 설정하고 그 상황에 알맞은 의사결정을 하고 또 그 상황을 해결하는 데 필요한 행동대안을 제시하도록 하는 교육방법

나) 사례연구

실제적으로 조직에서 일어났던 사례 또는 일어날 수 있는 가상의 사례를 작성하여 교육참가자들에게 배부하고 이에 대한 분석과 토론을 하도록 양성하고 문제를 해결하는 능력을 배양하여 어떠한 상황에서도 세련된 의사결정을 하고, 경영문제에 효율적으로 대처할 수 있는 자질을 갖추게 하는 교육

다) 비즈니스 게임

가상적인 기업경영조건을 마련하고 교육참가자가 그 가상적인 조건하에서 실제와 같이 경영에 관한 의사결정과 역할을 수행하도록 함으로써 기업경영의 이론과 기법을 학습하도록 하는 일종의 기업경영의 모의연습방법

라) 역할 연기법

교육참가자에게 일정한 역할을 연출시킴으로써 훈련자 자신과 이것을 관찰하는 피훈련자들이 주제를 정확하게 이해하는 데 도움이 되도록 하는 체험학습방식

마) 행동 모델법

강의, 시청각교육, 역할연기 그리고 피드백 강화법칙을 적용하여 개인의 대인기술 향상과 행동개선을 목적으로 하는 교육방법

바) 교류 분석법

두 사람 간에 나타나는 대화의 내용을 분석함으로써 인간관계능력을 향상시키는 데 활용되는 방법

대화의 내용을 분석하는 기준으로 3종류의 형태가 있다.

첫째, 어버이형의 소유자는 대화에서 자신이 도덕적이고 보수적이고 규범적임을 암시한다.

둘째, 성인형의 소유자는 현실을 이성에 입각하여 합리적으로 사고하는 사람임을 보여준다.

마지막으로, 어린이형의 소유자는 의존적이고 창의력이 풍부한 모습을 보여준다.

사) 대역법

관리자를 대상으로 직무지식을 획득하기 위한 교육기법. 즉, 어떤 부서의 직속상사 밑에서 미래에 그 자리를 계승받으려고 그 상사로부터 업무에 관한 자세한 내용을 교육받는제도

아) 청년중역회법

관리자 내지 관리자의 길을 걸을 예정인 직원을 대상으로 조직 전반에 대한 지식을 축석하는 데 도입되는 방법

7) 교육훈련의 실행

8) 교육훈련의 평가

평가의 목적은 5가지로 요약할 수 있다.

① 교육훈련프로그램이 추구했던 목적이 달성되었는지를 의사결정자에게 그 효과면에서 정보를 제공한다.
② 교육훈련프로그램 참가자 및 실시자에게 프로그램의 실시결과를 피드백한다.
③ 교육훈련프로그램의 취약분야를 밝혀 그 개선을 위한 자료를 제공한다.
④ 교육훈련프로그램이 가져다준 경제적 효과를 밝힌다.
⑤ 미래의 인력개발 활동을 계획하는 데 보다 유용한 자료를 제공한다.

교육의 효과를 평가하는 접근법에는 두 가지가 있다.

첫째로 거시적 평가법이다. 이 기법은 투입에 대한 화폐적 평가, 투입과 산출에 대한 화폐적 평가(비용 · 편익분석)가 있다.

둘째로 미시적 평가법이다. 이것은 교육훈련 내용평가, 참가자의 선발 · 반응 · 학습성 및 적응성과를 평가하는 기법이다.

교육훈련방법에 대한 평가는 교육적 효과와 경제적 측면을 평가하는 것으로 나눌 수 있다.

3. 경력개발(經歷開發, Career Development)

피고용자의 활용도를 극대화하기 위하여 조직 내에서 피고용자를 계발 또는 승진시키는 데 쏟는 계획적, 조직적 노력의 과정을 말한다. 일반적으로 경력개발에는 승진을 위한 경로를 계획하는 것, 직원 개개인 성장의 기회를 마련하고 직무능력을 향상시키는 것, 직원의 능력과 적성에 맞는 목표를 세울 수 있도록 카운슬링을 하는 것 등이 포함된다.

제13장

판촉부

제13장

판촉부

제1절 호텔 마케팅의 개요

호텔 마케팅은 호텔객실, 식음료, 피트니스 회원권 등의 매매를 지칭하는 판매보다 훨씬 포괄적인 의미를 지니고 있다. 즉, 시장거래 판매, 상품, 유통(장소), 가격, 판매촉진, 종합조정 및 통제 등을 모두 포함한 포괄적인 의미를 지니고 있는 것이다.

호텔에서 마케팅전략이 완전히 실행되려면 많은 시간이 소요된다. 예산도 변경되면서 편성되어야 하기 때문에 환대기업의 입장에서는 계획을 연 단위로 작성해서 구체화할 필요가 있다. 고객 니즈(Needs : 필요)와 원츠(Wants : 욕구)의 변화추세에 맞춰 그때그때 재조정하고 마케팅 프로그램을 달리해 나가야 할 것이다.

1. 호텔 마케팅의 중요성

신규 외국 체인호텔이 계속 국내로 들어오고 있고, 가격 경쟁, 새로운 서비스 제공, 신상품 개발 등의 극심한 경쟁환경 속에 있다. 이런 시점에서 마케팅활동을 용의주도하게 해나가는 것은 대단히 중요한 과제이다. 호텔기업에서 자기의 경쟁자를 파악하고 마케팅 효율성을 향상시키려면 과거의 관점에서 과감히 탈피하여 마케팅계획을 수립하고 이를 실행하여야한다. 마케팅은 시장과 관련해서 일어나는 인간활동이므로 수시로 변화하는 고객 욕구(Wants : 원츠)에 맞는 호텔상품을 생산하여 그에 맞는 가격을 책정하며, 고객들이 가장 적절한 시간과 장소에서 구매할 수 있도록 조치하는 제반 마케팅 활동은 매우 중요하다. 호텔영업에 있어서 판매촉진(Sales Promotion)은 매출 달성을 위한 수단이므로 판매촉진을 담당할 조직과 인력으로 지속적인 영업활동을 수행하는 것이다. 호텔 마케팅의 기능과 역할은 객실과 식음료 영업장, 컨벤션 및 부대영업장 등의 고객의 수요를 창출하는 데 있다.

2. 호텔 마케팅부문의 조직도

호텔 세일즈 · 마케팅부서의 조직도는 다음과 같다.

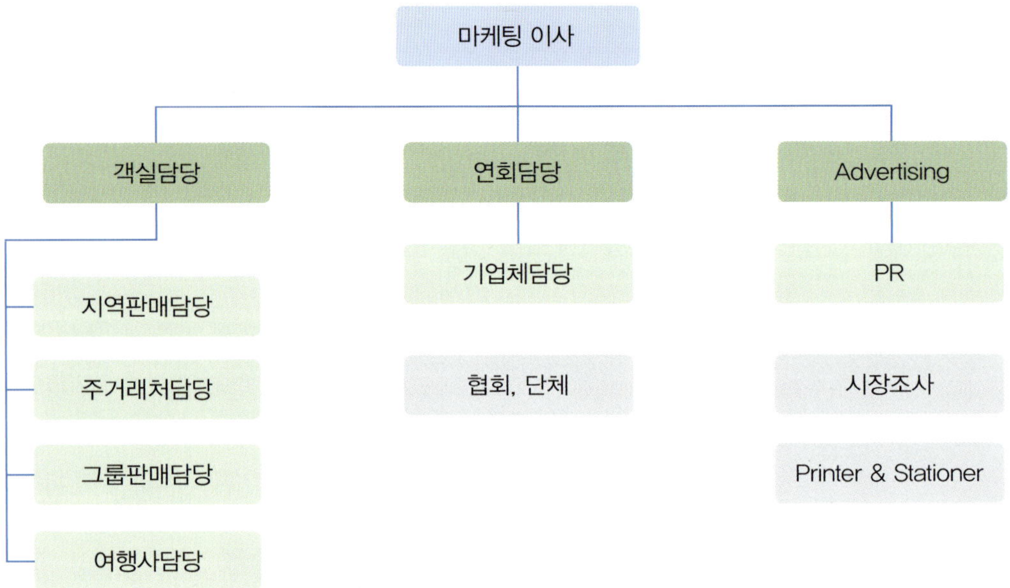

그림 13-1 호텔 세일즈 · 마케팅부서의 조직도

제2절 마케팅(Marketing) 업무

1. 마케팅(Marketing)의 정의

엄밀히 구분하면 판매와 마케팅은 동일한 개념이 아니고 마케팅이 판매를 포함하는 상위개념이다. 미국 마케팅학회(AMA : American Marketing Association)는 1985년에 다음과 같이 새롭게 정의하였다.

"마케팅은 개인이나 조직의 목표를 충족시켜 주는 교환을 창조하기 위해서 아이디어, 상품, 서비스의 창안, 가격 결정, 촉진, 유통을 계획하고 실행하는 과정이다."

마케팅은 호텔기업의 상품이나 서비스가 경쟁사의 그것보다 소비자에게 우선적으로 선택될 수 있도록 하기 위해 행하는 제반 활동들을 의미한다. 호텔 마케팅에서 가장 기본적으로 갖는 개념은 고객의 니즈(Needs : 필요)와 원츠(Wants : 욕구)이다. 즉, 마케팅은 고객의 니즈와 원츠를 파악하여 이를 충족시켜 주기 위한 호텔기업의 제반 활동이다.

1) 니즈(Needs : 필요)

마케팅에서 다루는 니즈는 근본적 욕구(니즈)와 구체적 욕구(원츠)로 구분한다. 근본적 니즈는 배고픔, 집, 존경, 안전, 편안함, 수면 등의 본원적인 욕구를 말한다. 구체적 욕구는 근본적 니즈를 실현시킬 수 있는 수단에 대한 욕구이다. 예를 들면 안전, 편안함, 배고픔 등은 근본적 니즈이고 잠자리와 배고픔을 해소하기 위해 5성급 호텔객실과 원하는 레스토랑의 어떤 메뉴는 구체적 욕구를 의미한다.

2) 원츠(Wants : 욕구)

원츠는 니즈를 충족시키기 위해 구체적으로 원하는 어떤 것을 말한다. 예를 들어 안전한 잠자리와 배고픔을 해소하기 위해 5성급 호텔객실과 원하는 레스토랑의 어떤 메뉴는 구체적 욕구를 의미하는 것이다. 마케터는 호텔 고객의 다양한 원츠(Wants) 중에서 어떤 것을 원하는지를 파악하여 이를 효율적으로 제공함으로써 호텔고객의 만족을 높일 수 있다.

3) 호텔상품 혹은 서비스 제공

사람들은 상품을 사용함으로써 자신들의 욕구를 충족시킨다. 이때의 호텔상품에는 물리적 형태를 가진 유형의 상품인 객실, 식음료부터 무형의 환대서비스까지 포함된다.

4) 교환(Exchange)과 시장(Market)

마케터는 자기 호텔의 상품 혹은 서비스를 시장에 제공하고 자신이 원하는 반대급부를 얻고자 한다. 마케팅은 이러한 교환과정을 주요 개념으로 다루고 있다.

시장은 구매력을 가진 고객이나 소비자들의 집합을 말한다. 구매력을 갖춘 대상의 특성에 따라 일반고객 시장, 산업구매자 시장(기업체), 재판매를 하는 업자(유통업자, 여행사) 시장, 정부기관, 글로벌 시장(외국기관, 외국기업)으로 구분할 수 있다.

4P란 상품(Product), 가격(Price), 유통(Place), 촉진(Promotion)을 말한다. 최근에는 무형상품인 서비스의 중요성이 커지면서 기존의 4P's 개념에 서비스의 특성(무형성, 이질성, 비분리성, 소멸성)을 고려한 3P's 개념을 더해서 7P's 개념으로 확장시켰다. 7P's개념을 적절하게 조합하여 마케팅 활동을 수행하는 것을 마케팅믹스 전략(Marketing Mix Strategy)이라고 한다. 또한 고객관계관리(CRM : Customer Relationship Management)를 통해 기업의 이익과 고객가치를 극대화하고자 노력해야 한다.

5) 객실 및 F&B 식음료 가격 결정

- 비용지향적 방법 : 원가 가산법, 목표 수익률법, 손익분기 분석법으로 나누어진다.
- 경쟁지향적 방법 : 경쟁자의 가격기준과 비교하여 결정하는 방법이다.
- 수요지향적 방법 : 소비자의 반응을 우선적으로 고려하는 방법으로 지각된 가치를 기준으로 결정하는 방법과 가격계열화 방법이 있다. 예를 들면 호텔 커피숍에서 커피가 10,000원이라는 지각에 기초해 신상품을 출시할 때 10,000원으로 가격을 결정하는 것은 전자의 방법이다. 그리고 가격계열화 방법이란 한 상품의 여러 가지 기능을 다르게 하여 가격을 다르게 받는 방법이다.

2. 촉진

1) 촉진의 의미

촉진(Promotion)이란 '밀어붙이다'라는 뜻으로, "호텔기업이 소비자에게 원하는 반응을 얻기 위해 의도된 설득 메시지를 인적 혹은 비인적 매체를 통해 소비자에게 커뮤니케이션하는 행위"라고 정의된다. 이는 호텔상품이나 서비스의 유통을 빠르게 확산시키는 기능을 가지고 있다.

2) 촉진의 요소

촉진은 광고(Advertising)와 인적판매(Personal Selling), 판매촉진(Sales Promotion), 홍보(Public Relation)로 구성된다.

① 판매촉진 혹은 판촉 : 객실, 식음료 구매고객이나 구매 잠재고객들에게 샘플이나 할인쿠폰 등을 제공함으로써 판매를 촉진시키는 활동이다.

② 인적 판매 : 호텔 판매부 직원이 호텔구매고객을 직접 찾아 상품을 판매하는 행위를 말한다. 이때 판매담당자는 구매고객을 설득하는 메시지를 직접 전하는 역할을 담당한다.

③ 광고 : 대가를 지불하고 호텔상품, 서비스, 아이디어 등을 사람이 아닌 다른 매체를 통해 널리 알려 구매를 촉진시키는 활동이다.

④ 홍보 : 언론을 통해 자사의 긍정적 활동을 알리는 활동이다.

3. 마케팅믹스 전략

4P's 개념이나 7P's 개념을 적절하게 조합하여 마케팅 활동을 수행하는 것을 마케팅믹스 전략(Marketing Mix Strategy)이라고 한다.

마케팅믹스 전략은 유형적 상품(Tangible Goods)에서는 전통적인 4P's 전략을 활용하고, 무형적 상품(Intangible Goods)인 서비스상품을 전략화할 때에는 기존의 4P's 전략에 3P's 전략을 더해 7P's 전략을 활용한다. 즉, 4P's 전략은 상품전략, 가격전략, 유통전략, 촉진전략을 다루고, 7P's 전략은 4P's 전략에 사람(People), 과정(Process), 물리적 증거(Physical Evidence)의 3가지 전략을 추가하여 수립한다.

마케팅믹스 전략을 수립하는 절차는 다음과 같이 11단계로 구분하여 실행한다.

① 상황분석(Situation Analysis)

기업의 내부환경과 외부환경을 분석하는 과정으로 흔히 SWOT(Strength, Weakness, Opportunity, Treat) 분석이라고 한다.

② 목표 수립(Setting for Marketing Goals)

기업이 달성해야 할 매출액, 수익성, 시장점유율 등의 목표를 수립한다.

③ 전략 대안 파악(Recognizing Alternative Strategies)

상품을 중심으로 하는 네 가지의 전략 대안, 즉 시장침투전략, 시장개발전략, 신상품개발전략, 다각화전략 등을 파악한다.

④ 시장세분화(Market Segmentation)와 표적시장(Target Market) 선정

고객들의 다양한 라이프스타일 등을 중심으로 전체 시장을 공통된 욕구를 가진 몇 개의 시장으로 잘게 나누어 시장의 특성(잠재시장 규모, 주요 고객계층, 지역 등)을 파악하고자 하는 과정이다.

⑤ 포지셔닝 전략(Positioning Strategy)

세분화된 시장에서 고객들에게 어떤 이미지로 보이도록 할 것이냐를 결정하는 전략이다. 예를 들어, 고가전략, 저가전략 등은 가격으로 포지셔닝한 것이며, 상품들을 다양한 계층으로 구분(예 : 대형 승용차, 중형 승용차, 소형 승용차, 경차 등)하는 것은 상품 포지셔닝이라 한다.

⑥ 마케팅믹스 전략(Marketing Mix Strategy) 결정

마케팅의 요소, 즉 상품, 가격, 유통, 촉진 등의 요소들을 목표로 하는 시장이나 고객들에게 적합하도록 혼합하는 과정이다.

⑦ 실행계획의 수립(Establish Action Plan)

마케팅믹스를 통해 결정된 전략을 구체적으로 언제, 어떻게, 어떤 방법으로 실행시킬 것인가를 계획한다.

⑧ **예상 손익계산서(Forecasting Profit and Loss) 작성**

마케팅전략을 통해 실질적으로 얻게 될 다양한 손익을 계산한다.

⑨ **통제방법 결정(Determination Controllable Methods)**

마케팅전략이나 실행계획을 실행할 때 영향을 미칠 수 있는 요소들을 어떻게 통제할 것인가를 결정한다.

⑩ **비상계획(Contingency Planning) 수립**

외부 영향요소에 의해 마케팅전략이나 실행계획이 제대로 작동하지 않은 경우에 대비하여 예상 시나리오를 설정하고 비상대책을 수립하는 단계이다.

⑪ **의사결정 단계**

수립된 마케팅전략에 대한 최종 의사결정권자의 결재를 득한다.

4. 고객관계 관리

고객관계 관리(CRM : Customer Relationship Management)는 현대 호텔 마케팅에 있어 가장 중요한 개념 중 하나로, 고객의 자기 호텔에 대한 충성도(Loyalty)를 높이기 위해 개별고객의 구체적 정보를 관리하고 고객과의 접촉점을 세심하게 관리하는 과정이다. 다시 말하면, 자기 호텔의 고객들을 대상으로 탁월한 고객가치와 고객만족을 제공함으로써 수익성 있는 고객관계를 구축하고 유지하는 전반적인 과정이다.

5. 마케팅 프로세스

마케팅 프로세스(Marketing Process)란 마케팅환경과 시스템의 변화를 인지하고 고객의 행동특성을 파악하여 시장의 세분화 및 시장에 존재하는 표적세분(Target Segments)의 존재를 대상으로 표적시장의 설정, 포지셔닝 구축, 마케팅믹스 전략[상품, 유통(장소), 가격, 판매촉진 및 신상품의 개발, 기존상품의 개량, 고객의 필요(Needs)와 욕구(Wants)가 떨어진 상품의 폐지]을 수립하여 그것들이 효과적으로 운용되도록 마케팅관리 시스템을 구축하는 과정인 것이다.

6. 현대 마케팅의 개념변화

오늘날 현대사회에 들어와서는 다음과 같이 2가지로 마케팅의 개념이 변화하였다.

1) 마케팅콘셉트

오늘날처럼 치열한 경쟁에 직면한 기업이 시장에 대처하는 최선의 방법은 기업이 임의로 개발, 생산한 상품과 서비스를 판매하려는 것보다 그 기업이 대상으로 하는 목표시장의 욕구를 철저히 파악하고 그것을 만족시키려는 사고인 마케팅콘셉트(Marketing Concept)가 요구된다. 그러므로 이 마케팅콘셉트가 표방하는 지향성은 고객 욕구의 충족 내지 시장지향인 것이다.(정익준, 호텔외식산업마케팅, 형설출판사, 1997)

2) 사회지향적 콘셉트

사회지향적 마케팅은 1970년대에 들어와 환경문제, 자원부족문제, 소득의 격차문제, 계층 간 집단 이기주의현상, 물질문명 팽배 등과 같은 기업환경 속에서 기존의 마케팅 개념으로는 기업이 존속, 성장할 수 없는 상황이 도래하게 되었다. 그 결과 존속을 계속하려면 사회적인 책임을 지는 방향으로 기업과 마케팅의 관리자가 마케팅활동을 하지 않으면 안 된다는 것이 점차 확고해졌는데 이러한 사회지향 중심으로 바뀌는 개념을 말한다.

제3절 시장세분화

1. 시장세분화

1) 시장세분화

전체시장(Total Market)을 공통적 특징을 지닌 잠재고객 그룹으로 나누는 것을 시장세분화(Market Segmentation)라 하고, 나누어진 한 부분을 세분시장 또는 부분시장이라 부른다. 작은 그룹으로 세분화하게 한 후, 그들은 공통적인 요소를 가지고 있는 특정그룹의 사람들을 위해 서비스상품을 개발하려고 한다.

마케터는 전체시장을 세분화함으로써 몇 개 유형의 구매자에게 그 노력을 집중할 수 있다. 마케터가 그러한 그룹의 하나 혹은 몇 개에 대해 촉진(Promotion) 메시지를 전달하려 할 때 그 과정을 표적마케팅(Target Marketing)이라 한다. 그리고 그들이 초점을 두고 있는 세분시장을 표적시장(Target Market)이라고 부른다.

마케터가 특정의 부분시장을 표적으로 한다면 그 세분시장 대부분의 사람들에게 소구할 수 있는 방법으로 상품과 서비스를 개발하고 촉진하여야 한다.

2) 시장세분화 이점

① 시장세분화로 시장기회를 보다 쉽게 발견할 수 있고

② 마케팅믹스(4P's)를 보다 효과적으로 조합할 수 있으며

③ 시장수요의 변화에 보다 신속하게 대처할 수 있다.

3) 시장세분화의 특징

가장 적절한 세분화 방법이 실시되어야 한다. 시장세분화의 요건은 측정가능성, 접근성, 실질성이다. 시장세분화가 유용한가의 여부를 알아내기 위해 마케터는 다음과 같은 질문을 던진다.

① 세분시장이나 그룹은 마케팅 메시지에 유사하게 반응할 것인가? 또는 그 세분시장은 하나의 작은 시장으로서 충분히 좁게 정의되고 있는가?

② 그 세분시장은 다른 부분시장과 현저하게 다르다고 볼 수 있는가? 즉 한 그룹처럼 행동하는 모든 사람은 그 세분시장에 포함하여 정의되었는가?

③ 세분시장은 신문, 잡지, TV, 라디오와 같은 통신매체로 전달할 수 있는가? 세분시장의 하나의 중요한 측면은 마케팅 메시지를 특정한 성격을 지닌 그룹에게 전달하는 것이다. 마케팅 커뮤니케이션을 통하여 그 표적시장에 효율적으로 도달할 수단이 없다면 그 시장은 무의미한 것이다.

④ 그 그룹의 시장잠재력은 그 세분시장에 도달하는 데 필요한 재정적 마케팅 자원을 투자할 가치가 충분히 있는가?

2. 표적시장 선정

시장세분화는 서비스 기업이 직면하고 있는 세분시장에서의 사업기회를 발견할 수 있게 한다. 그리고 나서 서비스 기업이 얼마나 많은 세분시장을 선택할 것이며 어떻게 가장 바람직한 세분시장을 찾아낼 것인가를 결정해야 한다.

1) 비차별화 전략

서비스 기업은 세분시장의 특성을 무시하고 한 가지 상품을 가지고 전체시장에서 영업을 하기로 결정할 수 있는데, 이러한 접근방법을 비차별화 전략이라고 부른다. 이것은 고객의 욕구에 어떠한 차이점이 있는가보다는 공통점이 무엇인가에 초점을 맞추려는 것이다. 따라서 100%에 도달할 수 있는 많은 구매자에게 호소할 수 있는 상품과 마케팅 프로그램을 설계해야 한다.

2) 차별화 전략

서비스 기업은 여러 세분시장을 표적시장으로 삼아 이들 각각에 독특한 상품을 제공하고 영업을 하기도 하는데, 이러한 접근방법을 차별화전략이라고 한다. 다양한 소비자의 욕구에 맞추어 여러 가지 상품을 다양한 가격으로 제공하고 복수의 유통경로를 사용하며 다양한 촉진을 실시하므로 차별적 마케팅은 보다 많은 소비자들을 고객으로 확보하게 된다.

3) 집중화 전략

어떤 서비스 기업이 자사상품을 쉽게 의사전달할 수 있는 하나의 세분시장을 찾아낸 경우, 그리고 그 세분시장의 욕구가 상품과 일치하는 경우, 그 기업은 집중적 시장세분화 전략을 채택할 수 있다. 이와 같이 집중화 전략은 큰 시장에서 낮은 점유율을 추구하는 대신에 하나 혹은 몇 개의 세분시장에 집중함으로써 높은 점유율을 확보하려고 하는 방법이다.

3. 시장세분화의 기준

마케팅 전문가들은 다양한 시장세분화 기준을 가지고 있다. 어떠한 단일적인 방법이 옳다거나 그른 것은 아니며 흔히 다양한 기술들이 혼합되어 사용되고 있다. 일반적으로 시장세분화에서는 지리적인 변수, 인구통계적 변수, 심리분석적 변수, 행동분석적 변수 등의 네 가지로 대별되어 사용된다.

제4절 시장세분화

1. 호텔 마케팅의 기획

마케팅 기획 순서

단계	내용
1단계	1. **목표**(Board Objectives) 2. **호텔상품의 시장성** – 위치 : 자연경관, 교통 – 시설 : 내부 장식, 회의장 시설 등 – 서비스 : 물적, 인적 – 이미지 : 분위기 – 가격 : 성수기, 비수기, 특별 3. **고객의 상품수준에 대한 평가** – 관광요소 – 교통관계 – 호텔의 시설수준 – 서비스 시스템수준 – 종업원 서비스수준 – 연회장 분위기수준 – 요리의 수준
2단계	– 객실, 식음료, 웨딩, 컨벤션, 부대영업 등에 대한 판매계획(Sales Planning) – 관광객 시장조사(Tourist marketing research) – 판매경영전략(Sales channel strategy) – 객실, 식음료, 기타 요금정책(Price policy) – 광고관리(Advertising Control) – 판매촉진(Sales promotion) – 영업사원관리(Salesman control) – 마케팅 코스트(Marketing cost) – 패키지상품(Package product) 등

3단계	시장분류(Market Segregation)
4단계	시장세분화(Market Segment) 상품생산(Products) 특수 문제점의 조정 특수사업의 계획
5단계	특수조사 실시 : 고객의 행동분석 선전(Advertising) 홍보(Public relations) 선전책자 인쇄 T.V, 라디오, 방송 여행안내업(Travel trade)

2. 마케팅의 전개

- 고객 니즈(Needs : 필요)조사 : 고객의 욕구를 다각적으로 분석
- 수익성 분석 : 판매했을 경우 수지분석, 원가대비 수익성이 있는지 검토
- 타당성 조사 : 마케팅 계획이 실현 가능성이 있는지? 또한 성공사례도 분석
- 상품화 단계 : 고객의 기호에 알맞은 상품개발을 수차의 회의, 발표를 통해 도출
- 마케팅 믹스(4P's)의 결정 : 상품, 유통(장소), 가격, 판매촉진
- 판매촉진 : 고객의 동향을 조사하고
- 상품판매분석 : 사후 고객의 필요(Needs)와 욕구(Wants)가 떨어진 상품의 폐지

3. 마케팅 사업계획 수립

- 수요 전망 분석
- 마케팅전략계획(적정가격 여부, 홍보 선전강화, 상품개발의 다양화, 고객관리, 서비스교육 강화, 시장조사 분석 등을 기획)
- 마케팅 방안(객실부문, 식음료부문, 부대시설 부문, 웨딩부문, 컨벤션부문)
- 연차별 계획(5개연도)

1) 연차별 계획

(1) 1차연도 계획

- 국내 관광업계 및 여행사, 항공사와의 계약체결로 고객유지
- 항공사, 여행사 홍보를 통하여 PR하며 광고선전으로 Image Making에 주력
- 단골고객 및 가망고객 , 여행사 담당자 리스트를 확보 이들에게 D.M 발송
- 우수인력 확보 : 지속적인 경력사원 영입과 신입을 병행(가급적 장기인턴 배제)
- 객실이용률 책정 : 과거 5년 실적 분석

(2) 2차연도 계획

- 식음료부문의 상품 종류를 타사와 비교, 평가하여 분석
- 단골고객 명단작성(Membership) 운영
- VIP 고객가드 발행
- 장 · 단기 교육계획수립 주기적인 교육훈련
- 객실이용률 책정 : 과거 5년 실적 분석

(3) 3차연도 계획

- 종사원 Incentive제도 실시
- 시장개척을 위한 지방 및 해외지사 설치 운영
- 객실 및 식음료부문의 고객 기호도 분석 및 신상품 개발
- 객실이용률 책정
  - 조직 및 인원계획
  - 시장점유율 예산계획
  - 판매전략계획

2) 판매전략계획

(1) 전략내용

- 시장을 세분화하는 전략 구사
- 명확한 표적시장의 설정
- 호텔의 포지셔닝 결정(당호텔 정위화)

• 마케팅 믹스결정(4P's : 상품, 가격, 유통, 판매촉진)

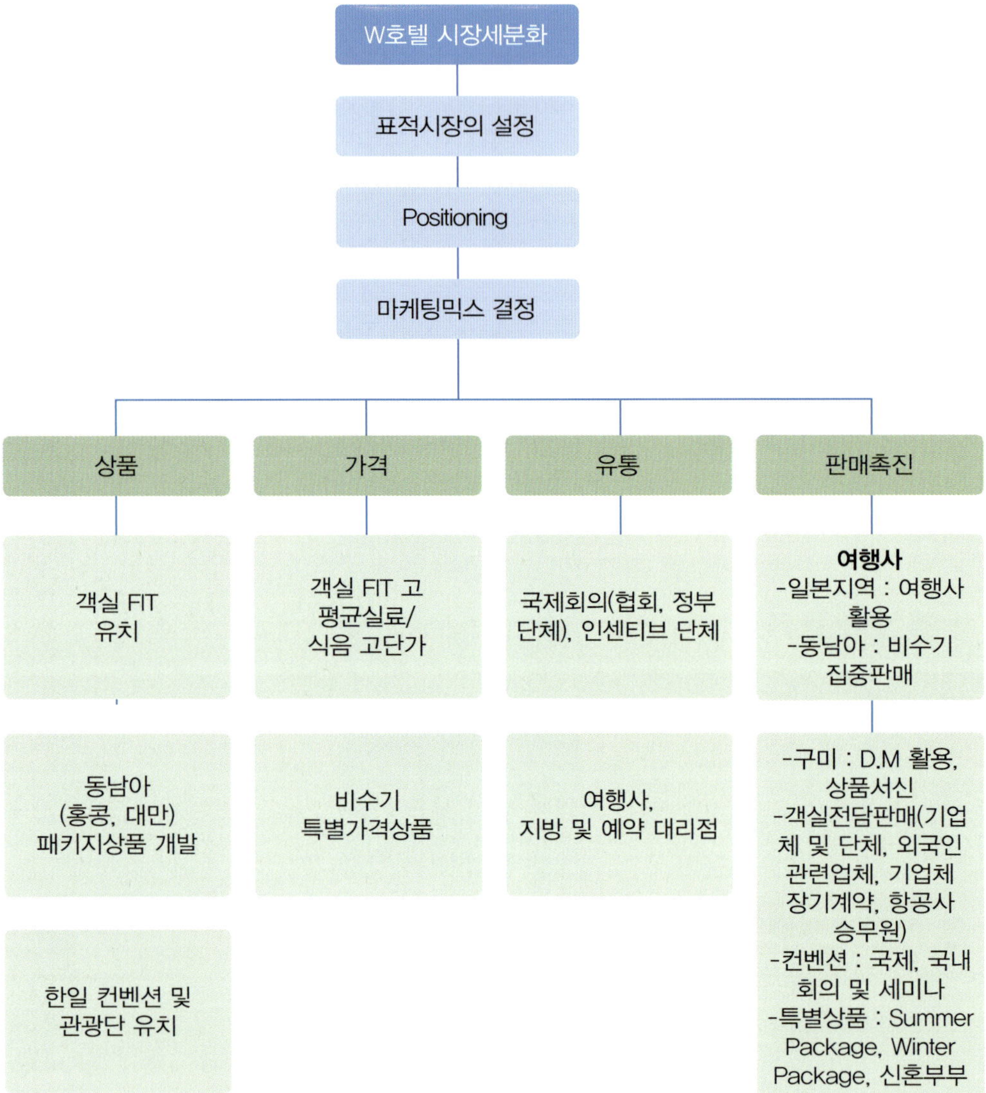

그림 13-2 W호텔 마케팅 프로세스

① 호텔의 주요 전략

- 국내 : 컨벤션 및 연회 유치(1인당 150개의 거래처 확보)
- 일본 : 한일관계 국제회의 및 관광단 유치계획
- 동남아 : 홍콩, 대만, 중국을 중점관리

② 시장의 다양화

- 국내 : 거래처의 체계적인 방문판촉(과거행사 분석 및 방문횟수 배가)
- 해외 : 여행사 및 F.I.T 고객유치를 위한 유대강화 및 D.M 활용
- Package상품 활성화 : 비수기대비, 지속가능 2가지 패키지 유형개발

③ 비수기 대책

- 특별상품
- 국내시장 활성화
- 비수기 상품요금 책정

④ 시장침투 : 국제 판매담당 전담 영입

(2) 부분별 판매전략

① 객실

- 여행사
  - 일본지역 : 여행사 활용
  - 동남아 : 비수기 집중판매
  - 구미 : D.M 활용, 상품서신
- 객실전담판매(기업체 및 단체, 외국인 관련업체, 기업체 장기계약, 항공사 승무원 Lay over)
- 컨벤션 : 국제, 국내회의 및 세미나
- 특별상품 : Summer Package, Winter Package, 신혼부부

② 식당

- 여행사 : 일본(디너쇼), 동남아(쇼 관람)
- 기업체 : 기업체 접대 및 바이어 유치, 세미나 행사연결 유치
- 친목단체 : 향우회, 동호회, 기타 단체
- 지방 : 지방 및 예약 대리점
- 특별상품 : 우대전 또는 여름, 겨울 Package상품

③ 연회장

- 국제행사 : 국제회의(협회, 정부단체), 인센티브단체, 체육대회

- 국내행사 : 일반연회(기업체, 협회, 정부기관, 단체)
  - 세미나(일반 기업체, 전문기관)
  - 대리점 모임(식품, 화학, 제약)
  - 연수회(일반기업)
  - 패션쇼
  - 사회단체모임(라이온스, 로터리, J.C)의 각종 모임, 조찬회 포함

(3) 마케팅 기본전략

① 객실

- 그룹을 지양하고 F.I.T를 유지-고가전략
- 고평균실료 유지
- 객실상품의 국제 수준화 : 포시즌호텔, 샹그릴라호텔을 감안 개보수
- 고객실 투숙율 유지
- 주요 거래업체 비즈니스 고객유치의 증대

② 식음료

- 고단가와 주중 저단가 병행
- 테이블 회전율 가속화 제고
- 단골고객 유치 확보
- 고감도 서비스 제공

제5절 마케팅전략 및 촉진방법

1. 마케팅전략

환대기업에서의 시장조사는 관광객을 대상으로 하는 여행조사이다. 관광객의 여행조사는 한 지역이나 국가 및 관광지에 얼마나 많은 관광객이 올 것인가 하는 관광자료를 수집하고 그 내용을 분석하는 것이다.

마케팅전략은 마케팅 믹스의 기틀 위에서 설정되어야 한다. 4P's라는 마케팅의 믹스를 사용한다.

1) 상품(Product)

호텔상품이란 객실, 식음료, 기타 부대시설과 인적 서비스의 결합으로 이루어져 있다. 호텔 서비스는 고객에게 제공되는 유·무형의 인적·물적·시스템적 활동의 총체로서 크게 인적 서비스, 물적 서비스, 시스템적 서비스로 구성되어 있기 때문이다. 여기서 물적 서비스는 크게 객실, 식음료, 부대시설의 구조, 인테리어, 집기, 비품, 그리고 식음료상품 등으로 구성되며, 인적 서비스는 숙련된 직원들의 정서적인 서비스를 지칭하며, 시스템적 서비스는 커피숍 24시간 open, 호텔의 룸서비스 제공시간, 프런트를 거치지 않는 귀빈층라운지 체크인, 체크아웃 서비스 등을 말한다.

2) 가격(Price)

가격은 기업의 이윤추구와 소비자의 니즈(Needs)를 만족시켜야 하는 이중적 성격을 띠고 있다. 가격정책은 언제나 마케팅전략의 차원에서 매우 중요하다.

3) 유통경로(Place)

호텔 마케팅의 조직은 경영정책, 호텔의 위치 및 규모, 수준 등 다양한 요소들에 의하여 차이가 있으나 판촉지배인의 역할이 크다. 일반적인 유통경로는 여행사, 인터넷, 대리점, 호텔 예약실, 인적 판매 등이다.

4) 판촉(Promotion)

호텔이 자사상품에 대한 정보를 고객에게 의도적으로 전달하려 하는 활동을 촉진이라고 할 수 있다. 표적시장의 고객들에게 구매욕구를 자극하는 정보를 제공하는 것인데, 상품에 대한 인지와 이미지 형성을 통하여 최종적으로 구매행동을 유발시키는 것이다.

2. 판매촉진의 방법

입지조건과 시설, 서비스, 요금을 검토한 후 고객의 수요를 측정하여 판매촉진업무를 집행한다.

대내적인 수단으로는 방문 시 환영음료쿠폰, 무료조식쿠폰, 꽃·과일 서비스 등이 있고 대외적인 서비스방법은 선전간행물, 신문, 잡지, 브로슈어(팸플릿), 텔레비전, 라디오, 옥외광고, 디렉토리, 관광지도, 관광달력, 포스터, 해외선전사무소, 여행알선업자, 소책자, DM발송, 관광관련 컨벤션전시, 홍보동영상 등을 통한 방법이 있다.

3. 판매촉진의 고려사항

판매촉진은 가격할인형태를 가지는 유인이다. 촉진이 가져오는 혜택은 다음과 같다. 수요가 감소하는 경향을 보일 때, 새로운 상품의 도입을 앞당기고자 할 때 프로모션(Promotion)이 더욱 필요하다.

판매촉진을 할 때는 표적시장, 타사 경쟁상품, 상품과 가격, 시장의 규모와 범위, 촉진의 시기와 기간 등을 고려해야 한다. 또한 판매촉진의 유형은 가격지향적 판매촉진과 비가격지향적 판매촉진 수단을 이용한다. 비가격지향적 판매촉진 수단으로는 샘플, 수량에 의한 가격할인, 쿠폰, 프리미엄, 사은품, 경품을 도입한다.

제6절 광고

1. 광고의 정의와 특성

미국 마케팅협회(American Marketing Association)에 따르면 광고의 목적은 다음과 같이 세 가지가 있다.

① 고객에게 정보를 제공

② 상품에 대한 적극적인 태도를 개발

③ 상품의 판매를 촉진

2. 매체 선택

호텔기업은 어떠한 매체가 가장 효과적으로 표적시장에 정확히 전달할 것인가를 고민한다.

① 옥외광고 매체 : 입간판, 버스나 전철의 간판, 대형 시설물에 부착, 옥외광고게시판, 전광판

② 방송 : 라디오, 텔레비전

③ 직접우송 광고 : 다이렉트 메일(DM, Direct Mail)

④ 인쇄매체 : 신문광고, 잡지광고, 신문간지 광고(Inserts : 인서트. 신문, 잡지, 책 등에 끼워넣는 삽입광고)등이 있다. 인쇄매체로 하는 광고의 대부분이 이미지 형성을 목적으로 하기 때문에 광고인쇄물은 모든 사람이 쉽게 손에 넣을 수 있다. 따라서 광고문안은 다양한 시장에 어필할 수 있어야 한다. 외식사업체가 주로 이용하는 인쇄매체는 신문 · 잡지 · 브로슈어 등이다.

⑤ 브로슈어(팸플릿) : 촉진활동의 기본이다. 호텔은 안내책자, 휴양지는 안내서, 항공사는 간이시간표, 여행사는 브로슈어 등을 발간한다. 브로슈어야말로 사전에 상품을 확인할 수 없는 경우 쉽게 내용이 전달된다.

⑥ 전화번호부 등의 인명부

⑦ 옥외광고, 교통광고

- 옥외광고 : 일정 공간을 점검하여 불특정 다수인의 가시영역에 시각적 자극을 주는 건축물에 부착된 간판과 도로 또는 철로변 등에 설치하는 간판이 있다. 점포사인, 노변 포스터, 고속도로 빌보드, 광고탑, 네온사인, 옥상간판, 애드벌룬 등이 있다.
- 교통광고 : 차내 광고, 차외 광고, 도로변 광고, 역구내 광고 등이 있다.

1) 신문

관광상품 대부분의 인쇄광고는 신문이나 잡지에 게재된다. 그것은 관광비용 전체의 거의 반을 차지한다. 신문은 전국지 · 지방지 · 전문지의 3가지로 나뉘는데, 전문지는 스포츠, 산업지, 레저지, 생활정보지, 영자신문 등을 말한다.

(1) 신문의 장점

① 폭넓은 독자층

② 훌륭한 반응

③ 소규모 신문의 경우 낮은 비용

④ 주택지에 근거한 유리한 지리적 세분화

⑤ 최근의 변화, 최신 정보

⑥ 발행에 앞서 추가정보에 대한 융통성 및 짧은 완성기간

(2) 신문의 단점

① 무용의 발행 : 신문은 잠재고객이 불특정 다수에게 도달

② 짧은 생명 : 되풀이되는 노출은 전혀 없음

③ 작은 주의력 : 자세히 안 보고 대충 읽음

④ 질 나쁜 인쇄와 질

2) 잡지

잡지는 다른 매체보다 광고에 대한 접촉시간을 오래 유지한다. 잡지는 신속한 정보 전달 효과를 갖고 있지 않다는 점에서 신문과는 다르며, 신문보다 훌륭한 인쇄방법을 활용할 수 있다는 점과 신문보다 수명이 길다는 특징이 있다. 소비자의 의사결정과정의 초기단계에서 주로 영향을 준다. 정기발행 유명잡지들은 주요 신문과 마찬가지로 관광기업 광고에 효과적이다. 그리고 관광 및 레저 관련 군소 전문잡지에도 광고를 싣는 것이 좋다. 다른 매체와 비교해서 잡지는 몇 가지 장단점이 있다.

(1) 잡지의 장점

① 대규모 발행

② 우수한 인쇄와 색상도

③ 많은 제2의 독자들로 인한 비교적 긴 생명력

④ 훌륭한 사이코그래픽(Psychographics : 분석에 의해 소비자들 간의 개인차를 확인하고 그들의 생활양식(Lifestyle)을 알아냄)에 의한 세분화 가능성

⑤ 유명한 잡지와의 제휴

⑥ 지역적 · 주체적 특정화

(2) 잡지의 단점

① 오랜 작품 제작시간

② 높은 제작비용 특별히 컬러광고 때문에 드는 비용이 비싸다.

③ 신문보다 적은 발행빈도

3) 텔레비전

TV광고는 비용이 많이 드는 광고매체이다. 반면에 시청자의 마음속에 보다 강력한 이미지를 심어주는 능력이 있다. 이미지 효과를 위해서는 메시지의 반복이 필요한데, 그 이유는 방송광고는 보관할 수 없기 때문이다. 즉 전파매체에는 영상과 같은 장점이 있으나, 인쇄매체가 가지고 있는 지속성 · 기록성이 결여되어 있다. TV가 상품의 특징을 실제로 소비자에게 실증적으로 제시해 줄 수 있는 장점을 가지고 있기 때문에 광고주에게 유용한 매체로 인식되었다. 전국적인 규모의 네트워크 텔레비전은 예산이 풍부한 마케터들에게 그들의 메시지를 많은 사람들에게 도달할 기회를 준다. 텔레비전은 어떤 다른 광고매체보다 가정으로 쉽게 도달한다. 그 매체에서 마케터들은 그들의 메시지가 잠재고객에게 도달하는 반복에 의존한다.

(1) 텔레비전 광고의 장점

① 다른 매체보다 강력한 효과

② 시청각 소구력 강함

③ 상품이나 목적지의 시각화

④ 많은 대중 또는 선정된 시청자들

(2) 텔레비전 광고의 단점

① 제작 및 방송시간에 대한 높은 단가

② 시청자에 의해 재검토할 수 없는 짧은 생명력

③ 긴 상품 리드다임(상품의 기획에서 완싱까지의 기간이 길게 소요됨)

④ 15초, 30초, 60초로 제한된 메시지

4) 라디오

TV가 시청자의 전적인 주의를 끌 수 있는 데 비해 라디오는 일반적으로 배경매체(Background Media)이다. 그 결과로 청취자는 광고메시지를 잘 인지하지 못하거나 잘 잊어 버린다. 라디오의 유효도달 범위는 특정 방송국의 방송주파수에 맞춘 청취자들에 달려 있다. 거의 예외 없이 라디오광고는 상대적으로 작은 지역에 도달된다. 그러므로 많은 관광광고업자들은 예를 들어 광고회사가 두 도시 사이의 새로운 항공노선을 광고하기를 원할 때 이와 같은 라디오 매력의 특징을 발견한다.

(1) 라디오의 장점

① 지리적이고 인구통계적인 선택성

② 비교적 가격이 저렴

③ 다른 매체가 도달할 수 없는 사람들(특히 운전자)에게 소구한다.

④ 인간 목소리의 호소력

⑤ 막바지 변경이 가능한 짧은 제작기간

(2) 라디오의 단점

① 라디오는 종종 청취자의 모든 집중을 받지 못한다.

② 시작적 호소가 결핍되어 있다.

③ 청취자에 대한 경쟁이 심하다.

④ 청취자에 의해 메시지를 검토하는 것이 불가능하다.

5) 다이렉트 메일

많은 관광광고업자는 카탈로그, 브로슈어, 전단 그리고 다른 정보를 우편으로 잠재고객에게 직접적으로 보낸다. 이것을 다이렉트(DM : Direct Mail) 메일 또는 직접우편이라고 한다.

(1) 다이렉트 메일의 장점

① 제작과 우송에 융통성이 있다.

② 행동적 세분화를 제공하는 고도의 선택성

③ 카드와 쿠폰에 응답하는 결과로써 반응측정이 용이함

(2) 다이렉트 메일의 단점

① 우편요금, 인쇄비, 고객명단의 확보 등에 비용이 든다.

② 다른 매체에 비해 직접 표적 오디언스를 독자적으로 획득해야 한다.

③ 대부분의 사람들은 다이렉트 메일에 그다지 관심을 표명하지 않는다.

6) 옥외광고매체

일반적인 형태는 광고판(게시판)과 버스 · 전철 · 택시 등의 측면에 그려진 그림이다. 옥외매체의 주요한 장단점은 아래와 같다.

(1) 옥외매체의 장점

① 적은 비용

② 반복효과 : 재생성 효과

③ 지리적 선택성

(2) 옥외매체의 단점

① 낮은 비율의 기대 고객 수

② 메시지 크기의 제한

③ 긴 제작시간

7) 디렉토리(Directory, 인명부광고)

일반적으로 특정 상품이나 서비스를 생산 · 판매하는 상호와 주소가 수록된 책자를 말한다. 협회명부 등 산업디렉토리와 전화번호부 같은 소비자디렉토리가 있으며, 어느 것이나 효과적인 광고매체의 구실을 하고 있다.

특별상품에 관해 정보를 찾는 사람은 지역관광 촉진 대행사나 기타 사업자 단체에 의해 제작된 관광업체 인명부나 전화번호부를 자주 이용한다.

8) 캘린더(Calender, 달력)

달력은 일상생활에서 필수적인 것이다. 따라서 잠재관광객 또는 단골고객에게 달력을 제공함으로써 자연스럽게 홍보할 수 있는 효과가 크다.

9) 관광지도

지도는 관광지를 소개하는 역할을 하는 것으로 관광지 홍보 시에 매우 중요한 역할을 한다.

제7절 PR(Public Relation)

1. PR의 의의

1) PR의 의미

폭넓은 의미에서 PR(Public Relation : 홍보)은 기업이나 상품에 대한 고객의 호의를 창조하는 과정이다. 많은 경우에 PR 노력은 새로운 매체에 대해 여론에 영향을 주는 입장에 있는 여행편집자, 저술가, 언론인에게 초점을 맞춘다.

(1) PR의 장점

기업이 PR에 대해 강조하는 것은 여러 가지의 뚜렷한 이익이 있기 때문이다. 대부분의 PR활동 캠페인은 장기적으로 보면 광고보다 훨씬 저렴하다. 그 원칙은 간단하다. 텔레비전의 특정기사를 위한 시간이나 여행기사를 위한 지면에는 돈이 들지 않는 반면에 광고시간과 지면은 돈으로 구입해야 하기 때문이다. 게다가 공급업자나 상품에 관한 정보내용은 잠재고객이 그 정보를 긍정적으로 받아들이도록 하는 데 영향을 미칠 수 있다.

(2) PR의 단점

퍼블리시티(Publicity)는 뉴스가치가 있는 사항을 무료로 신문 등의 매체에 소개하면서 자연스럽게 상품을 알리는 것으로 PR(Public Relation)보다는 알리는 대상이 적어서 좁은 개념이다. 뉴스매체에 있어 일반적으로 퍼블리시티(Publicity)라고 하는 PR의 단점은 기업이 메시지 내용의 통제를 포기해야 하고, 호텔과 같은 관광상품의 이미지는 마음속에 자신의 독자적인 호기심을 가진 제3자에 의해 결정된다는 것이다.

2. 뉴스 가치가 있는 정보

PR의 기사는 가장 새로운 호텔 기삿거리에 한정시킬 필요가 없다. 매체의 관심거리가 될 정보는 다음과 같다.

① 해외 유명 연예인, 유명인사 투숙
② 총지배인, 총주방장 등 임원의 임명
③ 혁신성 있는 신상품 개발
④ 경쟁자에 의해 제공되지 않는 예외적인 서비스
⑤ 호텔이 받은 등급이나 수상 선정
⑥ 직원 명예와 포상(각종 대회)
⑦ 획기적인 서비스 도입
⑧ 자선을 위한 활동 또는 지역사회 서비스 활동
⑨ 새롭고 혁신적인 설비로 호텔의 개보수
⑩ 지역사회 관련 공공행사

3. 매체 관계자

매체에 있어 영향력 있는 관계자와의 접촉은 PR의 성공에 결정적으로 기여한다.

4. PR의 기본적 방법

1) 신문발표

새로운 시설문의 개장, 혁신적인 상품의 소개, 지역사회에 특별히 공헌한 종업원의 활동, 유명인사의 등장과 같이 그 목적이 뉴스가치가 있는 무엇인가를 서술하는 것으로, 호텔을 위한 좋은 홍보거리가 되어야 한다.

2) 기자회견

기자회견은 신상품 발매 및 유명 연예인 등 유명인사의 기자회견장으로 제공

3) 특별 무대행사 개최

지역사회에서 호의적 관심을 증대시키기 위해서 매체관계자, 호텔 VIP, 피트니스클럽 회원 및 일반대중을 위하여 특별 무대행사를 개최할 수 있다. 명사의 출현후원, 뮤지컬 또는 음식축제 등이 지역뉴스에 보도될 수 있다.

4) 리셉션

리셉션은 출판업자나 작가 그리고 기자 등과 같은 매체의 대표자들과 호텔 간의 접촉을 촉진시키기 위한 목적으로 계획한다. 훌륭한 식음료상품을 제공하면 후원하는 기업에 대해 아마도 호의적인 반응을 얻고 효과가 크다.

5) 시찰초대여행

매체관계자의 호의를 얻는 데 가장 좋은 방법은 호텔을 직접 사용해 보도록 하는 것이다. 비용이 많이 들 수도 있지만 매체에 직접적으로 영향을 미치는 효과가 있어 거기에 든 비용을 충분히 보상받게 된다.

부록

부록 1

호텔의 부문별 손익 및 비용명세서

1. 객실부문(Room Division) 손익 및 비용명세서

1) 객실수입(Revenue)

수입은 객실수입을 시간이용임대, 일일임대, 주간임대 또는 장기임대의 대실에서 받는 수입을 대변에 기재한다. 단기체재(Transient)수입, 장기체재(Permanent)수입, 기타(Other)수입으로 나누어 기재하며, 단기체재는 여행형태별로 일반고객과 단체고객으로 세분화하여, 객실요금에 식사가 포함되었을 경우 식사수입은 식 · 음료수입계정에 기입하고 순수객실수입만을 객실수입계정에 기재한다. 미국식 요금제도를 사용하는 호텔은 객실과 식료의 매출액을 구분하여 기재한다.

2) 퍼블릭 룸(Public Room) 사용료

식음료 판매를 하는 연회 등 공식회합용으로서 통상적으로 사용되지 않는 퍼블릭 룸의 사용료를 이 계정에 기재한다.

3) 매출에누리액/매출정정(Allowance)

매출에누리액/매출정정은 객실판매에서 발생된 수입의 정정금액으로 1일 결산으로 확정된 수입에서 잘못된 수입을 정정하는 것을 말한다. 숙박객이 처음에는 단기숙박요금으로 정하였으나, 그 후 주간 또는 월간 임대계약기준에 의해 처음 정했을 때보다 낮은 요금으로 계상하게 될 때 발생하는 요금의 조정차액도 포함된다. 수입총액과의 동일한 분류로 표시한다.

4) 순매출액/순수입(Net Revenue)

순수입은 객실 및 퍼블릭 룸(연회 제외)의 수입(수익)총액의 합계에서 매출에누리액/매출정정금액을 뺀 순수매출액

5) 부문비용(Departmental Expenses)

객실부문의 비용은 ① 급여 및 임금(인건비), ② 정기휴가 등의 급여 · 임금, ③ 종업원식비, ④ 급여 · 임금 등의 제세 및 복리후생비, ⑤ 기타 경비(Other Expenses) 등으로 분류할 수 있다.

기타 경비는 지급수수료 · 외주청소비 · 드라이클리닝비(세탁비) · 직물류 · 소모품비 · 예약비 · 제복비 및 기타 비용으로 세분화할 수 있으며, 소모품비는 고객용 소모품비 · 청소용품비 · 사무용품비 및 기타 소모품비로 분류

(1) 급여 및 임금(인건비)(Salaries & Wages)

급여 및 임금(인건비)은 객실부문의 전 종업원, 일반적으로 객실과 · 객실예약과 · 객실관리부 · 당직지배인 등의 급여

(2) 정기휴가 등의 급여 · 임금(Payroll & Related Expenses)

초과근무수당 · 휴일근무수당 · 퇴직수당 · 상여금 등을 포함

(3) 급여 · 임금 등의 제세 및 복리후생비(Employee Benefits)

복리후생비는 객실부문의 종사원을 위해 발생되는 복리후생적인 비용으로서, 급여를 지급함으로써 발생하는 제세공과금이나 보험료 · 교육비보조금 · 경조금 및 식사제공에 대한 원재료비 등

(4) 종업원 식비-복리후생비(Employee Benefits)에 포함

(5) 기타 경비

① 지급수수료비용(Commission)

지급수수료비용은 급여 및 임금(인건비) 계정을 제외한 객실부문의 경비이다. 객실판매에 대한 여행사와 해외예약망 등에 대한 수수료의 지급액

② 외주청소비(Contract Cleaning)

외주청소비는 호텔의 해충 소독비, 로비 · 화장실 · 유리창 등의 청소 및 용역을 외부와의 용역계약을 체결, 그 용역비를 지급하는 경우의 비용

③ 드라이클리닝비(Laundry and Dry Cleaning)

드라이클리닝비는 객실등의 갓, 담요 · 커튼 · 양탄자 · 침대시트 등의 세탁비용을 호텔 내 세탁실에서 직접 세탁할 경우에는 세탁실에서 발생하는 모든 비용에서 고객을 위한 세탁의 원가를 제외한 비용을 배분한 금액

④ 직물류비(Linen)

객실에서 사용하는 각종 리넨류(Linen) · 모포(Blankets) · 타월(Towels) · 시트(Sheets) · 베갯잇(Pillow Cases) 등의 비용

⑤ 소모품비(Supplies)

- 고객용 소모품비(Guest Supplies) : 고객용 소모품비는 투숙고객이 사용할 수 있도록 객실 등에 비치하는 소모품을 처리하는 비용으로 목욕용품, 머리빗, 화장지, 단추, 바늘과 실, 필기구, 메모지, 유리그릇류(Glassware) 등의 비용이다.
- 청소용품비(Cleaning Supplies) : 청소용품비는 객실청소를 위하여 사용하는 소모품, 즉 염산, 암모니아수, 브러시, 소독제, 방취제, 살충제, 비누, 왁스 등의 비용
- 인쇄비와 문구류비(Printing and Stationary) : '사무용품비'라고도 함. 객실부문에서 사용하는 각종 양식과 서류 등의 인쇄비와 문구류비를 처리하는 비용
- 기타 소모품비(Other Operating Supplies) : 기타 소모품비는 기타 소모품을 처리하는 비용

⑥ 예약비(Reservations)

예약비는 예약에 관계된 전화 · 팩스 · 전신료 등의 예약서비스 및 예약집중제도에 따르는 비용 등

⑦ 제복비(Uniforms)

제복비는 객실부문에 종사하는 종사원의 유니폼 비용을 처리하는 비용

⑧ 기타 잡비(Other)

외부의 차고나 주차장 사용료 등의 객실부문에서 발생하는 기타 모든 제복비용

2. 식음료부문(Department of Food & Beverage) 손익 및 비용명세서

1) 수익총액/수입(Revenue)

식료매출에서 얻어지는 수익을 대변에 기입한다. 음료판매수입에서 얻어지는 수익도 대변에 기입한다. 수입은 식·음료부문(Food and Beverage Department)의 식료(Food) 수입과 음료(Beverage) 수입으로 구분되는데, 호텔에서 판매되는 식·음료 중 커피·우유·차·주스류 등은 식료수입으로, 알코올성 음료는 음료수입으로 구분하여 계정처리

2) 매출할인액/매출에누리액/매출정정(Allowance)

매출할인액이라고도 하는데 매출 시에는 알지 못하였으나, 그 후 결정된 일자에서 조정되는 할인과 소정의 요금에서 차감되는 금액을 말한다. 매출에누리액/매출정정은 마감된 식·음료매출의 오류를 정정하는 계정

3) 순매출액/순수 식·음료수입(Net Revenue)

순매출액을 말한다. 순식음매출액 또는 순수 식·음료수입은 식·음료수입에서 매출에누리액/매출정정액을 차감한 금액

4) 매출원가/식료와 음료 매출원가(Cost of Food and Beverage Sales)

식·음료판매를 위해서 사용된 식음자재의 사용량을 재고조사를 통해 금액으로 환산하여 식료 및 음료의 원가액을 나타내는 것

5) 순매출원가(Net Cost of Food and Beverage Sales)

순매출원가는 식·음료 총원가에서 고객에게만 판매된 원가액을 말하는 것으로 직원이 영업장에서 음식을 식사한 원가(Cost of Employee Meals)는 제외시키며, 이 원가는 복리후생비계정에 처리

6) 기타 수입/기타의 이익(Other Income)

연회장과 식 · 음료를 판매하는 업장에서는 식 · 음료 외에도 다양한 형태의 수입이 발생되는데, 이러한 수입을 기타 수입이라 하며, 특별한 입장수입(Cover Charges), 연회장의 여러 가지 잡수입(Miscellaneous Banquet Income), 기타 잡수입(Miscellaneous Other Income), 연회장 임대수입(Rental Charges) 등을 이 계정에 기재

7) 기타 순수입(Net Other Income)

연회장에서는 주악비, 장식비, 기념품비 등을 대변에서 비용으로 기입한다. 그리고 그 순이익은 연회부순이익으로 식료손익명세서에 기입한다. 기타 순수입은 기타 수입을 발생시키기 위해 사용된 자재비(Other Cost of Sales)를 제외시킨 수입

8) 매출총이익(Gross Profit)

매출총이익은 순수 식 · 음료수입과 순수 기타 수입의 합계로서, 식 · 음료부문 총수입에서 식 · 음료부문 총원가를 제외시킨 금액

9) 비용(Expenses)

식음료부문의 비용은 다음과 같다.

(1) 급여 및 임금(인건비)(Salaries and Wages)

식 · 음료부문 급여 및 임금(인건비)은 식 · 음료판매 종사원과 조리부문의 종사원, 식기류 관리 및 세척을 담당하는 종사원, 식 · 음료회계원과 원가관리부문에 종사하는 종사원 등의 급여 및 임금(인긴비)을 포함

(2) 급여 · 임금 등의 제세 및 복리후생비(Employee Benefits)

정기휴가 등의 급여, 임금, 종업원식비 등을 포함한다. 급여 · 임금 등의 제세 및 복리후생비는 식 · 음료부문의 급여 및 임금(인건비)에 포함된 종사원에게 복리후생적 측면에서 지급된 비용

(3) 기타 경비(Other Fxpenses)

기타 경비는 급여 및 임금(인건비) 관계부문의 비용을 제외한 경비이다.

① 도기 및 글라스 등의 식기류 및 직물류비(China, Glassware, Silver and Linen)

식기류 및 직물류비는 모든 식 · 음료영업장에서 사용하는 유리그릇 및 잔, 도자기 그릇류 및 잔, 은도기류, 냅킨과 식탁보(Tablecloths)와 같은 면직물류 등의 비용

② 외주청소비(Contract Cleaning)

각 식당의 청소 · 살충소독 · 유리청소 등의 업무를 외부회사와의 계약을 통하여 그 대가를 지급한 비용

③ 조리용 연료비(Kitchen Fuel)

각 영업장의 주방에서 음식을 만드는 목적으로 사용하는 Charcoal(숯), Gas(가스), Food Warmer Supplies(고체연료) 등

④ 드라이클리닝비(Laundry and Dry Cleaning)

드라이클리닝비는 모든 식 · 음료영업장 종사원의 제복과 카페 · 커튼 · 직물류 등의 세탁비용 호텔 세탁실에서 직접 세탁할 경우에 발생하는 모든 비용에서 고객을 위한 세탁의 원가를 제외한 비용

⑤ 면허료(Licenses)

면허료는 영업장의 허가를 얻는 데 필요한 비용과 면허 비용

⑥ 주악비 또는 여흥비(Music and Entertainment)

주악비 또는 여흥비는 피아노 및 바이올린 연주자, 가수 등 영업장 분위기 조성을 위해 투입한 연주자 비용, 피아노연주료, 음악저작권료, 여흥연예인비, 피아노 조율비 등으로 지급되는 비용

⑦ 소모품비(Operating Supplies)

영업에 필요한 소모성 비품으로 주방에서 조리를 위하여 사용하는 비품, 청소용품, 고객용 소모품, 사무용품, 메뉴제작 등의 비용

⑧ 제복비(Uniform)

식음료부문에 종사하는 종사원에게 소요되는 제복비이며, 정장뿐만 아니라 와이셔츠 · 타이 · 구두 · 앞치마 · 모자 · 장갑 등을 모두 회계처리

⑨ **지급수수료비용(Commission)**

호텔의 영업을 확실히 하기 위하여 개인(종업원 제외)에 대한 일체 수수료의 지급액

⑩ **기타 잡비(Other)**

커피주머니, 시험연구비, 종업원교통비 등 타 계정에서 처리할 수 없는 제 비용

3. 전화부문(Telephone Dept.) 손익 및 비용명세서

1) 수입

투숙객이 전화 또는 전신을 사용한 경우 대가로 받는 금액. 전화수입은 시내전화(Local Call)와 장거리전화(Long-Distance Call)로 구분하며, 전신수입은 Fax와 전보 등

2) 전화료 원가(Cost of Calls)

전화국에 지급해야 될 전신 · 전화료

3) 비용(Expenses)

전신 · 전화부문에 종사하는 호텔 종사원에 의해서 발생되는 비용

4. 기타 부문(Other) 손익 및 비용명세서

객실, 식 · 음료, 전화부문 이외에 호텔의 특성에 따라 기타 부문(Other Operated Department)의 수입 및 비용처리도 같은 방법으로 분류하여 처리함

5. 임대수입 및 기타 수입(Rental & Other Income) 손익 및 비용명세서

호텔의 영업활동 이외의 부수적 · 보조적 활동에서 반복적으로 발생되는 수입을 말하며, 우리나라의 기업회계기준에서는 영업외수입으로 분류하여 영업이익 후의 영업외수입 · 비용으로 처리한 후 경상이익을 산출

1) 수입임대료(Rental Income)

소유부동산 등을 임대하여 주고받는 수입

2) 수입수수료(Commission)

고객들이 원하는 특수한 서비스를 외부자에게 알선하고 받는 수수료이며, 자동차 · 꽃 · 사진 및 기타 잡화 등

3) 수입이자(Interest Income)

유휴자금의 일시적 대여 및 은행 적립금에서 발생하는 이자수입

4) 주식배당금(Stock Dividend Income)

주식 및 출자금을 보유함으로써 받게 되는 배당금

5) 외화차익(Gain on Foreign Exchange Conversion)

외화자산의 회수 또는 외화부채의 상환 시에 발생하는 차익

6) 외화환산이익(Gain on Foreign Exchange Translation)

화폐성 외화의 환율변동으로 발생하는 환산이익

6. 일반관리비(Administrative and General)

호텔의 모든 영업부문 · 판촉부문 · 동력부문 · 수선부문을 제외한 일반관리업무, 즉 총무 · 인사 · 관리 · 경리 · 구매 · 중역실 · 기획실 · 전산실 등의 비용이며, 급여 및 임금(인건비)부문 및 비용의 계정처리는 다른 부문과 동일하게 처리

1) 보험료(Insurance)

건물 및 구축물 등에 대한 화재보험료 · 사회보장보험료 · 노동자보상보험료 등의 보험료를 제외한 보험료이다. 보일러책임보험 · 도난보험 · 재산손해보험 등의 각종 보험료이며, 계약기간에 따라 매월의 배분액을 비용으로 처리

2) 지급수수료(Commission on Credit Card)

고객이 각종 신용카드(Credit Card)로 대금을 결제하면 각 신용카드사로부터 현금을 수납하고 해당 신용카드사에 지급한 수수료

3) 조세공과(Tax and Public Dues)

비용으로 처리가 가능한 조세와 협회비 · 분담금 등이다. 인지세 · 면허세 · 상공회의소회비 · 교통유발분담금 · 호텔분담금 · 관광협회비 등이며, 재산세 등은 제외

4) 보관료(Warehousing Expenses)

호텔의 자재 · 기물 등의 보관을 외부창고에 보관하고 지급하는 비용

5) 경영수수료(Royalties)

호텔경영을 위임하고 지급하는 비용

6) 대손상각비(Bad Debts Expense)

매출채권의 잔액에 대하여 회수가 불가능할 것으로 예상되는 손실에 대비하여 비용화한 것이며, 상대적인 것은 대손충당금

7) 비품임대료(Equipment Rental)

호텔에서 복사기와 컴퓨터 시스템 등을 임대하여 사용하여 지불하는 비용

7. 판촉부문비(Sales & Marketing Dept.)

판촉부문비(Marketing Department)는 판촉활동에 근무하는 종사원의 급여 및 임금(인건비)과 광고선전비(Advertising) 및 판매촉진비(Sales Promotion) 등에 지출한 비용을 말한다.

8. 유형고정자산 운영 · 유지비(Property Operation Maintenance)

호텔은 일반적으로 유형고정자산의 규모가 크므로 수선유지에 많은 비용이 발생하며, 시설과 분위기를 조성하기 위해 지속적인 수선과 개보수가 이루어지고 그만큼 비용의 발생이 많으며, 이러한 유형고정자산 운영 · 유지비는 자본적 지출과 수익적 지출을 구분하여 회계 처리하여야 하는 것이다.

1) 건물수선비(Buildings)

건물의 천장 · 문 · 바닥 · 지붕 · 페인팅 · 방수 · 창문 등의 수리 · 수선에 대하여 사내에서 작업하는 데 소요된 자재 및 비용과 외부인에게 도급을 주고 공사를 함으로써 지급된 비용을 포함시킨다.

2) 구축물수선비(Structure)

보일러실 · 연료탱크 등의 구축물에 대한 수선비

3) 기계장치수선비(Machinery)

냉방, 난방 시스템, 주방기계, 세탁기계, 전기설비 등의 수선자재비 및 수리비

9. 동력부문비(Heat-Light and Power)

보일러실, 전기관계의 배전실, 기계실, 폐수관계처리 등의 연료관계비용을 말한다.

1) 전력비(Electric Current)

전기료의 지급액

2) 연료비(Fuel)

호텔의 냉 · 난방을 위한 경유 · 가스 등의 소비액(식음료의 요리를 만들기 위해 사용한 연료의 소비액은 제외)

3) 수도료

호텔 내에서 소비하여 지급하는 수도료이며, 수영장이나 사우나의 수도료는 해당부문에 회계처리

10. 고정비(Fixed Charges)

유니폼 시스템 호텔회계상의 취지가 영업부문별 손익계산에 그 목적을 두고 있기 때문에 지방제세 · 보험료 · 지급이자 · 감가상각비 · 임대료 등의 비용을 영업부문에 배분

할 적정한 기준을 설정하기가 힘들어 이들의 비용을 호텔의 고정비(Fixed Charges)로 보아 영업에 관계없이 발생되는 비용으로 일반적으로 처리한다.

1) 지방제세(Local Taxes)

호텔 소유자산의 60~70% 이상이 유형고정자산으로 구성되어 있으며 대부분은 건물과 토지로서 상당액의 재산세를 납부하는 비용과 사업세 · 등록세 등의 비용이 해당된다.

2) 보험료(Insurance on Building & Contracts)

일반관리비의 보험료와 성격을 달리하는 유형고정자산상의 손해보험료로서 화재보험료 · 손해보험료 등

3) 임대료(Rent)

토지 · 건물 · 특허권 및 그 외의 자산 등을 임대하고 지급하는 비용

4) 지급이자(Interest)

당좌대월이자와 차입금이자(장 · 단기이자) 및 사채이자 등의 금융비용

5) 감가상각비와 이연계정상각(Depreciation & Amortization)

자산계정별로 구분하여 회계 처리해야 하며, 감가상각은 건물 · 구축물 · 기계장치 · 공구 · 주방비품 · 차량운반구 등. 이연계정상각은 창업비용 · 개업비 · 신주발행비 · 사채발행비 등

기업회계와 유니폼 시스템 기준회계의 재무제표

1. 대차대조표(B/S : Balance Sheet)

대차대조표는 기업의 자산과 부채 · 자본으로 구분하여 기업재무의 안정성 · 유동성 · 지급능력과 자본구조 및 회계기간의 영업성과를 총괄적으로 제시한 회계보고서이다.

대차대조표는 자산 · 부채 · 자본으로 계정을 다시 세분화하여 대분류를 하는데, 기업회계기준과 유니폼 시스템 호텔회계(USAH)의 차이는 아래의 표를 통해 알 수 있다.

표 1 대차대조표의 비교

구분	기업회계기준	유니폼 시스템 호텔회계(USAH)
자산 계정	① 유동자산 • 당좌자산 • 재고자산 ② 고정자산 • 투자자산 • 유형자산 • 무형자산	① 유동자산 • 현금과 예금 • 유가증권 • 매출채권 • 재고자산 • 기타 유동자산 ② 장기채권 ③ 투자자산 ④ 유형고정자산 ⑤ 기타 자산 • 창업 및 개업비 • 이연자산 • 기타 자산
부채 계정	① 유동부채 ② 고정부채	① 유동부채 ② 고정부채 ③ 기타 고정부채 ④ 장기이연법인세 ⑤ 우발채무
자본 계정	① 자본금 ② 자본잉여금 ③ 이익잉여금 ④ 자본조정	① 자본금 ② 자본잉여금 ③ 이익잉여금 ④ 자본차감항목

자료 : 고석면 · 고정식 · 남태석 공저, 호텔회계, 대왕사, 2000에서 저자 재수정.

2. 손익계산서(P/L: Profit and Loss Statement)

손익계산서는 회계기간의 영업성과, 영업활동에 대한 성과를 수입과 비용으로 대응 표시하여 기업의 수입과 미래의 손익흐름을 예측하여 손익의 발생사유와 원인을 밝히는 재무제표이다.

표 2 기업회계기준 손익계산서

기업회계기준 손익계산서	
매출액	
매출원가	
매출총이익	
판매비와 관리비	
영업이익	
영업외수익 영업외비용	
경상이익	
특별이익 특별손실	
법인세 차감전 이익	
법인세 등	
당기순이익	

표 3 유니폼 시스템 호텔회계(USAH : 구분식) 기준 손익계산서

영업부문별 손익계산서(Departmental Statement of Income) Current Period(당기 20XX)					
영업부문 (Operating Departments)	매출액 (Net Revenues)	매출원가 (Cost of Sales)	급여 및 관련 제 경비 (Payroll and Related Expenses)	기타 경비 (Other Expenses)	손익 (Income /Loss)

객실(Room) 매출액 식음료(F/B) 매출액 기타 매출액 전화사용료(Telephone) 차고, 주차장(Garage and Parking) 고객세탁소(Guest Laundry) 골프장(Golf Course) 골프 프로숍(Golf Proshop) 헬스클럽(Health Club) 수영장, 사우나(Pool, Cabanas Baths) 기타 영업부문(Other Operated Departments) 임대, 기타 잡수익(Rentals and Other Income)					
영업부문 매출액 합계 (Total Operated Departments)					
공통운영경비(미배분영업비용)* (Undistributed Operating Expenses)					
공통운영경비합계(Total Undistributed Operating Expenses)					
위탁경영수수료 및 고정비용 차감 전 순이익(Income before Management Fee and Fixed Charges)					
위탁경영수수료(Management Fee), 임대료(Rental fee), 제세공과금 및 보험료(Taxes and the Public Utilities' Charge and Insurance)					

*공통운영경비(미배분영업비용)
- 일반관리비(Administrative and General)
- 자료처리비(Data Processing)
- 인력관리비(Human Resources)
- 차량유지비(Transportation)
- 판매촉진비(Marketing)
- 연예비(Guest Entertainment)
- 수도광열비(Energy Costs)
- 유형고정자산 운영 영선유지비(Property Operation and Maintenance)
- 공통운영경비합계(Total Undistributed Operating Expenses)

부록 2

사업성 검토

1. 사업성 검토

호텔기획업무의 1단계 업무로서 사업 가능성, 호텔의 성격, 시설투자 규모 등 기본적인 시안을 마련, 회사 중역 회의 등의 의사결정을 거쳐 최종 기획안을 작성하는 업무임

1) 사업성 검토의 주요 업무 내용

- 일반 입지조사 분석
- 부지조건 등의 제 조사
- 기본 Concept의 설정, 시설투자 규모 등의 기본조건 결정
- 호텔의 성격 등 기본 시설계획의 설정
- 투자계획 및 손익계획 등의 타당성 검토
- 투자의사 결정

2) 사업성 검토의 업무흐름

2. 인 · 허가

1) 사전 검토의 필요성

사업추진단계별로 일정에 맞춰 취득하되 인허가의 신청 및 취득은 사업의 구상 및 계획단계에서부터 사전에 충분한 관계법령의 검토와 관계 행정기관의 협의가 필요함

2) 업무 FLOW

① 인허가절차 요약

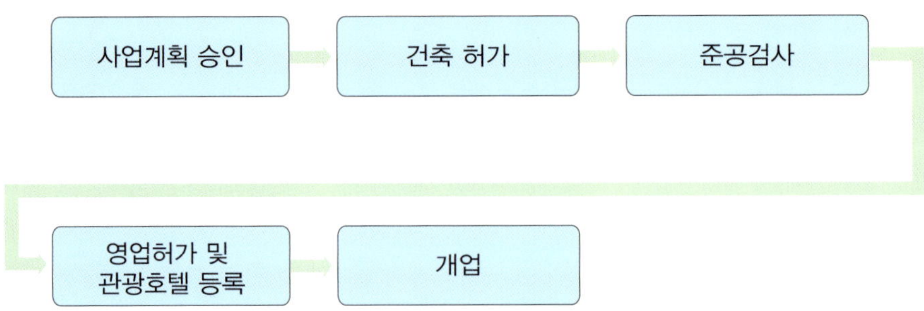

② 인허가 신청서류의 작성, 신청 및 관계기관과의 업무는 호텔사업과, 설계사무소, 건축 또는 설비시공자 등이 용역계약 내용에 따라 분담처리하는 것이 보통이나 신청자의 명의는 반드시 호텔사업자로 함

③ 마케팅 및 홍보

3) 업무 개요

개관 후 영업 활동에 대비한 사전활동이라 할 수 있음

① 개관 전 마케팅

- 개관 후 본격적 영업활동의 진입
- 영업이익의 조기 달성
- 중 · 장기 영업방향 제시로 업계우위 확보
- 호텔이 지향하는 기업이념의 정리

4) 홍보 업무

① 홍보활동의 의미는 직접판매 수단이기보다는 기업 전체 이미지 형성과 제품 이미지 형성의 가속효과로 이익을 창출시키는 기업활동의 한 부분임

② 직접경비를 투하하는 광고, 판촉물 제작 업무

③ 직접경비 투하 없이 기업의 대언론활동을 통해 이미지를 형성시키는 Publicity 등으로 구성됨

5) 고객관리 업무

호텔 투숙객을 대상으로 행하는 서비스 개선 차원의 제반 행위임.

6) 개관 관련 행사업무

(1) 개관 전 시숙행사

- 호텔의 시설, 요리 및 서비스에 대한 사전 점검
- 호텔 관련상품을 사전 고지하는 홍보
- 종업원의 영업훈련에 대한 내부적 평가 기회

- 시설 및 종업원 교육에 대한 보완사항 발굴 조치

(2) 개관 기념행사

- 현재까지 진행된 모든 개업준비 업무의 성과물의 연출
- 일반적으로 호텔업무가 완전 가동하기 시작한 후 1개월 이후에 개최
- 지방별 행사, 국경일, 예정 참석고객, 호텔의 정규고객, 언론매체 행정기관 등 모두에게 불편 없는 날을 택하도록 노력

3. 전산

1) 호텔 전산화의 필요성 및 기대효과

(1) 호텔사업의 특성

- 설비투자 과다
- 상품의 특수성
- 낮은 생산성
- 외부환경에 민감

(2) 호텔 운영상의 문제점

- 다양한 업무 Pattern
- 상품 판매의 어려움
- 생산성 향상 곤란
- 매출관리의 난이
- 판매경쟁 치열
- 연중무휴
- 회계관리의 난이

(3) 호텔 전산화의 기대효과

- 대고객 서비스 증대
- 효율적인 영업 관리
- 수익증대 효과
- 관리 효과

2) 호텔 전산화의 목표 및 방향

(1) 추진 목표

- 호텔 경영방침에 부합하는 System 구축
- 호텔 내외 환경에 부합하는 System 구축
- 투자효과 극대화에 부합하는 System 구축
- 자체 전산운영 요원의 Know-How 축적

(2) 기본 방향

- 호텔 독자적인 System 구축
- 호텔 토털 System 구축

(3) 고려사항

- Full Day Operation을 참작한 System
- Operation과 Mainteance가 단순 · 간단 · 편리한 System
- Turn-Key Base방식 업체 선정

4. 개업 전 업무추진 일정표

		사업성 검토	설계: 기획	설계: 기본	설계: 실시 (D-3)	설계: 상세	시공		(D-2)		영업		(D-1년)	
기획관리	사업성 검토	↔시장조사 ↔시설계획 ↔운영계획 ↔투자 및 손익계획 ↔투자 의사 결정												
기획관리	인사교육	↔Key Staff 채용					↔ 인력 채용계획		(조직 및 인원 산출)(Key Staff) (경력사원)(신입사원) ↔ 교육 매뉴얼↔		↔기본교육 현장실습↔ 개점준비↔			
기획관리	인허가	관광호텔 사업계획 승인↔ 건축허가↔ ↔법규관계 검토					공사착공신고 및 전기설비관련허가 및 공사 ↔				건축물 준공↔ 가옥대장 정리 및 보존 등기↔ 영업관련 인허가 및 관광호텔 등록↔			
기획관리	마케팅	관광호텔 사업승인, PR↔					↔기공식, PR ↔ ↔공사현장, 해외매체, 광고판 설치, PR 개시		↔마케팅 전략 수립 및 예약 사무소 개설 ↔ ↔		↔ 고객관리 System ↔ 개관 전 판촉물, 사원모집, 심벌 및 로고타입, PR, 개관 및 시숙행사 오픈 전 광고 및 PR↔ CIP작업↔ (계획수립)(기본작업)(CIP 응용 및 판촉물 제작)			

		(D-3)					(D-2)	(D-1년)	
		사업성 검토	설계: 기획	설계: 기본	설계: 실시	설계: 상세	시공	시공 / 영 업	
기획관리	전산						타당성조사 ↔ 기종 선정 ↔ 업체 선정 ↔	개발 ↔ 시운전	
기획관리	구매						구매방침 ↔ 설정 (List up) (조달) 공사성 사금 자재 ↔ (조사)(사양 결정)(견적서)(발주 제작)(설치 납품) 가구비품 리넨 식당 주방용품 ↔ (조사)(업체 결정, 계약)(납품 저장) 식음자재 ↔ (조사)(업체 선정)(발주)(납품 저장) 인쇄물 ↔		
설계공사	설계	(협의)(기획)(기본)(실시)(상세) ↔ 건축설계					공사감리 및 현장설계 ↔ (기획)(기본)(실시)(시공) 내장설계 ↔		
설계공사	공사						(토목)(철근 콘크리트)(잡철물, 인테리어) 건축공사 ↔ (배관)(DUCT)(급배수)(인테리어) 전기설비공사 ↔		

		(D-3)					(D-2)		(D-1년)	
	사업성 검토	설계: 기획	기본	실시	상세	시공			영 업	

구분		항목	일정
영업	영업	영업Concept	(1차안) → (최종안)
		기능조직 및 인력구성	(조직 설정) → (채용의뢰)(간부채용) → (일반직채용)
		매뉴얼 작성	(기획, 조사)(개발)(완료)
		상품계획	(개발)(완료)
		FFE 계획	(List up) (구매의뢰) → (현장수령)
		교육계획	(계획) → (교육)
		인쇄물류	(List up) → (인쇄 의뢰) → (현장수령)
	조리	주방 Lay Out	(Requirement)(1차 설계)(검토 조정)(확정)
		조리기기 선정	(조사) (Item 및 SPEC 선정) → (구매 및 설치) (시운전 및 점검)
		기물	(Item 및 SPEC 설정) → (구매 및 비치)
		비품, 소모품	(Item 및 SPEC 설정) → (구매 및 비치)
		메뉴 작성	(메뉴 결정)(Recipe 준비)(디자인 제작)
		식자재	(Item 및 SPEC 선정)(물량 산정)(구매 및 확보)

5. 개업준비 업무개요

1) 구성

구분	기획 및 관리부문	설계 및 공사부문	영업부문
업무단위	• 사업성 검토 • 인사 및 교육 • 인허가 • 마케팅 및 홍보 • 전산 • 구매	• 설계 • 공사	• 객실 • FAB(식당, 연회) • 조리
구성	• 업무 개요 • 업무 내용 • 업무추진일정 • 유의사항	• Flow Chart • 단계별 업무 • 계획 • 유의사항	• 업무 개요 • 영업 Concept 설정 • 기능조직 및 인력구성 • Manual 작성 • 상품계획 • F.F.E계획 • 교육계획 • Formats(포맷 : 서식) 작성 • 업무 추진 일정

2) Room Mix Plan 및 Model Room Check Point

(1) 객실구성 및 Unit 결정 조건

① 객실 구성조건

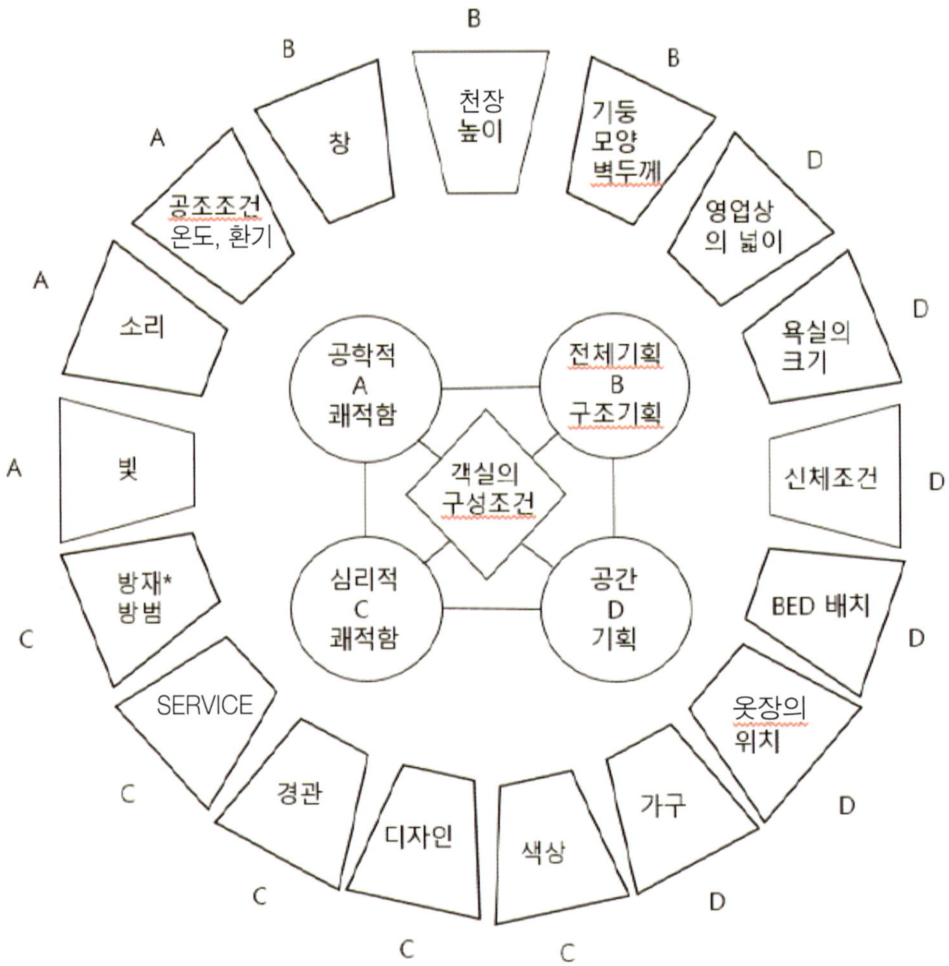

부록 3

호텔용어

호텔용어

A

À La Carte 아라카르트 '일품요리' 메뉴를 말하며, 고객이 선택한 품목의 가격만큼 지불하면 된다. 메인코스 요리를 주문할 수 있을 뿐만 아니라 "메뉴로부터 자유롭게 주문하라"는 뜻으로 통한다.

À La Mode 아 라 모드 각종 파이나 케이크 위에 아이스크림을 얹어서 제공하는 후식, 혹은 특수한 방식의 요리이다.

À La Zingara(lit. "gypsy style") 아 라 징거라 다진 햄, Tongue, Mushrooms and Truffles, 토마토소스를 잘 혼합하여 끓인 후 타라곤, Madeira와인 등을 넣어서 만든 소스를 말한다. 프랑스요리 중 Meat, Poultry and Sometimes Eggs 등에 곁들여짐

Abbreviation 어브리비에이션 종사원, 회계원, 주방과 미리 약속된 메뉴의 약어를 말한다. ex) apple juice = a/j., Soup = SP.

Additional Tax 어디서늘 택스 가산세라 함은 세법에 규정하는 의무의 성실한 이행을 확보하기 위하여 그 의무를 위반한 자에 대한 제재인 행정법의 일종으로서 그 세법에 의하여 산출한 세액에 가산하여 징수하는 금액을 말하며, 가산세는 당해 가산세 부과의 근거를 규정하고 있는 세법이 정하는 세목으로 하여 징수한다.

Advanced Deposits 어드벤스드 디포짓 선수금으로 Advance Payment라 하며 이미 수취된 선수수익으로 선수수익, 선수지대, 선수객실료, 선수수수료 등이 이에 속하며, 부채

계정이 된다.

American Breakfast 아메리칸 브렉퍼스트　미국식 아침식사로 주스 선택, 계란요리 1가지 선택, 햄, 베이컨, 소시지 중에서 1가지 선택, 빵, 커피 또는 홍차

American Coffee 아메리칸 커피　레귤러커피에서 더욱 연하게 추출하는 커피로 조식이나 진한 커피를 싫어하는 고객에게 서브한다.

American Plan 아메리칸 플랜　객실요금에 매3식의 식사요금이 포함되어 있는 숙박요금 제도

An Additional Money 가산금　조세를 납부기한까지 납부하지 아니한 때에 고지세액에 가산하여 징수하는 금액과 납부기한 경과 후 일정기한까지 납부하지 아니한 때에 그 금액에 다시 가산하여 징수하는 금액.

Aperitif 아페리티프　식사 전에 식욕을 촉진시키기 위해 마시는 식전음료를 지칭함

Appetizer 애피타이저　식사 전에 식욕을 촉진시키기 위하여 먹는 식전요리를 말하며 전채요리(前菜料理)라고도 함

Arm Towel 암타월　Hands Towel이라고 하며, 식당종사원이 팔에 걸쳐서 사용하는 서비스용 냅킨으로 크기는 40㎝×60㎝가 사용된다.

Assistant Manager 어시스턴트 매니저　지배인 다음의 서열에 있는 사람으로 부지배인이라 한다.

Audit 오디트　회계 감사, (회사 등의) 감사(監査) ; 결산

an internal audit (회사 자체가 하는) 내부 감사

an independent audit (외부 기관이 하는) 독립 감사

Audit Tape 오디트 테이프　감사 테이프. 금전등록기 내부에 장치되어 있는 백상지로 된 감사 테이프와 영수 테이프의 양쪽에 있는 일련번호 순에 따라 자동적으로 구분 기록되는데, 영수증의 일종인 영수 테이프는 최종소비자인 수요자에게 교부하고, 일련번호 순으로 누손합계액이 기록되는 감사 테이프는 사업장에 보관하게 된다.

Average Rate Per Guest 애버리지 래이트 퍼 게스트　고객평균식음료로서 당일 식음료판매금액을 식당의 고객 수로 나눈 것으로 고객 수에 대한 식음료판매의 평균요금이다.

B

Back Office 백오피스　후원부서로 Back of the House로서 호텔에서 사용하는 부서의 명칭으로 일반적으로 호텔고객과 직접 접촉하지 않는 부서이며, 고객서비스 영업담당부서를 보조한다. 예를 들면 인사과, 조리부, 시설부, 경리부, 광고 · 촉진, 세탁 등을 들 수

있다.

Back of the House 백 오브 더 하우스　호텔의 후방 쪽, 즉 고객에게 노출되지 않는 장소 및 부서를 말함(사무실, 주방, 창고 등)

Baggage Tag 배기지 택　화물을 맡겼을 때의 짐표

Bell Captain 벨 캡틴　호텔 영접부에 근무하는 벨 보이, 포터 등을 총괄하는 위치에 있는 직원

Bell Man 벨맨　호텔의 유니폼 서비스(Uniformed Service)부서에 근무하는 종사원으로서 고객의 입숙(Check-in)과 출숙(Check-Out) 시 짐을 운반하고 일반 심부름을 하며 메시지 전달(Message Delivery)을 하는 일 등의 업무를 담당한다.

Bell Stand 벨 스탠드　벨맨 데스크라고 하며, 프런트 데스크에서 볼 수 있는 지점에 위치하고 로비에 인접해 있다.

Ballroom 볼룸　댄스장, 대연회장이라고도 한다.

Bermuda Plan 비뮤다 플랜　객실요금에 아메리칸 스타일의 조식 식대를 포함하여 계산하는 호텔 객실요금계산의 한 방식(객실료+미국식 조식(조찬))

Beverage 비버리지　사이다, 콜라, 주스, 와인, 위스키 등 모든 음료의 총칭

B.G.M. 비지엠　Background Music의 약자로서 환경음악이란 뜻으로 생산능률의 향상이나 분위기를 부드럽게 할 목적으로 집무 중에 스피커를 통해 흘리는 조용한 음악

Bill　계산서, 영수증으로 호텔의 객실, 식음료, 기타 부대시설에서 쓰이는 고객의 영수증이다.

Bill of Fare　메뉴(Menu)란 뜻이다(영국에서 사용).

Bin Card 빈 카드　물품의 재고 및 입고와 출고, 재고상황을 한눈에 알아볼 수 있도록 창고 또는 물품이 저장되어 있는 장소에 비치하는 현장재고기록표를 말함. 품목별 카드이다. 식 · 음료 입고와 출고에 따른 재고기록카드로서 품목의 내력이 기록되어 있으며 창고 또는 물건이 비치되어 있는 장소에 비치한다.

Black List　불량(거래)거래자 명단으로 불량카드의 정보자료이다. 통제되는 원인으로는 도난이나 분실 또는 연체 등으로써 카드회사에서 작성하여 각 가맹점에 배부한다.

Block 블록　호텔에 예약이 되어 있는 국제행사 참석자나 V.I.P를 위해 사전에 객실 일구획(一區劃)을 한꺼번에 예약하는 것을 말하며, 이를 블록예약이라고 함

Blocking Room 객실배정　당일 도착할 고객의 객실을 사전에 배정하는 것. 보통 객실 예약과에서 업무를 맡아 진행하며, 규모가 작은 호텔에서는 프런트에서 직접 업무를 담당하기도 한다.

Booking 부킹 예약기록, Ticket의 발매

Booth 부스 일정 계약기간 동안 소유자가 전시 참가자에게 할애한 특정지역을 말한다.

Bourbon Whisky 버번 위스키 미국의 옥수수로 만든 위스키로서 51% 이상의 옥수수가 첨가되어야 한다. 이것에 Rye와 Malt 등을 혼합하여 Patent Still(연속증류) 방식으로 증류. 아메리칸 위스키, 알코올 농도 40%

Bow Tie 보타이 나비넥타이를 말한다.

Brochure 브로슈어 고객에게 당해 호텔의 광고나 선전 목적으로 만든 소책자를 말한다.

C

Canape 카나페 작은 빵조각이나 토스트, 크래커 위에 정어리, 치즈, 앤초비 등을 얹어서 만든 식욕촉진제의 일종으로 식전음료에 제공되는 술안주를 말함.

Cancellation 캔슬레이션 예약취소로 CNL로 표시함

Cancellation Charge 캔슬레이션 차지 예약되었던 내용에 대하여 어떤 이유로 인하여 취소할 경우 지불해야하는 예약취소 수수료를 말하며, 해약료라 함.

Cart 카트 물건을 실어 나를 수 있는 바퀴 달린 모든 운반기구의 총칭. Room Service Cart, Bell Man Cart, 식음자재 운반용 Cart 등

Cash Bar 캐시 바 고객이 술값을 현금으로 지불하는 호텔연회장의 임시 '바'를 말함

CCTV Closed Circuit Television의 약자로 폐쇄회로 TV이다.

Chafing Dish 차핑 디시 연회장 행사 시나 뷔페식당에서 뜨거운 음식이 식지 않도록 하기 위해 알코올이나 전기로 열을 가하면서 뜨거운 음식을 담아 제공하는 용기

Change Room 객실변경 고객이나 호텔의 사정에 의하여 객실을 변경하는 것으로 객실번호, 실료 또는 투숙객 수가 변경되기도 한다.

Check In 체크 인 호텔에 도착하여 투숙 수속하는 것을 말함

Check Out 체크아웃 숙박했던 호텔을 떠나고자 숙박료를 지불하고 퇴숙하는 절차를 말함

Class a Income Tax 갑근세 전 종업원에게 매월 발생하는 총급여에 대하여 소득세법에 의하여 징수한 금액. 연말정산에는 1월 1일부터 12월 31일까지의 각 개인의 총수입을 합산하여 정산 처리한다.

Cloak Room 클로크 룸 식당이나 연회장 등에서 고객이 코트 또는 휴대품을 맡기는 임시 보관소를 말하며, Check Room이라고도 함

Coaster 코스타 음료를 서비스할 때 음료잔(glass)을 받치는 천이나 종이로 된 받침

Collation 콜라시옹(콜렉션) 가벼운 식사나 경식. 【가톨릭】 단식일에 허용되는 가벼운 식사

Collect Call 컬렉트 콜 요금을 수신자가 지불하는 통화제도로 국제전화 시에 적용되는 것이며 상대가 지불할 것을 인정해야 한다.

Commis de Rang 코미 드 랑 Chef de Rang을 돕는 식당보조원을 말한다.

Complaint 컴플레인 호텔에서 제공한 제반 서비스에 대하여, 만족스럽지 못한 점이나, 느낌을 지적하여 말하는 고객의 불평을 말함

Complimentary 컴플리멘터리 호텔홍보나 선전, 판매촉진 등 특별한 접대목적으로 호텔의 객실 및 식음료를 무료로 제공하는 것. 약자로 컴프(comp)라고도 함

Complimentary on Room 무료객실 고객에게 객실료만을 무료로 제공하는 것

Confirm 컨펌 호텔의 객실, 식당, 연회장 등의 이용에 관해 예약된 사항을 다시 한 번 확인하는 것을 말함

Connecting Room 커넥팅 룸 객실과 객실 사이에 통용문이 있어 서로가 열쇠 없이 왕래할 수 있는 연결문이 있는 객실을 말함. 반드시 양쪽에서 열어야 왕래가 됨

Contincntal Breakfast 콘디넨탈 브렉퍼스드 유럽식 아침식사로 주스, 빵, 커피 또는 홍차로 이루어진 간단한 식사이다.

Corkage Charge 코키지 차지 호텔의 식당이나 연회장에서 고객이 외부로부터 술을 가져와 마실 경우 그 서비스의 대가로 지불해야 하는 요금을 말함

Crayfish 크레이피시 가재. 바다, 강, 연못, 호수 등의 칼슘이 풍부한 얕은 물에 서식하며, 다리는 양쪽에 각각 5개씩 달려 있고 긴 수염을 가지고 있다. 속살은 즙이 많고 독특한 단맛을 가지고 있다.

C.R.T 씨알티 전산자료의 입력을 위한 장치로써 Cathode Ray Tube의 약자임

Customer Questionnaire 커스토머 퀘스처네어 고객설문지. 고객의 의견이나 견해를 알보기 위한 문서

D

Day Use 데이 유스 객실의 시간 사용 요금으로 24시간 미만의 투숙고객 혹은 이용객에게 부과하는 객실료로서 보통 사용한 시간에 따라 요금이 다르게 부과된다. 일일 숙박고객을 위하여 대개 낮시간에 사용하는 형태가 주를 이룬다.

Decant 디캔트 레드와인의 침전물을 걸러내기 위해 사용되는 것으로 와인을 서브하기 전 원래의 병에서 다른 용기나 Decanter 등에 옮겨 담는 것을 말한다.

Deemed Rent 딤드 렌트 간주임대료(看做賃貸料). 전세 또는 월세 보증금에 의해 발생하는 수익을 임대료로 간주하여 과세하는 금액. 임대사업자가 월세 이외에 전세 또는 월

세보증금으로부터 버는 수익을 일컫는 말로, 보증금에 일정 이율을 곱하여 계산한 금액을 소득금액 및 과세표준에 합산한다. 월세, 전세, 반전세 간 조세형평성을 맞추기 위해 2011년부터 간주임대료를 계산하여 과세하는 제도가 도입되었다.

Delicate 델리케이트 와인 감정의 용어로 섬세하고 신선한 가벼운 와인을 지칭한다.

Demi-sec 데미 섹 미디엄 드라이 와인(Medium Dry Wine)의 뜻으로 Semi Dry라고도 한다.

Diner 다이너

1. 식사하는 사람, 정찬[만찬]의 손님
2. 《미》 식당차(dining car) ; 《미 · 캐나다》 (도로변의) 식당차식의 간이식당

Diner-out 다이너 아웃 외식하는 사람, 자주 만찬에 가는 사람

Dining Car 다이닝 카 Dining 식사 : 정찬(오찬 · 만찬)

기차를 이용하는 여행객들을 위하여 식당차를 여객차와 연결하여 그곳에서 음식을 판매하는 식당을 말한다.

Dining Room 다이닝 룸 식당을 운영하는 시간이 제한되어 있어 대개의 경우 아침식사 시간은 영업을 하지 않고 점심과 저녁 식사만을 제공하면서 주로 정찬을 판매하는 식당

Direct Mail 다이렉트 메일 호텔의 판촉 담당직원이 고객유치를 위해서 고객의 가정이나 거래처 회사, 여행사, 각종 사회단체 등에 발송하는 호텔의 인센티브를 살린 다양한 형식의 우편물

Discount Guide Rate 가이드 할인요금 고객과 동행하는 가이드 및 여행사의 직원에 대해 숙박요금을 할인하는 제도이다. 여행사가 모집한 관광 여행자들을 여행사 직원이 동반하여 여행할 때 그 여행사 직원에게 적용하는 할인 숙박료이다.

Do Not Disturb Card 두 낫 디스터브 카드 호텔의 객실에서 고객이 종업원의 출입을 제한하기 위하여, 문 손잡이에 걸어두는 표지판으로 "방해하지 마라"는 뜻임. 흔히 D/D카드라고 함. "호텔의 객실에 종업원의 출입을 금지한다."는 표시이며 이 카드의 뒷면에는 "Make-Up" 표시가 있어 Room Maid가 청소하기를 바랄 때 이 표시를 비치한다.

Doily 도일리 음료를 제공할 때 접시 대용으로 사용하는 밑받침이다.

Domaine 도메인 영토, (개인의) 소유지, 프랑스의 부르고뉴(버건디) 지방의 와인 제조업체를 가리키는 용어

Door Man 도어맨 호텔에 도착하는 고객을 현관 앞에서 마중하여 차를 주차장에 옮기는 일을 하는 사람으로 고객에게 좋은 첫인상을 주기 위하여 핸섬하고 체격이 좋고 화려한 복장을 하는 경우가 많다.

Door Prize 도어 프라이즈 행사에 참가한 고객에게 추첨 등에 의해 제공되는 선물이나 경

품을 말함

Double Occupancy Rate 더블 아큐펀시 레이트 객실 하나에 두 명이 기본인데 한 사람당 계산하는 것으로 관광객(Tourist)을 위한 객실가격이다.

Doux 두 프랑스어로 Sweet를 의미한다.

Dry 드라이 단맛(sweet)의 반대 표현으로 당도가 0.5% 이하일 때를 주로 가리킨다.

Duice 스페인어로 Sweet를 의미한다.

Duplex 듀플렉스 스위트룸의 하나로 응접실이 하층에 있고 침실이 상층에 있는 객실

E

Eaux de Vie 오드비 브랜디 혹은 Marc(마르크 : (포도 등의) 짜낸 찌꺼기 ; 그것으로 만든 브랜디, Grappa(그라파 : 포도 짜는 기계 속의 찌꺼기를 증류한 술)와 같은 알코올성의 술을 말하는 것으로 생명의 물(Water of Life)의 의미이다.

Economy Hotel 이고노미 호텔 개별 욕실시실이 없고 세한된 봉사를 해주는 저렴한 가격의 호텔로 'Tourist Hotel' 또는 'Second Class Hotel'이라고 한다.

Emergency Exit 이머전시 엑시트 비상구, 비상출구(Way Out)

English Breakfast 잉글리시 브렉퍼스트 미국식 조식과 같으나 생선요리가 포함되는 아침식사를 말한다.

Espresso Coffee 에스프레소 커피 이탈리아식 특제 커피로서 커피원두를 즉석에서 간 다음, 증기압축기를 사용하여, 뽑아낸 진한 커피

European Plan 유러피언 플랜 객실요금에 식사대금을 포함시키지 않는 숙박요금제도로, American Plan과 정반대의 개념

Exchange Rate 익스체인지 레이트 환전율을 말한다.

Extra Bed 엑스트라 베드 객실에 정원 이상의 손님을 숙박시킬 경우 임시로 설치하는 침대로 보통 접는 식의 이동하기 쉬운 'Roll Away Bed'를 말한다.

F

F/B Cashier 에프앤비 캐셔 Food & Beverage 식당이나 바에 근무하는 수납원

F/O Cashier 에프오 캐셔 Front Office에 근무하는 수납원

Family Hotel 가족호텔 자녀들과 함께 여행하려는 사람들의 요구에 응하여 공간과 서비스 그리고 가족적인 분위기를 갖춘 상업 숙박시설을 말한다.

Family Plan 패밀리 플랜 반드시 부모와 같이 같은 객실을 사용할 때 14세 미만의 어린이

에게 적용하는 제도로서, Extra Bed를 넣어주고 요금을 받지 않는 것을 말함

Filet 필레 Beef, 송아지고기, 양고기, 돼지고기, 또는 뼈를 추려낸 생선 등에서 허릿살 부분을 말함

First Class Hotel 퍼스트 클래스 호텔 일류 호텔로서 호텔의 등급을 매기는 나라에서는 시설기준을 정하고 있으며, Deluxe Class의 호텔에는 다음가는 2번째 수준의 호텔을 말한다. 그러나 일반적으로 일류 호텔이라는 의미로 사용하고, 엄밀한 구분은 없다.

F.I.T 에프아이티 단체여행의 반대되는 개념으로 원래는 개별적으로 움직이는 외국인 개인여행을 뜻하는 것으로서, Foreign Independent Tour의 약자. 현재 호텔에서는 개별여행자, 개인 여행자의 의미로도 쓰임

Flambee 플람베 French Service기법 중의 하나로 음식에 술의 향과 맛이 배게 하면서, 고객에게 볼거리를 제공하기 위해 '브랜디'나 '리큐르' 같은 특정한 술을 사용해서 Showing(실력 발휘), 불꽃을 만들어보이면서 고객 앞에서 직접 조리하는 것을 말함

Floatel 플로텔 (신조어 : 시대의 변화에 따라 새롭게 만들어진 말) 물 위에 떠 있는 호텔이나 호텔로 운영되는 배

Flush Valve 플러시 밸브 변기를 씻기 위해 물통의 물을 내리는 손잡이

Forecast 포캐스트 과거의 영업실적을 분석하여 현 시점에서 미래에 대한 고객의 수요예측, 호텔상품의 판매 등 영업예측 활동을 말한다. 영업예측은 월별, 분기별, 연별로 구분하기도 하며 단기, 중기, 장기 예측으로 구별하기도 한다.

Front style 프런트 스타일 고객 앞에서 직접 요리하여 제공하는, 서비스 방법의 일종

Full Pension 풀 펜션 미국식 요금제도와 동일하며 숙박요금실료에 매일 삼식이 포함되어 있는 객실요금 계산방식의 하나

G

Galantine 갤런틴 양계, 사냥물 혹은 고기의 뼈를 제거하고 고기다짐으로 채워 삶은 다음 냉각시켜 냉육소스와 고기젤리를 씌우고 장식한 것. 일반적으로 얇게 썰어 뷔페 위에 차려낸다.

Galliano 갈리아노 이탈리아 밀라노에서 생산하는 리큐르이다. 오렌지, 아니스, 바닐라 등 약초 40여 종으로 만들며 기다란 술병이 독특함. 알코올 농도 35%

Gaperon 가프롱 프랑스산 연질치이즈로 압착하여 만든다. 지방함량은 30%이고, 소형의 돔형이며 원료는 버터밀크나 탈지유, 마늘향이 있다.

Garbanzo 가르밴조 병아리콩. 건조시켰거나 통조림으로 가공한 것을 구입할 수 있다.

Garbure 가르뷔르　수프의 일종으로 스튜를 오븐에 넣어 조리하든가 걸쭉한 양배추나 잔 돼지고기를 넣은 것을 말한다.

Garde Manger 가르드망제　찬 음식을 다루는 부서 또는 그 부서의 관리자. 이 부서에서 취급하는 음식은 고기, 생선, 해산물, 샐러드, 샐러드드레싱, 찬 소스, 애피타이저, 카나페, 샌드위치 등이며 뷔페 서비스에 나가는 찬 음식은 가르드망제가 요리하고 장식한다. 요즈음에는 이 부서의 중요성이 점차 높아지고 있다.

Garni 가니　레스토랑의 설비가 없는 호텔

Garnish 가니쉬　먹을 수 있는 식재료로 음식물을 보기 좋게 장식하는 일

Garniture 가니튀르　곁들임 또는 고명(식욕을 돋우려고 음식 위에 뿌리거나 얹는 식품)을 의미하는 프랑스어

Gast Haus 가스트 하우스　독일이나 프랑스의 여관

Gateau 가토　케이크(Cake)과자

General Manager 제너럴 매니저　호텔영업을 총괄 관리, 감독하는 사람을 가리키며, 총지배인이라고 하고, 약자로 GM이라고 함

Give Away 기브 어웨이　판매촉진을 위한 경품이라든가 무료증정품을 말함

Goblet 고블릿　글라스의 일종으로 Stem(스템 : 줄기부분)이 달린 Tumbler(텀블러 : 밑이 편평한 잔)라고 생각하면 된다. 물, 맥주, Soft Drinks나 Crushed Ice를 듬뿍 사용하는 Cocktail 등에 사용된다.

Grill Room 그릴 룸　Grill. 숯불이나 가스 혹은 전기복사열 같은 불꽃 위에 철판을 달구어 익히는 철판구이나 석쇠구이 또는 그릴을 위주로 하는 일품요리식당을 말한다.

Grilling 그릴링　전도열로 요리하는 방법을 말한다.

Guarantee 개런티　서비스받게 될 사람의 수를 나타내는 것으로, 적어도 연회의 24시간 전에 연회기획 담당자가 계산해 산출한 고객의 숫자. 보통 개런티 인원의 5% 이상을 추가로 더 준비한다.

Guaranteed Reservation 개런티드 레저베이션　호텔이 고객의 객실예약을 확인한 것으로 투숙이 불가능할 경우에는 타 호텔에 투숙할 객실료의 지불과 아울러 왕복 교통비를 고객에게 지불한다.

Guest Charge 게스트 차지　고객의 청구서에 기재된 모든 청구액, 즉 구매 중 서비스, 전화, 발레, 서비스 요금 등을 포함해서 말한다.

Guest Night 고객일일숙박　고객이 한 호텔이나 모텔, 기타 숙박업소에 당일 숙박을 한 후 익일 당 숙박업소에서 정한 일일숙박 기준에 의하여 체크아웃(Check-Out)된 고객을 말한다.

H

High Season 하이 시즌 관광객이 많이 방문하는 계절로 성수기를 의미한다. Peck Season, Tourist Rush Season이라고도 한다.

Hold Room Charge 홀드 룸 차지 고객의 개인 사물을 객실에 놓아둔 채 단기간 여행이나 지방에 다녀오는 경우, 또는 실제 고객이 도착하지 않은 상태에서, 객실을 고객의 성명으로 보류하여 둔 경우에 적용되는 추가요금

Holiday Center 홀리데이 센터 개인 또는 집단의 숙박을 목적으로 건설된 건물의 집합으로, 자치적인 관광복합기업, 같은 위치에 식당시설, 오락시설, 스포츠 시설을 가지고 있다.

Hotel Day 호텔 데이 요금 계산기준으로, 우리나라에서는 12:00부터 다음날 12:00까지임

Hotel Voucher 호텔 바우처 호텔 숙박권으로 호텔과 호텔 예약 시스템을 운영하고 있는 여행사 간에 계약을 통해 고객이 호텔 체크인 시 여행사가 발급한 호텔 바우처만으로 투숙이 가능하도록 한 것으로 현금과 동일한 성격이라 할 수 있다.

Hotelier 호텔리어, 호텔인 호텔업자 또는 호텔 지배인, 관리인, 소유주를 총칭한다.

House Call 하우스 콜 종사원이 사업용으로 외부에 전화하는 것으로 개인에게 요금이 부과되지 않는다.

House Count 객실 총 판매액 객실점유율을 금액으로 표시한 숫자이며 객실의 총매상액을 말한다. 객실수입(House Earning)과 같은 뜻이다.

House Doctor 하우스 닥터 호텔 등에 계약되어 있는 담당의사로 응급한 환자가 있을 때 이 의사를 부른다.

House Use Room 하우스 유즈 룸 업무상 부득이한 사정으로 총지배인이나 호텔 종업원이 공무로 사용하는 객실

I

Ice Tong 아이스 텅 얼음집게를 말한다.

In Bound 인바운드 국내로 들어오는 외국 관광객. 외국인의 국내여행 알선을 의미한다. 국내로 들어오는 외국 관광객의 반대로 내국인의 해외여행을 맡아보는 일을 Out-Bound라고 한다.

Incentive Tour 인센티브 투어 포상여행. 기업이 우수한 성과를 낸 임직원들에게 포상의 성격으로 제공하는 관광프로그램. 교육, 문화, 공연 등이 포함됨

Indirect Expenses 간접비용 일반관리비, 광고선전비, 영선비, 동력비 등을 말한다.

Internal Sales 인터널 세일즈 내부판매로 호텔에서 판촉을 위하여 많은 다른 요소로 이용

되고 있으며, 회사 전체 또는 종사원들이 호텔상품(식당)의 판매를 촉구하는 활동이다.

Inventory 인벤토리 재고조사, 재고품 조사, 재고품 명세서를 말한다.

Invoice 인보이스 송장(送狀). 거래품목의 명세표시와 청구의 기능을 갖는다. 이것에는 거래 당사자, 목적물, 거래가액, 부가가치세액, 거래일자, 주문서의 일련번호 등을 표시한다. 매매계약 조건을 정당하게 이행하였음을 밝히는, 판매자(수출업자)가 구매자(수입업자)에게 보내는 서류

J

Jigger 지거 칵테일을 만들 때 용량을 재는 기구로서 보통 30㎖(1oz), 45㎖(1.5oz)를 잴 수 있는 원뿔이 두 개 붙어 있다.

Job Description 잡디스크립션 직무명세서로 각 직책에 있는 사람이 수행하여야 할 의무나 책임을 세부적으로 나열한 것을 말한다.

Jockey Service 자키(조키)서비스 Jockey는 기수, 운전사의 뜻. Valet Parking, Parking Boy 호텔의 현관서비스의 일종으로 호텔고객의 차가 도착하면 종사원이 직접 운전하여 전용주차장에 주차해 주는 서비스이다. 또한 고객의 신속한 호텔 출입을 위한 주차대행 서비스이다.

Jug 저그 주둥이가 넓고 손잡이가 있는 주전자이다.

K

Key Rack 키 랙 각 객실의 열쇠를 보관하는 선반

Kiosk 키오스크 간이 판매대 · 소형 매점을 말한다. 정보통신에서는 정보서비스와 업무의 무인자동화를 위하여 대중들이 쉽게 이용할 수 있도록 공공장소에 설치한 무인단말기를 말한다. 멀티미디어 스테이션(Multimedia Station) 또는 셀프서비스 스테이션(Self Service Station)이라고도 하며, 일반적으로 터치스크린 방식을 적용하여 정보를 얻거나 구매 · 발권 · 등록 등의 업무를 처리한다.

L

Lanai 라나이 발코니나 정원이 있어 외부경관을 조망할 수 있는, 주로 리조트 호텔에서 볼 수 있는 객실

Late Arrival 레이트 어라이벌 예약시간보다 늦게 도착한 고객

Late Check-Out 레이트 체크아웃 체크아웃 타임 이후의 체크아웃으로 체크아웃 타임 이

후 객실 이용에 있어서는 엑스트라 룸 차지(Extra Room Charge)가 필요하다. 그러나 프런트 데스크의 사전 승인을 얻은 경우 추가요금은 부과되지 않는다.

Light Baggage 라이트 배기지　고객이 휴대한 트렁크, 가방 따위가 크기에 비해 너무 가볍다거나 내용물이 들어 있지 않아 고객을 신용하기에 불충분하다고 인정되는 호텔 이용 고객의 트렁크를 말한다. 이런 경우 프런트 클럭은 그 고객에 대하여 선불을 요구할 수 있다.

Linen 리넨　마직류를 말하는데 호텔에서 리넨이란 면류나 화학직류로 만들어진 타월, 냅킨, 시트, 담요, 유니폼, 커튼, 도일리(doily) 등을 일컫는다.

Linen Shooter 리넨 슈터　객실 각층에 서립되어 리넨류를 구내 세탁장까지 운반할 수 있도록 되어 있는 장치를 말한다.

Log 로그　업무일지로 몇몇 영업부문에서 사용하는 업무활동 기록 대장이다. 예컨대 고객의 팩스, 등기, 우편물 등을 이 대장에 기록하여 고객에게 전달할 때 서명을 받는데 이를 로그 북(Log Book)이라 한다.

Loin 로인　허리고기이다. 육류의 등심으로 갈비뼈가 끝나는 부분에서 엉덩이까지의 허리고기를 말한다.

Lost and Found 로스트 앤 파운드　고객의 분실물 및 습득물을 말한다.

M

Mail Clerk 메일 클럭　우편물을 고객에게 전해주고 퇴숙한 손님의 우편물을 보관 또는 운송하는 업무를 담당하는 프런트 사무원

Make-Up 메이크업　고객이 객실을 사용하는 동안 침대의 리넨을 교환하거나 객실을 청소하고 정비, 정돈하는 것

Master Key 마스터 키　한 개의 열쇠로 몇 개의 패스 키(Pass Key)를 통제하는 것으로 한 층에 있는 모든 객실을 다 열 수 있는 키이다. 일명 플로어 키(Floor Key)라고도 한다.

Meeting Cloth 미팅 클로스　회의 및 Reception 등에 널리 사용되며, 무늬가 없는 색상으로 촉감이 부드러운 털로 다져서 만든 천이 주종을 이룬다.

Meeting Service 미팅서비스　여행업의 종사원 또는 안내원 등 여객의 요청에 의하여 공항, 역 등에 출영하는 서비스를 말한다.

Mini Bar 미니 바　객실 내의 냉장고에 간단한 주류나 음료의 구색을 맞추어 전시하여 고객이 셀프 서비스로 이용하는 일종의 Small Bar이다.

M.I.P 엠아이피　Most Important Person의 약자로 V.I.P 고객보다 한 단계 귀한 고객을

말한다.

Mobile Home 모빌 홈 일반 가정의 모든 시설, 장비가 갖추어져 있어 여행에 편리하며 또한 일상 거주형태로 비교적 쉽게 이동할 수 있는 이동식 주거형태를 말한다.

Morning Call 모닝 콜 호텔에 투숙한 고객이 다음날 아침, 시간을 정하여 전화로 깨워줄 것을 부탁할 경우 그 시간에 전화벨을 신호로 고객을 깨워주는 전화서비스를 말하며, 일명, Wake Up Call이라고도 함

Motel 모텔 모텔은 명칭이 표시하는 바와 같이 자동차 여행자들을 대상으로 하여 도로변에 건설된 새로운 형태의 호텔이다. 특징은 자동차를 객실 앞 또는 그 근처에 주차할 수 있다는 것과 고객의 Self Service 방침으로 하기 때문에 요금이 호텔보다 저렴하다는 것이다.

Motor Hotel 모터 호텔 모텔과 유사하지만 보다 호화스러운 시설을 갖춘 숙박시설

Motor Inn 모터 인 일반적인 저요금 모텔과 달리 보통 호텔에 가까운 설비와 분위기를 가진 고급 모텔

Motor Lodge 모터 로지 모텔과 유사하지만 보다 나은 서비스와 시설이 제공된 숙박시설이다.

Mouth to Mouth Communication 마우스 투 마우스 커뮤니케이션 구전(口傳). 사람들의 입에서 입으로 전해지는 커뮤니케이션을 말한다. 영업장이나 상품을 광고하는 중요한 전달수단이다.

N

Night Auditor 나이트 오디터 야간 회계감시자라고 하며, 야간에 영업이 종료되면, 일일 영업 매출을 심사하여 확정시키는 업무를 담당한다.

Night Table 나이트 테이블 객실의 침대 머리맡에 있는 작은 테이블로 전화나 스탠드, 재떨이 등을 놓아둔다. 이 테이블 안에 라디오, 전기 스위치, 보이(Boy)나 메이드(Maid)를 부르는 버튼 등이 설치되어 있다.

No-Show 노-쇼 고객이 예약을 해놓고도 예약 날짜에 아무 연락도 없이 나타나지 않는 무단취소 고객을 말한다.

O

Occupancy Rate 아큐펀시 레이트 호텔의 객실경영에 있어서 객실의 실제 가동상태를 가리키는 지수로서 객실점유율이라고 함

*판매 객실 수/판매 가능실 수 ×100 = 객실점유율(%)

Off Day 오프 데이 비번 날, 쉬는 날을 말한다.

Off Season Rate 오프 시즌 레이트 비수기에 적용되는 할인된 객실요금. 비수기 요금이다. 비수기의 경영대책으로 호텔(식당)의 이용률이 낮은 계절에 한하여 공표요금에서 할인해 주는 요금을 말한다.

Official Check 오피셜 체크 Special Treatment Bill로 공무용 계산서이다. 사내 직원의 시식 및 외부손님 방문 시 접대의 이유로 해서 사원 및 간부들이 사용하는 계산서이다.

On Change 온 체인지 객실 정돈 중이라는 표시

Operation Hour 오퍼레이션 아워 호텔(식당) 업장의 영업시간을 말한다.

Optional Rate 옵셔널 레이트 미결정요금, 즉 객실예약상 정확한 요금을 결정지을 수 없을 때 적용되는 요금제도

Optional Tour 옵셔널 투어 임의관광 즉 미리 계획하지 않고 필요에 따라 선택하는 관광

Order Slip 오더슬립 주문서로 웨이터, 웨이트리스가 작성하는 식음료의 주문 전표이다.

Order Taker 오더 테이커 호텔의 식당이나 룸서비스에서 고객의 주문을 받는 종업원을 말함

Organized Tour 오거나이즈 투어 여행사 또는 기타 단체가 기획, 주관하는 여행으로서 통상 단체여행을 말함

Out Bound 아웃바운드 국외로 나가는 국내 관광객. 국내인의 외국여행 알선을 의미. 국외로 나가는 국내 관광객

Out of Order 아웃 오브 오더 객실고장. 보수 등으로 판매가 불가능한 객실(고장이라는 뜻)

Outlet Manager 아울렛 매니저 식음료부장의 하위직급으로 영업장 지배인을 말한다.

Outside Catering 아웃사이드 케이터링 출장연회는 요리, 음료, 식기, 테이블, 비품, 글라스, 리넨 등 필요한 비품들을 준비하여 고객이 지정한 장소에 운반하여 고객이 만족할 만한 연회행사를 실시하는 것이다.

Outside Room 아웃사이드 룸 거리의 정원, 호수 등 전면에 장애물 없이 전망이 트인 객실

Over Booking 오버부킹 초과예약으로 No Show에 대비하기 위하여 발생한다.

Over Time 오버타임 초과근무로 호텔 종사원이 정상 근무시간보다 더 많은 시간을 근무하는 경우를 말한다.

P

PABX 피에이비엑스 Private Automatic Branch Exchange의 약자로 외선과 접속되어 있

는 전화의 자동화를 말한다.

Package 패키지　여행에 필요한 운송, 숙박, 식사, 환승, 자동차렌트, 관광 등 일체의 경비를 포함하는 요금으로 여행 구매자의 숫자에 의거 할인요금으로 판매된다.

Page Boy 페이지 보이　호텔의 고객이나 외부 단골손님의 요청에 의해 필요한 고객을 찾아주고 메시지를 전달하는 등의 심부름을 Paging Service라고 하며, 이에 종사하는 종업원을 말하는데, 주로 Bellman이나 Messenger Boy가 담당하는 경우가 많다.

Paging Service 페이징 서비스　호텔에 있는 고객을 찾거나 메시지를 전달하기 위해 구내방송 혹은 고객의 성명을 쓴 푯말 등을 이용하여 고객을 찾는 서비스

Paid 페이드　현금계산으로 호텔요금의 현금지불을 뜻한다.

Penthouse 펜트하우스　펜트하우스 아파트(Penthouse Apartment)라고도 말하며 고층 호텔, 아파트먼트 등의 최고층에 위치한 고급 주거공간이다. 펜트하우스는 최고층이므로 전망이 가장 좋고 발코니, 베란다, 테라스, 옥상 등이 넓다. 복층으로 구성된 곳도 있다. 하루 객실료가 1,000만 원이 넘는다.

Pick Up Service 픽업 서비스　호텔과 연결하여 공항으로 손님을 태우고 가는 차편으로 예약고객의 요청에 의하여 공항 또는 터미널에서 고객을 영접하여 호텔에 체크인시키는 서비스를 뜻하며 체크아웃 시에도 서비스가 가능하다. 즉, 예약고객의 요청에 의하여 공항이나 터미널에서 영접하여 호텔(식당)에 투숙시키는 서비스를 말한다. 출숙 때도 이 서비스는 가능하다.

Plaza Hotel 플라자호텔　커뮤니티 호텔이라고도 하며 호텔의 이용자를 먼 곳에서 온 여행자와 지역주민으로 구분할 경우 어떠한 경우이든 후자를 중시하는 호텔로 호텔의 서비스를 여행자뿐 아니라 호텔을 둘러싼 지역사회 즉, 지역 주민들에게도 이용을 바라는 호텔을 말한다.

Porter 포터　고객이 호텔에 도착하면 객실이나 프런트로 짐을 운반해 주는 서비스맨으로 보통 짐을 운반해 준 포터에게 US$ 1정도의 팁을 준다.

Preregistration 사전등록　고객이 도착하기 전 호텔이 사전등록카드를 작성하는 절차로 그룹이나 VIP가 도착하면 프런트 데스크의 일반 고객과의 혼잡을 피하기 위하여 사용된다.

Q

Queen Bed 퀸 베드　더블베드의 대형

R

Reception 리셉션 손님을 맞아들이는 곳. Check-In 등록을 받는 곳

Refreshment Car 리프레쉬먼트 카 식당차(흔히 Dining Car 또는 Diner보다 간단한 뷔페식의 간이 식당차)

Register 레지스터 모든 고객들의 기록으로 고객은 호텔규칙에 의거하여 숙박계를 쓰게 되어 있다.

Registration 레지스트레이션 등록, 숙박등록, 숙박계약

Registration Card 레지스트레이션 카드 숙박등록카드를 말하며, 대개 호텔명, 주소, 카드번호, 고객명, 객실번호, 주민등록번호, 요금, 도착시간, 출발예정시간, 취급자명 등이 기재됨. 보통 Regi카드라고 말함

Repeat Guest 리피트 게스트 다시 방문하는 고객

Reservation Clerk 객실예약원 호텔 투숙객의 객실 사용에 관한 예약업무를 담당하는 객실 담당 직원으로 대형 호텔의 경우, 룸 클럭에서 독립되어 있으나 작은 호텔은 룸 클럭이 예약업무를 맡고 있다.

Reservation Rack 레저베이션 랙 예약카드를 보관하는 선반

Room Clerk 룸 클럭 객실의 예약, 판매 등 프런트 실무를 담당하는 사무원

Room Maid 룸 메이드 객실에서 여러 가지 서비스를 담당하는 직원으로 객실의 청소, 정비, 정돈 등이 주된 업무이다. Room Attendant(룸 어텐던트)라고도 한다.

Room Occupancy Rate 객실점유율 당일 판매객실 수를 판매가능 객실 수로 나눈 비율, 즉 전 객실 수에 대한 당일 판매객실 수의 비율, 객실점유율=(판매객실 수/판매가능 객실 수)×100이다.

Room Rack 룸 랙 고객의 카드를 각층별, 객실번호 순으로 정리하여 넣어둔 선반

Room Rate Sale Mix 객실판매율의 결합 객실판매와 관련된 사항들을 세분한 정보로서 경영자에게 제공되는 것이며 고객의 수, 객실의 형태, 객실요금 등을 다른 영업기간과 비교한 통계자료를 나타내고 있다.

Room Service 룸서비스 식사나 음료를 주문하여 객실에서 먹는 서비스로 객실 내에 비치되어 있는 주문표를 참조하여 주문하면 되며 편리한 대신 요금이 비싸다.

Rooming House 루밍하우스 음식이 제공되지 않는 것을 제외하면 하숙집과 유사하다. 하루 저녁 이상 빌릴 수 있으며 가격이 저렴하다.

Rooming List 루밍 리스트 단체고객의 예약에 따른 여행사에서 호텔에 사전 제출하는 고객명단

Runner 러너 저장실에서 식음료를 식당에 운반하는 사람이나 객실복도에 까는 좁고 기다란 카펫을 말한다.

S

Safety Box 귀중품 보관함 프런트 데스크에 마련되어 있는 것으로 현금이나 귀중품 등을 외출 시에 맡길 수 있으며, 방번호와 이름만 알려주면 무료로 사용할 수 있다.

Salamander 그리스 로마 신화에서 나오는 신의 이름에서 따온 조리기구로 음식 내용물 위에서 불을 쬐어서 조리하는 것을 말한다.

Saucer 소서 Underliner로 Bowl, Cup, Finger Bowl 등을 받치는 접시를 말한다.

Saute 소테 표면이 연한 육류의 간이나 내장 또는 야채를 약한 불에서 뜨겁게 달구어진 Pan에서 급히 익혀내는 방법으로 고기나 야채의 표면조직을 익혀 내부의 영양분이 밖으로 흘러 나오지 않도록 하는 방법이다.

Sauteing 소테잉 소량의 기름에 요리하는 것. 선식열 조리법. Fry Pan에 200℃ 정도의 '고온'에서 살짝 볶는 방법이다.

Scallop 가리비 조개의 일종으로 껍질은 넓으며, 뚜껑이 되는 부분은 붉고 평평하나 반대쪽은 움푹하다.

Season Rate 시즌 레이트 계절별 할인요금. 비수기 판매정책으로서 호텔에서 고객의 이용률이 적은 계절에 한해 공표요금을 할인하여 요금을 적용하게도 하는데 이러한 경우의 할인요금을 말한다.

Second Class Hotel 세컨드클래스 호텔 이등급 호텔. 1등급 호텔보다 적은 서비스와 편의가 제공되는 경제적 관광호텔을 말한다.

Security Department 시큐러티 디파트먼트 안전부서로서, 화재 등의 비상시 대피업무, 고객 및 고객재산의 보호 등을 담당

Service Station 서비스 스테이션 영업에 필요한 준비물(기물, 소모품, 메뉴 등)을 비치하여 접객서비스를 신속하게 할 수 있도록 식당 내부의 적절한 장소에 고정시켜 종사원들만 사용하는 비품함이다. 필요에 따라 이동식으로 꾸며진 Side Table도 활용한다.

Show Plate 쇼 플레이트 Service Plate라고도 하며 대형접시로 모양이 화려하고 냅킨을 세워서 식탁의 세팅을 격식있게 꾸며주는 접시이다.

Silverware 실버웨어 레스토랑 기물 중에서 은으로 도금되어 있는 식기류이다.

Simplified Tax Invoice 간이세금 계산서 세금계산서의 필요적 기재사항 중 '공급받는 자와 부가가치세액'을 따로 기재하지 아니한 약식계산서. 주로 사업자가 아닌 다수의 소비

자를 상대로 하는 비교적 소액거래에 사용되는 것으로 공급자의 등록번호 · 상호 또는 성명, 공급대가 및 작성 연월일이 기재된다.

Single Rate 싱글 레이트　할인요금의 일종으로, 예약은 Single로 되어 있으나, 당일 해당 룸이 없는 관계로 Double Bed Room을 제공하고 객실요금은 Single요금을 받는 것

Single Room 싱글룸　1인용 방으로 싱글베드가 하나 있는 방이며, 호텔에 따라서는 더블 베드가 놓이기도 한다.

Single Service 싱글 서비스　단용 서비스. 단 한번 사용하기 위해 한번 사용하고 버리는 서비스 종이나 냅킨 등.

Sirlion Steak 서로인 스테이크　쇠고기의 등 쪽으로 안심과 갈비 부위 근처에 있는 부위로 영국의 찰스Ⅱ세가 즐겨 먹던 고기이다. 이 스테이크는 남작의 작위를 받을 만큼 훌륭하다 하여 Lion에 Sir를 붙여 Sirlion이 되었다.

Skipper 스키퍼　호텔 숙박요금을 지불하지 않고 몰래 도망가는 고객 또는 식음업장에서, 해당요금을 지불하지 않고 도망가는 고객을 말함

Sleep Out 슬립아웃　객실은 사용하지만 거기서 취침하지 않는 객실 또는 고객을 말함

Sleeper 슬리퍼　사무착오로 인해, Room Rack에 투숙 중으로 되어 있는 빈 객실

Sommelier 소믈리에　Wine Waiter, Wine Butler, Drink Waiter, Wine Steward라고도 함. 와인 전문가로서 와인 주문, 요리와 적합한 와인을 추천하며, 프랑스 레스토랑에서 업무를 수행함

Spat 스팟　특별한 주의와 관심을 요하는 귀빈표시 부호

Spices 스파이스　향신료란 요리하는 데 있어서 특유한 향기, 맛과 색깔을 내는 데 매우 중요한 재료로 일반적인 향신료에는 파, 마늘, 고추, 생강, 냉이, 후추, 계피 등이 있다.

Staff Canteen 스태프 캔틴　종업원 식당. Canteen : (휴대용) 물통, ~of cutlery : 수저통

Steward 스튜어드　주방에서 접시, 식기 등을 저장, 운반, 세척하는 일을 하는 종업원

Stock 스톡　Soup를 만들 때 내는 기본적인 국물로서 고기뼈, 야채, 고깃소삭 등을 향료와 섞어 끓여낸 국물을 말한다. Stock은 모든 Sauce의 기본으로 쓰이는 재료이다.

Straw 스트로　칵테일, 음료를 빨아 마실 때 사용하는 것

Studio Bed 스튜디오 베드　호텔에서 사용하는 베드 중 낮에는 벽에 밀어붙이고 베개를 빼면 베드커버를 걸어놓은 채 소파로 이용할 수 있는 침대

Studio Room 스튜디오 룸　낮에는 응접소파로 사용하고 밤에는 침대로 만들어 사용할 수 있는 특수침대(Studio Bed)가 있는 객실

Suite Hotel 스위트 호텔　메이드 서비스, 룸서비스가 제공되는 식당과 바 등이 갖추어져

있다. 장기투숙객들을 위한 아파트식 호텔. 주방, 냉장고, 세탁기, 가구 등이 일체 준비되어 있다.

Suite Room 스위트룸 스위트란 2실 이상의 연속객실이라는 의미로 욕실이 딸린 침실 한 개와 거실 겸 응접실 한 개 모두 2실로 되어 있다. 침실이 두 개 이상 있는 경우, 거실과 응접실이 따로따로 분리되어 있는 경우도 있다. 우리나라에서는 26㎡(7.8평) 이상으로 규정하고 있으며, '로열스위트'는 가격이 '보통 스위트룸'보다 비싸고, '프레지덴셜 스위트'는 가장 비싼 객실이다.

T

Tabasco Sauce 타바스코 소스 멕시코 타바스코 지방의 작고 매운 붉은 고추에 소금과 식초를 첨가하여 참나무통에 3년 이상 숙성시켜 만든 소스. 피자, 닭고기, 멕시코요리, 스테이크, 수프 등에 어울린다. Hot Sauce보다 더욱 맵고 깊은 맛이 나고 톡 쏘는 향과 참나무향이 난다.

Table Cloth 테이블클로스 테이블보. 피륙 · 레이스 · 비닐 등으로 만들어지며, 실용 목적으로 오염을 방지하기 위한 것과 장식용이 있다.

Table D'hote 타블 도트 Full Course. 정식코스 요리를 말하며, À La Carte(일품요리)와 반대되는 개념

Table Service Restaurant 테이블서비스 레스토랑 일정한 장소에 식탁과 의자를 준비하여 놓고 손님의 주문에 의하여 웨이터나 웨이트리스가 식사를 제공하는 식당을 말한다.

Table Setting 테이블세팅 고객에게 요리를 제공하는 데 필요한 은기물(Silverware) 종류, Tablecloth를 비롯하여 냅킨, 식기, 조미료 등을 바르게 갖추어놓는 '식탁꾸미기'를 말한다.

Tariff 태리프 호텔에서 공표(公表)한 정규요금을 지칭

Tartar Sauce 타르타르소스 마요네즈에 차이브(Chive), 피클, 양파 등을 다져 혼합한 소스로 생선요리에 곁들임

Tea Spoon 티스푼 재료의 분량을 잴 때 쓰는 용어이다. 1tsp은 약 ⅙oz가량, 1 Table Spoon은 ⅜oz의 분량이다.

Tenderlion 텐더로인 쇠고기 부위 중 가장 인기가 좋으며 안심은 소 한 마리에 2개씩 있고 평균 4~5㎏ 정도이다.

Thick Soup 식 수프 탁하고 농도를 진하게 만든 수프를 말한다.

Tip(To Insure Promptness) 팁 18세기 영국 접객업소에서 "신속한 서비스를 받고자 하는 손님들이 자발적으로 베풀던 선심"에서 유래되었으며 호텔의 계산서에서는 Service Charge

나 Gratuity(그러추어티)로 쓰여 있다.

Tour Desk 투어 데스크　손님들의 질문 및 문제 해결과 정보 제공 등의 목적으로 호텔 종업원이 호텔의 로비에 위치한 Desk, Table 또는 Counter Space를 총칭한다.

Tourist Home 투어리스트 홈　관광객에게 숙박시설을 제공하는 소형 개인 소유 숙박소로서 호텔이나 모텔보다 요금이 저렴하며, 시설 면에서 미비한 점에 많다. 가족적인 분위기를 즐길 수 있다. Guest House로도 알려져 있다.

Tourist Hotel 투어리스트 호텔　관광호텔이란 뜻이다.

Transaction Register 거래기록서　각 계정과목별로 당월에 발생된 거래를 기록한 명세서

Traveler's Check 트레블러 체크　여행자수표로서, 여행자가 가지고 다니면서 쓰는 자기앞수표와 같은 것이다. 여행자가 직접 현금을 지참하여 심적 위협을 느끼지 않도록 현금과 같이 사용할 수 있도록 했으며, 이것은 하나의 수표로서 현금을 주고 매입할 때 서명을 해서 쓰기 때문에 제삼자는 사용이나 위조를 할 수 없게 되어 있다.

Triple Room 트리플 룸　2인용 방에 보조침대(Extra Bed)를 추가하여 3인이 사용할 수 있도록 한 방으로 보조침대는 1개까지만 가능하며 추가요금을 지불해야 한다.

Turn Away 턴 어웨이　객실 부족 사정으로 더 이상 고객을 유치할 수 없어, 예약된 고객을 빈 객실이 있는 다른 호텔로 안내하여 보내는 것을 말함

Turn Over(Rate) 턴 오버

ⓐ 일정기간 동안 재고량이 몇 번 순환되는가를 나타내는 재고회전(율)

ⓑ 식사시간에 식당좌석이 몇 번 사용되었는가를 나타내는 좌석회전율

Twin Bed Room 트윈 베드룸　2인용 방으로 싱글베드가 두 개 있는 방이다.

U

Unaccompanied Baggage 언어컴퍼니드 배기지　승객이 탑승하고 있는 비행기로 운반되지 않는 화물

Under Cloth 언더클로스　언더 클로스는 보통 펠트(Felt : 털로 다져서 만든 천), 플란넬(Flannel : 면 종류의 천) 또는 얇은 스펀지(Sponge)로 만들어지며 그릇 놓는 소리를 막기 위하여 깐다고 해서 사일런스 클로스(Slience Cloth) 또는 Table Pad라고도 한다.

Under Stay 언더 스테이　고객의 업무상 또는 개인적인 사정으로 갑작스럽게 퇴숙 예정일보다 앞당겨 출발하는 경우

Uniform Service 유니폼 서비스　제복차림의 서비스. 호텔 현관 로비에서 주로 유니폼을 입고 근무하는 종사원으로서 도어맨, 벨맨, 페이지 보이, 엘리베이터 오퍼레이터, 포터

등이다.

Unit 유닛　자유롭게 설립된 개인 사업장소. 특히, 한 사업장소 이상을 갖고 있는 기업의 부분으로 호텔 룸, 콘도미니엄 또는 별장을 일컫는다.

Upgrading 업그레이딩　고객이 예약한 등급의 객실이 부족하거나, 기타 호텔사정에 의해 예약객실보다 등급이 높고 비싼 객실에 예약가격으로 투숙시키는 것을 말함

Utensil 유텐슬　주방 및 바(Bar)에서 사용되는 기물의 총칭이다. 기구, 용구 ; 가정용품 ; 교회용 기구, 성구(聖具). Equipment(이큅먼트 : 장비 설치, 설비)보다 하위의 소형 장비 또는 소형 주방(Bar 포함)용품을 말한다.

V

Vacancy 베이컨시　객실이 풀 하우스(Full House ; 만원)가 아닌 상태로 판매 가능 객실이 아직 남아 있음을 의미한다.

Vacant 베이컨트　투숙하지 않은 객실, 판매 가능한 청소된 객실을 말함

Vacant and Ready 베이컨트 앤 레디　투숙되지 않은 객실로 판매 가능한 객실을 말한다.

Valet Service 발레 서비스, 밸릿 서비스　호텔(식당)의 주차장에서 고객을 위하여 주차 대행서비스하는 것을 말한다.

Viking Restaurant 바이킹 레스토랑　일본에서 사용하는 뷔페식당의 별칭

Vin Blanc 뱅 블랑　프랑스어로 White Wine을 의미한다. 생선요리에 5~12℃의 온도로 시원하게 마신다.

Vin Rouge 뱅 루즈　프랑스어로 Red Wine을 의미한다. 육류요리에 15~18℃의 상온에서 마신다.

V.I.P 브이아피　Very Important Person의 약자로 귀빈이나 특별히 정중하게 모셔야 할 사람이나 중요한 사람을 말함

W

Waiting List 웨이팅 리스트　이미 예약이 만원(滿員)되어 있는 식당의 좌석이나 객실을 예약하기 위하여 이미 예약된 것 중 취소되는 것을 기다리고 있는 대기자 명부이다.

Walk-In Guest 워크 인 게스트　당일 예약 없이 들어오는 호텔 객실 또는 레스토랑 고객을 말한다.

Wash Cloth 워시클로스　기물이나 집기류 등을 닦을 때 사용하며, 색상이나 모양을 달리하여 사용하기 편리하고 구분하기 쉽게 만든 면직류

Water Jug 워터 저그 조주에 쓰이는 술을 담아놓고 쓰는 손잡이가 달린 물병

Water Pitcher 워터 피처 물 담는 서비스용 주전자

Word-of-Mouth Advertising 워드 오브 마우스 애드버타이징 구전판촉, 이용한 후 만족한 고객이 다른 사람에게 상품, 서비스, 장소 등에 대해 추천하는 일

Y

Yeast 이스트(효모, 酵母) 맥주의 원료로 맥아즙 속의 당분을 분쇄하고 알코올과 탄산가스를 만드는 작용을 하는 미생물로 효모라고도 한다. 빵 · 맥주 · 포도주 등을 만드는 데 사용되는 미생물

Yield 일드(수득률, 收得率) 원료물질로부터 어떤 화학적 과정을 거쳐 목적물질을 얻는 경우에 실제로 얻은 양의 이론량에 대한 비율을 말한다. 수율(收率)이라고도 한다. 일반적으로 수득률이 100%가 되지 않는 것은 ① 반응이 도중에서 평형상태에 이르거나, ② 반응시간이 부족하거나, ③ 부반응이 일어나 목적물질 이외의 물질을 생성하거나, ④ 기술적으로 취득하기가 곤란한 점 등이 원인이 된다. 수득률을 때때로 수득량과 혼동하여 사용하는 경우가 있으나, 엄밀하게는 구별되어야 한다.

Young Wine 영와인 포도주를 만들어 오랜 기간 숙성하지 않고 1~2년 저장하여 5년 이내에 마시는 포도주를 말한다.

Z

Zakuska 자쿠스카 오르되브르(Hors-D'Oeuvre, 전채요리). 불어로는 오르되브르, 영어로는 애피타이저(Appetizer), 러시아어로는 자쿠스카(Zakuska), 중국어로는 렁봉(冷盆), 첸차이(前菜)라고 한다. 이 요리는 다음 코스를 위한 것이므로 적은 양으로 식욕을 촉진시키는 재료로만 제공되어야 한다.

Zero Defects 제로 디펙트 무결점 운동으로 종업원 개개인이 자각적으로 추진자가 되어 일의 결함을 제거해 나가려는 관리기법이다.

부록 4

식음료부문 손익계산서

1. 수입(수익)과 비용

기업의 일정기간 동안의 경영성과는 수익에서 비용을 차감하여 측정된다. 이익은 수익이 비용보다 더 클 경우에 발생하며, 이를 식으로 표현하면 다음과 같다.

- 수익 - 비용 = 순이익
- 비용 - 수익 = 순손실

1) 수입(수익)

수입(수익, Revenue) : 영업활동에서 고객에게 상품을 판매하고 얻은 수익 · 용역을 제공하고 얻은 수수료, 은행예금에 대한 수입이자 등 일정기간 동안 상품 또는 서비스를 제공하고 그 대가로 획득한 금액

- 매출 총이익 : 고객에게 상품을 판매하고 얻은 수익
- 수수료 수익 : 상품매매에 따른 중개수수료 수입 등 용역을 제공하고 얻은 수익
- 이자 수익 : 은행예금이나 대여금, 유가증권 등의 수입이자 및 어음할인형식 대여금의 할인료 등을 처리하는 계정이다.

(1) 매출과 매출원가

- 매출수입(매출수익) : 수입총계. 영업수익이며 고객에게 재화와 용역을 제공하고 그 대가를 받은 것
- 매출원가 : 직접재료비. 매출수익을 획득하기 위해 소비된 직접적인 매출상품의 원가
- 매출 총이익 : 매출이익. 매출수익에서 매출원가를 차감한 것

(2) 판매비와 관리비(매출 총이익에서 공제함)

- 판매비 : 판매활동에 소요된 비용(판매원 급여, 포장운반비, 광고선전비)
- 일반관리비 : 일반 관리활동에 소요된 비용(본사(본부)비용, 임원 및 사무원의 급여 · 복리후생비, 건물 · 설비 등의 감가상각비, 일반관리 부문의 접대비 · 통신비 사무용품비 · 조세공과금)
- 판관비 : 이것을 구분하는 것은 대단히 힘들고 실익이 없기 때문에 판매비와 관리비를 묶어서 판관비로 표시(기업의 판매와 관리, 유지에서 발생하는 비용을 통틀어 칭하는 용어. 급여, 복리후생비, 임차료, 접대비 등을 말함)

판매비와 관리비는 매출수익에 간접 대응하는 비용으로 기업 경영활동의 결과로써 발생한 영업이익이 다음과 같이 계산된다.

- 영업이익 = 매출 총이익 - 판매비와 관리비
- 판매비와 관리비는 : 급여, 퇴직급여, 복리후생비, 임차료, 접대비, 감가상각비, 세금과 공과, 광고 선전비, 연구비, 경상(항상 일정한 : 經常)개발비, 대손상각비 (Bad Debt Expense : 지난 1년간 영업활동과 관련하여 상품의 분실, 판매대금의 결손 등으로 회수가 불가능한 채권을 비용으로 처리한 것) 등과 같은 계정으로 세분한다.

(3) 영업외수익과 영업외비용

영업외수익과 영업외비용은 기업의 주영업활동이 아닌 부수적인 영업활동의 결과로 발생한 수익과 비용으로 주요 계정은 다음과 같다.

이자수익과 이자비용, 배당금수익, 임대료, 유가증권처분이익과 유가증권처분손실, 유가증권평가이익과 유가증권평가손실, 외환차익과 외환차손, 유형자산 처분이익과 유형자산 처분손실, 기부금, 법인세추납액과 법인세환수액으로 구성된다.

(4) 특별이익과 특별손실

특별이익과 특별손실은 비경상적 · 비반복적 사건으로 인한 수익과 비용으로 다음과 같은 계정들이 있다.

자산수증이익, 채무면제이익, 보험차익, 재해손실으로 구성

2) 비용(Expense)

비용 : 고객에게 판매한 상품의 원가나 종업원에 대한 급료지급액, 차입금에 대한 지급이자 등 일정기간 동안 수익을 얻기 위하여 사용 또는 소비한 자산이나 서비스의 원가

매출원가, 급여, 광고선전비, 이자비용, 매출원가(소모품비, 임차료, 여비교통비) 등의 계정이 있다.

표 1 식음료부문 손익계산서

업장명 : 년 월

계정과목	금액	비율	비고
1. 수입총계			
식료			
음료			
사우나			
기타			
합계			
2. 직접재료비			
식료			
음료			
기타			
합계			
3. 직접인건비			국민연금, 의료보험료, 고용보험, 산재보험, 퇴직충당금, 퇴직보험 제 수당
급여			
4대 보험료			
상여금			
기타			
합계			

4. 직접경비			연주인 연주료, 사우나탕 근무자
전기료			
수도광열비			
장식비			
기물관리비			
용역비			
기타			
합계			
***매출 총이익**			
5. 일반관리비			수선 유지비, 소모품비, 비품비, 사무용품비, 통신비, 차량유지비, 잡비, 도서 구입비, 출장비, 행사비, 회식비, 사외단체비, 지급임차료, 제세공과금, 보험료, 지급(카드) 수수료
기타 부서 인건비			
복리후생비			
광고선전비			
감가상각비			
교육훈련비			
유니폼비			
전기, 가스, 수도료			
지급(카드)수수료			
용역비			
기타 경비			
임대료 및 관리비			
합계			
***영업이익**			
6. 영업 외 수익			이자수입, 연회비, 임대료수입
7. 영업 외 지출			지급이자
***경상이익**			

2. 손익계산서(Income Statement : I/S 또는 Profit and Loss Statement : P/L)

손익계산서는 일정기간 동안의 경영성과를 나타내는 표이므로 반드시 손익계산서의 작성기간을 나타내야 한다. 그리고 회사명과 화폐금액의 단위도 나타내야 함은 물론이다.

- 손익계산서 : 일정기간에 있어서 기업의 경영성과를 나타내는 표
- 손익계산서 등식

  비용 + 이익 = 수익

  비용 = 수익 + 손실

(비용을 왼쪽에, 수익을 오른쪽에 기입. 왼쪽과 오른쪽의 차액을 당기순이익 또는 당기순손실로 나타낸다.)

3. 회계기간

인위적으로 6개월 또는 1년 등으로 구분한 기간을 회계연도(Fiscal Year) 또는 회계기간(Accounting Period)이라고 한다. 그리고 한 회계연도가 시작되는 시점을 기초라 하고 끝나는 시점을 기말이라고 하며, 해당 회계기간을 당기라 하고, 전 회계기간을 전기, 다음 회계기간을 차기라고 한다. 회계기간은 기업의 임의대로 1년을 넘지 않는 범위 내에서 설정할 수 있는데, 일반적으로 1년을 한 회계기간으로 한다.

4. 호텔의 수익(수입) 및 비용

1) 수익(수입)총액

수익은 기업의 계속적인 주된 혹은 중심이 되는 영업활동을 통하여 발생하는데, 수익(수입)이란 기업이 재화의 생산 · 인도 및 용역의 제공 등을 통하여 얻은 자산의 유입액 · 증가액 또는 부채의 청산액이다. 수익은 일정기간 중의 재화 및 용역의 유출을 통한 자산의 유입이다.

(1) 식료

식료매출에서 얻어지는 수익을 대변에 기입한다. 그 수입액은 식당 · 연회 등으로 구분할 수 있다. 수입액에는 간부직원의 회계전표에 의한 식사비를 포함하지 않고, 그 합계액을 원가에 환원하여 식료매출원가에서 차감하고 종업원식비로서 각 해당부문에 기입하여야 한다.

유지 · 뼈(고기가 붙어 있는 뼈) 등의 매출액은 식음료매출원가의 대변에 기입하고 수익총액에 포함시켜야 한다.

(2) 음료

이 계정에는 음료판매수입에서 얻어지는 수익을 대변에 기입한다. 그 수입액에는 식당 · 룸서비스, 연회 또는 웨딩, 바(Bar) 등으로 구분할 수 있다. 또 그 이상으로 분석하고 싶으면 수입액을 와인(Wine) 등 알코올 음료, 탄산수 등 소프트 드링크 혹은 필요한 기타의 항목으로 구분할 수 있다.

수익액에는 간부직원의 회계전표에 의한 음료대를 포함시키지 않고, 그 합계액을 원가로 환원시켜 음료매출원가로부터 차감하고 종업원식비, 교제비 등으로 각 해당부문에 기재한다. 빈병 등의 매출수익액은 음료매출원가의 대변에 기입하고, 수익총액에 포함시키지 않는다.

2) 매출할인액

이것은 매출 시에는 알지 못하였으나, 그 후 결정된 일자에서 조정되는 할인과 소정의 요금에서 공제하는 공제액을 말한다. '매출할인(Sales Discounts, 賣出割引)'이란 외상매출을 약정기일 전에 회수함으로써 회수일로부터 그 기일까지의 일수에 따라 '일정한 금액'을 할인하는 것을 말한다.

3) 순매출액

이것은 수익총액의 합계에서 매출에누리액을 차감한 것이다.

4) 매출원가

(1) 식료

매출원가에는 고객과 직원의 쌍방에 지급한 식료의 매출원가를 기재한다. 그리고 매출원가는 총매입가격에서 매입할인(현금할인 제외)을 차감하고, 여기에 수입세 · 운반비 · 보관료 · 이관운임 등을 포함하여 표시한다. 또 이 매출원가에는 유지 · 뼈 등의 매출도 포함되며, 물자배급부와 스튜어드(Steward)의 매출액을 대변에 기입한다.

(2) 음료

이 매출원가에는 빈병과 빈 통의 예치분과 환급 및 매각대금을 대변에 기입한다. 직원음료의 원가는 매출원가에서 차감하고, 그 상대계정의 기입은 그것이 지급된 종업원에 소속하고 있는 부문에 기재해야 한다. 매출원가에는 고객과 직원 쌍방에 지급된 알코올성 음료, 비알코올성 음료, 과일, 시럽, 설탕, 감미제, 음료용이나 칵테일에 사용되는 모든 타재료 등의 원가를 기재한다.

'매입할인(Discounts on Purchase, 買入割引)'이란 외상매출금을 그 '약정기일' 전에 지급함으로써 지급일부터 약정기일까지의 일수에 따라 '일정액의 할인'을 받는 것을 말한다.

매출원가=수익총액-매입할인(현금할인 제외)+수입세 · 운반비 · 보관료 및 수송운임, 매입 또는 소비(제조)의 음료수량 내지 알코올 함유량 기준으로 산정하는 각종 세금을 가산

5) 순매출원가

순매출원가=매출원가-종업원의 식비

6) 매출총이익

매출총이익= 순매출액-순매출원가

7) 기타의 이익

(1) 퍼블릭 룸(Public Room) 사용료

'Public Room'이란 '공공실 매상(公共室賣上)'을 말한다. 호텔에서 무도회, 강연회,

세미나, 전람회 등을 위해 빌려준 연회장, 회의실 등의 수입이다.

식료와 음료판매 내지 음료의 판매를 수반하는 연회 또는 사교적 회합에 사용되는 퍼블릭 룸에서 얻어지는 수입은 식료부문 손익명세서의 계정에 기재한다.

이 수익에 대응하는 급여 · 임금, 기타의 비용은 적당한 과목으로 식료부문과 음료부문의 손익명세서에 기재한다. 여기에는 타 부문에서 그와 같은 제 항목의 Transfer된 것도 포함하여 기재한다.

(2) 좌석료

입장료, 주악비와 여흥비 같은 제 비용을 지급하기 위하여 고객 1인당 특별요금을 부담시킴으로써 얻어지는 수익. 그러나 식사를 위한 좌석료는 여기에 계상하는 것이 아니고 식료수익총액에 포함시켜 기재한다.

(3) 연회부 순이익

연회에 부수하여 상품이나 서비스의 특별한 판매가 행하여지는 경우에 식료손익명세서의 주악비 · 장식비 · 기념품비 등의 각 항목에 그 비용으로써 대변에 기입한다. 그러나 그 매출액이 많아서 그 매출액 이익을 계산할 필요가 있을 경우에는 매뉴얼의 설명에 의해서 별도계정과목을 설정한다. 그리고 그 순이익을 연회부 순이익으로써 식료손익명세서에 기입한다.

(4) 잡수입

고객 Room에 얼음을 서비스하는 것과 같이 어떤 이익 또는 수익이 발생했을 때 이것을 포함시킨다. 금액이 크면 별도의 과목을 세워서 처리 · 기재한다.

8) 부문비용

비용은 계속적 · 중심적인 활동으로 인한 재화의 생산 · 판매 및 용역의 제공과 기타의 관리활동을 위하여 나타나는 자산의 유출액(자산의 가치가 새어 나가버린 금액) · 사용액 또는 부채의 발생액이다. 따라서 비용은 수익을 창출하기 위한 기업의 주된 영업활동으로 인하여 실제로 발생하였거나 발생할 것으로 예상되는 현금의 유출액이다. 호텔에서 비용부문은 관리부문과 객실부문과 음식료부문 비용으로 구분한다. 수익부문은 크게 식음료부문과 객실부문 수익으로 나눈다.

다음의 제반 비용은 식료부문이나 음료부문으로 각각 구분해야 하며 또 그 구분은 제 비용항목의 성질이나 용도에 따라 이루어진다.

(1) 급여 및 임금

소속된 종업원의 급여 및 임금을 이 계정에 포함시킨다.

(2) 정기휴가 등의 급여 · 임금

소속된 직원의 정기휴가 및 경축일분의 급여 · 임금을 기재. 또 연말상여 · 퇴직수당 등과 같은 직원에게 지급되는 기타 지급액은 이 계정의 명칭을 변경시켜서 기재한다.

(3) 직원식비

전기의 급여 및 임금명세서의 식료 및 음료부문에 속하는 직원에게 지급한 식비의 원가를 이 계정에 기재한다.

(4) 급여 · 임금 등의 제세 및 복리후생비

이들 양 부분에 정당하게 해당하는 급여 · 임금 · 제세 및 복리후생비의 해당분을 이 계정에 기재한다.

(5) 연회 비용(연회비)

포함되는 경우 식료부문 및 음료부문 손익명세서에 규정되어 있는 다른 비용과목에 기입할 수 없는 연회에 관련된 비용을 이 계정에 기재한다.

(6) 바(Bar)비

다음과 같은 제 도구비, 소모품비 및 기타의 비용을 기재한다. 즉 코르크스크루(Corkscrew), 압착기(Squeezer), 믹서(Mixer), 오프너, 칵테일혼합용 거품막대, Bar Spoon, 지거(Jigger), 셰이커(Shaker), 무료로 제공하는 안주 등을 이 계정에 기재한다.

(7) 도기(Chinaware) 및 글라스류(Glassware)비

도기 및 글라스류비는 창고에서 직접출고에 의하여 기입하고, 일정한 시일에 그 내용연수와 사용상태의 실정에 알맞은 평가로서 실제조사에 의하여 수정한다.

(8) 청수용 소모품비

다음과 같은 식료부문 및 음료부문에 사용되는 청소용 소모품의 비용을 기재한다.

빗자루, 쓰레받기, 페인트클리너, 공업용 에탄올, 마루용 광택제, 암모니아, 마루용 비누, 모래, 암모니아수, 마루용 연마제, 놋쇠 연마제, 은기용 세제, 솔, 훈증소독기, 세탁비누, 가구용 광택제, 가루비누, 카펫청소기, 휘발유, 소다, 살충제, 섀미(Chamois) 가죽, 레몬유, 진공청소기 부속품, 금속용 광택제, 방취제, 세면용 비누 및 가루비누, 세정제, 유리소제구, 쥐덫, 먼지걸레, 막대걸레, 물통, 막대걸레자루 및 짜는 기계 등의 비용을 기재한다.

(9) 수수료비용

이 계정은 호텔의 영업을 확실히 하기 위하여 개인(직원 제외)에 대한 일체의 지급액을 말한다.

(10) 외주청소비

외부의 회사에 의하여 청부로서 행하여진 식당 · 퍼블릭 룸 및 음료품 저장실의 청소, 식당의 수세, 해충의 근절 · 소모 등의 비용을 기재한다.

(11) 원가계산비

원가계산 및 회계의 감사를 위하여 전문적인 공인회계사에게 지급되는 수수료비용의 금액을 이 계정에 기재한다.

(12) 장식비

각종 식당 및 연회장에서 사용되는 꽃 · 상록수 · 섬유제 장식꽃병 등의 비용, 금붕어와 어항, 새 및 새장의 비용 및 깃발과 암막(빛을 차단하는 커튼 또는 암막 롤스크린)의 비용을 기재한다.

(13) 드라이클리닝비

커튼 · 테이블클로스류 · 등갓의 드라이클리닝비를 기입하고, 각종 식당 및 퍼블릭 룸의 비막이 · 카펫과 모피제깔개 · 창의 커튼 · 가구 커버 등의 물세탁과 Dry Cleaning의 비용도 기재한다.

(14) 차고 및 주차비

호텔의 식음료와 음료 및 각종 영업부문을 이용하는 고객의 자동차를 외부의 차고나 주차장에 주차하게 한 경우에 호텔 측의 지급액을 말한다. 호텔 자체에서 차고와 주차장의 설비를 하고 있을 경우에는 이를 관리하는 데 소요되는 비용을 말한다.

(15) 고객용 소모품비

식당에서 고객에게 내어주는 소모품비를 기재한다. 포장백(Take Out용), 도시락(Lunch Box), 포장용 노끈, 기념품, 캔디, 이쑤시개, 경품(Giveaway), 선물(Gift), 명함, 봉투 등을 기재한다.

(16) 얼음대

호텔 자체에서 사용한다든가 또는 응급조치 용도로 팔기 위하여 구입한 얼음대를 기재한다.

(17) 조리용 연료비

식물가온용 연료 · 가스조정기 · 석탄 · 가스 · 증기 등이며, 전기에 의할 경우에는 전류의 계량을 정확하게 산출하지 않으면 안 된다.

(18) 론드리비

외부 세탁소의 론드리 계산서에 의한 식료 및 음료부 부담인 론드리 비용을 기재한다.

(19) 면허료

중앙정부 및 지자체에서 실시하는 각종 면허료를 기입한다.

(20) 리넨류비

창고에서 직접출고에 의하여 기록하고, 일정한 일시에 그 내용연수와 사용상태의 실정에 알맞은 적당한 평가에서 실질 보유 재고수량을 수정하여야 한다. 테이블 매트, 도일리, 핸드타월, 냅킨, 테이블클로스, 언더 클로스, Top클로스 등을 기재한다.

(21) 메뉴판 및 음료리스트비

외부 회사로부터 납품된 것인가 또는 호텔 자체의 인쇄실에서 만들어진 것인가를 불문하고 메뉴 · 요금일람표 등의 구입비 및 인쇄비를 기재한다. 그러나 이 계정에는 인쇄비 및 문구류비 계정에 규정되어 있는 문구류비를 기입하면 안 된다.

(22) 잡비

타 과목에서 처리할 수 없는 식료관계비용의 제하면 비용을 기재한다. 커피주머니, 시험연구비, 직원교통비, 휴지통 등은 물론 식료관계의 여러 항목도 기재한다.

(23) 주악비 및 여흥비

다음과 같은 비용을 기재한다. 즉 영화료, 피아노 사용료, 주악(奏樂 : 음악을 연주함. 또는 그 음악)비, 여흥연예인사례, 작곡인세, 음악가사례, 프로그램비, 주악면허료, 피아노 조율비 등을 기재한다.

(24) 지제 소모품비

종이접시류, 보루지(박스지), 냅킨, 지제스트로, 양피지, 일회용 수프 용기, 파이 등의 과자 봉지주머니, 액체용 지용지, 디저트용 작은 냅킨, 소스(Sauce) · 잼(Jam) 담는 용도의 라미킨(Ramekin), 파라핀종이(Paraffin Paper), 섬유제품 등이 포함된다.

(25) 인쇄비 및 문방구비

인쇄되어 있는 서식 · 문방구, 서비스매뉴얼(Service Manual) 및 사무용 소모품의 비용은 그것이 외부의 인쇄소에서 인쇄된 것이든 호텔(식당) 자체에서 인쇄된 것이든 간에 식료 및 음료부의 다음과 같은 종업원에 의하여 사용된 경우에 이 계정에 기입한다. 즉 Cost Control, Outlet Manager, Steward, Cook, Cashier, Waiter, Waitress 등

이 계정에 포함되는 각종 항목으로 계산기용 테이프, 바인더, 잉크스탠드, 스테이플러(stapler 'ㄷ'자 '찍개'), 사인대장, 스탬프기록용 장부, 고무풀, 핀, 카본지, 파일, 프린트 잉크, 증빙서류, 풀, 연필, 영수증용지, 클립, 펜, 펜대, 웨이터용 장부, 편지지, 편지봉투, 웨이터용 회계전표 등을 기재한다.

(26) 은기비

은기비는 창고에서 직접 출고 시에 기준하여 기록하고 정해진 일시에 그 내용연수와 사용상태의 실정에 알맞게 평가해서 실제재고에 기준하여 수정해야 한다.

(27) 제복비

식료 및 음료부문에 속하는 와이셔츠, 작업복, 정장, 구두, 넥타이, 모자, 장갑, 바지, 긴 상의, 직원의 앞치마(Apron) 등과 같은 비용은 이 과목에 기재한다. 또한 제복의 수선비 및 클리닝비뿐만 아니라 휘장 등의 비용도 이 계정에 포함시켜 기재한다.

(28) 조리용 비품비

조리실에서 사용되는 도구와 비품의 교체비 및 수선비를 기재한다. 조리용 칼, 칼을 가는 기구, 수란뜨개, 거품기, 강판, 레몬압착기, 냄비, 깊은 냄비, 찜통, 믹서, 오프너, 스푼, 시누아(Chinois), 프라이팬(Frying pan) 등이 있다.

참고문헌

건축설계대사전편집위원회 편저, 김정재 감수, 건축설계대사전(상 설계편), (하 도해편), 전2권, 한국사전연구사, 1995.

고석면, 호텔경영론, 기문사, 2001.

고석면·고정식·남태석 공저, 호텔회계, 대왕사, 2000.

고치원·유윤종, 칵테일 교실, 동신출판사, 1993.

김경숙·최영준, 음료, 주장관리, 대왕사, 1999.

김기영·김미자·박계영·전은례·조창연, 칵테일의 모든 것, 백산출판사, 2003.

김기영·추상영·채영철, 호텔·외식산업 식음료 서비스 실무론, 대왕사, 1999.

김상진, 음료서비스관리론, 백산출판사, 1999.

김영찬 외 3인, 식음료서비스실무론, 백산출판사, 2016.

김영찬 외 3인, 조주기능사 칵테일 실무, 백산출판사, 2016.

김영찬, 호텔경영론, 기문사, 2009

김의근·이정실, 주장관리론, 대왕사, 2000.

김준철, 와인 알고 마시면 두배로 즐겁다, 세종서적, 1997.

김동승, 식품구매관리론, 기문사, 1999.

김봉규, 신호텔경영론, 도서출판 새로미, 2003.

김봉규, 컨벤션산업론, 기문사, 2006.

노완섭·이석현, 정성껏 빚어낸 양조주 이야기 : 양조학, 백산출판사, 2004.

레저산업진흥연구소, 호텔용어사전, 백산출판사, 1998.

박록담, 오상, 우리술 빚는법(술빚는법의 기초), 오상, 2002.

박성부·이정실, 호텔식음료 관리론, 기문사, 1997.

박영배, 음료주장관리, 백산출판사, 1999.

박영배, 식음료서비스관리론, 백산출판사, 2005.

박영선·나영선·이지호, 호텔 음료·주장관리, 백산출판사, 1998.

박오성·국승욱·최운·이보순, 호텔주장경영론, 석학당, 2002.

박인규·취민후·김권식·이관표, 주장실무관리, 기문사, 2001.

박정준·이상태·주종대·최동열·하종명·강연선, 식음료경영실무, 대왕사, 2003.

박호래, 호텔사업경영의 이해, 백산출판사, 2006.

박호표, 호텔관광마케팅, 학현사, 1998.

백재현·윤호영, 바텐더와 칵테일, 기문사, 2004.

서진우·유경희, 칵테일 실무테크닉, 대왕사, 2006.

세이비토 : 장정석, 칵테일 대사전 800, 하서출판사, 2005.
씨그램 스쿨 Bartender Manual, 두산씨그램, 1997; 2001.
안치호·조춘봉·백승희·이형우, 칵테일 백산출판사, 2004.
신형섭, 호텔식음료서비스실무론, 기문사, 1999.
안광호·박충희·권태영 공저, 호텔객실서비스실무, 기문사, 2001.
오정환, 호텔 마케팅전략, 기문사, 1998.
우성근, 호텔실무경영론, 형설출판사, 1999.
위정주·김미경·박영배·남중헌 공저, 호텔경영관리론, 백산출판사, 2006.
유정남, 호텔경영론, 기문사, 1999.
윤태환·이정자 공저, 주방경영론, 백산출판사, 2005.
원융희, 음료·주장관리, 형설출판사. 1998.
이무성, 주종대(2000), 호텔현관객실실무론, 백산출판사, 2000.
이희천·김형구, 호텔객실실무, 학문사, 1999.
이정학, 호텔경영의 이해, 기문사, 2006.
이정학, 호텔식음료실무론, 기문사, 1998.
이정학, 서비스경영, 기문사, 2001.
이정학, 주류학개론, 기문사, 2004.
이혜숙·오윤석·최영수, 호텔 객실의 이해, 대왕사, 2004.
21C호텔관광연구회 편, 호텔경영학, 현학사, 2005.
전재균·김옥재·함성필·설훈구·박재희·윤태환 공저, 호텔경영론, 백산출판사, 2005.
전원배, 호텔경영학개론, 백산출판사, 2006.
정익준, 호텔- 외식산업마케팅, 형설출판사, 1997.
주종대, 현관객실업무, 백산출판사, 1997
최웅·조선배·고재윤·김종규·김수정·원갑연·김윤성, Hotel Food&Beverage, 석학당, 2004.
최태광, 국제회의경영론, 기문사, 2002.
최해수, 호텔영업회계, 학문사, 2000.
하용규·정연홍·강상묵 공저, 호텔경영학, 기문사, 2007.
한국관광식음료학회, 음료학개론, 백산출판사, 1999.
허정봉, 호텔경영정보시스템, 백산출판사, 1998.
홍영택·최태영, 실무 칵테일 백과, 삼지사, 2000.
호텔경영연구회 편, 호텔경영의 이해, 대왕사, 2005.
하얏트호텔 객실매뉴얼.
롯데호텔 식음료서비스메뉴얼.
네이버 지식백과.

Powers, T(1995), Introduction to Management in the Hospitality Industry, John Wiley & Sons, Inc.

Lattin, G. W.(1995), The Lodging and Food Service Industry, Educational Institute of The American Hotel & Motel Association.

https://english.cctv.com

https://historicengland.org.uk

https://www.branxtonbeefjerky.com.au/best-beef-cuts-most-juicy-parts-of-the-cow/

http://www.bsm.re.kr/

http://cont2.edunet4u.net/~dooly35/doumi/hotel1main.htm

http://www.foodsesang.com/page/cookstory02.html

https://www.hcareers.com/article/career-advice/5-best-things-about-working-in-hotel-fb

Http://Htschool.Wo.To/

Http://Cafe.Daum.Net/Corehotel/5BzI/410

https://www.imperialhotel.co.jp/e/tokyo/banquet/index.html

https://www.insideweddings.com

https://insights.looloo.com/steaks-101-popular-steak-cuts/

https://www.jlgordon.com/portfolios/hospital-main-kitchen/

http://myhome.naver.com/stavern

https://lepetitjournal.com/johannesburg/le-chiffre-de-la-semaine-moins-de-50g-de-glucides-par-jour-rediffusion-149762

https://www.koreansool.co.kr

http://kin.naver.com/detail/detail.php?d1id=11&dir_id=110101&eid=oIPObX6DWh1S8wRA3XOZppN2t0Zl+nVF&qb=7Zi47YWU7Jet7IKs&enc=utf8&section=kin&rank=1&sort=0&spq=0)

http://kyungnam.hananet.net/univ/sju/htl_mng/htl_adm/01jucha/01-hmlt/week15.htm

http://www.koreansool.co.kr/

https://www.metropolehotel.com/en

http://my.netian.com/~moodori/

https://www.piedmontese.com/shop.aspx

https://www.reviewpro.com/blog/singapore-data-analysis-hotels-best-online-reputation-blog-gri/

http://seoul600.visitseoul.net/seoul-history/sidaesa/txt/5-9-8-4-2.html

http://soolsool.co.kr/html/report/soolstory.htm

https://thefoodsnobuk.wordpress.com/2013/05/29/head-chef-sous-chef-cdp-what-does-it-all-mean/

https://www.theconnacht.ie/en/dining/

https://www.topindonesiaholidays.com/majapahit.php

http://tuttomassimo.com/italian-style-table-service

https://www.theconnacht.ie/en/dining/

http://user.chollian.net/~seagull4/minsokju1.htm

https://www.wien.info/ja/shopping-wining-dining/restaurants-with-a-view

http://worldchefstour.co.za/countries-with-the-best-cuisines/

저자소개

김영찬(金永燦)

경기대학교 대학원 관광경영(호텔관리) 전공 경영학 석사
경기대학교 일반대학원 관광경영 전공 관광학 박사
현) 전주기전대학교 외래교수
와인소믈리에 · 커피바리스타 실기자격시험 심사위원

관광산업체 경력

호텔 롯데, 호텔 신라, 그랜드 힐튼 서울호텔, 그랜드 워커힐 서울호텔 근무
호텔맨하탄 총지배인, 설악 켄싱턴스타호텔 총지배인 근무

교육경력 외

경기대학교 관광경영학과, 한양대학교 관광학과 외래교수
호원대학교 관광학부/외식경영학과 책임교수
성덕대학교 호텔관광마케팅과 교수, 오산대학교 호텔관광학과 교수

자격 취득

호텔경영사(한국관광공사) 자격
조주기능사(한국산업인력공단) 자격

신형섭(申炯燮)

세종대학교 대학원 호텔관광경영학과 석사
세종대학교 대학원 호텔관광경영학과 박사
현) 원광보건대학교 호텔관광과 교수

관광산업체 경력

LYCEUM PHILIPPINES UNIVERSITY Hospitality Management 연수 수료
ENDERUN COLLEGES Hospitality Management 연수 수료
그랜드인터컨티넨탈 서울호텔 및 관광산업체 12년여 근무

교육경력 외

(사)한국호텔관광학회 정책부회장
한국호텔리조트학회 및 한국호텔외식관광경영학회 부회장
원광여행사 상임감사
한국관광공사 호텔등급자격 및 관광품질인증제 평가요원
한국관광협회중앙회 호텔서비스사 및 국내관광안내사 면접위원
와인소믈리에 및 커피바리스타 자격 및 심사위원
조주기능사 심사위원
한국호텔경영관리사협회 자문위원
공정문학관광포럼 사무총장
전북지역 문화관광축제 평가위원
전주 TBN교통방송 문화관광예술 시사 해설자
시사타임지 칼럼니스트
전라북도지사 및 문화체육관광부 장관 표창

자격 취득

American Hotel Motel Association CHA 총지배인 자격
와인소믈리에 커피바리스타 자격
투어에스코터 자격, 국내관광안내사 및 호텔 서비스사 자격

서광열(徐光烈)

경기대학교 일반대학원 호텔경영학과 박사
현) 가톨릭관동대학교 관광스포츠대학 호텔경영학전공 교수
(사)한국사진지리학회 평생회원 부회장

관광산업체 경력

소공동 조선호텔, 소공동 롯데호텔, 밀레니엄 힐튼호텔 근무

교육경력 외

(사)한국관광학회 평생회원
대한관광경영학회 평생회원
한국호텔관광학회 평생회원
한국관광연구학회 평생회원
한국외식경영학회 평생회원
광주대학교 관광학과 겸임교수
관동대학교 관광학부 겸임교수

상훈

문화체육관광부 장관 표창장 받음
한국관광협회중앙회 회장 표창장 받음
국제관광공사 관광요원 훈련원 우등상 및 공로상 수상
국기원 원장 표창장 받음

자격 취득

문화체육부 생활체육지도자 자격(태권도)
문교부 교원자격증(영어)
관광숙박업 종사원 자격
TC 자격증

조봉기(趙峰基)

동명대학교 일반대학원 호텔관광학과 박사
현) 부산외국어대학교 일본어창의융합학부 교수
한국식음료전문가협회 이사
한국와인교육협회 이사
(사)한국식음료교육협회 이사

관광산업체 경력

파라다이스호텔부산 근무
대구그랜드호텔 객실, 식음료, 판촉 팀장
해상관광호텔 페리스플로텔 영업팀장
코모도호텔부산 총괄영업부장

교육경력 외

부산동의과학대학교 겸임교수
부산과학기술대학교 겸임교수
부산여자대학교 겸임교수
(사)한국관광레저학회 이사
한국관광경영학회 이사
한국호텔리조트학회 이사

저자와의
합의하에
인지첩부
생략

호텔경영론

2019년 11월 25일 초판 1쇄 인쇄
2019년 11월 30일 초판 1쇄 발행

지은이 김영찬 · 신형섭 · 서광열 · 조봉기
펴낸이 진욱상
펴낸곳 (주)백산출판사
교　정 편집부
본문디자인 장진희
표지디자인 오정은

등　록 2017년 5월 29일 제406-2017-000058호
주　소 경기도 파주시 회동길 370(백산빌딩 3층)
전　화 02-914-1621(代)
팩　스 031-955-9911
이메일 edit@ibaeksan.kr
홈페이지 www.ibaeksan.kr

ISBN 979-11-90323-47-5 93320
값 35,000원